大学问

始于问而终于明

守望学术的视界

经济的兴衰

The Rise and Decline of Economy

郑荣华 著

基于地缘经济、城市增长、产业转型的研究

GUANGXI NORMAL UNIVERSITY PRESS
广西师范大学出版社
·桂林·

经济的兴衰：基于地缘经济、城市增长、产业转型的研究
JINGJI DE XINGSHUAI: JIYU DIYUAN JINGJI CHENGSHI ZENGZHANG CHANYE ZHUANXING DE YANJIU

图书在版编目（CIP）数据

经济的兴衰 ：基于地缘经济、城市增长、产业转型的研究 / 郑荣华著. -- 桂林 ：广西师范大学出版社，2024.3

ISBN 978-7-5598-6590-8

Ⅰ. ①经… Ⅱ. ①郑… Ⅲ. ①经济学一研究 Ⅳ. ①F0

中国国家版本馆 CIP 数据核字（2023）第 228591 号

广西师范大学出版社出版发行
（广西桂林市五里店路 9 号 邮政编码：541004
网址：http://www.bbtpress.com）
出版人：黄轩庄
全国新华书店经销
广西民族印刷包装集团有限公司印刷
（南宁市高新区高新三路 1 号 邮政编码：530007）
开本：880 mm × 1 240 mm 1/32
印张：16.875 字数：392 千
2024 年 3 月第 1 版 2024 年 3 月第 1 次印刷
定价：89.00 元

如发现印装质量问题，影响阅读，请与出版社发行部门联系调换。

前　言

三年前，我从企业转到高校从事教学工作。这样一来，便为创作提供了方便。一方面有更多时间去完善自己的研究，把碎片化思想梳理成理论体系并结集出版；另一方面由于政务班的培训课程，我与各地各级政府接触较多，为自己的理论研究提供了信息反馈。教学工作对我来说，有时候是一件孤独甚至落寞的事情，正因为这种思绪的偶尔存在，我变得特别敏感，对真相的探索、对逻辑的思考、对未来的憧憬更为积极、主动。

我是从事宏观经济学和城市增长理论研究的学者，所以在教学工作中常常会去倾听那些来自基层的心声，他们在不同的领域，从事不同的工作，职位虽有高低之分，但表现出对工作的积极性及对知识的渴望一般无二。刚刚从事教学工作的时候，我认为把自己的思想、认知与学生分享、交流是最主要的工作，毕竟自己在发达城市从事过较长时间的经济工作，对城市经济增长和产业发展有一定的经验和见解。可时间一久我便发现两个问题：其一是自己的理论知识和实践经验与学生工作中的现实需要存在较大差距，因为每个区域存在不同的要素禀赋，如果用一个特定区域的实践经验或传统经济理论去指导不同区域的发展，显然有些不切合实际；其二是学生的认知被传统经济模式固化，很难走出藩篱，对外部价值链与内部增长动力的认知往往停留在狭隘的官本位思想层面，或者处于极端的自我否定之中。这便使我萌发了去写一部从宏观到区域振兴、产业转型，再到要素集聚与孵化等的系统性的著作的想法。这部著作延续了我写《城市的兴衰》的习惯，跳出了固有的理论体系，完全站在一个观察者的角度去梳理、分析、总结经济兴衰背后的地缘经济、城市增长、产业转型等之间的逻辑。

1

我小时候生活在一个叫大溪沿的村庄，村里各种物资主要由供销社或每周上门一次的货郎担提供。供销社主要供给生活日用品及耕种所需的农资产品，而货郎担则供给妇女儿童热衷的小杂货品，比如女人的头花和梳子，小孩的糖果和玩具。所以，货郎担对于我来说是微观经济的启蒙。

印象最深的是鸡毛换糖，鸡毛是村里的要素资源，糖果是来自外部的产品供给，两者形成的交易关系既是供给也是需求，比如货郎担需要村里的鸡毛作为供给，而村里的孩子也是需要糖果、食品作为供给，由于供给与需求的双向流动，给一个简单的交易过程带来了诸多不确定性。鸡毛或鹅毛的供给受传统节庆影响，端午节、重阳节是村里最为隆重的节日，家家户户杀鸡宰鹅，这样一来供给量在特定时期就非常充足。货郎担在节庆日后的几天来到村庄，摇着拨浪鼓喊着“鸡毛换糖”，村里的小孩便拎着鸡毛一拥而上。货郎担在集中供给的情况下意识到买方市场更具有主动权，所以就会降低糖果兑换羽毛的比率，以降低羽毛的供给价格。这就得出一个结论：羽毛供给越大，换取糖果时的价值就越小。有些小孩拿到糖果犹豫不决，有些小孩在家长的陪同下质疑换取的数量不足，而货郎担总会轻描淡写地喊上一句："没糖了，不换，不换了！"于是，又有一帮人挤上前愿意接受更少的糖果来兑换。于是，前面那些犹豫、质疑的人便只能悻悻地接受了交易条件。母亲常问我："为什么不和其他孩子一样接受鸡毛换糖的条件？"我说："鸡毛不会坏，等村里没有多少鸡毛的时候再拿去换。"母亲听到我说的话，总会骂上一句："你这孩子鬼精鬼精的！"事实如此，村里的鸡毛变少只是一个周期性问题，只要抵住诱惑熬上两周，就能换到更多糖果。当然鸡毛的增值部分并非货郎担的折损，而是那些急于兑换的人所产生的贬值部分为我提供了价值转移。

2

我父亲曾是一名从事夏布（苎麻编制的布匹）交易的商贩，从20世纪80年代到90年代风光了好一阵子。早年他用6瓶"全良液"从乡镇企业办换得一本业务员工作证，然后凭借"同志"的身份在全国各地跑买卖。他从老家农民手上收来夏布，然后揣着工作证把货物卖给大城市的供销社，以此赚取差价，成为县里第一批"万元户"。后来父亲的"工作证"失灵了，也不知道他从哪里听说韩国和日本对夏布的需求量很大，于是跑到了改革开放第一高楼——深圳国贸大厦去找客户。当他在旋转餐厅转了三天之后终于碰上了做外贸的韩国人，从此开启了他的高光时代。直到1998年，当我认为自己或许是个"富二代"的时候，父亲的生意却出现了前所未有的困境，因为出口货物一去不复返，他陷入了"破产"危机。那一刻，我听到了第一个宏观经济名词“金融危机”。我很纳闷儿，金融危机与我父亲的货款有什么关系？父亲说，货给了别人，对方公司在金融危机中破产，所以货款就收不回来了。从那时候开始，我就意识到外部环境变化与内部生产、交易的关系是如此紧密。后来我才知道那次金融危机已是世界现代史上第二次大规模金融危机，早在20世纪70年代就已经出现全球性金融危机，此后几乎每10年就爆发一次金融危机。自从1971年美国终止了布雷顿森林体系后，美元便与黄金脱钩，美元成为凌驾于信用之上的“信用”货币，各国的货币发行效仿美元，以自身利益为出发点，实行货币宽松政策。当货币沦为强国政治与利益集团攫取利益的阴谋工具时，危机便像早已准备好的陷阱，随时等待猎物的光临。在此环境下，泰国、俄罗斯等国家纷纷陷入金融危机，所以这样一对比，父亲不过是沧海狂澜中的一叶扁舟而已。

3

小时候看的第一部小说是《三国演义》，书中忠义、信义、情义、道义如同一段段慷慨壮歌，读来令人热血澎湃。但是里面的阴谋、狡黠、无知、贪婪、懦弱也让人唏嘘不已。我的外祖父是一位民间风水先生，讲起话来有些故弄玄虚的感觉。据说一本《三国演义》被他读了数十遍，我常不解地问他：“为什么诸葛亮那么聪明也没有帮刘备一统天下？”外祖父每次都故作神秘地说：“天下大势，分久必合，合久必分，只是时机未到却烛尽光穷。”我一脸“鄙夷”地看着他，只当他是职业习惯。长大之后，觉得这个世界比起小说是有过之而无不及。这世界如同一张巨大的面具，面具下面一层扣一层的还是面具，有看似慈眉善目的，有看似刚正不阿的，有看似满目狰狞的，也有看似一脸邪魅的……各种表情五花八门，难分真伪。在历史长河中，一个国家的兴衰看似是正义或暴力引发的更替，但更多的是制度与经济层面上的因循守旧，导致国家最终难以承受外来的狂风暴雨及内部的矛盾冲击而衰亡。

翻开历史的宏伟篇章，自哥伦布1492年发现新大陆后，文明与野蛮这张相互交织的大网便延伸到世界每一个角落，我们在讴歌人类璀璨文明与孜孜探索精神的同时，却发现背后尽是杀戮与暴虐。西班牙和葡萄牙等欧洲殖民者在他发现美洲大陆后携带枪炮对印第安人进行了疯狂的屠杀，血雨腥风中数千万人的生命灰飞烟灭。几个世纪以来海上硝烟不断，西方列强每一次发动战争似乎只有一个目的：抢夺资源，控制海上贸易。从15世纪到20世纪，世界海洋霸主之争分为三个阶段：15、16世纪是西班牙和葡萄牙的世纪，17世纪是荷兰的世纪，18、19世纪是英国的世纪，20世纪之后海洋霸主地位被美国长期把持。

西班牙是海上第一个霸主。西班牙国王查理五世曾自豪地说："在我的领土上，太阳永不落下。"鼎盛时期，西班牙殖民地遍布各大洲，面积超过3000万平方公里，相当于如今俄罗斯领土面积的1.75倍。当然，西班牙的崛起除了因为有先进的生产技术和强大的军事力量，还得益于其"乱伦"式的政治联姻。但是这种联姻关系并不绝对可靠，一方面是"诸侯国"一旦出现暴政就会引发革命直至蔓延到整个政治体系。荷兰是反西战争中的最大胜利者。西班牙对"诸侯国"的暴政引发了荷兰等省份起义，1581年尼德兰等省份起义，正式宣布废除西班牙菲利普二世的统治，成立尼德兰联省共和国。荷兰省是起义省份中最大且经济最发达的地区，所以便称为荷兰共和国。到了1609年西班牙无力再战，不得不签订停战协议，承认荷兰共和国独立。因此，荷兰逐渐接替了西班牙成了17世纪的海上霸主，同时也创造了人类历史上第一个资本主义国家。

到了17世纪中期，荷兰被称为“海上马车夫”，海洋贸易造就了荷兰的极度繁荣。但此后，荷兰逐渐丧失了先辈们的开创动力，享受安逸，深陷“荷兰病”之中。让荷兰人引以为傲的资本优势在欧洲持续战乱中也丢失了，最终荷兰被英国击败，失去了海上霸主地位。英国之所以能取代荷兰成为新的海洋霸主，主要是因为拥有完整的生产体系与庞大的人口规模，从而形成有效且大规模的供需市场。英国在当时无论是手工业生产还是国内消费市场都领先欧洲各国，尤其是绝对的市场规模让任何一家企业都不想得罪英国而失去固有市场。相比之下，荷兰除了是经济强国，并没有可以遏制他国的手段。到了18世纪，英国爆发了第一次工业革命，其再次成就大英帝国的辉煌，也助长了英国海外扩张的野心。从1793年马嘎尔尼访华到1840年第一次鸦片战争，短短40多年时间，英国由一个经济殖民大国逐渐向军事殖民大国转变，打破了东西方力量平衡，中国因此经历了百年之屈辱。从表面上看，清政府是败在英国人的枪炮之下，但实际上是败给了第一次工业革命。此后美、德两国开创了第二次工业革命的先河，成为新的全球霸主。之后再次引发群雄争霸的局面，世界战争不断，哀鸿遍野。

工业1.0让英国成了“日不落帝国”，工业2.0让美、德、日等国瓜分了世界红利，工业3.0美国再次掌握主动权，成为“世界领袖”。中国已经错过多次工业革命，在第四次工业革命到来之际自然会奋力直追，这是中华民族伟大复兴的任务之一，也是国家意志力的体现。

4

货币充当一切商品的等价物，不仅与物质相互关联，还与意识形态及社会组织捆绑在一起。从现当代历史的演变来看，美国通过美元锚定石油以后，把这个世界搅得“天翻地覆”。

1998年，美国一个60多岁的老头凭“一己之力”引爆了亚洲金融危机。这一场危机给亚洲带来的灾难不仅体现在经济领域，还对政治、社会都造成了极大破坏。泰国政府因为这次危机被推翻了，印度尼西亚的苏哈托政府被推翻了，日本桥本龙太郎下台了，俄罗斯一年之内换了六届总理。此后若没有中国出手相助，亚洲将可能陷入经济大萧条。那时候我刚参加工作，对这个叫索罗斯的老头充满好奇。索罗斯在泰国经济风雨飘摇之际将自己的量子基金抵押给泰国银行，借出大量泰铢，然后转身就抛售转换成美元。当市面上的泰铢暴增的时候就出现了贬值，这正是索罗斯想要的效果。为什么呢？答案很简单，就像卑鄙的债务人希望债主早点死掉，以此来逃避偿还。有人把泰铢假设为一头猪，索罗斯向养殖户（银行）借了一头猪（泰铢），答应一年后还一头半猪给养殖户，养殖户因为有利可图便把猪借出了。但是索罗斯知道借来的一头猪在正常的情况下是不可能在一年内还出一头半的，唯一的办法就是让猪贬值才能还上。所以索罗斯把借来的猪抛售给市场，换成1000美元，然后四处喊话，说猪瘟就要来了，赶快卖啊。市场在“噪声”干预下开始恐慌，所有人都排队把猪（泰铢）换成美元，这样一来猪（泰铢）就开始贬值，原来可以卖1000美元的猪只能卖出400美元的价格。索罗斯再花600美元买进一头半猪还给养殖户（银行），所以净赚了400美元。如此一来便引发了金融海啸，给泰国带来了1412亿美元损失，而当时泰国的GDP（国内生产总值）不过1136.76亿美元。同时这一场金融海啸还冲垮了58家泰国银行，数量占泰国金融机构的一半以上。泰国股票市场也缩水70%，导致超过万家企业破产，失业人数高达270万。

当然索罗斯并非神人，他只是依托美元霸权地位，利用他国制度缺陷与资本的逐利之心，实施了一场势在必得的阴谋。美国自1971年宣布终止布雷顿森林体系之后，美元与黄金脱钩。虽然从“金本位”向“信用货币”转变提高了经济调节效率，但由此也带来了货币无限供给的现象。流动性过剩加大了全球债务规模，所以美元与黄金脱钩后就意味着与客户之间的交易无需通过等额黄金兑付，这样一来信用货币扮演的角色就更为丰富，除了用作交易凭证，还兼具投资与掠夺的属性。1998年之后，全球爆发了多次金融危机。从表面上看美国也是危机中的受害者，但从更深层次来看，美国却是危机中的受益者，因为美元“绑架”了石油，这就意味着美元成为全球性生产要素，只要控制石油供给就能助长美元的话语权，同样只要保持美元的全球地位就能控制石油价格。所以，无论是老布什发动的海湾战争还是小布什发动的伊拉克和阿富汗战争，其根本目的是控制石油资源，而石油资源的背后是美元向外输出的全球霸权主义。

这个世界有三件事能促进全球大变革：一是规模化战争，二是技术革命，三是大流行病。虽然新冠疫情致死人数远低于历次大瘟疫或世界大战中的死亡人数，但由于国际社会长期积累的矛盾，以及第四次工业革命与新冠疫情“共振”等因素，疫情成为世界大重构的分水岭。

从2020年到2022年疫情持续蔓延，全球经济活动出现“放收循环”周期律。世界各国似乎都有束手无策的感觉。为了稳就业促经济，一些国家一方面采用“直升机撒钱”的办法来刺激投资和消费；另一方面通过操控地缘政治矛盾，以此分化世界合作而从中获利。世界局势风云变幻，为了应对这一现象，中国提出了“双循环”发展模式，以自力更生的意志与开放合作的态度重构价值链。但是，前路漫漫，这必将是一条荆棘大道，只有咬紧牙关，砥砺前行，方能柳暗花明。

5

小时候村里有一户人家，村里有10%的人口是其三代内的直系亲属，有60%的人口与其是五代内的宗亲关系，再加上邻村三代内的表侄关系，可谓大户人家。

有一天，这户人家的一个孩子想做油条生意。对于从未有过油条制作经验的他来说无疑会面对激烈的竞争，但是他还是决定去尝试一番，这种底气主要来自他家族为其提供的规模市场。他第一次做出来的油条是小镇里最差的，路过的行人驻足观望后便离开，只有几个亲戚慷慨购买。后来他干脆把卖不出去的油条送给了村里的宗亲食用，并表示自己刚刚尝试，以后会越做越好。第二次做出来的油条比第一次好，一些宗亲为了支持他的生意也纷纷购买，反正自己人消费的是一份心意。第三次做出来的油条比第二次更好，但水平还是达不到同行竞争者，他便选择了低价销售，那些想吃油条又倾向于价廉的人开始动心了，而宗亲们在油条质量相差不明显的情况下也会选择照顾自己人的生意。他在亲人的包容和支持下技术不断提高，直到与竞争者的水平相差无几。在同等产品质量下，他自然拥有绝对的市场占有率。这个故事告诉我们，在产业发展过程中本土市场的重要性。如果这家油条店一开始没有家族宗亲的支撑，可能就会被扼杀在萌芽之中了。

消费虽然是一种理性的决策行为，但在不承担较大代价的情况下往往会掺杂错综复杂的情感元素。比如一种归属感、一种青春的回忆、一种爱国情绪等，有了这些因素就可以建立起一种潜在的包容性。正是因为这种包容性的存在，为企业或产业发展争取了向上攀升的机会和时间。纵观中国一些品牌，在发展初期与国外同等产品相比存在较大差距，但因为情感元素与价格敏感度等因素，依然拥有较大的本土市场规模，这为企业向更高的价值链攀升赢得了时间。但是情感不是永恒不变的，在一定时间内能发挥作用，如果超过了情感赋予的感性决策和信任周期，就会逐渐失灵。所以，在产业发展初期，发挥本土市场作用是竞争格局中最为关键的环节。

2020到2022年，世界经济面临过度竞争与疫情肆虐的双重压力。2020年全球经济萎缩4.4%，相当于2008年世界经济危机跌幅的7倍，为20世纪30年代世界经济大萧条以来最严重的衰退。各国相继采取管制措施，限制人员货物流动，2020年全球货物贸易量下降9.2%。所以疫情绝对是一只“黑天鹅”，重创全球经济，并引发了全球秩序大重构。在疫情期间一些大国陷入保守主义和自顾倾向，导致国际合作呈现貌合神离的复杂局面。而对于一个国家的内部治理应该如何，更是众说纷纭，管得太多与管得太少都会面临各种失灵的窘境。国家治理问题不能站在片面的经济角度去解释，经济只是国家治理的一部分内容，如果用经济思维去解释国家综合治理就会陷入极端主义思维。比如几百年来人们一直习惯用亚当·斯密的古典政治经济学理论去解释政府对国家治理的问题。这就相当于拿了一条围巾当帽子，裹在头上又重又热，然后大家都在数落围巾的种种缺陷，但是脖子却很郁闷，这围巾明明是我的，你们讨论围巾与脑袋的关系干吗？事实就是如此，亚当·斯密古典政治经济学理论更适合在经济范畴内讨论，不能延伸到社会治理领域去讨论，不然就会出现脑袋与脖子抢围巾的现象，讨论再多也没有意义。

卢梭说，“没有任何一种政府形式适合于一切国家”。国家因文化、制度、信仰、社会的差异存在多样性。我们不能偏激地认为哪种制度是完美的，所以必须在发展过程中不断总结经验，调适自我。无论是“大政府”还是“小政府”都有其优越性，也有与生俱来的局限性。在时代的发展过程中，只要是有利于人民的制度就是好制度，就可以兼收并蓄。从新冠疫情爆发后的防控效率来看，“大政府”的优势得以有效发挥，保障了人民与国家的基本安全，备受世界关注。在未来的国家治理中将可能出现“大政府”与“大社会”共治的发展模式，这也许就是对善治的最好解释。

6

在马克思地租理论中，地租差异取决于两个方面。一是土地的自然条件，尤其是农业生产者，以及土地的地理位置、生产环境决定了土地产出能力与投入成本，所以在不同的生产环境下，付出等量的劳动及相关要素，会出现不同的地租收益（产出收益）。这是在农业生产中的一种规律，也是马克思级差地租I的一种假设。二是通过对资本、技术、人才等要素的不断追加投入，创造土地的各种溢出价值，从而为土地租赁者创造超额利润。这个利润通常被转化为地租，即马克思提出的级差地租Ⅱ。对于级差地租Ⅱ的理解不能片面化，无论是农业部门还是工业部门，从生产效率层面上来说，都应该鼓励去创造级差地租Ⅱ，不断提升土地的产出价值有利于推动社会文明进程，驱动技术创新，促进产业革命等。但是，级差地租的形成往往伴随着资本化垄断现象。随着级差地租概念的扩大，城市扩张成了级差地租的主要载体，城市需不需要采用级差地租Ⅱ？答案是肯定的。但是在土地供给垄断与产权国有化的背景下，要创造级差地租收益就必须注意投入与产出对社会大众利益分配的影响。否则级差地租收益在不完全竞争市场的情况下就会向垄断部门、资本部门和中介部门倾斜，危及社会稳定，影响可持续增长的能力。

从20世纪90年代开始，城市地租得以全面释放，各种类型的地租层出不穷，有协议租赁形式的仓储用地或产业用地，也有房地产开发形式的挂牌出让用地，还有城市改造中集体组织的开发用地，等等。政府部门作为土地的产权方，扮演的角色是土地供应商或是土地租赁方，从一级开发转为二级开发，其根本目的就是更高的土地级差收益，或者说是让土地创造更高利润来满足城市运营的需要。人们通常把城市地租称为“土地财政”。土地财政是以土地作为生产要素进行投资，并通过土地产品的转化实现地租或级差地租收益的，从生产逻辑来看符合经济发展规律。但是，如果土地财政被异化之后，就有可能出现过度商品化或泡沫化现象。过度商品化指的是利用土地的垄断优势进行土地已有价值的溢价出售，并以此形成长期的路径依赖，导致其他经济活动或生产组织萎缩或是萧条。所以，我的观点是要尽量摆脱土地财政的樊篱，从城市地租向产业地租转变。产业地租主要由土地出让金收入、土地交易税费收入、产业转化后产品交易税收收入等构成。城市的级差地租收益与产业地租收益相比，级差地租收益更为直接，在第一阶段获利最大，但会影响资本非理性流动。在超级地租的影响下会出现从众行为效应，社会资本与家庭资本都会向房地产业领域流动，导致投资和消费均出现结构性失衡，从而影响实体经济发展，阻碍非房地产领域的消费，给经济生态体系带来极大破坏。

一般情况下，“土地经济”是政府通过对公共品供给来促使地租价值最大化。暂且不说“土地经济”的好与坏，就从公共品供给的角度来看，无效供给或低效供给不仅消耗了公共财政，还导致潜在利益输送与边际效用价值递减等现象。书中对政府公共品无效供给或低效供给的定义主要围绕供给价格过高、供给不科学、供给质量不高等展开论述，提出城市公共品投资要避免功利化思想和政治化的现象。

7

在土地供给能力和需求能力下降，以及城市蔓延等情况下，城市的增长弹性受到一定程度的限制。在此情况下，提高城市全要素生产率至关重要。城市全要素生产率是衡量城市经济高质量增长的重要指标，从宏观经济学的原理来看，土地、劳动力、资本等生产资源的持续投入能促进经济的高速增长。但是，持续投入并不代表可以无限供给，资源本身是没有循环能力的，当产出“利润”无法满足持续投入的成本时，经济增长就会出现“失灵”。所以，我提出了通过产业集聚、技术创新、制度改革、数字化变革和金融集聚等手段来提高城市的全要素生产率的理论。通过理性、科学的手段引导“土地财政”向“产业财政”转变，以此来规避经济增长的“空心化”现象。

产业财政是一个复杂且系统性的工程，要实现产业财政必须面对多重拷问。如，是否通过产业转型升级抢占全球价值链的高端环节？如何通过政府干预来实现产业转型升级？政府如何通过产业集聚、集群等手段来实现区域产业崛起？产业集聚、集群需要怎样的条件和途径来实现？在产业孵化和创新集聚中政府应该扮演怎样的角色？在本书的后半部分，我会通过对产业振兴的底层构架与外部动力的分析来逐步揭示产业发展错综复杂的关系。

通常情况下，政府对产业发展的干预一般有三种形式：一是通过制度创新为产业发展提供法律与制度的支撑，使产业突破现有制度束缚，获得更大发展机会和市场优势；二是通过财政补贴或税费改革支持产业发展，以此来降低产业发展成本，提高产业市场竞争力；三是产业发展的基础配套，政府为特定产业投入硬件或软件设施来满足产业发展的现实需要，降低企业投入成本，提高企业生产效率。当然，道理容易讲，落实到执行层面远比讲道理难，在本书中我尽可能以中观和微观视角阐述产业发展的基础、动力、方法和途径。在产业发展部分，我提出了产业集聚、产业集群、产业创新三大维度。产业集群是在产业集聚的基础上建立起来的，要是错过了产业集聚的窗口期，就要在产业集聚和产业创新上做特殊设计，以实现弯道超车。

产业集群和产业创新具有“孪生”属性，如果没有打下产业集聚的基础，那么产业集群就必须通过创新来驱动。这就好比两条腿走路，一是做大做强细分产业规模，通过各种要素条件引致相关产业向特定区域集聚。而将其称为集群，说明产业内部成员的合作分工更为密切，相互的依存度更高，因而对全要素生产率的贡献就会更大。二是做大做强创新链，创新链是在产业链基础上通过要素持续投入培育出来的技术创新。这就像一粒种子脱离母本之后经过人工栽培逐渐成为一株小苗，然后找一块好的土地，在阳光、雨露、土壤及技术辅助的作用下逐渐成长，最终成为一棵独立的大树，然后围绕大树再进行新的繁殖、栽培，最后变成一片新的森林。这片森林就是新的产业体系。

所以产业集群的最终目的不仅是做强做大某一项产业，更是通过某一产业的精细化培育形成更多的创新链，然后通过创新链孵化出更多的产业链，如此循环来实现区域产业的整体竞争力。在本书的最后部分，我会通过对中国产业发展的代表性区域和城市进行对比分析，试图厘清制度、方法、路径等作用下的产业振兴之路。

记得母亲在弥留之际讲过的一句话：“孩子，不要害怕，前进是最好的退路。”我想无论是个人、企业还是国家，都会有面对猎猎寒风或雷雨交加的时候，这是发展的周期，也是成长的代价，所以必须坚定信念，砥砺前行，因为前进是最好的退路。

在一个社会共同体中，个体诉求形成个人意志。国家意志是个人意志的集合，具有诉求整体性、行动统一性和执行公共性的特征。这些特征决定了国家意志必然是整个社会意愿的体现，也是人民所期待的目标追求。所以，正视困境，走出樊笼，必能迎来辉煌与强大。

癸卯仲夏于大溪沿观莲居

郑荣华

目录

第一部分　地缘经济与新旧动能转换

第二部分　全球趋势与应对策略

第三部分　级差地租与城市增长动力

第四部分　产业转型方法与路径

第一部分
地缘经济与新旧动能转换

第一章　霸权主义与地缘经济

地缘经济从狭义角度理解，是指一个国家或组织以经济关系和经济利益作为战略手段来取代军事对抗和领土之争。地缘经济是在地缘政治的影响和支配下，国家与区域之间围绕商品市场、资源供应、资金技术流向等形成的竞争、合作与结盟关系。学界普遍认为，地缘经济是地缘政治的延伸。地缘经济的研究源于欧美国家，目前已形成三大代表性学派，即美国学派、意大利学派和俄罗斯学派。[1]其中，美国学者Edward N. Luttwak（爱德华·N. 勒特韦克）根据经济利益和经济关系正在逐步取代军事对抗和政治关系的世界态势，最早提出“地缘经济”的概念，认为“地缘经济”是对商业中强调利益最大化的基本原则与“零和博弈”冲突的基本逻辑相混合的最好描述，并指出“地缘经济”注重在更大范围内实现人员等资

1　李正、陈才、熊理然：《欧美地缘经济理论发展脉络及其内涵特征探析》，《世界地理研究》2014年第1期。

源的最优配置。[1]实际上，地缘经济与地缘政治自古以来就是并立存在的战略手段，而并非地缘政治的延伸或补充。地缘政治与地缘经济是两大不同的体系，在具体战略中根据不同的历史阶段与地域禀赋交叉应用。尤其是17世纪后，欧洲政治出现了重大分化，百年战争让地缘政治与地缘经济成了霸权主义国家海外掠夺与富国强邦的主要手段。从历史文献来看，最早研究地缘经济并把地缘经济的战略手段应用到实战中的并非西方国家，而是中国。

公元前7世纪，欧洲大陆亚述人建立了铁器时代的第一个帝国，并由此展开了血腥屠杀。他们崇尚武力统治，先后镇压腓尼基人、犹太人和巴比伦的起义，而后征服埃及，灭埃兰王国，所到之处血流成河。杀戮成为掠夺不可避免的手段，掠夺成为经济需求的保障，如此循环。同一时期，中国虽然处于小国林立的争霸时代，却闪烁着现代文明的光辉。齐国在管仲的辅佐下通过地缘经济战略手段创建了一个辉煌且文明的时代。最终确立“一匡天下，九合诸侯”的霸主地位。这或许是人类历史上第一个通过地缘经济策略实现霸主地位的国家。

齐桓公忧心忡忡地问管仲：“鲁国发展势头很好，如此下去很快就会超越齐国，可有办法钳制鲁国的发展？”管仲地缘经济思维由此得以发挥，他说：“大王与众大臣只穿鲁缟（鲁国生产的一种绢布）做的衣服就行了。”由于齐桓公和王公贵族们带头穿用，齐国立即掀起了穿鲁缟的浪潮。同时管仲下令禁止本国人织缟，这样一来布料就全部依赖于鲁国进口。鲁国人见织缟有利可图，便全力

1 Edward N. Luttwak, “From Geopolitics to Geo-Economics:Logic of Conflict, Grammar of Commerce”, *National Interest*, Vol.20, No.20, 1990, pp. 17-23.

以赴组织生产。管仲派人张贴公告：鲁国商人给齐国贩来一千匹缟可以获得三百金，贩来一万匹可以得五千金。一时鲁国“家家纺机响，户户忙织缟”，几乎所有的鲁国人都沉浸在创富的激情中。在需求拉着供给跑的情况下，鲁国成为最大的生产机器。一年后，管仲突然下令停止进口鲁缟。需求没有了，供给自然过剩。比库存更为可怕的是由于鲁国人都忙于织缟，其他产业几乎荒废，尤其是农田荒芜导致粮食严重短缺，给国内带来动荡和不安。鲁庄公只好派人到齐国去采购粮食。管仲大幅度提高粮价，最后几乎把鲁国的国库全给掏空了。鲁国受此打击后，一蹶不振。

其后，管仲如法炮制，通过“买鹿制楚”“买裘降代”“购薪废莱莒”等手段把周边国家逐一降服。管仲的地缘经济思维改变了过去以军事暴力谋求发展的极端化行为，开创了一个以经济为主，军事为辅的强国时代。他认为，“大而不为者，复小；强而不治者，复弱；众而不治者，复寡；贵而无礼者，复贱；重而凌节者，复轻；富而骄肆者，复贫”。(《管子·霸言》) 这是一个辩证的观点，一个国家的大小、强弱都是可以转换的，所以必须通过内部改革来满足地缘政治与地缘经济的需要。如果说管仲的这些思想还不足以确立他对地缘经济的理论构建，那么另一个观点便更加明确，管仲说：“故缘地之利，承从天之指，辱举其死，开国闭辱。知其缘地之利者，所以参天地之吉纲也。承从天之指者，动必明。辱举其死者，与其失人同，公事则道必行。开其国门者，玩之以善言。”(《管子·侈靡》) 一个国家必须高度重视自身的地利要素，认真研究其发展规律，才可以使自己的决策更加明确；同时要开放国门，从各个方面了解邻国，学习外国的好东西，才能促进自己国家的发展。

管仲的思想几乎接近现代经济运行理念，具有清晰的地缘经济理论框架，这在公元前7世纪，是一种不可思议的存在。而一直标榜现代文明起源地的欧洲大陆在管仲之后的几个世纪仍处于崇尚暴力的蛮荒、血腥时代。先是凯尔特人凭借其先进的铁质武器，杀遍欧洲大陆和不列颠诸岛，近千年时间先后侵占今天苏格兰、爱尔兰、法国、比利时、西班牙、葡萄牙等国所在的地区，到了公元前387年和公元前279年，凯尔特人又分别洗劫了古罗马和古希腊。再往后，古罗马帝国在欧洲大陆上杀戮了几个世纪。

军事力量虽然是国家捍卫主权，维护和平不可或缺的存在，但并非一种单一的存在方式，更多是配合政治、经济、外交等手段使用的工具。所以，地缘经济思维更能体现一个国家的韧性，更能代表一个发达国家的自信与强大。管仲说："富国有事，强国有数，胜国有理，制天下有分。"（《管子·制分》）所谓"事"便是富国安民的经济事业，所谓"数"就是强国施政的措施，所谓"理"便是获取胜利的理由，而所谓"制"就是控制天下的纲领。总而言之，就是要通过对内改革，实现通货集财、富国强兵的目的。

15世纪末，哥伦布发现美洲大陆，西班牙建立世界第一个殖民地。从此，欧洲进入了一个全新的航海时代。以海洋为中心的地缘政治与地缘经济刺激欧洲强国开始了跨越几个世纪的较量。

第一个日不落帝国

1492年，一名叫哥伦布的中年男子在西班牙伊莎贝拉女王的支持下登上了美洲大陆。当然，他本来的目的地是中国和印度，但误打误撞跑到了那片陌生的土地。在那里虽然没有找到他们梦寐以求的黄金，但是贩卖奴隶与烟草却成了他们的新业务。此后几个世纪，西方强国开启了殖民扩张之路，他们通过抢夺资源、控制海上贸易实现繁荣与富强。西班牙便是其中率先崛起的国家，因为他们是哥伦布的“天使投资人”，美洲新大陆的发现为他们提供了海外殖民动力。

说起“日不落帝国”，多数人都会想到英国，实际上英国是第二个“日不落帝国”，而西班牙是历史上第一个“日不落帝国”。从15世纪末开始，西班牙人横跨大西洋到达美洲，又从墨西哥横跨太平洋，经菲律宾到达亚洲。西班牙殖民者推翻了阿兹特克、印加和玛雅政权，毁灭了当地文明，并宣称对南北美洲大片土地拥有主权。卡洛斯一世时期，西班牙打败了最强大的敌人法国和奥斯曼帝国，开始称霸欧洲。志得意满的卡洛斯一世（亦称神圣罗马帝国皇帝查理五世）曾发出豪言：“在朕的领土上，太阳永不落下。”确实，鼎盛时期，西班牙领土遍布各大洲，面积超过3000万平方公里，相当于如今俄罗斯领土面积的1.75倍。说起西班牙早期的发展倒有几分戏剧性，既不是靠地缘政治，也不是靠地缘经济，而是靠地缘联姻实现了扩张，并由此崛起。

在封建社会，无论是西方还是东方，政治联姻是巩固政权、维护稳定的有效途径。西班牙的崛起得益于欧洲封建制度的影响。15世纪末卡斯蒂利亚女王伊莎贝拉一世为了实现伊比利亚半岛的统一与阿拉贡王国费尔南多二世联姻，使西班牙形成了共主联邦王国。卡斯蒂利亚女王生有四个女儿，两个女儿先后嫁给葡萄牙国王，一个远嫁英国，一个嫁给了神圣罗马帝国的王子，通过这种联姻，西班牙王室逐渐控制了奥地利王室。当伊莎贝拉一世去世后，胡安娜凭借奥地利王室的优势成了卡斯蒂利亚的执政女王。胡安娜的儿子查理五世继位后，统领了祖父家与外祖母家的全部基业，并继承了西班牙国王、德意志国王、尼德兰君主。他直接把海外领地与奥地利本土连成一片，成了神圣罗马帝国皇帝。后来查理五世的儿子菲利普二世的运气也不差，凭着母亲是葡萄牙公主的身份，在葡萄牙王国没有子嗣的情况下，他顺理成章继承了葡萄牙王位。就这样，靠着祖辈联姻的红利，西班牙王室不断兼并其他王室的领地，成就了西班牙王国的崛起。

当然西班牙的真正强大还是在查理五世时期。查理五世即位，先后与法兰西王国、奥斯曼帝国爆发战争，最终赢得胜利，获得了大片领土。西班牙成为欧洲大陆的王者，尤其“西班牙方阵”的陆军让欧洲各国闻风丧胆。在陆地取得胜利后，查理五世把战略眼光放到了海洋上。当时，葡萄牙在海洋扩张上已经领先于欧洲各国，这大大刺激了查理五世发展海洋霸权的决心。

此外还有两个因素也是促进西班牙崛起的关键，一是在伊莎贝拉女王的资助下哥伦布发现了美洲新大陆，西班牙成为最大的利益获得者；二是在马可·波罗的极力吹捧下，东方遍地是黄金的印象深入人心，这成为西班牙窥视海外的潜在诱惑。在“征服”欧洲大陆之后，查理五世效仿葡萄牙组建海军，利用从美洲攫取的巨额财富和尼德兰等领地发达的造船业，建立起欧洲首屈一指的舰队。历史资料显示，当时西班牙总计船舰130艘，总吨位57 868吨，火炮共计2431门，海员8050人。船上共可载陆军约19 000人，加上其他工作人员，总计6万多人。西班牙人骄傲地称这支舰队为“无敌

图 1-1　16 世纪西班牙“无敌舰队”

舰队”[1]，后来这支舰队在最鼎盛时期达到1000余艘，每艘战船配备几十门大炮。在坚船利炮的开拓下，很快西印度、墨西哥、南美大部、中美洲地区、北美西部太平洋沿岸和北美中部等全部被西班牙占领。

西班牙海上“无敌舰队”为经济的掠夺创造了条件，数十年时间西班牙便垄断了世界多数地区的贸易，势力范围覆盖欧、美、非、亚四大洲，成为名副其实的“海上霸主”。西班牙“无敌舰队”曾掠夺了世界开采中83%的贵金属，以至于后来有“黄金漏斗西班牙”之说。但与此同时，西班牙也付出了惨痛的代价。西班牙大量劳动力都涌向美洲淘金，导致人口急剧下降，就连塞维尔这样的中

1　宋宜昌:《大洋角逐》，长沙：湖南人民出版社，1999年，第153页。

心城市也出现了人口下降，国内手工业趋于荒废。同时为了守住海外既得利益，西班牙必须与欧洲各国斗争，从1500年到1659年，他们与法国打了50年，与后来独立出去的荷兰又打了80年，与英国及土耳其的战争几乎无休无止。

而在国内，西班牙统治者为了巩固其自身地位，不惜倒行逆施去维护旧制度，扶植顽固势力，对社会底层进行压迫。1555年，查理五世把尼德兰的君主权禅让给其子菲利普二世，菲利普二世上台后试图通过专制主义的方式来统治尼德兰，取消了尼德兰的政治和经济特权，并对新教徒进行迫害，因此引起了强烈的反抗。与此同时，英国的手已经悄悄伸向了尼德兰。

英国羊毛出口对尼德兰依赖性很强。西班牙对尼德兰的军事镇压，损害了英国同尼德兰的传统贸易关系。如果西班牙军队完全控制尼德兰，英国的利益将会受到巨大损害。所以英国便在背后支持尼德兰地区海盗起义。英国由于自身力量还不能与西班牙抗衡，但又觊觎海外的商业利益及欧洲大陆的消费市场，因此不断扶持西班牙的敌对势力来削弱对手，甚至勾结德雷克、霍金斯等海盗对西班牙殖民地及来往商船实施抢劫。1577年起，德雷克率领海盗船截击从美洲向欧洲航行的西班牙船只，抢劫美洲太平洋沿岸西班牙占领地的财富。3年中抢掠了价值约合50万英镑的金银。德雷克将金银财宝的40%献给了英国女王伊丽莎白。[1]为此，西班牙驻英国大使要求英国逮捕德雷克，并赔偿因抢劫给西班牙造成的损失。英国人对此不予理睬，反而视察了德雷克的舰队，封德雷克为贵族，这使西

1 鲁德宇、尚宪刚:《“无敌舰队”覆灭记——西班牙海上霸权的易手》,《国防科技》2006年第5期。

班牙异常恼火。所以便有此后西、英历史上一场空前绝后的战争。

1588年5月西班牙派出一支欧洲历史上空前规模的舰队，总计134艘战舰，人数超过30 000之多，远赴英国决一死战。英国人由于早有准备，又占据地理优势，结果是显而易见的，西班牙惨败，"无敌舰队"从此覆灭。而在此后的几年，西班牙又爆发了大规模的瘟疫，死亡人数超过200万，约占当时人口的20%。长期战争带来庞大军费开支，以及人口不足，导致国内生产力下降，西班牙从此失去了海上霸权地位。

关于西班牙衰退的说法有很多，比如持续战争对国力的损耗，对"异教徒"的肃清引发逃亡与反抗，制造业"空心化"导致经济危机与通货膨胀，等等。而实际上西班牙衰退并非一个短促的过程，从极盛到衰退经历了100多年时间。具体来说是从16世纪中后期进入衰退，然后在各种不利因素的交互作用下加快了衰退进程。总而言之，西班牙是在经济、战争、制度相互交集作用下衰落的。

垄断经济引发的衰退

前文说过，西班牙"无敌舰队"曾掠夺了世界贵金属开采中83%的份额，正是因为这些贵金属的快速流入，助长了西班牙的冒险主义。为了维持对"白银"的垄断地位，西班牙不惜与多国同时开战。这样一来便进入一个难以避免的"怪圈"，大量白银的输入不仅没有实现国家的富裕，反而加剧了国家的动荡与萧条。原因很简单，要维持垄断地位就要发动战争，而发动战争就需要庞大的财政开支。最后，西班牙只做大了经济规模却没有实现盈余。更为糟糕的是，随着白银产量不断减少与战争不断升级，政府陷入难以为继的财政压力之中。同时，由于西班牙制度的特殊性，西班牙的经济并非由国王和社会工商业所控制，而是为贵族和利益集团所绑架。也就是说，西班牙从海外输入的白银并没有转化为社会资本或国家财政储备，而是掌握在贵族手里，最终导致国内白银大量向境外流失，为竞争对手提供了发展机会。那些源源不断流入西班牙的白银就像海浪一般，汹涌而来，又澎湃而去。

从16世纪末到17世纪中期，西班牙的白银主要通过三种渠道流失。其一是北方国家制造品挤占了西班牙市场，白银随着贸易逆差不断向外流失。这主要是西班牙制造业“空心化”的结果，长期贸易逆差让非“信用货币”的白银一去不复返。假如，当时西班牙发行的是纸币，也许结果就不一样了。其二是海盗的掠夺，这一现象在17世纪尤为突出，随着西班牙海上力量的逐渐衰退，海盗力量得到空前发展，有些海盗在英国政府的支持下形成强大的势力，甚至能与军队相抗衡，因此给西班牙造成巨大损失。其三是走私行为导致白银流失。西班牙皇室和贵族掌控了西班牙的绝大部分白银，他们一方面高额购买荷兰、英国、法国等国家的商品，造成白银大量外流；另一方面私下与欧洲利益集团勾结，倒卖白银。所以，对于西班牙来说，再多的白银不过是向外流动的水，并没有形成社会资本和财政储备，“黄金漏斗”一说可谓名副其实。更为糟糕的是，大量白银的输入导致了“虚假繁荣”，平民阶层不仅没有享受到国家“富裕”的红利，反而要承担物价上涨带来的惨痛代价。在高通胀压力下，百姓们困苦不堪。相比之下，第二个“日不落帝国”英国就做得比西班牙好。英国对外殖民扩张并非由皇族和贵族所主导，而是动员民间力量，最终形成以政府和社会工商业为核心的资本体系。因此，涌入英国的财富直接流入民间，并迅速转化为工业资本，催生了人类历史上第一次工业革命。同时，英国政府以强大的军事力量为社会资本做后盾，通过对外殖民构建原材料产地和工业制品销售市场，这种“外强内实”的做法避免了之前西班牙的“虚假繁荣”。

持续战争引发的衰退

从西班牙国王卡洛斯一世（查理五世）到菲利普四世这150年里，其中有140年都在打仗，而且打的都是大战、恶战。查理五世先后与土耳其、法国、德国开战；菲利普二世又与英国、法国开战，而后又与土耳其打了漫长的“八十年战争”，接着内忧外患，镇压尼德兰起义又打了“三十年战争”。到了菲利普四世时期，西班牙与法国、瑞典再次开战。再强大的国家也经不起这般折腾，一方面财政收入远远赶不上战争的支出，另一方面不断减少的人口难以满足战争所需的兵力投入。正所谓“国虽大，好战必亡”，仅仅是一支“无敌舰队”就花掉了西班牙380万杜卡特（威尼斯铸造的一种金币，在中世纪欧洲受到很大欢迎），其中还不包括维护和运营费用。在1588年的英西战争中，西班牙一战就花掉了1000万杜卡特。到了菲力普二世时期，西班牙政府几度出现3/4的财政用于战争或是偿还战争的债务的情况。直到菲利普二世去世的时候，西班牙政府一年财政收入有2/3都用于偿还利息。西班牙不像今天的美国，可以通过无限货币供给来转嫁债务危机，因为白银交易无法体现“信用”货币的不信用行为。所以在“金本位”时代，西班牙必将为此付出沉重的代价。

当然，压倒西班牙的最后一根稻草是“内乱”，失去尼德兰地区对于西班牙来说无疑失去了造血功能。尼德兰地区包括荷兰、布拉邦特、林堡、卢森堡、格尔德兰、佛兰德、阿尔图瓦等在内的17

个省区，这17个省区都是西班牙工商业最发达和人口最稠密的区域，一旦失去就意味着断去了手臂。1556年，查理晚年病重，迫于无奈，他把国家“一分为二”，把德意志部分领土交给他的兄弟斐迪南一世治理；而把西班牙、尼德兰，意大利的那不勒斯、西西里岛、撒丁岛，以及美洲殖民地（墨西哥、秘鲁、智利和哥伦比亚等）传给他的儿子菲利普二世。就是这个儿子，把祖宗辛辛苦苦打下的基业败得干干净净。菲利普二世继位后纵容贵族享受各种特权，横征暴敛，损害城市工商业者利益；同时又默许天主教会反动势力，利用宗教裁判所去侦查、逮捕、残杀一切反对专制制度和教会的臣民，钳制社会舆论，禁止新思想的传播。由此引发了一场持续数十年的内战，最终荷兰独立。

腐朽的制度引致衰退

在风起云涌的时代浪潮中，西班牙腐朽的制度与其他西欧国家形成鲜明对比。从生产方式来看，西欧各国在经济发展中不断推进先进的生产模式，从传统纺织业到工业制造业，生产效率不断提高，而西班牙却依然是一个以封建生产关系主导的农业国家。另外，从制度关系来看，西班牙是由王权和贵族主导的垄断势力所控制，所以看似“繁荣”的西班牙，实际上底层百姓并没有享受到发展的红利，反而备受剥削和压制。当西班牙横行世界的时候，英国只是一个地处亚欧大陆西北边陲的岛国。英国意识到自身资源匮乏，以及与西班牙之间的实力差距，全国上下拧成一股绳，把每个人的力量发挥到最大。在制度上，英国权力体系是由王权和市民阶层构成的，这样便充分调动了每个阶层、每个人的能动性，实现了国家财富与民间财富的积累。西班牙则是王权和贵族结合的制度模式，垄断了全部资源及权力，这样一来国家就失去了凝聚力，失去了人心与爱国情怀。西班牙在欧洲各国中一直是个意外的存在，与西欧其他国家相比，其制度几乎滞后两个世纪。比如在13世纪初，英国《大宪章》就出现了，这是约束王权与贵族特权的重要法律。到了14世纪之后，西欧各国的封建领主制度在商品经济冲击下逐步瓦解，贵族特权几乎被法律压制，所以社会生产率和创新力得到充分体现。反观同一时期的西班牙，王室和贵族垄断了一切资源，其他阶层不仅不能参与分配，而且还不能从事国际贸易，甚至大部分地区还实行农奴制、奴隶制。

西班牙的王室与贵族自私自利，宁愿把大量财富挥霍在他国的奢侈品上，也不愿意把财富投入到商业经营和工业生产上。所以就导致社会生产率与国家对外扩张能力不平衡，最终形成恶性循环。在这种情况下，普通百姓即便有了财富积累也失去投资的信心，凡是有条件的公民首先考虑的便是移民。所以，当时西班牙的问题并非只是社会阶级固化这么简单，而是陷入一种失去百姓支撑的"空心化"危机。王权与贵族为了满足自身的物质需要只能长期依赖竞争国的商品供给，最终养肥了英国、法国及后来的荷兰等国家，加速了自身的衰退与没落。英、法、荷等国家由于调动了社会力量参与对外殖民扩张，因此得到了空前发展。西班牙的财富源源不断地流入他国，并迅速转化为商业资本，促使荷兰成为世界第一个资本主义国家，也促使英国开启了人类历史上的第一次工业革命。

第一个资本主义国家

荷兰是反西战争中的最大受益者。1581年尼德兰起义城市正式宣布废除西班牙菲利普二世的统治，成立尼德兰“联省共和国”。荷兰省是起义省份中最大且经济最发达的，所以便称为荷兰共和国。到了1609年西班牙无力再战，不得不签订停战协议，承认荷兰共和国独立。荷兰此后的崛起让觊觎霸主地位的英国也望尘莫及，从而矛盾的焦点也由英西对抗变成了英荷对抗。

在西欧这片土地上，虽霸主更替不断，但留给世人讨论最多、思考最深刻的莫过于荷兰。因为荷兰不仅是17世纪的海上霸主，也是人类历史上第一个资本主义国家，是一个由资产阶级掌权，赋予商人阶层充分政治权利的国家。所以在资本主义制度的刺激下，荷兰创造了经济上的空前繁荣。17世纪的荷兰，是西方国家实现资本主义转型的代表，为西方世界完善资本主义国家制度提供了参考，也是地缘经济发展的典型代表之一，具有里程碑式的意义。

荷兰是一个特殊化的公司

马克思曾评价：“荷兰几乎独占了东印度的贸易以及欧洲西南部和东北部之间的商业往来，它的渔业、海运业和工场手工业，都胜过任何国家。这个共和国也许比欧洲所有其他国家的资本总和还要多。”让人不可思议的是，完成这一成就只用了短短70多年时间，这种速度相当于一家企业的发展进程。如果仔细比较，就会发现荷兰的国家运行机制就像一家企业的运行方式。

独立后的荷兰创立了一家以国有资本为核心，各种私营公司参股的股份制公司。这家公司就是大名鼎鼎的荷兰东印度公司，是世界上第一家股份制公司。荷兰东印度公司的运营方式是证券化的雏形，公司通过股权分红模式面向社会融资，把社会分散的财富成功地变成了国家对外扩张的资本。这种松散灵活的模式为其在东方贸易权的竞争中提供了帮助，充分发挥了资本的力量。

值得注意的是，荷兰东印度公司与英国东印度公司相比，其定位有着明显区别。英国东印度公司是英王的特权组织，是王权的体现，所以其性质是以掠夺殖民为主。而荷兰东印度公司是一个附带国家意志的股份制企业，是以从事商业活动为核心创造利益共同分配的发展机制，所以荷兰东印度公司的活力会更强一些。

荷兰东印度公司的势力范围主要在南洋群岛，英国东印度公司的势力范围主要在印度。荷兰东印度公司由于具有特殊的机制与灵活的运营模式，很快便替代了葡萄牙垄断了香料贸易。从发展进程来看，荷兰海上霸权分为三个阶段。

第一阶段，1595—1619年。这是荷兰在东南亚贸易的起始阶段，所采取的策略与葡萄牙基本相同：（1）占领印尼群岛和中国南海所有可能的重要位置；（2）控制亚洲昂贵的商品贸易之大部分；（3）利用各种可能的方式对抗欧洲竞争者。[1]具体来说，就是在东南亚重要贸易地设立据点、商馆，与葡萄牙、西班牙展开竞争，垄断马鲁古群岛的香料贸易，同时企图控制东南亚各地的胡椒，然后将所获

1　洛瑞罗：《澳门、马尼拉与荷兰人》，《文化杂志》中文版第67期，2008年夏季刊。

得的胡椒、丁香、肉豆蔻等货物运回国内，即从事“派出船只，运货回国”[1]的转口贸易。

第二阶段，1619—1667年。荷兰先是在巴达维亚（今雅加达）建城，然后以爪哇作为扩大侵略的据点，占领锡兰（今斯里兰卡）和马六甲。其间曾两度侵占中国澎湖列岛及台湾，后被驱逐。同一时期，荷兰在北美建立新阿姆斯特丹城（今纽约），在西非进行奴隶交易。

第三阶段，1668年之后。荷兰把葡萄牙在南非最后的势力也排挤出去。同时在环绕斯匹茨卑尔根群岛的北极海域，荷兰人又垄断了捕鲸业。就连波罗的海的贸易也被荷兰控制。到了17世纪中叶之后，荷兰东印度公司已经拥有一万多个分支机构，贸易额占全世界总贸易额的一半。所以，荷兰的本质是一个特殊化的公司组织，而荷兰东印度公司正好又是一个特殊化的国家机构，“它具有高度的独立性，有权铸钱币，建城堡，组军队，垄断贸易和对外作战，甚至私设法庭和行政机构”[2]。荷兰国王赋予该公司没收在其独占地域内航行的任何外国船只的权力。有几乎长达一个世纪的时间，悬挂着三色旗的荷兰商船在世界五大洋穿梭，被称为“海上马车夫”。

荷兰之所以发展如此迅速，归结起来无非就几个关键词：地缘经济、制度改革、技术创新、金融发展。荷兰与英国对外扩张的最大区别是，英国把重点放在殖民地建设上，而荷兰的重点是放在转运贸易上。当然这与地域经济禀赋是有关系的，荷兰是“欧洲两

---

1 Kristof Glamann, *Dutch-AsiaticTrade*, *1620—1740*, The Hague: Martinus Nijhoff, 1958, p.8.

2 刘明翰：《世界史：中世纪史》，北京：人民出版社，1986年，第445页。

图 1-2 17 世纪荷兰最主要的货船

条古老的商船航线——一条为南北方向，从卑尔根到直布罗陀；另一条为东西方向，从芬兰湾到英国——的交通枢纽。沿着这些航线和运河运送的商品有：比斯开湾的鲱鱼和盐，地中海地区的酒，英国和佛兰德的布匹，瑞典的铜和铁，以及波罗的海地区的谷物、亚麻、大麻、木材和木制品”[1]。这样的地理优势为地缘经济的发展提供了有利条件。荷兰人为了巩固自身的地域优势，还修建了多条运河，构建了欧洲最为发达的水上交通网络，为荷兰成为欧洲商品集散中心创造了条件。这种大交通、大网络的思维，与今天各地政府为了区域集聚优势拓展交通网络，建设以交通为导向的TOD（Transit Oriented Development）开发模式类似。

1 ［美］斯塔夫里阿诺斯：《全球通史：从史前史到21世纪》，吴象婴等译，北京：北京大学出版社，2006年，第431页。

在制度上，荷兰政府不仅全面支持东印度公司的海外势力扩张，还在国内极大地保护了自由贸易，打破了以往的宗教隔阂，允许港口向异教徒和不同国籍的人开放。所以荷兰以商贸发展为核心的增长模式，在速度上自然就超过了那些以工业和农业积累为增长模式的国家。

在技术创新领域，荷兰人发明了三桅商船，这种船空间大，成本低，造价只有欧洲其他商船的一半。在17世纪，荷兰有60座码头用来建造远洋贸易的船只，这些造船厂高度机械化，几乎一天就能生产一条船，这样便极大提高了荷兰的竞争优势。在这一点上，英国落后荷兰将近一个世纪。另外，荷兰在贸易与金融方面创造了诸多奇迹。荷兰东印度公司通过海上霸权控制了东方贸易，另一方面为了支持海上扩张的能力，荷兰创建了阿姆斯特丹银行，这是欧洲最早设立的银行，阿姆斯特丹也成为欧洲金融中心。阿姆斯特丹银行除了向东印度公司贷款，还经营国外汇兑业务及政府贷款，有人形象地比喻荷兰就是一个由舰队守卫的账房。阿姆斯特丹银行为荷兰对外贸易起到了重要的支持作用。

物极必反“荷兰病”

正所谓“物极必反，盛极必衰”，荷兰似乎注定是要衰落的。从外部环境来看，荷兰人口少，加上贸易带来的高回报，让荷兰人习惯了养尊处优，所以在军事上一直处于消极被动的状态。在陆地上，从1671年开始一直被法国撵着打，失去了大量领土。为了寻求英国的支持，荷兰不得不在商业上做出让步。但是荷兰人并没有意识到，在西方世界里英国才是最可怕的狼。几个世纪以来，英国人不是在战争中就是在准备发起战争的路上，并且是以侵略、殖民战争为主，尤其是对亚非拉地区诸民族的侵略、杀戮及奴役长达几个世纪之久。英国与荷兰的四次战争虽然多数以荷兰获胜告终，但是荷兰并没有获得多少好处，最终在1780—1784年的第四次英荷战争中，荷兰败给了英国。从内部环境来看，在资本主义经济的发展道路上，荷兰的商业资本没有转化为工业资本，缺乏工业后盾，所以失去了内生动力。因为没有工业便难以形成人口集聚，没有人口集聚便失去了本土市场效应，失去了对外博弈的条件。

17世纪中期的荷兰由于极度繁荣，逐渐丧失了先辈们的开创动力，享受安逸，深陷“荷兰病”之中。再加上对地缘经济形势判断过于乐观，从而忽视了当时军事力量在地缘经济发展中的重要性。荷兰当时的制度规定，作战经费属于特别开支，不能从常规的税收中支出，必须经联省议会特别拨款。以至于到了17世纪中晚期，荷兰海军部队因为缺少经费，只能到外面借高利贷维持，军官和水手被大量解雇后，流到了外国海军部队服役，这估计也是人类历史上绝无仅有的现象。正如毛泽东所言：“战争是政治的延续，是政治的工具。”荷兰人幻想通过商业贸易把挪威变成他们的森林，把莱茵河岸变成他们的葡萄园，把德意志、西班牙和爱尔兰变成他们的羊圈，把普鲁士和波兰变成他们的谷仓，把印度和阿拉伯变成他们的果园……这一切都是出于浪漫主义的政治幻想，殊不知地缘政治的残酷性正给荷兰带来巨大的灾难。这就像种在别人田里的粮食，你以为只要有钱就可以随时购买，但偏偏有人一手拿着枪、一手拿着钱抢先一步收割了你的希望。

反之，英国之所以能取代荷兰成为新的海洋霸主，主要是因为拥有完整的生产体系与相对庞大的人口规模，因此形成了有效的供需市场。英国在当时无论是手工业生产还是国内消费市场都领先于欧洲各国，尤其是拥有绝对的本土市场规模，让任何一家企业都不想得罪英国而失去固有市场。相比之下，荷兰除了是经济强国，并没有可以遏制他国的手段。英国就是抓住荷兰这一弱点使出“二选一”的大招。英国规定，欧洲各国货物贸易要进入英国及英属殖民地就必须使用英国本土或英国生产的船只；欧洲以外的货物只能由英国及其殖民地的船只运抵英国；出口货物也只能用英国船只运输，船长必须由英国人担任，船员也必须有3/4是英国人。这是1651年英国颁布的《航海条例》，该条例的目的很明确，利用本土市场效应打击竞争对手。为此荷兰与英国发生了两次战争，虽然荷兰获得了胜利，但可怜自己没有本土消费市场，要发展贸易就必须依靠英国消费市场。最后只能对谈判条件进行妥协。到了18世纪，西欧各国更是发挥了贸易战的潜能，通过提高关税和对本国企业进行高额补贴的办法来应对荷兰的竞争，荷兰的优势再度被削弱。

另外，让荷兰人引以为傲的资本优势在欧洲持续的战乱中也丢失了。荷兰东印度公司的业务在英国、法国的打击下全线衰退，为了保持表面的繁荣，以及维持股票的高价位，荷兰东印度公司只能拆东墙补西墙，以高于国内3倍的利息借债来维持虚假的收支平衡。另外，荷兰为国外政府提供的贷款由于欧洲战争不断，出现了大量坏账。更为糟糕的是，荷兰政府因借贷而被“绑架”。荷兰政府为了保证借款的安全不得不向借款国妥协，因为一旦与借款国发生冲突就意味着出现坏账，所以尽可能保持克制，这就助长了他国威风。树欲静而风不止，一个世纪以来，荷兰不断被卷入战争中却又无力反击。到了1795年法国革命军攻入荷兰，荷兰最后一位国王威廉五世逃往英国，从此荷兰便成为法国的附庸国。强盛一个世纪的海上霸主最后以附庸国的命运收场，让人唏嘘不已。

17世纪的海洋霸主荷兰已分崩离析，但是荷兰的制度模式让英国大受其益。英国的经济制度及后来的经济学理论可以说是在荷兰经济制度的基础上建立起来的。比如经济学家安格斯·麦迪森认为，很大程度上，英国的经济制度改革是沿着荷兰的方向在进行。后来英国的“光荣革命”和“圈地运动”也是荷兰制度扩散的集中体现。还比如可转让的汇票、本票、贴现制度等都是由荷兰传到欧洲各地。荷兰人建立的中央银行——阿姆斯特丹银行也被英国、瑞典、德国等模仿。荷兰以“殉道式”的结局为资本主义发展提供了借鉴。

荷兰虽败犹荣

几个世纪以来，人们对荷兰的衰败给予各种批判，甚至是讥讽。学界也为荷兰衰败现象取了不少名字，比如“荷兰病”等，但这否定不了荷兰是一个了不起的国家，因为现代资本主义与现代金融体系的雏形都诞生在荷兰。可以说，没有荷兰的制度创新就没有英国的崛起。荷兰为西方经济提供了实践经验和金融理念，所以荷兰虽败犹荣。

了解荷兰的人都知道，荷兰是一个不怎么适合人类居住的国家，最起码在19世纪之前是这样。因为荷兰平均海拔较低，其中有些部分甚至低于海平面，常年阴雨连绵，一年中能见到太阳的时间不超过70天，就是这样一个国家创造了世界第一个资本主义经济体系。即便是今天，荷兰依然是一个发达国家。面积相当于中国一个地级市的荷兰，是仅次于美国的位居世界第二的农业出口国，其中花卉、奶酪、马铃薯等出口量居世界第一。在科技领域，荷兰更是位居世界前列，比如荷兰的ASML（阿斯麦）公司，是全球高端光刻机的龙头企业；NXP（恩智浦）公司是车用半导体市场份额最大的供应商；Royal Philips（荷兰皇家飞利浦）公司生产全球最先进的医疗电子设备。此外荷兰半导体企业也领先世界，其中Nexperia（安世半导体）公司专注于分立器件、逻辑器件及MOSFET（金氧半场效电晶体）生产等，成为全球领跑者。另外像洁诺、夏士莲、力士、旁氏、多芬、凡士林等日化用品都是荷兰的品牌。所以，荷兰的衰退只是相对的，也可以理解为一个国家历尽风雨，最后迎来理性的回归。

前面说过，荷兰境内平均海拔较低，其中有些部分甚至低于海平面，海水常年倒灌使荷兰失去了种植与居住的条件。为了克服这一困境，荷兰人从13世纪开始就启动了围海造地、修筑大坝的工程，并通过开凿排水沟渠，利用风车把水排出洼地等方式，使这片狭小的土地上出现了生机。正如英国作家欧文·费尔瑟姆所言："荷兰人在某些方面得到了神灵的护佑，因为他们驯服了海洋，让它按照自己的意志流淌。"荷兰从16世纪独立以后，很长一段时间都在寻找"靠山"，甚至找到法国国王亨利三世，要把荷兰的统治权交给他，由于法国当时正忙于内战，亨利三世无暇顾及荷兰。后来，荷兰人又找到英国女王伊丽莎白一世，也没有把荷兰送出去。荷兰最终下定决心自力更生，开创了"海上马车夫"的辉煌时代。

荷兰的崛起不像西班牙和英、法等国，只是通过野蛮的武力征服去实现"掠夺"的目的。荷兰崛起的核心是其包容的文化与开放的政治环境。比如在宗教信仰方面，西班牙因为打击、肃清"异教徒"促使荷兰独立。荷兰人曾遭受宗教迫害，所以采取了宗教自由的开明政策，这在当时的西方国家中是较为罕见的。荷兰为了保护宗教信仰自由，专门在宪章中规定："每一个人都有宗教信仰的自由……任何人不得以宗教原因受到调查或迫害。”这样一来便吸引了大批海外移民，以及其他国家被宗教迫害的移民。人口的集聚，给荷兰带来了更为多元的思想、文化和技术，以及巨额资本。尤其是犹太人的到来，促进了荷兰贸易和金融服务业的发展，为荷兰的繁荣奠定了基础。荷兰是最早的民主国家之一，从16世纪独立开始就实行共和政体，国民享有充分的自由和民主权利。这样一来，就吸引了众多商业精英和技术人才投奔荷兰，甚至连英国人、美国人也纷纷涌入荷兰寻找发展机会。但是，荷兰注定是早期资本主义国家的“殉道者”。因为“第一”注定是要披荆斩棘的，开创者永远要比模仿者更为艰难，更为危险，荷兰就是如此。

荷兰，成也金融败也金融。我们来分析一下荷兰金融的成败关系，看看能否找到一些启发。荷兰的金融创新是迫于现实的无奈，一方面备受西班牙的长期封锁和欧洲内陆贸易的排挤，另一方面要挑战葡萄牙在亚洲贸易上的垄断地位。两害相权取其轻，独立不久的荷兰短时间要打破欧洲内陆的利益格局显然是不可能的，所以发展远洋贸易才是最为便捷的出路，更何况当时葡萄牙已是日暮西山，故而值得冒险一试。1602年，荷兰将14家以东印度群岛地区为主要据点的贸易公司进行整合，根据出资人的出资比例组建了一家股份制公司，这家公司就是后来大名鼎鼎的荷兰东印度公司。合伙做生意自古就有，但是荷兰东印度公司率先创立了“有限责任公司”，这就意味着现代企业的股权模式已经形成，企业股东只承担有限责任，而利益则按股权比例进行分配。这种产权分散化和经营权集中化的模式正是现代上市企业的原型。出于逐利的本能及海洋文化特有的冒险精神，荷兰上至权贵下至百姓都积极入股。而荷兰政府也通过制度“特权”来折合股权进行入股，给予东印度公司各种垄断权及行政权。这样一来，一个混合经营制的企业由此诞生。更为重要的是，荷兰东印度公司将社会资本变成了海外扩张的集中资本，由此形成了以企业代表国家意志力的经济生态模式，全国上下空前团结。不断扩张的荷兰东印度公司在亚洲势力越来越大，逐渐侵吞了葡萄牙人在亚洲经营多年的贸易利益。

荷兰东印度公司最大的特点是股份证券化。因为向外扩张需要不断的资本投入，如果企业分红过于频繁就会降低再投入的能力，所以他们创立了产权流转制度，其本质就是证券化特征的利益模式。所以在公司成立的同一年，他们成立了世界第一家股票交易所——阿姆斯特丹证券交易所。交易所承担的职能就是帮助荷兰东印度公司持有流通股的投资人进行股权转让，以此换取现金收益。

金融市场的形成极大地刺激了荷兰的商业贸易，但与此同时，

图 1–3　17 世纪荷兰东印度公司总部所在地巴达维亚

资本特有的“贪婪”“邪恶”暴露无遗。交易所开业没几年就出现了大股东对东印度公司高价卖空的现象，然后再通过压低股价买回抛售的股票，以此赚取高额差价。为此，荷兰政府在1610年制定了世界上第一条限制卖空的法规。然而，资本逐利的欲望使其总能在千丝万缕的法网中找到投机的缝隙。快速流动的资本促使荷兰商业贸易蓬勃发展，但是过度投机的社会环境让资本脱实向虚，实体产业因为失去资本的供给而陷入萧条。当然，商业贸易要能保持长期繁荣自然也是好事，但问题是商业贸易需要强大的地缘政治优势和国内产业循环能力作为保障，否则就会陷入两难的局面，荷兰正是这般境地。

一方面，荷兰要面对欧洲强国的全面打击。英法两国突然发现荷兰这个不起眼的小国，竟然在短短的70年里几乎垄断了欧洲乃至全球的海上贸易，于是开始对荷兰进行“围剿”。英国起初是通过颁布《航海条例》来禁止荷兰参与英国海上贸易的，后来通过战争甚至是支持海盗力量来打击荷兰海上贸易。荷兰虽然拥有全世界最多的船只，但海上军事力量并不强大。因为在商业资本的长期熏染下，人们已经丧失曾经的热血与英勇的斗志。所以在英国、法国、丹麦等国家的贸易保护制度下，荷兰海上贸易急剧下降，荷兰东印度公司出现亏损。为了维持公司股票价格的稳定，东印度公司只能依靠财务造假和高息借款来维持所谓“盈利”。但是资本家逐利的本性在这一刻表现得淋漓尽致，荷兰的金融家和商人早已把钱借给了利息更高的其他欧洲国家。当大量资金源源不断流入竞争对手英国的时候，便促进了英国的强大，削弱了荷兰自身的竞争优势。更为可悲的是，由于国家之间的频繁战争，荷兰资本家们最终也未能催回借款，辛辛苦苦积累的商业财富付诸东流。

另一方面，荷兰商业资本没有转化为工业资本，从而失去国内经济循环能力，供需两端完全依赖于外部资源，给国家带来了巨大风险。由于商业和金融回报周期比工业短，荷兰的资本脱实向虚，朝着进口贸易和金融借贷两个方向转移。从进口贸易来看，过度自由的经济制度激发并纵容了荷兰资本家的贪婪本性，为了自身的利益而罔顾国家的整体利益，最终出现商业资本家与工业资本家相对立的局面。比如，荷兰纺织企业强烈要求政府提高关税来抵制英国廉价的商品供给，以此来保护本国商品的竞争力，但是荷兰的进口商贩们却极力反对，认为提高关税将会损害他们的利益，由此一来，低额的关税使荷兰的制造业举步维艰，工业生产的积极性逐步下降。商业资本长时间不能与工业资本相结合，最终导致荷兰错失了第一次工业革命。所以，与其说荷兰输给了英国，还不如说商业资本主义输给了工业资本主义。从金融借贷来看，荷兰商人将巨额资金借给了外国政府来谋取高额利息。其中英国、法国、瑞典、德意志等都曾向荷兰借贷巨款用于发展军事力量。而讽刺的是，荷兰自己的海军却由于无力偿还借贷而被迫解散，海上贸易也因此得不到保护而成为他国的俎上鱼肉，甚至连海盗都可以轻易攫取荷兰海上利益。

英国吸取了荷兰的教训，引导商业资本向工业资本转移，确立了工业资本的统治地位。由此成就了英国的工业革命。而法国却没有从荷兰的衰退中找到答案，依然延续了荷兰金融化发展路线，使社会资本向商业贸易及金融借贷领域转移，最终导致工业止步不前，技术创新落后，影响了国家竞争力。所以，荷兰的衰退告诉我们，一个国家如果没有纵观全球的发展战略，没有深谋远虑的发展规划，以及驾驭地缘经济的智慧和能力，就会陷入“虚假繁荣”的陷阱。

群雄争霸

天下大势，分久必合，合久必分，不过是利益纠结与权欲使然。但是战争终究是需要理由的，所以发动战争的手段一般来说都具有委婉、隐晦的特征。但是，在19世纪之前的欧洲大陆似乎连一张用来遮羞的面具都不需要，不服就开干，大战小战持续不断，今天的联盟似乎在为明天的敌对而做准备。相爱相杀几个世纪，让人眼花缭乱、困惑不已。英法扳倒海上霸主荷兰之后，矛盾的焦点便转化到他们切身利益的争夺上。

英法相爱相杀数百年

英法两国就像一对偏执的夫妻，好起来如胶似漆，闹起来不是你死就是我亡。在第一次世界大战之前，这两个国家多为刀兵相见。隔着一条窄窄的英吉利海峡，相爱相杀数百年。其间虽偶有合作，那也是瓜分利益时的短暂默契。其中在1337年至1453年，他们打了一百多年。这是世界上最长的战争，史称“百年战争”。最终英国王室丧失了在欧洲大陆的领地，缩回大不列颠岛偏安一隅，等待时机。直到1756—1763年，他们为了争夺北美大陆的控制权又打了七年，史称“七年战争”，最终英国在普鲁士联盟的协助下雪洗百年之耻，赢得了战争。法国因此失去了大量的海外殖民地，包括整个加拿大，以及新法兰西等地，甚至在印度的殖民地也丢了，英国最终实现了海洋霸主地位。所以英国又变成了法国的“世仇”。此后几十年，法国人似乎都在酝酿复仇的一天。

到了19世纪初，法国出了一位叫拿破仑·波拿巴的军事家，他把共和国变成帝国，成为法兰西第一帝国皇帝，在杰出的军事指挥能力下几乎横扫欧洲，曾打赢五十余场大型战役，五破英、普、奥、俄等国组成的反法联盟。法国算是再次扳回一局，一雪前耻。但是“野心”这东西一旦脱离理性的束缚，就如神话中的魔鬼，一旦迸发而出就会一发不可收。历史上几乎所有帝国的倾覆都与狂妄无边的“野心”有关。拿破仑也不例外，无休无止的扩张让其成为意大利国王、莱茵联邦的保护者、瑞士联邦的仲裁者、法兰西帝国殖民领主，整个欧洲除了英吉利海峡对岸的英国，似乎都向他臣服。但是臣服往往都是为了短暂的喘息，随之而来的便是更为凶猛的报复。1815年，在英国的牵头下，俄、普、奥、荷、比等数十个国家结成第七次反法联盟，集结70万兵力在滑铁卢一战，把法国再次打回了原形。在这一战中，作为联盟国的荷兰也算报了1795年被法灭国之恨。英国人更是坐稳了海洋霸主地位。为此，英国人在1826年专门建造了一座雕塑用于纪念这一辉煌的转折点，这座雕塑就叫凯旋门。但是英国人万万没有想到，在摧毁法国的同时，有两个国家正在默默成长，成为此后英国最大的竞争对手。他们就是美国和普鲁士王国。

日不落帝国的余晖与美国的朝阳

先来说说美国。在美国独立之前，英国人在北美洲建立了包括纽约、特拉华、宾夕法尼亚、新泽西、佐治亚等在内的13个殖民地。英法战争后，英国更是成为北美殖民霸主。北美不仅成为英国人的廉价原料来源地，还成为英国工业革命产品的倾销地。刚开始，北美白人对英国殖民者还是比较拥戴的，因为他们之间有着共同的文化体系与宗教信仰。大部分白人都是从英国过去的清教徒，这些人对英国有感情。所以北美殖民地的经济发展比较快，产业分布格局也逐步形成，比如北部以工商业为主，中部以农业生产为主，南部主要种植烟草、棉花、甘蔗、橡胶等，社会阶层似乎只有两个——白人与黑人。白人扮演农场主或资本家的角色，以此剥削黑人奴隶。但是到了18世纪中期，轰轰烈烈的英国工业革命迫切需要原材料的供给与为之倾销的市场，美洲殖民地正满足了英国工业革命的现实需要。在此背景下，英国国王乔治三世为了更好地控制殖民者，攫取更多的利益，在1763年颁布法令，以阿巴拉契亚山脉为界，禁止白人殖民者向西迁移。这与殖民者的利益产生了重大冲突，引起了殖民者的强烈抗议。但是，这只是刚刚开始，英国人后续还不断加大对美洲殖民地的剥削。1764年通过《殖民地通货条例》，禁止殖民地自行发行货币；又通过《糖税法》禁止美洲进口国外的朗姆酒，同时还提高葡萄酒的关税，对咖啡、蓝靛、纺织品等货物征收新税。1765年又通过《印花税法》，对法律文件、契约文件等征收印花税。到了1773年，英国议会为了挽救英属东印度公司，又颁布了《茶税法》，允许东印度公司直接向北美出口茶叶，并通过指定代理商销售，这样北美本土茶叶经销商几乎就无利可图了，英国人彻底垄断了美洲的茶叶市场。诸多税法把北美白人逼上了绝路，最终于1773年在亚当斯的领导下，波士顿人袭击了英国人的运茶船，把价值超过10 000英镑的342箱茶叶倾入海中。按理说英国人应该明白这是触碰到北美白人的底线了，必须采取调和或妥协的办法加以解决，但是狂妄与贪婪已经让英国人失去了理智，针对波士顿事件出台了《波士顿港口法》《马萨诸塞政府法》等一大批法令，变本加厉地对北美白人进行打击与剥夺，一副“不服就打你”的姿态。刚开始北美白人对英国祖宗还抱有幻想，还专门向国王乔治三世递交了《权利宣言和怨由陈情书》，没想到英国人不但不理会，反而调兵镇压，甚至开枪打死抗议的北美白人。北美白人终于明白，贪婪狂妄的英国人已经无可救药，于是在1776年建立联合武装，任命华盛顿为总司令，发布《独立宣言》，宣告了美国的诞生。

与此同时，在北美吃了大亏的法国也趁此机会支持美国来报复英国。不仅在武装力量上给予支持，还与美国签订军事同盟条约，率先承认了美国独立。之前吃过英国亏的西班牙、荷兰也先后向英国宣战，就连八竿子打不着的俄国人也联合普鲁士、丹麦、瑞典等国家组成“武装中立同盟”参与战斗，打破了英国的海上封锁。多线战场的英国人终于寡不敌众，最后与美国签订了停战协议，并于1783年签订了《巴黎和约》，承认美国独立。数十年后，美国替代了英国，成为全球霸主。

天使与恶魔一念之间

说起另外一个国家——普鲁士，也许英国人的心情会更为复杂。英国为了抑制欧洲大陆的竞争对手，几个世纪以来不断地更换战争代言人，先是扶持法国对抗西班牙，后来法国强大了，英国又联合普鲁士对抗法国。自从1815年反法联军在滑铁卢大败拿破仑一世后，英国稳坐霸主地位。普鲁士虽然半路杀出没有抢到第一把交椅，但也是受益颇多，因为对于普鲁士来说，欧洲大陆上最大的威胁已经被清除，还获得了更大的疆土，成为欧洲列强之一。

英国自滑铁卢战役之后，地缘政治和地缘经济的重心向东方转移，依托印度殖民地不断扩张，势力范围几乎覆盖了整个东南亚地区。19世纪40年代正是西方资本主义工业革命的大爆发时代，扩大商品市场，争夺原材料产地成为工业革命发展的重心。英国从18世纪末开始已经无力干预美国市场及资源，开始把目光转向他们蓄谋已久的东方大国。1840年乔治三世的孙女维多利亚对中国发动了鸦片战争，逼迫清政府签订了《南京条约》，割让了香港岛。中国从此沦为半殖民地半封建社会，开始丧失独立自主的地位，并加速了小农经济的解体。此后，将近一个世纪，中国人都在经历反抗外来侵略的战争。

在英国不断拓展全球霸权体系的同时，普鲁士与法兰西帝国也没有闲着。拿破仑一世退位后，他的侄子通过政变成了拿破仑三世。拿破仑三世颇有其叔叔拿破仑一世的风格，不仅是一个杰出的军事家，而且在法律、经济等方面皆有较大作为。他主导的巴黎大改造震撼世界，其经济改革与城市运营至今仍为范式。所以拿破仑三世再次把法国带上了欧洲霸主地位。法兰西与普鲁士的“世仇”之战再次爆发，最终因为寡不敌众，在北德联军两倍规模下，拿破仑三世战败。普鲁士国王威廉一世在法国凡尔赛宫加冕为皇帝，成立了德意志帝国，从此欧洲大陆便有了新的霸主，并且影响了整个世界。19世纪末，德意志帝国与奥匈帝国、意大利王国签署了同盟条约，三国同盟军事集团建立。到了20世纪初，各国都积极争取盟国，孤立对手，纵横捭阖，朝秦暮楚，展开更为复杂的外交斗争。德意志帝国、奥匈帝国、奥斯曼帝国、保加利亚王国等组成了同盟国阵营。而大英帝国、法兰西第三共和国、俄罗斯帝国、意大利王国等组成了协约国阵营。两大阵营表面上因为“萨拉热窝事件”展

图 1-4　第一次世界大战的伏笔——巴尔干战争

开第一次世界大战，实际上是在新旧殖民主义矛盾激化，各帝国主义经济发展不平衡、秩序划分不对等的背景下，为重新瓜分世界和争夺全球霸权而爆发的一场世界级帝国主义战争。[1]这场战争是欧洲历史上破坏性最强的战争之一。大约有6500万人参战，1000多万人丧生，2000万人受伤。战争造成了严重的经济损失。[2]这场战争从1914年打到1916年本来可以结束的，因为德国意识到，战争已经超

1　郭小凌、侯建新等：《简明世界历史读本》，北京：中国社会科学出版社，2014年，第531页。

2　郭小麦、侯建新等：《简明世界历史读本》，北京：中国社会科学出版社，2014年，第520页。

出了他们的控制，战局对他们越来越不利，便提出议和的请求。可是有个国家不愿意，那就是美国。

美国的底气从何而来？首先是经济实力，从19世纪末开始美国的经济实力已经位居世界第一。其次是地缘政治，1898年美西战争让美国获得了古巴与菲律宾及太平洋重要岛屿的控制权，因此从地区性强国向世界性大国迈进。第一次世界大战爆发，美国一开始以中立国自居，不断向协约国提供贷款，用来购买美国生产的军火和其他补给品。这样一来，美国的资本与工业便形成了循环发展模式，无论是工业生产还是证券市场都呈现出一片欣欣向荣的景象。用列宁的话说："他从负债累累，一跃而成为各国的债主。"美国为什么愿意贷款给协约国呢？美国国务卿兰辛对贷款的问题解释道："先生们如果不同意贷款，贸易就无法形成，生产就会受到限制，工业就会萧条，劳动力和资本就会闲置，金融就会混乱，劳工阶级就会不安定，民主国家就会受到损害……"就这样，资本市场的钱不断进入美国军火商的账户，再变成一船船军火，送往英法等同盟国。可以说，美国在进行一次豪赌。赌什么呢？赌的就是德国战败给协约国进行赔款，然后协约国再偿还美国的贷款。那么，如果德国议和，美国的贷款就没人来还，美国便会因此破产。所以得知德国提出议和，协约国正有此意时，美国吓出一身冷汗，必须阻止议和，否则100多亿的战争贷款谁来买单？更让美国意想不到的是，1917年俄国爆发了"十月革命"，新成立的苏联面临内忧外困，不得不退出第一次世界大战，协约国的力量再次遭到削弱。美国无奈只能违背乔治·华盛顿关于不卷入联盟的忠告，直接顶替俄国参与到第一次世界大战之中。美国给自己的参战找了一个非常滑稽的理由，就是：你们打仗我本来是可以不管的，但是你德国已经好几次误伤了我美国的潜艇，所以我必须出兵给予反击。就这样，第一次世界大战又多打了2年，直到德国投降、赔款。一战后，欧洲几乎所有的国家都民不聊生，而美国却一跃成为世界顶级强国，整个欧洲都成了美国的垫脚石。

20年后，爆发了第二次世界大战。本来是德国纳粹党希特勒政权向欧洲协约国发起的复仇之战，最后演变成由德意志第三帝国、意大利王国、日本帝国三个国家组成的法西斯同盟和全世界反法西斯力量进行的全球化战争。战争自然是正义的一方获得胜利，但是最大的赢家依然是美国，此外便是苏联。战后初期，美国拥有资本主义世界一半以上的工业生产规模，出口贸易占比高达全球的1/3，黄金储备达到全世界的70%。与此同时，其主要竞争对手几乎处于瘫痪状态，不得不仰仗于美国援助，美国因此便获得了地缘政治与地缘经济的绝对优势。当时，英国外交大臣欧内斯特·贝文感慨道：美国“今天正处在拿破仑战争结束时英国的地位。拿破仑战争结束后，英国掌握了全世界财富的30%左右。而今天，美国则掌握了大约50%”。这一切正如马克思在揭示资本原始积累的暴力性质时指出的那样：“资本来到世间，从头到脚，每个毛孔都滴着血和肮脏的东西。”[1]两次世界大战后，美国成为真正意义上的全球性大国。

1 《马克思恩格斯选集》(第2卷)，北京：人民出版社，1972年，第285页。

第二章　新霸权主义与人类命运共同体

新霸权主义

美国在独立战争期间的口号是“天赋人权”。然而在1783年独立战争之后，便与那些欧洲老牌殖民强国一般无二，迅速走向了扩张道路。美国向外扩张的手段多种多样，有在威逼之下的“购买”，有在颠覆之后的吞并，也有公开的战争掠夺。当然还有鹬蚌相争，渔翁得利的机会。1804年拿破仑一世为了筹措军费，重建法国势力版图，以总价约为1500万美元的超低价将214万平方公里的土地贱卖给了美国。美国相当于以每英亩（1英亩约为0.004平方公里）不足2分钱的价格，获得了比原来十三州还要大一倍多的路易斯安那领地。然后又从西班牙手里夺得佛罗里达的一大片领土。到了19世纪中期又通过美墨战争等手段“夺取墨西哥230平方公里的土地，一跃成为地跨大西洋和太平洋的大国”[1]，而墨西哥经此一战差不多失去了2/3的土地。随着美国经济实力不断增强，美国的野心越来越大，甚至跨地区进行“并购”。1867年，美国用720万美元从沙俄手中购得阿拉斯加和阿留申群岛。

从美西战争到控制巴拿马运河

如果说美国这些手段都是经济崛起后的地区性扩张，那么1898年爆发的美西战争便昭示了美国从自由资本主义向帝国主义发展的野心。用列宁的话说，“新兴的帝国主义国家如果不用暴力来重新瓜分殖民地，就不能得到比较老的（又比较弱的）帝国主义列强现在所享有的那些特权”[2]。美国知道，要成为真正的全球性大国就必须在拉丁美洲、亚洲及太平洋地区站稳脚跟，因为那里有美国工业革命所需的原材料，有美国工业商品倾销的庞大市场。所以，西班牙便成为美国进入亚洲乃至太平洋地区的重要跳板。

1868—1898年古巴掀起了反抗西班牙殖民统治的革命战争，1898年美国以保护在古巴的美国侨民为由，把战舰“缅因号”开进了哈瓦那湾。最后“缅因号”被不明势力炸毁，美国将矛头指向西班牙并加以报复，首先承认古巴独立，然后以解放古巴的名义出兵。但是，让人意想不到的是，美国的士兵竟然跑到了古巴之外的菲律宾，西班牙驻菲舰队在毫无准备的情况下被美国轻易摧毁。美国拿下菲律宾后再掉头拿下古巴圣地亚哥和波多黎各等岛屿。西班

1 关永豪、张雷主编：《陆疆争端的历史与现实》，北京：军事出版社，2014年，第172页。

2 《列宁全集》（第28卷），北京：人民出版社，1990年，第79页。

牙投降，无奈与美国签订了《巴黎条约》，把菲律宾和古巴的控制权交给了美国，同时将加勒比海的波多黎各群岛和太平洋上的关岛也割让给美国。西班牙殖民帝国走到了尽头，美国由此开启“海权”发展之路，成为横跨两大洋的新帝国主义。

美西战争两年后，美国与欧洲列强开始了对中国的瓜分。1900年美国加入八国联军，在庚子赔款中攫取3000多万两白银及许多特权。在20世纪的100年里，美国一直通过武力培育亲美政权，发展附庸国与仆从国。尤其是对西半球国家更是通过赤裸裸的暴力征服去实现美国的霸权地位。据统计，美国曾用武力进攻墨西哥14次，古巴13次，巴拿马11次，尼加拉瓜10次，多米尼加9次，哥伦比亚和洪都拉斯各7次，海地5次，波多黎各3次，危地马拉2次，格林纳达3次。[1]尤其1903年，美国“帮助”巴拿马人策划了一场“革命”，使得巴拿马脱离了哥伦比亚联邦，美国得到的报酬是巴拿马运河的开凿权与永久租借权。根据条约，美国只要一次性付给巴拿马1000万美元后，此后每年只交25万美元租金即可。为此，罗斯福总统自豪地说：“是我把巴拿马弄到手的！”巴拿马运河是连接太平洋与大西洋最近的通道，不仅经济利益巨大，而且在军事意义上更加重要，美国可以实现最快速度调动两大洋的兵力。美国在运河区设有14个美国军事基地，驻有1.3万美军，并设有美国南方司令部，美国牢牢地掐住了太平洋与大西洋的咽喉，成为名副其实的海洋霸主。

1 周柏林：《美国新霸权主义》，天津：天津人民出版社，2002年，第6页。

北约不“北”向东扩

“二战”结束后，世界上只剩下美苏两个超级大国。那些老牌帝国经历两次大战已伤及“五脏六腑”，所以都在休养生息，恢复元气。从此，世界进入冷战时代。美国在第二次世界大战后把日本和韩国变为了自己的同盟国，其势力几乎控制了整个远东地区。而苏联是横跨欧亚大陆的巨无霸，美国采取的办法便是东西两端钳制，外加全球性布点。美国虽然在欧亚大陆上对苏联有所忌惮，但从全球战略及海上实力来看，美国依然自信满满。因为两次世界大战给美国带来的不仅仅是经济的繁荣，更重要的是地缘政治优势的巩固。尤其是“二战”后，居然有40多个国家主动邀请美国驻军，美国趁此在世界各地建立了5000多个军事基地。同时，美国为了与苏联抗衡，从欧亚大陆桥头堡法国开始组织了15个国家加入北约，而苏联为了对抗美国也组织了8个国家成立了华约。后来华约解体，按理北约就没有理由存在了，但是美国出于称霸全球战略的需要不仅没有解散北约，反而将成员国由15个增加到19个。截至2023年4月，北约已有31个成员国。从地理上看，“北约”不向北，反而向东扩，可见其并非单纯的和平组织，而是利益联盟。如今，世界已经由冷战时期的美苏对抗演变成所谓民主联盟与共产主义阵营之间的较量。今天更是由单一的军事博弈向文化、科技、经济等方面的全方位竞争。

过去，冷战的焦点虽然是美苏两国，但是中国作为社会主义阵营的一员，不可避免地被卷入冷战的漩涡之中。从20世纪50年代到70年代，中国的地缘政治一直处于“四面”受敌的状态，先是抗美援朝，再是支持越南抗美战争，然后又是中越边境自卫还击战，最后与苏联也爆发了一系列的武装冲突，这些都反映了冷战时期地缘政治的复杂性，也反映了中国反霸权主义的坚定立场与独立自主的和平外交理念。

冷战时期，美国政府为了对抗以苏联为中心的社会主义国家和地区，提出了“遏制战略”，随后又提出“解放战略”。到了肯尼迪时期，美国政府又采取了对抗与缓和相结合的“和平战略”。20世纪90年代初，美国又提出“参与和扩展战略”“单边主义战略”。随着苏联解体、冷战结束，美国的霸权主义气焰很是嚣张，克林顿政府和小布什政府一致强化“参与和扩展战略”和“单边主义战略”。就连北约的职能也发生了新的变化，经过美国处心积虑的谋划，北约首脑会议通过了“北约战略新概念”。其核心内容是将北约的防区延伸到其成员国领土之外，把北约的职能从保卫成员国领土安全，扩大到保卫成员国的“共同利益”“共同价值观念”及预防冲突和处理危机。[1]美国甚至把北约凌驾于联合国之上，在军事干预行动方面可以不经过联合国安理会而自行授权。这样一来，美国有可能把北约从一个集体防御组织逐渐转变为一个冒险性、扩张性和侵略性的军事集团。

美国不是“山姆大叔”更不是“救世主”

“二战”结束后，美国的海外基地仍有300个，海外常年驻军主要分布在亚洲、欧洲、大洋洲、非洲、北美洲等32个国家和地区。在亚太地区，美国一直保留约10万驻军，强化美日军事同盟，与日本签订了新《美日防卫合作指针》。美日军事合作的范围甚至扩大

1 高雅：《全球化背景下的新霸权主义》，《传承》2015年第37期；《论美国霸权主义的新发展》，《光明日报》1999年5月27日。

到了包括中国台湾在内的整个亚太地区。其目的昭然若揭。

看到这里，大家千万别以为美国霸权主义所代表的就是西方资本主义国家的普遍利益，实际上，美国就是美国，既不是欧洲人的“山姆大叔”，也不是亚洲同盟国的“救世主”。美国所代表的是垄断资本主义的根本利益与不断膨胀的野心，最为典型的便是“马歇尔计划”。第二次世界大战结束后，美国之外的世界各国几乎都是穷困潦倒。美国突然发现绝对的富有便是贫穷，美国生产的各类产品都出现了滞销，产能过剩导致美国经济深陷危机。同时，为了遏制共产主义国家的发展，壮大资本主义国家的力量，美国启动了“马歇尔计划”帮助欧洲重建。美国在金融、技术、设备等领域给予欧洲援助，援助总额高达131.5亿美元，其中90%是赠予，10%为贷款。一时美国的形象大幅提升。但是天下没有无缘无故的馅饼，美国援助欧洲是有附加条件的，首先是被援助的国家要把本国和殖民地出产的战略物资供给美国，设立由美国控制的对等基金，保障美国私人投资和开发的权利，削减同社会主义国家的贸易，放弃“国有化”计划。其次受援国必须购置一定数量的美国货，尽快撤除关税壁垒，取消或放松外汇限制，使用美援要受美国监督，总之要按美国的计划与条款行事。“马歇尔计划”是一个极具前瞻性的计划，美国用极小的代价，换取了巨大的回报，这为美国成为超级大国奠定了基础。直到20世纪70年代以后，欧洲经济崛起，美国才发现再也不能像战后初期那样对欧洲阵营颐指气使、发号施令了，因为欧洲共同体成立后对单边主义进行了反制。

同样，日本可谓成也美国，败也美国。日本由于区位优势，被美国视为亚太战略的桥头堡，在美国一手扶持下得以迅速发展。朝鲜战争是日本经济崛起的转折点，美军把20亿美元的军需订单交给了日本，从而激活了日本的工业体系。日本于20世纪60年代引进半导体后，70年代汽车产销北美，80年代经济就达到了巅峰，位居世界第二。而美国在尼克松上台后退出了布雷顿森林体系，取消美元与黄金挂钩，从此美国便肆无忌惮地滥发货币、转嫁危机、掠夺世界，导致国际金融市场持续动荡，全球进入了无限通胀时代。当然，美国也是搬起石头砸自己的脚，不仅没有实现持续繁荣，反而出现了通胀与滞胀并存的危机。到了20世纪80年代，美国大量的制造业企业接连倒闭，仅80年代初期，美国就有上百万人失业，就连美国最引以为傲的高端芯片领域，也全是由日本的公司掌控。从60年代引进半导体到70年代末，日本用了短短10多年时间便占领了全球近80%的半导体市场，把美国的公司打得毫无招架之力。不仅是半导体领域，在工业制造领域日本也实现了弯道超车，一举超过美国成为全球最大的出口国。财富崛起之后，日本企业为了开拓海外市场进行全球化并购。比如三菱收购了纽约洛克菲勒中心51%的股份，索尼收购了哥伦比亚电影公司，松下收购了美国环球影业，等等。眼看自己培养起来的小弟就要超过大哥，美国国内反日呼声高涨。于是为了打击日本半导体等科技发展，1974—1989年间，美国对日本发起了20次“301调查”，对日本半导体、计算机等多种产品进行制裁，并在1985年，联合英国、法国、德国，让日本签订了历史上著名的《广场协议》。日元在短短3年时间里兑美元升值了50%，这给日本出口产业带来了毁灭性打击。1991年，日本最担心的事情发生了，苏联解体让日本的远东价值迅速下滑，美国重新培养了韩国这位听话的“小弟”，三星半导体似乎在一夜之间崛起，直接冲击了日本半导体产业，到了20世纪末，东芝退出了半导体制造业，日本半导体企业全面覆灭。出口受阻，再加上日本国内房地产泡沫破裂，日本从此走向了衰退。

进入21世纪，美国高调宣布重返东南亚并提出打造“美国的太平洋世纪”[1]，所以对华政策也体现出了新霸权主义的本质。在目睹中国改革开放后的高速增长后，美国越来越认为中国是一个潜在的“威胁”。当然，时至今日，美国已经完全把中国视为第一竞争对手，从政治、军事、经济、文化四个维度对中国进行挑衅和施压。在政治方面，动辄拿台湾来挑衅中国的底线。在军事方面，不断加强对中国周边地区的控制，试图对中国形成军事包围。在经济方面，20年来对中国发起了上千次贸易救济原审立案，不断在环境和知识产权领域对中国施压，到了特朗普政府和拜登政府时期，更是对中国全面展开贸易战，并且通过技术与供应链封锁对中国经济进行打击。在文化方面，美国对华策略的一贯伎俩就是对中国进行污名化的文化殖民。对中国的外交，美国采用“非友即敌”的二元思维，通过利诱与打击并用的手段干预中国的友邦关系。

人类命运共同体

“中国从一个积贫积弱的国家发展成为世界第二大经济体，靠的不是对外军事扩张和殖民掠夺，而是人民勤劳、维护和平。中国将始终不渝走和平发展道路。无论中国发展到哪一步，中国永不称

---

1 ［美］克林顿·希拉里：《美国的太平洋世纪》，《参考消息》2011年10月14日。

霸、永不扩张、永不谋求势力范围。历史已经并将继续证明这一点。”[1]《习近平谈治国理政》第一至三卷反复强调“构建人类命运共同体”，这是中国外交和全球治理的定位，是为了应对当代人类面临的共同挑战、维护和实现全人类的共同利益而提出的中国方案。党的十九届五中全会也明确提出，“要高举和平、发展、合作、共赢旗帜，积极营造良好外部环境，推动构建新型国际关系和人类命运共同体”。

中国在外交政策及地缘经济方面与西方国家存在较大的差异。西方国家几个世纪以来一直存在不结盟则对抗的霸权主义思维。而中国几千年以来崇尚“和为贵”，向往和平反对战争。中国在传统的文化根基中就有抑强扶弱的精神。在封建社会时期，中国地缘经济一直是以华夷秩序来维系地区的和平与繁荣，通过地缘经济的外溢效应影响政治、文化、经济。

中国自古多“睦邻”

早在春秋时期，中国对地缘经济的发展就有清晰的认识，这种认识是由内及外的道德输出。譬如《管子·牧民》有曰：“国有四维：一维绝则倾，二维绝则危，三维绝则覆，四维绝则灭……何谓四维？一曰礼，二曰义，三曰廉，四曰耻……。四维不张，国乃灭之。”不仅对国家有严格的要求，而且把国民的素质也上升到地缘战略高度。在管子看来，那些欲争重国、霸权和王国的国家，必须借重于待胜之兵，必须能威加于国，取信义于天下。管子告诫大国当权者，要慎重处理与周边国家的关系，千万不要恃强自骄，借大

1 《习近平谈治国理政》（第二卷），北京：外文出版社，2018年，第545页。

自傲，否则，不仅会失信于天下，地缘形象遭受严重破坏，而且会给自身的地缘安全带来严重的隐患。[1]管子的地缘政治主见是：一不结盟，二睦邻，三惠邻。管子反对因一己私利而结盟外交，他认为“时者得天，义者得人”，对外关系，只有用公理和正义才能争得最大的利益。他认为：“诸侯之君，不贪于土。贪于土必勤于兵，勤于兵必病于民，民病则多诈。夫诈密而后动者胜，诈则不信于民。夫不信于民则乱，内动则危于身。”（《管子·大匡》）这便是东方文化的深刻内涵，向善谋和的理念不仅是治国之道，更是一种道德与悲悯之心。齐桓公问管子：“仲父，寡人幼弱昏愚，不通诸侯四邻之义，仲父不当尽语我昔者有道之君乎？吾亦鉴焉。”管子回答：“……外内均和，诸侯臣服，国家安宁，不用兵革。受其币帛，以怀其德；昭受其令，以为法式。此亦可谓有道之君也。”（《管子·四称》）管仲提出的惠邻主张在封建社会的意识形态中是一种主流的价值观，所以能在地缘政治中起到重要的作用。

中国历朝历代对地缘政治的主张一向是不称霸、不扩张，秉承睦邻、惠邻的基本态度。在海洋外交方面，明朝郑和下西洋比哥伦布发现美洲新大陆还要早87年。1405年，西班牙王国还没有建立，葡萄牙帝国在此后的10年才成立。世界两大殖民帝国还处于襁褓中的时候，明成祖朱棣便派郑和率船200余艘远航西洋，创造了当时人类历史上规模最大的一次海洋探险。但是有人就不明白，启动数百艘船，七次远航，每次投入人力多达数万人，有如此庞大的规模与空前的实力，为什么没有在海外建立一个殖民地呢？这正是中国文化的内在体现。西方文化却体现在丛林法则和宗教认同上。几千

1 尹朝晖：《论管子的地缘政治思想》，《管子学刊》2005年第2期。

年来的西方战争，要么是用野蛮横暴的方式进行，谁的拳头大谁就主宰一切；要么就是被偏执的宗教认同感牵引，通过暴力强迫信仰趋同。郑和下西洋则没有背负殖民的使命，而是使用了地缘经济的发展方式。早在明太祖朱元璋时期就有对外“不侵占”的态度。在《皇明祖训》中有十五个“不征之国”，试图构建一个以中国为主导，有等级秩序的、和谐的理想世界秩序。

另外，中国封建社会主要是以农耕生产为主，并且掌握了先进的手工业与农业畜牧技术等，自给自足的大循环能力减少了历代帝国对海外资源的依赖。与稀缺的工业生产要素相比，丰富的农业生产要素足以抵消殖民与侵略的冲动。但在今天看来，东方传统文化也面临两大尴尬：其一是“先礼后兵”如果遇上“先兵后礼”的野蛮行径就有可能导致传统价值的失灵；其二是从农耕文明向工业文明的转变，使生产要素发生了重要变化，加剧了资源竞争，进而形成了掠夺或是战争的局面。从西方工业革命萌芽开始，似乎每一场战争都关乎资源掠夺。

新中国成立后，中国外交政策坚持独立自主，和平共处，反对霸权主义，维护世界和平的原则。毛泽东提出在平等互利、相互尊重主权和领土完整的原则基础上同世界各国建立外交关系。与此同时，毛泽东在不同场合声明中国反帝反霸维护和平的决心和立场，并在实践中履行承诺，对被压迫民族的反霸斗争，在物质上、道义上给予支持，即使直接出兵朝鲜、越南，同霸权主义兵戎相见也在所不惜。在国际舞台上，中国积极推动反对霸权主义法律化、规则化，中国在向各国发表的声明和公报中，确认反对霸权主义的原则是处理国家间关系的一个基本准则，并逐渐形成国际共识，得到各国认同。毛泽东先后提出了“两个中间地带”“三个世界”等理论，得到第三世界国家的高度认同。邓小平认为，中国同属于第三世界国家，深受霸权主义的侵害，对霸权主义有切肤之痛，“中国现在属于第三世界，将来发展富强起来，仍属于第三世界。中国和所有第三世界国家的命运是共同的。中国永远不称霸，永远不会欺负别人，永远站在第三世界一边”[1]。邓小平执政以后，抛弃国与国之间以意识形态划线的主张，不计较社会制度和意识形态的差别，强调国家利益是处理国与国关系的基本准则，这为以后的改革开放营造了有利的国际环境。邓小平的外交策略与地缘经济理念表现出高超的灵活性，邓小平说：“我们谁也不怕，但我们谁也不得罪”，“按和平共处五项原则办事，同世界上一切爱好和平的国家来往”。[2]在纪念中国人民抗日战争暨世界反法西斯战争胜利70周年大会上，习近平呼吁：“为了和平，我们要牢固树立人类命运共同体意识。偏见和歧视、仇恨和战争，只会带来灾难和痛苦。相互尊重、平等相处、和平发展、共同繁荣才是人间正道。”[3]人类命运共同体的理念是顺应当今世界发展与变革潮流的客观要求提出的，是一种合作共赢、共同发展的新型利益观。这一梦想，人类奢望了几千年。

欧亚大陆

毫无疑问，欧亚大陆始终是世界政治、军事、经济、贸易和交通中心，冷战时期，美苏两国围绕欧亚大陆展开了一系列地缘政治上的较量，美国甚至为此发动了包括朝鲜战争在内的数场战争。但

1 《邓小平文选》(第三卷)，北京：人民出版社，1993年，第56页。

2 《邓小平文选》(第三卷)，北京：人民出版社，1993年，第363页。

3 《纪念中国人民抗日战争暨世界反法西斯战争胜利70周年大会在京隆重举行》，《人民日报》2015年9月4日。

欧亚大陆有天然的地缘瓶颈：一方面是宗教信仰与文化的隔阂，另一方面是地理环境的阻断。无论是美国还是苏联，想要在欧亚大陆上独领风骚都是难上加难。直到东欧剧变、苏联解体后，美国迅速在欧亚大陆上做出了新的布局，提出“两洋战略”与“北约东进”计划，通过控制太平洋和大西洋，以美日同盟为依托，从欧亚大陆两端向腹地逐渐渗透，以最终完全控制欧亚大陆并进而控制全世界为目标。

无论北约再强大，要想跨过高加索地区直插欧亚大陆的腹地是非常困难的，北面有俄罗斯，东面还有俄罗斯势力范围内的中亚地区。本来可以通过叙利亚这个通道直入中东垄断石油、天然气等能源，但是叙利亚巴沙尔政权对美国软硬不吃，美国除了支持反政府武装推翻巴沙尔政权别无选择，但这是一个漫长的周期。

直到“9·11”事件后，美国政府终于找到直插欧亚腹地的机会，以反恐的名义攻打了阿富汗，两年后又以一个无法验证的理由攻打了伊拉克。但是让美国没有想到的是，虽然拿下了欧亚大陆的战略要点，但并没有占到便宜，还为此失去了更多地缘政治与地缘经济上的支持。首先从经济上看，根据布朗大学的报告显示，美国在阿富汗和伊拉克战争，以及其他反恐战线上花费了大约8万亿美元，2021年美国政府债务接近29万亿美元，年度赤字突破3万亿美元，军费开支7000多亿美元，超过全球军费排名第二到第十位国家的总和。随着2021年8月份美国撤军阿富汗，美国的“反恐”策略宣告彻底失败。其次在地缘政治上，单边主义行为受到越来越多反霸权主义国家的谴责，同时加深了宗教及文化的隔阂，形成了长期的矛盾。另外在地缘经济上，美国由于深陷多场战争而背负沉重负担。而在这20年中，中国从2000年国内生产总值（GDP）1.2万亿美元跃升到2020年的14.7万亿美元，GDP总额达到了美国的70%之多。

特朗普上台后，把美国经济问题全部归结于中国的竞争，所以从2018年开始发起了单边贸易制裁，美中两国出现了历史上最大规模、最为持久的贸易冲突。美国还把60%以上的兵力投送到亚太地区，试图用“C字形包围”给中国施加压力。实际上，如今美国的军事威胁对于大国来说并不能产生多大作用，反而对自身来说是一种束缚，管仲说过的一段话用于美国再合适不过：“诸侯之君，不贪于土。贪于土必勤于兵，勤于兵必病于民，民病则多诈，夫诈密而后动者胜，诈则不信于民，夫不信于民则乱，内动则危于身。”贪于土必勤于兵，勤于兵必病于民。如此，那还搞什么经济呢？美国不远万里，四处扩张，必然会消耗自身的“元气”，如果这些成本不能与美国在全球的“掠夺”相抵消，则会形成沉没成本，这些成本会变成美国政府的债务，最终会给美国带来沉重的负担。所以美国应该反省自身的霸权主义行为，毕竟那是几个世纪之前的产物，如今世界虽然还处于逆全球化状态，但人类的生存理念是趋同的，追求和平共赢才是光明大道。

“一带一路”：六条经济走廊

对于中国来说，对外一直在弱化传统的地缘政治思维，强化合作共赢的地缘经济理念。其中“一带一路”倡议的提出得到共建国家的高度认同。因为中国用合作共赢的“链式发展”模式替代了西方国家过去以军事胁迫为主的“结盟式发展”模式。中国的“一带一路”是基于“交通链”“安全链”“产业贸易链”“金融链”“民生链”“民心链”构建的全方位、多层次、复合型的互联互通网络，以实现沿线各国多元、自主、平衡、可持续发展为目的。俄罗斯总统普京在出席“一带一路”国际合作高峰论坛时表示，“一带一路”是一个重要的平台，将有效促进欧亚大陆的合作。[1]哈萨克斯坦前总统纳扎尔巴耶夫提出，通过对接“丝绸之路经济带”，哈萨克斯坦将恢复其历史地位，成为中亚地区最大的商业中心和过境中心，成为连接亚洲和欧洲的独特桥梁。吉尔吉斯斯坦总统阿塔姆巴耶夫出席博鳌论坛时表示，“一带一路”的实施及欧亚间经贸互利合作的开展是非常现实和重要的，可以促进整个地区的经济发展。[2]

中国“一带一路”规划了六条经济走廊，分别是中蒙俄、新亚欧大陆桥、中国—中亚—西亚、中国—中南半岛、中巴、孟中印缅六大经济走廊建设。经济走廊是地缘经济的概念，以交通运输干线、地理位置、自然环境和资源禀赋为基础，形成一条带状式的走廊。在经济走廊上，通过区域增长极或相对发达的城市辐射带动不同等级的城市、区域的经济发展，形成以点带面辐射的线状延伸。

譬如中蒙俄经济走廊以华北的京津冀地区为起点，经内蒙古呼和浩特到蒙古国乌兰巴托再到俄罗斯及欧洲。新亚欧大陆桥经济走廊是一条从中国东部江苏连云港到荷兰鹿特丹港的国际化铁路交通干线，全长1.1万公里，途经我国东部和中部的多个省市，沿途辐射30多个国家和地区，有哈萨克斯坦、俄罗斯、波兰、德国和荷兰等国。这条线比绕道太平洋、马六甲海峡、印度洋、苏伊士运河的水运距离缩短了1万公里，运费可以节约20%，时间更可节约一半。

---

1 《普京：“一带一路”是重要平台，能促进欧亚大陆合作》，http://www.chinanews+com/cj/2017/05—15/8223652.Shtml，2017年5月15日。

2 丁云宝：《“一带一路”视域下的新地缘经济观》，《同济大学学报（社会科学版）》2019年第2期。

近年来，中欧班列开行数量稳步增长，目前已通达欧洲23个国家的180个城市，为保障国家产业链、供应链稳定做出积极贡献，特别是在逆全球化和重大疫情的环境下凸显出“生命通道”的功能。中国—中亚—西亚经济走廊这条线从中国新疆阿拉山口、霍尔果斯出国境后，到中亚的哈萨克斯坦、乌兹别克斯坦、吉尔吉斯斯坦、塔吉克斯坦和土库曼斯坦五国，再到西亚的伊朗、伊拉克和土耳其，是连接中国西北地区和中亚、西亚的波斯湾、阿拉伯地区及地中海沿线区域的经济走廊，主要是能源大通道。中哈原油管道已经在供油；土库曼斯坦的天然气管道已经建成，预计输气能力可达850亿立方，可满足中国20%的天然气需求。中国—中南半岛经济走廊以中国广西南宁和云南昆明为起点，纵贯中南半岛的越南、老挝、柬埔寨、泰国、马来西亚，终点为新加坡，是中国珠三角地区、西南地区与中南半岛合作的桥梁，也是中国与东盟合作的跨国经济走廊。

在六条经济走廊中，最受西方世界关注的是中巴经济走廊。中巴经济走廊因为特殊的地理关系被西方及南亚一些国家看作中国地缘政治的重要部署。这个观点的形成起源于20世纪70年代毛泽东对巴基斯坦的战略定位，后来中巴上升为全天候战略合作伙伴关系，更受外部关注。尤其是印度对中巴经济走廊持有敌视态度；东南亚一些港口国家也认为，中巴经济走廊形成后会影响他们的港口经济，他们认为欧亚大陆的交通枢纽形成后会对海上交通枢纽产生影响，甚至是替代。中巴经济走廊北起中国的新疆喀什，南到巴基斯坦的瓜达尔港，是中国预计投资460亿美元重点建设的重大项目，双方共同修建一条从新疆喀什到瓜达尔港的公路、铁路、油气管道及光纤覆盖四位一体的通道。从地理上来看，中巴经济走廊可北通丝绸之路经济带，南通21世纪海上丝绸之路，成为连接“一带一路”的桥梁。同时瓜达尔港紧邻波斯湾，建成后，中东石油、天然气可以直接从这个港口的油气管道向内陆输送。如此，中国可以节约80%以上的运输成本和时间，更重要的是可以保障中国能源安全，避开了马六甲海峡和印度洋等地区的控制势力。

在六大经济走廊的战略部署上，中国秉着睦邻、惠邻的态度开展工作，主要从基建、金融、产业等几个核心内容先行展开。比如在金融领域，中国牵头成立了亚投行、丝路基金、上合基金等，利用整体力量应对金融风险，各国可通过谈判解决差异，同时人民币国际化也可以为各国提供新的锚货币。当前东盟与欧盟分别是中国的第一大和第二大贸易合作伙伴。在东盟成立之前，各国经济交往过于复杂，纷争不断。东盟成立后形成一股合力，不仅促进了生产与金融之间的合理流动，而且能形成共同的声音与发达国家合作。中亚地区的核心价值是能源，但目前美俄势力皆有涉足，中国对中亚关系的处理主要遵循地区人民的核心意愿，在交通、民生等领域合作，力图创造更深入的平等互利合作关系。

纵观历史发展，从15世纪到21世纪似乎弹指之间，但人类却经历了漫长的社会变迁，饱受战争与霸权主义剥削、压迫的痛苦。在历史的发展中我们不能把“胜者为强”的理念作为普世价值观，如此，战争将永不停息，人类将在水深火热中不断循环。从世界最早的殖民国家西班牙和葡萄牙的结果来看，曾经暴力扩张为其开拓了广阔领地，但是今天看来失去道义的行为终究不可长久。亚当·斯密告诉我们，一个国家如果生产力没有实质性提高，那么它有再多的金银都没有用。荷兰的贸易资本没有转化成工业资本而失去发展动力，给国家安全及稳定带来脆弱性，不然世界上哪有“荷兰病”一说？而英美作为工业革命发展起来的世界霸主，同样偏执地认为“扩张是永恒的主题”，并没有考虑到垄断资本与新霸权主义行为对不同地区带来的伤害将加剧国际动荡与不安。所以，当前世界到了一个十字路口，一种更符合人类生存与发展的新秩序呼之欲出，那便是“人类命运共同体”。“人类命运共同体”不是中国的专属产物，而是全人类的呼声，更是维持地缘政治与地缘经济的基本准则。

第三章　第四次工业革命

人类经历了三次工业革命，现在正向第四次工业革命迈进。关于第四次工业革命是否已经到来，还存在一些争议，主要是目前还没有一项技术像前面的工业革命那样具有广泛且深层次的替代价值，而更多表现于互联网及信息化对生产、生活的整合提升作用。从某种意义上来理解，第四次工业革命还处于迭变、转化的路上。一旦有了新的突破，人类将进入一个全新的智能化世界。智能化世界除了会使经济、社会、文化、制度产生重大的变革，还会对人类的生存、自由、安全及意识形态产生重要影响。所以，当前世界的焦点之一便是谁来引领第四次工业革命。当然谁来引领工业革命并非由选举产生，这是一场裹挟了政治目的与反政治目的的较量，是科技与市场相互作用下各要素与资源的竞争，是人类发展至今最为全面、最为系统的一场技术“战争”。

谁来领导第四次工业革命

2017年8月18日，美国对中国发起了“301调查”，此举已引发各界对美国采取单边行动损害中美经贸关系的担忧。事实证明，此后几年，以美国单边发起的中美贸易冲突给全球经济带来了严重影响。所谓“301调查”是美国依据《1988年综合贸易与竞争法》第1301—1310节的条款进行的调查，主要含义是：保护美国在国际贸易中的权利，对其他被认为是贸易做法“不合理”“不公平”的国家进行报复。而事实更为复杂，正如美国各大媒体所引美国官员的发言：“美国对华发起301调查的目的并不是为了掀起贸易战，而是阻挠中国雄心勃勃的《中国制造2025》计划。”依据美国“301调查”，美方因中国“侵犯”美知识产权，对未来中国出口美国的部分行业进行制裁，具体分为十个领域：新一代信息技术产业、高档数控机床和机器人、航空航天装备、海洋工程装备及高技术船舶、先进轨道交通装备、节能与新能源汽车、电力装备、农机装备、新材料、生物医药及高性能医疗器械。这十大领域与中国的《中国制造2025》计划所列的十大领域完全吻合。所以从某种意义上来理解，美国发起单边贸易战的实质是对中国发展第四次工业革命的打击。第四次工业革命对世界的影响是多维度且深层次的，最为直接的影响莫过于经济与安全两个方面。

工业革命对经济的影响

过去的三次工业革命主要从生产效率方面促进了经济的增长，而第四次工业革命不仅促进了生产效率的提升，还创造了有效供给。传统理论认为，有效供给是消费需求与消费能力相适应的状态，是产品的供需平衡。而在物资供给相对充裕的今天，生产方商品除了满足消费需求与消费能力相匹配的条件，还要通过大数据去寻找潜在消费市场，去创造新的附加值。比如一部手机，过去是通信工具，现在是一台电脑或一个机器人的概念，它无时无刻不在收集主人信息，然后为主人提供各种方便，甚至是决策。在移动互联网时代，我们的消费行为、消费心理、浏览轨迹等都会在各大服务平台得以体现，包括购物、出行、娱乐、学习等信息都会被一只无形的手捕捉到，而后经过大数据算法形成用户画像。用户越多意味着流量就越多，用户画像越是清晰，越能实现精准营销，实现有效供给。

可以说，在以大数据为驱动的工业时代，人不仅仅是生产要素，也是商品流通中的传播媒介，更是可以被持续挖掘的消费市场。大数据有时候可能比你自己更了解自己。你想要什么？你可能想要什么？大数据都会很积极、很精准地推送给你。譬如你在一个平台上搜索或浏览过什么内容，平台就会形成你的人物画像，通过数据分析及算法给你推送相应的内容，从而满足平台的潜在利益需求。这样在商业竞争中就可以获得别人不可比拟的优势。这种优势会随着规模与时间的积累产生裂变，从而打破边界，形成垄断。当然，企业垄断是一个国际共性问题，任何一个国家政府都不会鼓励本国企业形成内部市场的垄断，这对经济生态体系是一种破坏。但站在国际视野上，一个国家要创造贸易顺差就必须在全球市场上形成竞争优势。过去的竞争优势更多体现在产能与成本方面，而现在的竞争优势体现在技术领域，体现在数字化所创造的有效需求上。

人们基于商品提供的效用而去消费，这就是有效需求。当一件商品拥有足够的价值时，人们就会不惜一切代价去得到它。如果一件物品没有价值，也就没有什么理由去购买。从主观价值角度看，人们需要的不是产品本身，而是产品与自身需求的匹配性。那么怎么知道自己设计的商品能与消费者产生匹配性呢？过去是靠商品创造者的经验，或设计师的大胆尝试，而现在是靠用户数据收集与计算实现定制化供给，这样不仅降低了投入风险，还增强了客户黏性。比如苹果手机，通过终端用户使用数据的反馈不断改善技术短板，提高用户的体验感，这样就减少了用户的流失，扩大了市场占有率。在工业4.0时代，商品自身就是一种信息媒介，具有双向传送的特点，因此一个国家的商品销售规模越大，对市场的控制能力就越强。比如前面说过的智能化手机，销售规模越大形成的用户画像就会越多，对用户的了解就会越深刻，从而可以根据用户的实际需求与潜在需求去提高产品的价值，也可以根据用户的数据反馈搭建上下游产业链。

当然，并不局限于手机，可以说绝大部分智能化产品都具备信息双向传送功能。比如一台顶尖的医疗检测设备卖给医院，就意味着数据的触手有可能伸向千千万万的病患，通过病患的数据反馈，帮助设备制造商校正或提升设备，也可以为制造商开发新设备提供数据支撑，甚至可以把数据卖给制药企业，用来生产靶向药品。医疗数据一直是备受关注的话题，也是国际网络安全治理的重点。美国Bitglass公司的数据显示，2020年美国医疗保健数据泄露事件数量呈两位数增长，受影响的人数超过2600万，与2019年的数据相比，

2020年美国的医疗保健数据泄露事件增加了55%以上，造成599起违规事件，影响了超过2640万人。数据泄露有网络黑客的攻击，也有智能设备的自动“攫取”。所以，第四次工业革命背景下的智能产品不仅具有盈利的商品属性，还兼有信息传播与信息攫取的媒介功能，必然引发一场世界性的技术竞争，触发供应链、价值链及销售市场的全面“战争”。

另外从安全的角度来看，当一个地区人口的行动轨迹、消费行为、意识形态变化等被另一个国家掌握的时候，就会给一个地区带来诸多不确定性因素，也会引起当局者的不安。随着第四次工业革命进程的推进，人类将进入物联网时代，这就意味着智能化设备具有感知、分析、决策的能力，所以一个公司或一个国家的智能化产品销售规模越大，分布越广，其对市场的控制能力就越强。

抢占先机

自2013年德国在汉诺威工业博览会上正式提出构建信息物理系统，实现制造业智能化的工业4.0战略以来，第四次工业革命便引起世界各国的关注。要知道，德国的崛起得益于第二次工业革命，事实证明，一个国家的兴衰与工业革命密不可分。所以世界工业大国为了抢占发展先机也紧随德国的步伐。美国重申《先进制造业国家战略计划》，日本于2015年提出了《机器人新战略》。在此背景下，作为世界第二大经济体的中国也在2015年制定了《中国制造2025》计划，提出中国制造业要尽快实现“智能制造”的转型升级目标。

显然，中国提出“智能制造”的战略目标触动了西方大国的敏感神经。在西方大国眼里，中国是一头睡醒的雄狮，庞大的市场规模与全品类工业制造能力一旦实现转型升级必然引领世界发展。欧洲国家对中国的快速崛起抱着复杂的心态，其中既有中欧贸易带来的现实利益，又有欧洲大国地位的失落之痛。目前，欧洲内部对华态度出现了明显的分化：一种是反对中国崛起，与美国形成统一战线，对中国进行各种打击；另一种是选择左右逢源，对自身有利的就选择沉默，无关自身利害的就与美国一道对中国横加指责；还有一种是支持合作共赢，接纳了中国崛起对世界的积极作用。即便如此，美国依然不满意。先是发动所谓“301调查”，对中国信息技术与高端制造领域进行打击，由此中美历史上规模最大的贸易战便拉开了序幕。而后美国又率“五眼联盟”成员国加拿大、澳大利亚、英国、新西兰对中国各种抹黑，甚至联合抵制并打击中国的5G发展。实际上，无论哪一种战争，最后拼的都是实力与意志力。

从实力上来看，中国制造业目前虽然还处于价值链的中低端，但中国拥有庞大的消费市场，自身需求可以有效破解市场危机，为工业制造向价值链高端环节攀升创造机遇。打个比方，一个人患上感冒，如果吃进口药24小时就可以治愈，吃国产药却要30小时才能治愈，但是结果发现国产药依然卖得比进口药好。原因是什么呢？首先，一般感冒并不危及生命，以治愈速度为核心的价值理念并不能成为市场的焦点；其次，存在成本与感知的矛盾，进口药价格会高出国产药多倍，以此换取提前6小时的无症状治愈并不被大众接受。所以，当技术没有出现迭代性超越时，市场对价格的敏感度依然是决定胜负的关键。更何况，中国已经是工业全品类生产国，尽管在众多高科技领域还落后于美国，但可以通过其他要素禀赋加以弥补。截至2022年，中国依然是世界上唯一一个掌握了完整工业链的国家，在全世界500多种工业产品中，中国有220多种产品产量第一。当前中国正向高质量的城市化迈进，其背后需要一个庞大的产业体系支撑，每一个产业背后都是万亿级的市场，这不仅是中国发展的动力，也是世界经济增长的机会。

另外，从国家意志力层面看，中国已经错过了第一次和第二次工业革命，给国家与民族命运带来深远影响，所以不可能轻易放过这次机遇。同时中国自身发展已经到了必须转型的路口，产业革命是中国解决现实困境与展望未来的唯一出路，所以在这条道路上，中国是不会屈服于任何一个国家的。如今，中国已经成为欧盟、东盟等第一大贸易合作伙伴，世界各国对中国的依赖度越来越高，对中国技术与产品的认可度也逐步提高。美国单边主义的逆全球化行为虽然对中国产生了一定影响，但也会鞭策中国人继续为民族崛起而奋斗。

国家意志力

人类社会发展至今已经历三次工业革命。第一次工业革命从18世纪下半叶到19世纪上半叶，蒸汽机的发明促进了机械化生产。机械替代了人力，推动了人类从农耕文明向工业文明转变，由此开启了工业1.0时代，成就了“日不落帝国”——英国的百年辉煌。

第二次工业革命在机械化的基础上实现了电力和内燃机的应用，劳动分工和批量生产的实现拉开了第二次工业革命的大幕，也被称为工业2.0时代。由于规模化生产的普及，从19世纪中叶到20

世纪上半叶，人类社会发展所取得的成就超越了古代几千年的成就，美国也由此成为全球化大国。

第三次工业革命是20世纪50年代以后，美国在从规模化生产向自动化生产转型过程中，实现了计算机与IT系统融合发展的模式，从而被称为信息化革命，也是工业3.0时代的显著标志。今天虽然对工业4.0时代是否会全面到来还存在争议，但人工智能、新材料、生物科技、清洁能源等领域已经对社会、经济、国家、政府、企业及个人产生了重要影响。以人工智能为核心的第四次工业革命已是不可逆的发展方向。这场竞争规模极大，范围极广，不仅是个体、企业、政府的组织变革，更是国家意志力的体现。

所谓“国家意志”，就是指国家为了维护存在和推动发展而产生的诉求。在一个社会共同体中，个体诉求形成个人意志，国家意志是个人意志的集合，具有诉求整体性、行动统一性和执行公共性的特征。这些特征决定了国家意志必然是整个社会意愿的体现，也是人民所期待的目标追求。[1]所以无论是美国还是德国或是日本，在第四次工业革命进程中都倾注了国家意志力。纵观前三次工业革命，我们似乎看到了一个残酷的现实，工业生产规模一旦形成商业资本势力，就会为霸权主义国家在世界范围内的掠夺提供支撑。也正因为西方国家及日本有这样不光彩的历史，才会对中国工业发展保持高度警惕。尽管中国领导人一再强调中国永不称霸，但要让“小偷”去相信一个不劫掠金钱的人是很难的。

1　齐卫平:《党的主张何以能成为国家意志》,《解放日报》2014年11月21日。

错过第一次工业革命

1760年10月的某天清晨，大英帝国国王乔治二世在大便时因用力过猛，引起夹层动脉瘤破裂而猝死。但这似乎丝毫不影响大英帝国实现全球殖民霸权的进程。此时英法七年战争已打了四年，法国已失去北美加拿大、新法兰西等殖民地，可谓战局已定，英国成为最大的赢家。在此背景下，各国的生产要素源源不断地输入英国，为英国工业革命爆发创造了条件。同年，乔治二世的孙子乔治三世接任国王后，更是展现了他的文韬武略：先是全力推进英国工业革命发展，使英国一跃成为世界经济强国；再是继续与法国开战，赢得了七年战争的最后胜利，就连法国在印度的殖民地也被其收入囊中；最后参加反法同盟，打败法国皇帝拿破仑一世，阻止了拿破仑一世统一欧洲。

改良蒸汽机的出现打破了人类原有的生产边界，蒸汽纺织机、蒸汽轮船、蒸汽火车等生产、生活工具的出现替代了人力、畜力、自然力和手工劳动，极大地提高了生产力，英国工业便在蒸汽机的轰鸣声中突飞猛进。尤其是卡特莱特发明了以蒸汽为动力的织布机后，能纺出大量纤细而优质的棉纱，使纺织技术得到革新，带动了采煤、冶金等领域的机械化发展，进而推动了各行各业的变革。

在同一时期，世界第一农耕大国还沉浸在“乾隆盛世”的大梦之中。清政府对外闭关锁国，对内愚弄民众。用马嘎尔尼的话说：“清政府好比是一艘破烂不堪的头等战舰，它之所以在过去一百五十年中没有沉没，仅仅是由于一班幸运、能干而警觉的军官们的支撑，而她胜过邻船的地方，只在她的体积和外表。但是，一旦一个没有才干的人在甲板上指挥，那就不会再有纪律和安全了。”这当然是马嘎尔尼后来回忆时对清政府的评价，在他访华之前，欧洲社会对中国依然充满崇敬与向往。因为在欧洲，有两位极具影响力的人在为中国代言：一位是马可·波罗，在他的笔下，中国俨然是人类的乌托邦世界；另一位是伏尔泰，他说“在道德上欧洲人应当成为中国人的徒弟”。当时欧洲社会流行一种说法，中国人是“全世界最聪明最礼貌的一个民族”，中国是以儒家思想来指导国家的，整个国家就和一个大家庭那样和睦可亲，统治者“充满了仁慈”，老百姓诚实而礼貌。

在此背景下，野心勃勃的乔治三世便有了与东方大国合作的强烈欲望。于是在1793年派外交大臣马嘎尔尼率英国访团一百余人进行访华。所携“贡品”有天文地理仪器、图书、毯毡、军用品、车辆、船只等代表英国文明的产物。据史料记载，随行的一百余人中有天文学家、数学家、艺术家、医生等。如此规格的团队不仅仅是为了炫耀，更是肩负着博采众长的目的而来。但是，此次访华有两点让马嘎尔尼没有想到：一是英国提出与清政府通商合作的六条建议全部被拒绝，乾隆皇帝的理由是“天朝物产丰盈，无所不有，原不借外夷货物以通有无”，与其说是自信还不如说是无知；二是让马嘎尔尼自小憧憬的东方大国，不仅没有想象中的极目繁华，反而是凋敝不堪。

马嘎尔尼对清政府的评价是：“自从北方或满洲征服以来，至少在过去的一百年里没有改善，没有前进，或者更确切地说反而倒退了，当我们每天都在艺术和科学领域前进时，他们实际上正在成为半野蛮人。”马嘎尔尼访华虽然没有达成贸易合作，但其反馈给英国的情报为四十多年后的鸦片战争埋下了伏笔。不妨假设一下，1793年乾隆皇帝要是与英国通商合作，积极参与到第一次工业革命的浪潮中，那么今天的中国是何等景象？可惜历史不能重写，此后数十年中国历史进入“嘉道中衰”，鸦片战争更是让中国陷入百年屈辱。直至今天，中国人依然铭记一句话：落后就要挨打。

复制出来的黄金时代

在马嘎尔尼访华的同一年，一个叫塞缪尔·斯莱特的年轻人从英国漂洋过海来到纽约，复制出卡克莱特纺纱机，成就了美国第一家现代工厂，从此开启了美国东海岸的黄金时代。此后几十年时间，美、法、德紧随英国之后得以高速发展。1840年之后，英国的领先地位在不知不觉中丧失，世界由蒸汽时代进入电气时代。德国西门子发明了发电机、卡尔·本茨发明了内燃机和汽车，美国人爱迪生发明了电灯、莫尔斯发明了电报、贝尔发明了电话等，使得电讯、电力、钢铁、化工、铁路、汽车、造船、飞机等工业不断兴起。尤其是石油成为新能源之后，更是促进了世界交通大发展。

在第二次工业革命中，德国、法国等欧洲国家纷纷跟进，就连亚洲的日本也通过明治维新完成了封建社会向资本主义社会的转型，成为亚洲第一资本主义强国，不仅摆脱了自身被殖民的命运，还奉行军国主义，发动了对亚太国家的军事侵略。而中国再次与工业革命失之交臂，那时的同治皇帝正在忙于镇压太平军起义。一波未平一波又起，而后又是云南回民起义、贵州苗民起义，中华大地战乱不止，内忧外患。虽然到了“同治中兴”时期得以喘息，在李鸿章、左宗棠等人的主持下兴办洋务新政，提出“中学为体，西学为用”的思想，但封建制度与工业文明始终格格不入，再加上慈禧揽权干政导致洋务新政难以发挥作用。最终在1894年甲午中日战争中，北洋海军全军覆没，标志着历时三十余年的洋务运动彻底失败。

英国作为老牌工业大国，在第二次工业革命发展中失去了引领地位也是一个让人关注的话题，其中有主观原因也有客观原因。主观原因是英国贵族们狂妄自大，过于依赖海外资源掠夺来维持发展，忽略了创新的内在动力。“从1851年到1900年，德国取得了202项科技成果，而英国仅取得106项。面对其他国家的赶超，英国这个最老牌的工业化国家却没有做出积极的反应。其工业增长率不仅没有上升，反而从1820年以来一直保持的3%—4%降为1880年的2%，1890年更降为1%。工业投资也在持续下降，从1850年的7.5%，降为1914年的4.5%。”[1]而客观原因是美国独立后的制度优势发挥了积极作用，美国资产阶级在创新政策环境下闯出了一条特色的科技发展道路。美国在引进英国传统的生产技术后不断进行创新，从19世纪中叶开始，美国在各地建立了各种工业实验室，如新兴的电学理论和电机制造技术起源于英国和德国，但电机的转化与电力大规模应用却是在美国完成的。此外，由于美国工业起步晚于英国，因此其技术设备新，产业集中度高，形成规模报酬递增优势。到了19世纪末，美国大企业已经高达百余家，形成垄断资本优势，在生产与销售两端牢牢钳制了英国的发展。

可以说第二次工业革命改变了世界格局，影响至今。首先是电器的广泛使用实现了规模化生产能力，产能决定了成本优势。其次电报、电话、电讯的发明实现了信息高效传递，提高了竞争效率。此外，石油的转化利用让人类首次进入了新能源时代，从而形成一个以汽车、飞机、远洋运输为载体的闭环式的新产业体，也为霸权主义国家全球化战略提供了及时支持，世界进入一个新的大国博弈

1 Seaman, *L.C.B. New British History*. London: London Press, 1978, p.120.

时代。

第三次工业革命从20世纪40—50年代开始，中国刚刚完成了全民族解放，百废待兴的状态自然就不可能追上工业革命的速度。美国在第二次工业革命的基础上再次崛起，创造了人类第一台计算机。当然计算机发明后的几十年里并没有多大作为，而是到20世纪90年代互联网出现以后，计算机才在互联网的赋能下创造了巨大的价值。在互联网出现之前的工业赛道上，不是只有计算机的竞争，还有美苏之间在卫星发射、空间技术、海洋技术、生物工程领域的竞争。后来东欧剧变、苏联解体，美国成为第三次工业革命的绝对领导者。虽然欧洲、日本有跟进，但只能分得美国的一杯羹而已。日本在半导体领域引进美国技术后获得了10年繁荣，但此后在美国的打压与胁迫下继续衰落。中国改革开放后奋起直追，在20世纪末抓住了发展的“尾巴”，在通信技术、航空航天领域占有一席之地。

前面三次工业革命的历史证明，谁能在科技大周期的轨道上站到前沿，谁就能在其后很长的时间内获得世界话语权。这种话语权已经突破经济本身的优势，形成政治、军事、商业、社会、文化等多层次的优势，从而构筑以强者为中心的价值体系。工业1.0让英国成为“日不落帝国”，工业2.0让美国及德日两国瓜分了世界红利，工业3.0美国再次掌握主动权，成为“世界领袖”。中国已经错过了多次工业革命机会，在第四次工业革命到来之际自然会奋力直追，这是中华民族伟大复兴的任务之一，也是国家意志力的体现。

狭路相逢勇者胜

第四次工业革命为什么由德国人提出？因为从第二次工业革命开始，德国工业就一直紧随美国之后，甚至在一些高端制造领域超越了美国。但是到了第三次工业革命，美国通过全球化资本市场与充满冒险的投资理念推动了互联网发展，从而实现弯道超车，主导了第三次工业革命。但事情总是具有多面性的，美国在第三次工业革命中过于追求资本化的IT经济（信息经济），最终导致传统制造业流失。

被资本化裹挟的IT经济往往会出现两个极端情况：一种是以信息服务为中心向上下游延伸，促进各产业的内生性动力，提高利润扩大规模；另一种是以资本为核心，通过信息化手段形成流量优势，从而控制产业的价值分配，实现资本市场的逐利目的。美国在1999年前基本是处于资本垄断下的互联网经济模式，直到2000年互联网泡沫彻底破灭后才回归理性，更多考虑互联网、信息工程与产业结合的发展模式，此后又提出制造业回归计划。

德国虽然在第三次工业革命的发展中没有赶上美国的步伐，但以其扎实的工业基础稳稳地守住了工业大国地位。德国在2013年提出《德国2020高技术战略》，实际上就是依托德国先进的工业制造基础，融合世界高速发展的信息技术，从而在工业经济发展中形成智慧化目的，并称之为物联信息系统，简称“物联网”。为此，德国联邦教育局和联邦经济技术部等还专门投资了2亿欧元用于制造业智能化水平的提升。中国对《德国2020高技术战略》中纳入的“工业4.0”战略给予高度认可，一方面是德国工业发展的历史路径让中国得到启发，另一方面是中国被德国的工匠精神与务实态度折服，而务实、求知正是中国几千年来的文化精髓，因此在工业发展上便有一种高度的文化认同感。

对标德国

中国多年来一直与德国建立各领域的合作，德国工业在中国的市场也因此被广泛认可。从20世纪90年代末开始，德国制造在中国逐步形成与日韩产品“三分天下”的局面。到2010年以后，德国高端制造产品在中国市场的占有率已经超过日韩产品在华市场占有率，中德之间的合作更为深入、密切，中国更是于2015年对标德国工业4.0，提出了《中国制造2025》计划，即全面推进制造强国战略。

中国为什么要对标德国而不是选择美国呢？这要从德国的发展路径来分析。德国的工业化起步较晚，19世纪中期英、法、美早已掀起了工业化发展热潮，而德国依然是以农业生产为主，这一点与19世纪的中国很相似。德国在1850年到1870年之间，从事农业生产的人口占50%左右，工业发展严重落后于巴黎大改造时期的法国。法国在拿破仑三世的带领下已经完成了工业化与城市化发展，巴黎成为当时仅次于伦敦的世界级大都市。而当时的中国虽然开始了洋务运动，但局限于官办资本下的形式主义，社会资本依然向商业贸易领域流动，并没有形成工业资本优势。所以，当时的中国依然是农耕经济，全国70%以上的人口都从事农业生产。即便如此，中国农民依然养不活自己。人口的增速与生产力落后形成一种不可调和的矛盾。这种矛盾最终形成一种“自我剥削”的现象。一般来说机械设备能提高生产效率降低成本，而在当时的中国，由于农业生产设备始终停留在畜力运输与传统的木铁工具领域，生产效率非常低。同时，由于役畜价格与饲养成本都很高，一般老百姓只能望尘莫及。因此，在人力成本低于畜力成本的情况下，中国农民便陷入“自我剥削”的怪圈。

德国工业革命起步是在19世纪30年代，1870年以后科学技术发展突飞猛进，促进了经济发展，同样在这一年法国向普鲁士宣战，普法战争爆发。不可一世的拿破仑三世与他叔叔拿破仑一世犯了同样一个毛病，那就是极端化的霸权主义。所以面对普鲁士集结的百万军队，依然选择开战。这一战从此改变了整个欧洲的格局，法国宣告失败，普鲁士成立了德意志帝国，这便有了欧洲大陆新的霸主。这一改变为后来的一战和二战埋下了伏笔。普法战争后，德国拿到法国50亿法郎的巨额赔款，从此有了工业发展的第一桶金。这50亿法郎在当时是一个什么概念呢？用当时的财政对比，相当于法国人民辛辛苦苦为德国打20年工，换算成中国当时的法定货币，相当于7亿多两白银，当时的《马关条约》，清政府向日本赔偿的是2亿两白银。最为重要的是，普法战争后，德国从法国手里抢到了工业发展必不可少的要素资源——阿尔萨斯、洛林地区的铁矿，这为德国的工业发展创造了条件。

第二次工业革命刚刚开始，有钱、有资源的德国立即投入到工业化发展的赛道上。德国的发展路径有三条。一是从教育上开始抓，在普法战争后的20年时间里，德国在学学童从400万人增加到650万人，到了19世纪末识字率高达99.5%，到了1885年，德国大学生高达27 000人。二是从人口规模上开始抓，德国一直鼓励生育，到了19世纪末德国人口就已经比法国多了一倍，这为德国工业生产提供了充足的劳动力。三是从科学研究上开始抓，第二次工业革命期间德国投入大量资金支持各种实验室的建设，在科研成果上有了重大突破：1876年德国造出人类历史上第一台内燃机；1885年，德国人卡尔·本茨成功地制造出世界上第一辆使用汽油内燃机的汽车；1891年德国又安装了第一台三相交流发电机，开启了高压输电时代。随着新技术、新产品的诞生，德国工业体系越来越庞大。仅仅十多年时间，德国便将50%的农业生产劳动力转换为40%的工业生产劳动力，这几乎是一场声势浩大的产业大换血。

如果说第一次工业革命的策源地在英国，那么第二次工业革命的策源地便是在美国和德国。到了第三次工业革命，美国以信息化发展实现弯道超车。所以在第四次工业革命来临之际，德国便率先对技术进行融合，提出工业4.0发展战略。中国对标德国工业发展似乎是两国的默契，中国看中的是德国的技术与务实精神，德国看中的是中国的市场与生产要素。工业发展除了技术竞争，还取决于竞争主体内部的要素资源，比如土地、人口、材料、资本、市场、政策等，都是构成竞争优势的要素条件。显然中国正是具备这些条件的国家。

中国工业革命之路

第四次工业革命的初级阶段主要以5G、人工智能、机器人技术、虚拟现实、量子信息技术、基因生物技术、清洁能源等领域作为突破口。中国从1992年邓小平南方谈话开始到2010年已经积累了一定的工业基础，人口红利与产业规模让中国成为名副其实的世界工厂。尤其是2001年中国加入世贸组织后，至2008年，世界经济总量增长了一倍。中国经济总量也在2010年超过日本，成为世界第二大经济体。在此基础上，中国开始追赶第三次工业革命，从2G到5G，从移动支付到智能应用，中国已经位于世界前列。尤其在5G科技领域，中国领跑世界，这也就意味着中国具备第四次工业革命的基础条件。同时在超级计算机工程领域，中国也是领跑世界。在2019年的超算500强中，中国以219台连续4年排名世界第一，美国以116台排在第二，中国总量已经接近美国的2倍。另外，在人工智能领域，中国与美国已形成竞争格局，在2020年公布的全球前10的人工智能企业中，中美各占5个。当然，这只是以规模为代表的显性对比，在隐性技术储备与高性能领域，中国与美国还存在一定差距。比如芯片领域，从生产与应用规模来看，中国位居世界第一，但从芯片的技术与性能来看，与美国相比存在较大差距。一个芯片的生产要数百道程序，而中国芯片制造的设备绝大部分依赖国外进口，也就是说欧美国家要打击中国芯片产业，只要从生产设备入手就可以实现。这就是卡脖子，中国正全力以赴去解决这一系列问题。

当然从整个工业体系来看，中国在第四次工业革命中依然存在若干问题。

其一是中国制造业虽然规模很大，但与德国、美国相比，依然存在大而不强的现象。中国制造业虽然进步很快，但沉淀的时间不够，没有形成广泛且自觉研发的动力与品牌价值的理念。所以在世界价值链中扮演的角色多半是处于“微笑曲线”的底端，也就是加工、组装领域。这就导致中国制造业的利润很低，企业没有动力，也没有能力投入研发，形成恶性循环。但政府有形之手已经介入，在企业研发领域推出“揭榜挂帅”制，企业科技研发有望得到国家支持。

其二是中国制造业劳动技能偏低，生产效率不高，因此高端产品在国际竞争中处于劣势地位。当然这与中国制造业数字化水平不高有关，目前中国制造业数字化水平依然落后于世界发达国家。在制造业数字化推行过程中面临诸多阻力，比如改造成本、应用能力等因素让中小企业数字化提升止步不前。此外，中国虽然有众多的商会及企业协会，但中国企业之间的合作意识依然很薄弱，企业与企业之间的竞争关系依然停留在传统的“厚黑学”中，模仿、追逐、迭代成为中国企业的普遍生态。针对企业之间的信息孤岛现象，中国政府也采取了积极的整合措施，比如政府牵头成立工业互联网平台，打通信息屏障，重塑工业生产体系。

从第四次工业革命的初始阶段来看，目前最为基础的竞争主要集中在大数据、人工智能技术、物联网和5G四大领域，四大领域背后却是千千万万的技术竞争。竞争是不可避免的，因为时代是不可逆的。每一次工业革命都是对过去的传承，也是对过去的超越。第四次工业革命的本质是人工智能，把物理系统与数字系统进行链接实现数字孪生的状态。所以每一个环节都肩负着历史的使命。比如大数据的本质是从数据中寻找规律，获取有价值的信息，提升认知能力，指导精准预测，做出正确决策。

奥地利著名数据科学家舍恩伯格，在其著作《大数据时代》中提到，“大数据的核心就是预测，在不久的将来，许多现在单纯依靠人类判断力的领域都会被计算机系统所改变甚至取代”。而物联网是物品与物品之间的数字化链接，使物体与物体，物体与人，以及人与人之间形成链接、交流。物联网具有感知、传送、智能运算等特征，某种意义上来讲可以重构生产组织。而5G技术及时解决了速度、广度、容量等问题，在信息传送过程中保证了安全高效的运行能力，以及数据收集、处理、储存的效率，是人工智能发展的基础条件。中国在这一条件上已有了保障。

各国优势对比

在第四次工业革命初始阶段，美国、德国、日本、中国已形成了一种竞争格局。中国、德国主导的思想是“合作竞争”关系，美国、日本主导的是“竞争合作”关系。所以价值观念上的差异导致了价值链上的竞争。经过对比分析，四个国家在工业4.0的标准与实践上各有特点。德国是率先提出工业4.0的国家，明确提出通过互联网与物联网打造信息物理系统（CPS），将利用德国制造业的优势向智能化全面转型，最终实现生产组织形态从集中化向分散的生产模式转变。这样更能整合资源，打破边界。

事实上在互联网诞生之前，世界企业巨头就一直在尝试这种方式，比如波音飞机的生产方式就是全球化合作的模式。但波音公司毕竟是全球巨无霸公司，不具备复制的参考性。但是互联网出现以后便给了中小企业全球化的想象空间。德国之所以敢于尝试，主要还是来自传统工业的实力，这种“虚实结合”能放大德国工业的溢出价值。譬如德国西门子旗下的安贝格电子制造业工厂（EWA），是欧洲乃至全球最先进的数字化工厂，由“产品数字化”“生产工艺流程数字化”和“设备数字化”三个部分组成，被誉为德国工业4.0模范工厂。生产到销售过程的智能化和数字化，使工厂每秒钟可生产1个产品，每年可生产30亿个，并且做到24小时内为客户供货，产品的交货时间缩短了50%。由于工人们对产品进行实时监测和认真的数据分析，产品的合格率高达99.9988%，产品质量接近完美。所以，德国第四次工业革命的核心优势便是“智能化的工匠精神”。

美国其实在德国之前就发布了《先进制造业国家战略》，提出了美国先进制造业战略的五大目标。后来看到德国提出工业4.0计划，便立马重申《先进制造业国家战略》，针锋相对展开了竞争。美国发展第四次工业革命的优势正好与德国形成一个“两极”关系，德国是以工业制造为基础，美国是以第三次工业革命的成果信息化为基础，两者都有核心的竞争优势。

美国通用电气率先提出了“工业互联网”概念，以打造平台、整合资源为营利目标。通过对软件和大数据分析，实现人、机器和数据的无缝协作，重构全球工业。目前通用电气联合各合作伙伴共同打造物联网开放平台Predix。通用电气与AT&T、软银、沃达丰、中国电信等全球主流电信厂商协同作战，与AT&T、思科、IBM和英特尔共同宣布成立工业互联网联盟（IIC），打造工业领域的生态链。目前美国工业互联网的技术与成熟度虽然领先世界其他国家，但是没有产业支撑的服务模式必将面临巨大的风险，一旦其他国家完成了自己的工业互联网体系，就会无情抛弃美国工业物联网平台。中国与德国一样，首先基于本国制造业发展去打造工业数字化，同时通过与国际合作提高自身的运行效率。

日本与中国一样，在2015年公布了《机器人新战略》，提出了“世界机器人创新基地”“世界第一的机器人应用国家”“迈向世界领先的机器人新时代”三大目标，并制定了巩固机器人产业培育能力、大力推广机器人应用、引领世界机器人革命的五年计划。日本的机器人发展早于美国，再加上成熟的半导体技术与先进的工业制造水平，实力不能小觑。

日本企业的最大特点就是团结协作，20世纪70年代与美国半导体的竞争中就体现出狼性文化，相互穿插、配合，共同应战的特点让日本一度碾压美国。如今日本为了抢占第四次工业革命的主导地位，专门成立了“日本机器人革命促进会”，通过机器人行业组织，协调各相关机构，明确各自职责，共享进展情况，共同推进《机器人新战略》。小组成员中，除了三菱电机、日立制作所等工业控制设备商，还包括富士通、AEC等IT公司，甚至还包括川崎重工、日立造船、丰田汽车等各类制造业企业，以及相关贸易集团和智库等77家代表企业。

中国在第四次工业革命中的竞争优势明显。首先是中国拥有庞大的消费市场，本土市场效应为中国的产业发展提供了支持与过渡时间。其次是中国的城市化发展为智能化制造创造了有效需求。中国城市化率截至2022年在65%左右，离发达国家80%的水平还有较大的增长空间。在这一过程中，中国高质量城市化发展必将构成一个庞大的产业体系，每一个体系背后都有相应的智慧产业做支撑，自身需求就可以拉动智慧产业的发展。再则，中国已经实现了工业全品类生产能力，在规模以上（简称“规上”）企业智能化升级中，中国只要把先进的组织设计模型与数字化设备及传感器等进行融合就能实现智能制造，所以现在处于一个转型阶段。在“十四五”规划中，中国拟定了科技创新、产业发展、发展国内市场、深化改革等策略来应对当前世界变化；采用上下结合的科技创新，以及由内而外的制度变革来促进创新与产业链现代化水平、消费市场与投资机制。狭路相逢勇者胜，工业革命关系到一个国家的命运，所以必须是举国之力加以应对。

“三大链”的挑战

当今世界的竞争变得更为立体化，从过去资源掠夺、军事斗争、地缘政治等传统的霸权主义行为逐步演变为经济、文化、科技、资源、市场、人才、资本等全方位竞争的新霸权主义形态。尤其是第四次工业革命开始，世界各种发展要素与资源将以最快的速度、更广的范围流动、整合，重构价值链、供应链、产业链体系。所以，“强链”“补链”“延链”等战略成为应对国际竞争的重要手段。第四次工业革命的信息化应用触发了人工智能的全面兴起，也推动了新材料及新能源革命。世界产业体系从微观、中观、宏观层面发生巨变。资源禀赋快速流动与产业发展的创新速度加剧竞争格局的变化，给第一世界国家提供了垄断野心，也给第三世界国家创造了新的机会。

竞争对手是自己的“衣食父母”

全球价值链可以从多角度理解。从宏观层面看，全球价值链是指为实现商品或服务价值而连接生产、销售、回收处理等过程的全球性跨企业网络组织，包括参与者和生产销售等活动的组织及其价值、利润分配，处于价值链上的企业进行着从设计、产品开发、生产制造、营销、交货、消费、售后服务、最后循环利用等各种增值活动。简而言之就是从产品的设计到最终消费环节的每一个过程都是价值链的组成部分。

产品在价值链上的溢价能力不仅取决于产品自身的实力，还取决于产品所形成的规模效应与整合能力。当前美欧及日本等国家在产业链上处于高端环节，尤其是在研发设计和品牌两端体现出绝对的优势。中国虽然大部分产业还处于全球价值链的中低端，但产业升级速度却表现出强劲的力量。从20世纪90年代开始的OEA（委托组装）模式到2010年前后的OEM（贴牌生产）模式是一个转折点；从2015年后的ODM（委托设计）模式到2020年前后的OBM（原创品牌）模式又是一个转折点。中国制造不断加强创新能力与生产工艺的提升，逐渐向“微笑曲线”两端攀升。所以这给世界发达国家带来一种潜在的危机感，认为中国一旦跻身世界价值链的高端环节，就会对他们的全球化战略产生威胁。所以欧美国家提出了“再工业化”或“制造业回归”等战略来吸引高端制造回流。他们认为以此可以为“中国制造”设置障碍，最终把中国剔除出世界价值链。

但是，中国从2008年开始就关注双向直接投资（Foreign Direct Investment, FDI），通过全球性的双向投资获得技术溢出与全球产业链分工的地位。美国为此非常焦虑，试图像剥洋葱一样把中国从世界价值链的各环节中剥离。但这一想法注定是徒劳的，因为是双向投资，即便把中国在海外的投资全部斩断，也控制不了美欧企业在华投资既得利益的延续。更何况这个世界对中国依存度越来越大，中国已成为世界物资保障的重要来源，这一点从新冠疫情爆发开始就得到了验证。在新冠疫情爆发前夕，美国就用尽浑身解数对中国发起单边且全面的贸易战，后来不仅没有遏制中国的出口，反而促进了中国贸易顺差规模的扩大，美国对中国的进口不减反增，最后才发现原来自己的竞争对手竟然是自己的“衣食父母”。

美国对华策略可谓黔驴技穷，因为霸权主义在新时代背景下越来越不得人心，世界人民对破坏规则、扰乱地区局势的行为越来越反感，甚至是抵触。所以美国还在用过去的“围”“追”“堵”“截”思维去对付中国，注定事与愿违。一个强大的国家绝不是以打击别人来获得自身成长的，而是应靠提高自身的治理水平和促进技术变革来实现飞跃。纵观新兴国家，多半都是在主观原因与客观原因相互作用下发展起来的。以中国及部分新兴国家为例，其发展路径就是基于全球价值链重构而成长起来的。从20世纪70年代开始，世界发达国家就一直把持着全球价值链的高端环节，中国及亚洲一些国家到70年代末才介入低端制造业。在那时候要想分得发达国家一杯羹几乎是不可能的。但是70年代的两次石油危机使得发达国家爆发了经济危机，从而不得不调整产业结构，把机械、钢铁、石化等重工业向亚洲一些国家转移，这补齐了亚洲国家错失第一、二次工业革命后出现的短板，促进了世界价值链的平衡发展。同样发达国家有更多精力去进军航空航天、半导体、原子能等新兴产业。到了20世纪90年代末，亚洲爆发金融危机，日本、新加坡等发达国家竞争力被大大削弱，为了降低成本，他们开始把部分生产环节转移到中国。同时中国政府为了抓住这一机会，加大了政策的开放程度来吸引国际投资。

第三次世界价值链的重构依然与金融危机有关。2008年美国爆发了金融危机，世界价值链中低端环节加速向亚洲转移。而此次转移的重点区域是中国。为什么呢？因为中国从2001年加入WTO后就向世界展示了强大的生产能力，同时不断崛起的中国市场也是各国进入中国的根本理由。这一轮全球价值链重构使得中国迅速崛起，成为全球四大“世界工厂”之一。而此后，中国深知自己处于全球价值链的低端，所以通过供给侧结构性改革及创新激励制度向高端环节迈进，从而为第四次工业革命奠定了基础。

逆全球化才刚刚开始

供应链分为供给端和需求端，世界发达国家发现既然从需求端无法对竞争国产生打击，那就从供给端下手，对其生产要素实施“阻击”，从而影响竞争对手的产品质量与生产成本，最终阻碍竞争对手的产业发展。

2020年4月，美国白宫国家经济委员会主任Larry Kudlow公开要求美国在华企业撤离中国，无论是回到美国还是去东南亚其他国家，搬迁费用全部由美国政府负责。美国的仆从国日本为了配合其主人的战略，也宣布出资22亿美元用于日企撤出中国。这种逆全球化的行为竟然表现得如此直接，说明竞争态势有多么激烈。但是美日忽略了另一个重要的因素，那就是需求端。外资企业进入中国很大程度上是依附于中国本土市场，撤离中国就意味着失去中国市场。这一点日本早就领教过了，以至于后来让韩国商品抢占了中国市场。但是日本为什么还会积极配合美国呢？除了是美国仆从国，日本是想通过此举向中国讹诈一些贸易利益。

美国为什么对中国供应链的打击从需求端转向供给端呢？因为对于需求端来说，中国已经形成了绝对的竞争优势，美国对中国产品的需求也是基于现实考虑的。中国出口商品主要以劳动密集型产品为主，这类产品必然会消耗包括劳动力、土地、原材料、环境等大量的生产要素，这种高成本低利润对于发达国家来说自然是不划算的，更何况在国际市场上美国已经失去与中国的价格竞争能力。

北京师范大学发布的《2021年中国进口发展报告》显示，2010—2020年，中国对世界进口增长的贡献率达到27.7%，远高于美国、欧盟。仅2011年，中国生产的个人电脑就已经占世界总产量的90%，空调占80%，太阳能电池板占74%，移动电话占70%。所以，与其在中低端贸易上“恶战”，还不如在供给端进行狙击。尤其在重点产业领域，以美国为首的发达国家直接采取“断供”手段进行技术封锁。

这一招算是切中了中国的软肋，多年来中国高新技术崛起很大程度是以市场换技术来实现的。通过“消化、吸收、再创新”等方式向价值链高端环节攀升，尤其在高铁、动力电池、电子信息等产业较为突出。可以说，美国采取供给端技术封锁是最为刁钻的战略，也是最为极端的手段。美国除了自身对华采取技术封锁，还给其他国家施加压力，要求共同阻击中国的发展。从中国的角度来看，短时间内确实备受压力，因为中国产业积累时间较短，底层技术储备较少，高端芯片、核心元器件、基础软件等严重依赖进口。尤其在新能源汽车赛道上，中国虽然整车生产能力位居世界首位，但新能源汽车的核心部件依然需要进口，尤其是无人驾驶电子配件和IGBT（Insulated Gate Bipolar Transistor，绝缘栅双极型晶体管，一种半导体器件）都依赖于进口。其中IGBT进口比例一度高达90%以上。

根据中国工程院的中国制造业产业链安全评估研究显示，中国制造业产业链60%左右是安全可控的，但部分产业对国外依赖程度大。其中6类产业自主可控，占比23%；10类产业安全可控，占比38.5%；2类产业对外依赖度高，占比0.77%；8类产业对外依赖度极高，占比30.8%，尤其是光刻机（集成电路产业）、高端芯片

（通信装备产业）、轴承和运行控制系统（轨道交通装备产业）、燃气轮机热部件（电力装备产业）、设计和仿真软件（飞机、汽车等产业）等产业和领域的问题需要重点关注。[1]可以说，从2018年到2025年，会经历一场较为激烈的大国博弈，从而加速全球供应链格局的调整。

掌控高利润环节

如果说供应链是一种供给与需求的关系，那么产业链就显得尤为复杂，纵向生产活动与横向要素资源都与产业链密切相关。从纵向布局来看，一个产业分为前端、中端、后端，三者依据特定的逻辑关系形成链式关联。另外产业链不仅表现出复杂的结构，还体现出其隐蔽的特点。从时空角度看，产业链有跨地区、跨组织、跨行业的特性，一个产业的兴盛往往表现出其强大的组织能力与战略思维。

产业链带来的风险有隐蔽性、滞后性的特点，风险一旦暴露就难以及时控制，需要较长的周期调节。当前世界产业链特征主要表现在三个方面。

其一是以美国为代表的产业链外包形态。美国强调设计、研发与销售、品牌领域自主化，中间生产、加工环节采用外包形式异地建厂。这种模式的特点就是把高利润环节牢牢掌握在自己手上，把低利润、高能耗环节推给别人。但是美国没有想到产业自身是有进化能力的，那些低利润、高能耗的低端加工环节也会不断向高端环

1 参见王硕《中国工程院原院长、院士周济：集中优势推动我国制造业迈向中高端》，http://www.rmzxb.com.cn，2019年10月16日。

节攀升。美国倍感危机，便启动了制造业回归战略，尤其在2018年中美贸易战爆发后这种意愿变得更为迫切。

其二是以德国、日本为代表的备份式外包模式。一方面在国内设置母公司，生产核心零部件；一方面将一般零部件及组装交由第三国来生产。这种模式是秉着有便宜就捞，没便宜就撤的理念，所以日本在华企业的撤出能力较强。但是日本市场体量与企业生产无法实现自我循环，因此只能在矛盾与纠结中徘徊。而德国由于在中国市场的既得利益及中德合资生产模式的固化，其撤出中国的可能性不大。

其三是以中国为代表的“内循环”产业模式。中国工业生产大类达到了220类，是全世界唯一具有全品类生产能力的国家；另外加上庞大的消费市场，最终能形成有效的闭环式发展。2020年中国提出“以国内大循环为主体，国内、国际双循环相互促进的发展格局”，正是体现了中国产业发展的韧性。但是中国当前的产业链还处于中端向高端攀升过程中，一方面会面临发达国家技术封锁与产业链收缩风险，另一方面还要承担发达国家的“道德绑架”。发达国家一方面把生产、组装环节发包给中国，降低了自身的生产成本；另一方面针对中国的环保问题大做文章，在产业链中针对性地加入了检测认证、节能减排、社会责任等方面的内容，随着成本与门槛的提升，中国正在攀爬的“微笑曲线”就变得更加陡峭了。

2019年末到2022年，新冠疫情全球蔓延，对世界进出口及全球产业链带来严重冲击。世界发达国家不仅没有加强合作，共渡难关，反而通过各种手段加剧了竞争，这为全球产业链带来了隐性风险，逆全球化的悲观情绪成为世界生产组织的阴影。所以很多企业通过调整生产网络和供应链来应对潜在的风险，再加上政治、经济、技术等因素的叠加影响，全球产业链将出现巨大的变革。

最为明显的是短链化现象。在疫情前，或者说在中美贸易战全面爆发前，全球产业链是以生产模块化、专业化、规模化的特点多层次发展，不断进化的创新链推动着产业链向两端延伸。而疫情加上美国单边贸易战的行为给世界带来了不确定性因素，比如过于依赖一国的投入或产品供给会带来断链的风险。为了保障自身安全，所以一些国家将产业链向外延伸的发展格局调整为向内布局策略，本土化产业链正在终结过去分包和离岸外包的模式，国际直接投资也从过去分散垂直的专业化投资模式向工业集群化投资转变，这就加剧了产业短链化。

无论是价值链、供应链还是产业链，对于当前错综复杂的世界大变局来说都是重要的战略环节，未来全球生产力布局会向区域一体化及双边合作方向转变，北美、欧盟、中国—东盟、美洲各类自由贸易区将会建立新的经济秩序。面对全球产业链、价值链重构现象，中国一方面在加快产业转型升级，另一方面加快企业数字化应用。通过数字化把分散的供需关系进行集中协调是供应链治理的重要手段，不仅可以减少交易成本，还可以提升生产效率，应对突发性断链现象。对内部产业治理，中国各地政府采取的是“强链扩群”战略，通过要素资源有效匹配，把核心产业链做强，然后培育世界级产业集群，形成国际竞争力。

第四次工业革命刚刚起步，却已经失去前面三次工业革命竞争、合作的活力，世界大国纷纷建立起自己的“防火墙”，试图通过单边或双边贸易巩固自身优势，针对他国弱点进行打击，这种逆全球化趋势给第四次工业革命带来复杂性与不确定性，这也许就是工业革命难以摆脱的“魔咒”。就像前面三次工业革命一样，给人类带来美好生活的同时也顺便抛出一个令人意想不到的“灾难”，比如过去战争、环境污染、城市病等现象都与工业革命有关。在第四次工业革命来临之际，人类就经历了天灾、人祸的诸多考验，这些考验似乎都在证明第四次工业革命的必要性，而人类为何不加以珍惜？所以，“人类命运共同体”这一概念至关重要，它强调要在追求本国利益时兼顾他国合理关切，在谋求本国发展中促进各国共同发展。

第四章　全球性债务危机

当前世界发展走到十字路口，无论是意识形态还是地缘政治都面临错综复杂的局面，甚至是重构趋势。这一过程经历了长久演变与矛盾累积，最终到了爆发的临界点。从地缘政治来看，西方国家对向东还是向西的问题一直处于焦虑状态。而从意识形态的角度来看，世界反“全球化”的呼声越来越高，尤其对于一国主导的全球化现象被认为是霸权主义后，世界便有了两种趋势：一是以自我保护为目的的利己主义现象；二是多边主义合作共赢的发展观。这两种趋势的形成带来文化、外交、经济、技术等领域的连锁反应，正在形成一种新的国际秩序。

新冠疫情爆发后，更是加剧了世界重构的进程。一方面刺激了利己主义极端化行为，比如违背商业伦理打击竞争对手，比如政府通过有形之手重构本国产业链而破坏全球产业链等；另一方面多边主义构筑新的经济产业群，形成以区域划分的经济发展生态，全球供应链向地区供应链倾斜，加剧了全球资源的流动竞争。此外，2008年美国次贷危机爆发后，全球资本市场发生了流动性变化，过去以美元为中心的信用机制变成了以自我为中心寻求多边保护的金融发展模式。简而言之，过去只有美国一道“防火墙”，但在美国“防火墙”发生信任危机后，各国便从被动转为主动，不断加强对本国货币的弹性管理。激进的货币政策助推全球杠杆，为系统性风险与不可避免的“金融战争”埋下了伏笔。

全球杠杆不断升级与突如其来的新冠疫情叠加让世界变得更为复杂。首先是货币宽松政策进一步加剧了杠杆的风险。其次在全球通胀背景下各国为了自身安全与利益加大了货币供给与产业保护力度，导致供应链“断链”“短链”等现象，进而引发滞胀问题。同时，在全球经济衰退时期，碳达峰、碳中和成为尴尬的命题。碳排放意味着生产力，而生产力意味着经济增长与就业机会。在全球经济衰退期，“双碳”的使命就像一根绳索，可以抓住产业机会往上攀升，也可以套在脖子上勒死自己。这一点对于发展中国家与新兴国家来说尤为明显，但是美国与日本也在呼吁制造业回归，这意味着发达国家前面创造的碳达峰也有可能发生动摇。要做到既不违背“双碳”的愿望，又要实现经济的增长，那就必须从产业结构调整及清洁能源应用等领域着手，这又将推动新一轮的产业重构，进而形成新的竞争关系。所以，当前世界的变化用瑞士洛桑国际管理发展学院教授让·皮埃尔·莱曼的话说，就是“新的全球秩序尚未到来，我们正走向一种混乱的不确定性”。

全球性债务问题一直备受关注，但大家似乎都有习以为常的心理预期，那就是软着陆。其逻辑无非是凯恩斯的需求决定供给。凯恩斯认为通过增加需求能有效促进经济增长，社会普遍认为只要有需求，供给就不会断，而所谓债务也可以得到有效控制。过去数十年也确实如此，只要通过货币宽松政策保障需求，再大的泡沫也能消化掉。从凯恩斯提出通过财政赤字解决就业与适当通胀刺激需求的观点开始，世界就一直处于高增长状态，随之而来的便是债台高筑。资本市场之所以敢于冒进，是因为他们心存侥幸。一方面认为只要资产增值，债务风险也就随之而减，至于流动性风险与资产泡沫，在巨大利诱面前是微不足道的；另一方面认为只要设置风险对冲机制就可以规避毁灭性打击。实际上从几次金融危机来看，无论是资产升值还是风险对冲，在集体性崩溃面前都显得不堪一击。

信用货币不“信用”

全球性债务的形成分为多个阶段，每个阶段都有不同的历史背景。从第一个阶段来看，1971年第七次美元危机爆发，尼克松政府于8月15日宣布实行“新经济政策”，布雷顿森林体系瓦解，美元与黄金脱钩，从此美元成了凌驾在信用之上的“信用”货币。美元的发行完全取决于美国自身利益，而其他国家的利益得失完全取决于美国政府的理性或良知。

尽管如此，世界各国似乎也没有很强烈的抵触，因为大家发现从“金本位”向“信用货币”转变更有利于经济调节效率，国家可以通过货币发行来控制经济市场，创造更大的边际效益。所以西方国家也开始效仿美国，采取货币宽松政策来刺激经济增长。但这带来一系列隐患：由于流动性过剩，债务规模扩大。从1971年到1990年的20年间，西方发达国家的货币宽松政策刺激了新兴国家与拉美国家的发展。一方面是以美国为代表的西方发达国家因流动性过剩需要向外输出，另一方面是拉美国家城市化建设需要大量的资金支持，于是出现了美国大量印钱，拉美及新兴国家拼命借钱的现象。然而到了1980年以后，美国为了应对通货膨胀而提高利率，导致借贷利率短时间内大幅度增长，拉美国家纷纷宣布无力偿还债务，一场区域性的金融危机蓄势待发，背后的风险形成轨迹也渐渐浮出水面。

美元与黄金脱钩后就意味着与客户之间的交易无需通过等额黄金兑付，所以信用货币扮演的角色就更为丰富，除了用作交易凭证，还兼具投资与掠夺的属性。比如一枚鸡蛋卖0.3元，农户以2元每只的价格买了500只鸡雏，每只鸡雏养大后可以产300枚鸡蛋，最后下架蛋鸡一只可以销售10元，最终每只蛋鸡总体产出收入为100元。其中每只蛋鸡购买鸡雏、人工、饲料、水电、疫苗及兽药成本约为80元，直接成本费用占比为80%，净利润占比为20%，每只蛋鸡净利润额为20元。农户发现养鸡致富路，开始寻找社会资本扩大养殖规模，最后建成年存栏50万只的蛋鸡场，当期鸡蛋每枚已经涨到0.6元，鸡雏价格为3元一只，由于规模化养殖，每只蛋鸡终生产蛋数达到380枚，下架蛋鸡一只可以销售15元。最终每只蛋鸡总体收入为243元，农户看到这个数据时不禁喜上眉梢，但在最终核算成本时却是大惊失色。规模化养殖后每只蛋鸡购买鸡雏、人工、饲料、水电、疫苗及兽药成本约为194.4元，直接成本费用占比为80%，同时规模化养殖后，增加了3%的管理成本、5%的固定资产折旧成本及10%的融资成本。总体核算下来每只蛋鸡的净利润占比为2%，净利润额为4.86元，这个收益可以说是有惊无险，如果未来管理不善或感染疫病，将直接面临严重亏损。

看到以上结果有人会质问，鸡蛋的价格已经翻倍，并且是规模化养殖，为什么每只蛋鸡的净利润占比由20%下降到2%。首先是因为直接成本上涨。因为整体物价上涨，其中饲料、水电及兽药、疫苗等都出现价格大幅度上浮，同时通货膨胀导致人员成本也上涨，所以才出现规模化养殖后直接成本不降反升的现象。其次是因为融资需要支付高额利息。最后是因为规模化养殖后产生了管理成本及固定资产折旧成本。农夫本想一跃成为暴发户，到头来却是有苦难诉。

当上游产业最终不能把成本转嫁给终端消费者的时候，就会面临破产。按理来说成本可以自上而下传导，也可以自下而上反馈。但是传导速度往往很快，反馈机制却总是失灵。就好比以上案例，鸡蛋的涨幅没有赶上饲料、人工等直接成本的涨幅比例，又要背负融资利息成本。农户辛辛苦苦、心惊胆战，最后只是构建了借贷机构的吸血管，沦为借贷机构的打工者。

这里面还有一个被忽视了的“坑”，即高汇率货币大量流入后，本国货币就容易被高估，这样增加了出口企业成本，最终导致资本外逃。由于新兴国家与拉美国家出现经济低迷与债务危机，美国最终不得不在1989年采取减免本息的方式来缓解借贷国压力，史称“布雷迪计划”。“布雷迪计划”不是给美国印钞机贴上封条，而是通过强制启动，给前面清零，为后面准备。

薅“羊毛”

“布雷迪计划”实施后，拉美国家长达10年之久的债务危机告一段落，但是资本的触手却由此伸向更远的地方。20世纪90年代，亚洲国家依靠劳动密集型产业和大规模基础投资创造了较高的经济增速。在此期间，东南亚一些国家高估了自身实力，为了吸引外资加快了金融自由化改革步伐，这给国际资本巨头提供了可乘之机。尤其是1992年泰国取消资本市场管制后，国际资本蜂拥而至，通过政商结合模式抢占银行、证券、不动产领域市场，大量资金涌入制造了泡沫式繁荣的假象。1993—1996年，泰国房地产价格上涨了近400%，SET指数也在1996年1月冲到1410.33，达到历史高位。到了1996年末，泰国外债高达930亿美元，相当于GDP的50%，其中短期外债占了60%。山雨欲来风满楼，在此情况下外资开始纷纷撤出。

本来一戳即破的泰国经济又碰上美国加息，美联储为了抑制国内通胀而提高利率，使美元大幅升值，东南亚国家由于实行的是钉住美元汇率制度，自然跟着被迫升值，最终导致本国出口失去竞争力。到1996年初，泰国国内金融机构的存款利率和贷款利率分别达12%和13.75%，不仅为亚洲地区最高，而且超过国际平均水平的2倍。高利率政策进一步抑制了投资和消费，加剧了经济衰退。以出口为导向的泰国由贸易顺差变为贸易逆差，这让泰国这枚已经开裂的蛋引来更多苍蝇，金融大鳄索罗斯便是其中一个。他先是利用量子基金抵押给泰国银行借出大量泰铢，然后转身就抛售转换成美元。当市面上的泰铢暴增的时候就出现了贬值，由于泰国政府没有足够的外汇储备，固定汇率机制就崩溃了，最后泰铢在浮动汇率下跌到了谷底。更为严重的是泰国的金融危机使马来西亚、印度尼西亚、韩国、日本，以及中国台湾、中国香港遭受重创，还一直蔓延到亚洲的北部乃至俄罗斯。当时马来西亚总理达图·马哈蒂尔在新闻发布会上指名道姓地谴责一个人："这个家伙来到我们国家，一夜之间，让我们全国人民十几年的努力化为乌有。"确实如此，亚洲部分国家和地区的人民资产大幅度缩水，多年积累的财富纷纷贬值。

几乎在同一时期，亚洲人民又再次被薅羊毛。美国财阀利用亚洲货币贬值机会集体出手，以极其低廉的价格获取了几百倍价值的财产。可以说这一场危机给亚洲带来的不仅仅是经济上的创伤，对政治、社会都有极大的破坏。泰国政府因为这次危机被推翻了，印度尼西亚的苏哈托政府被推翻了，日本桥本龙太郎下台了，俄罗斯一年之内换了六届总理。此后若没有中国出手相助，亚洲将可能陷入大萧条。

货币“自由”失灵

第三次全球债务的叠加期应该在2001年到2009年，美国为了应对互联网泡沫破灭及“9·11”事件的冲击采取了大幅度降息。这样便导致美国家庭负债率急速上升。大量信贷涌入房地产市场，其中“次级”贷款就占据20%的市场份额。到了2006年美联储开始加息，美国家庭部门的偿债能力就下降了。2007年美国次贷危机爆发，资产价格暴跌，各大持有“次贷”业务的银行亏损惨重。熬到2008年，美国次贷危机全面爆发，对消费、投资领域产生全面影响，美国政府不得不采取干预措施，宣布接管“两房”。此后，雷曼兄弟、贝尔斯登、美林证券等倒闭，金融海啸席卷各个国家，全球金融危机爆发。

由于当时中国金融市场还没有对外开放，这场危机对中国金融机构没有产生直接影响，但是对中国的出口经济产生了重要影响。当时，中国在全球价值链中扮演马车的角色，而美国扮演的是马的角色，马车上面是中国制造，马拉着马车在跑。从2001年中国加入世贸组织开始，全球产业链进入分工时代。欧美需求拉着中国供给在跑，世界把这一时间段称为“黄金时代”。然而美国次贷危机爆发，终结了一切，并对中国出口给予沉重的打击。

外贸是中国经济的三驾马车之一，外部需求急剧收缩致使中国出口大幅下降，很多中小企业立马就陷入停产状态，裁员、减薪、倒闭成为当时的普遍现象。同时中国金融市场受国际大环境影响，股市暴跌，消费率下降，中国经济由此增速放缓。虽然中国采取了一系列的拯救计划，但货币投放的边际效用递减，并没有出现1998年亚洲金融危机时的恢复能力。这表明，全球高负债、高杠杆率的背景下，依靠单一的货币宽松政策已经无济于事。再加上美国一而再再而三地放水，货币漫灌现象已初见端倪。美国向来崇尚极端化自由经济，主张市场自由调节来解决经济问题，所以对金融产品创新一直处于放任状态，比如次贷等宽松的金融衍生产品就是在这样的环境中成长的。据惠誉国际评级（Fitch Ratings）和英国银行家协会（BBA）的全球信用衍生产品调查报告，1996年全球各类信用衍生产品交易额仅为0.18万亿美元，截至2006年底，这一数值已经升至26万亿美元，市场规模扩大了100多倍，呈爆发式增长。这给次贷危机的爆发埋下了隐患。

第四次债务危机

第四次全球债务的积累是从2010年开始至今。2008年全球金融危机爆发后，世界各国纷纷开启货币量化宽松政策。国际金融协会

（IIF）数据显示，2019年第三季度，全球政府债务高达70多万亿美元，是2007年的两倍多。美、日及欧盟成员国等发达国家也陷入"重债富国"的困境。美国外交关系协会数据显示，截至2018年，美国联邦政府所欠外债加上联邦政府所持有的美国国债，总债务将超过20万亿美元，占GDP比重的120%；国际货币基金组织（IMF）的数据显示，2018年日本政府债务占GDP的238%；欧盟的债务问题至今尚未得到解决。IIF的报告还显示，新兴经济体债务也自2001年翻了两番，达到72万亿美元。[1] 2020年，全世界遭受了一场健康危机，经济随之陷入深度衰退，这使全球债务规模激增至226万亿美元，其年度增幅为"二战"以来之最。在这场危机爆发之前，全球债务水平已处高位。根据IMF全球债务数据库的最新数据，全球债务在2020年上升了28%，已达到全球GDP的256%。2020年，政府债务增量占到了全球债务增量的一半有余，全球公共债务占GDP的比重跃升至创纪录的99%。非金融企业和家庭的私人债务也达到新高。（如图4–1）

IMF的数据显示，在2020年激增的28万亿美元债务中，发达经济体和中国占到了90%以上。由于低利率、央行政策行动（包括大量购买政府债券）和发达的金融市场，这些国家能够在疫情期间扩大公共和私人债务。从宏观上来看，中国总体杠杆率一直低于发达经济体的平均水平。但是根据国家金融与发展实验室（NIFD）发布的《2020年度中国杠杆率报告》数据显示，2020年中国宏观杠杆率从2019年末的246.5%攀升至270.1%，增幅为23.6%，这说明全球仍

1　何德旭、张斌彬：《全球四次债务浪潮的演进、特征及启示》，《数量经济技术经济研究》2021年第3期。

历史高位

2020年，全球债务经历了50年来最大的增长

（债务占GDP的百分比）

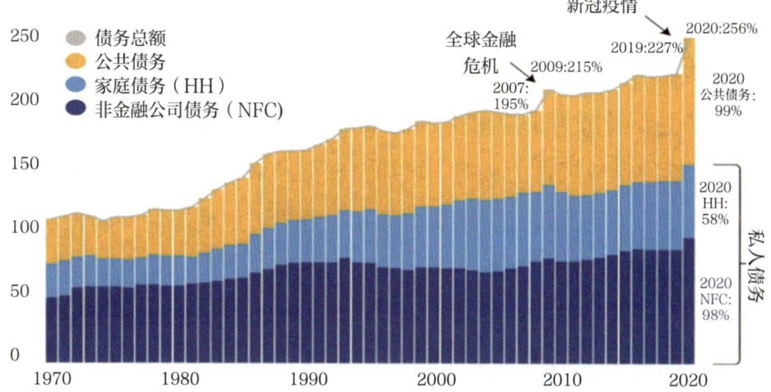

来源：IMF 全球债务数据库和 IMF 工作人员的计算

注释：全球债务与 GDP 的比率估计值是按各国以美元计值的 GDP 加权计算的

图 4-1　2020 年全球债务增长幅度 50 年最高[1]

处于宏观杠杆率上行周期。截至2021年末，主要经济体还没有出现拐点现象，所以在疫情冲击下稳经济助推杠杆率上升政策似乎成为每一个国家的手段。

1970年以来的四次债务危机，都是因为低利率的宽松环境刺激了主要国家债务的快速增长。即便是在美国次贷危机后，一些国家也并没有以此为戒，日本和欧洲部分国家依然没有退出量化宽松

1　图片引自《2020年代，美国和世界都会充满动荡》，视角学社，https://mp.weixin.qq.com/s?__biz=MzUzMTkxMTQxNA==&mid=2247575894&idx=1&sn=255d9ffeb220ba30008c0a3fa1e822cf&chksm=fab8aecfcdcf27d9c1b7c330625dcb75e1a03957807fa4ce98aaa513ed49b1fb8decefb1b5d2&scene=27，2022年7月24日。

（QE）政策，导致债墙高筑，经济增长水平不仅没有得到提升，反而出现持续衰退，积累的债务和泡沫最终如何着陆还不见方向，但有一点是明确的，那就是将有更多的百姓来为此买单。美国的经济增速虽然比多数国家好，但依然没有跳出无限QE的套路，这样迫使世界主要经济为了应对美国的政策而同样采取适量的QE政策。日积月累便形成沉重的负担，再加上虚拟经济的高速膨胀，全球金融风暴呈蓄势待发状态。纵观前面几次危机，如何应对一场长期性的攻防之战显得尤为重要。

"泡沫"的临界点

几乎每一次债务危机爆发前，都是一条资产价格快速上涨的曲线，然后便是断崖式的衰退。因为资产的增长周期比较长，所以积累的资本规模也是巨大的，这种风险不仅体现在资产泡沫本身，还体现在流动性风险上。货币流动过于集中在不动产领域就会对其他产业形成破坏，从而影响整个经济生态体系。根据数据统计，从历史演变来看房价从峰值到谷底的平均年限为5.75年，跌幅均值近四成。[1]如果加上房价谷底向峰值攀升的10年多时间，大概房地产的周期会在15—20年，个人、企业或是银行都认为这是一件长远的事情，不必要把责任揽到自己身上。

关于房地产周期问题其实一直没有定论，但有一点可以肯定，国家越大，人口越多且富裕程度越高，房价周期性就会越长。因为泡沫从开始到爆裂需要一个较长的周期，尤其是发展中国家的增长

1 何德旭、张斌彬：《全球四次债务浪潮的演进、特征及启示》，《数量经济技术经济研究》2021年第3期。

惯性反而为泡沫做了支撑。同时，房产具有较强的流动性，每个接盘的人都不希望泡沫破灭，因此，在共同利益的作用下，即使活得狼狈不堪也要维持现状。但既然是泡沫，终究会有破的一天，这就是经济学所说的“明斯基时刻”。明斯基的观点告诉我们，经济长时期稳定可能导致债务增加、杠杆比率上升，进而从内部滋生爆发金融危机和陷入漫长去杠杆化周期的风险。而作为投资者或市民，在经济好的时候是不抵触承担风险的，但是随着经济向好的时间不断推移，投资者承受的风险越来越大，直到收支失衡到达临界点，最终因为无力承担而彻底崩溃。世界上大部分资产集中在不动产和股市两大领域，股市因为动态性较强所以不存在积累或叠加风险，但不动产因为周期长、规模大，所以直接锁定了国民经济。一般来说，不动产泡沫要破之前有三种征兆：其一人口增速放缓，国民生育动力不足，实际需求下降；其二存量过大，供给大于需求；其三可支配性收入递减，无力偿还贷款。当这三种现象成为常态的时候就说明有可能要戳破泡沫了。但谁都不愿意看到那一天，因为突发性的资产泡沫破灭必将引发金融海啸，最终产生的危害会高于前几次危机。所以，最好的方法是通过政策引流缩小泡沫，以政策换时间，最后实现软着陆。

额外剥削与霸权货币

资产泡沫的形成很大程度是由货币宽松政策与产业结构失衡导

致的。从资本监管来看，一些国家金融监管制度不够健全或是放纵式管理会导致金融向资产领域倾斜。

资产本身没有创造内生性价值，所以投资者或消费者便向资本市场索取溢价，而资本市场出于逐利的需要便想尽办法满足投资者或消费者的需求，形成一种共同且特殊的“食物链”。最终导致资产规模不断扩大，流动性就像掉入一个无底洞，货币发行多少便沉没多少。所以，一方面必须从金融监管入手，严控资本流动向房地产领域沉淀；另一方面要加强产业转型与创新力度，引导资本向高新制造领域转移。历史证明，一个国家如果长时间没有创新、没有利润或市场趋于饱和的时候，金融资本不但不流入工业制造，还会不断侵蚀产业资本，导致社会资本由传统产业向非线性产业转移——比如房地产、证券、基金、互联网等产业，形成虚假繁荣。所以只有通过监管实现资源合理配置，通过产业创新实现利润增长，才能对资本进行引流。不然，“印”再多的钱也不过是对社会财富的额外剥削和虚假再分配。

长期以来，国际货币体系的本质是霸权体系。无论从理论上还是从历史上来看，对国际货币金融体系具有关键性影响的是金融霸权国家，因为货币是全球金融关系的基础。根据逻辑推理可以得出结论：假设世界经济中有n种国家货币，市场总会自己选择出一种通用货币来便利国际贸易，原因是市场的经济规模效应。如果同时采用n种货币，两两搭配会产生大量的外汇市场交易，而建立交易平台的代价非常昂贵，因此在实践中选择代表最强经济实力的第n个货币作为中心媒介货币，货币交易种类便能减少到n-1。这第n个货币就类似于霸权货币，这是市场选择的结果。这种选择从经济学上来讲是合理的，但从国际政治格局与利益分配上来讲却不一定如此。众多论者都提出货币霸权国滥用特权的危险性。[1]看似稳定的背后往往也蕴含着风险与压迫。

2020年4月1日起，中国金融行业全面开放，允许外商独资金融公司申请注册。这就意味着中国将全面参与国际金融市场竞争，金融将成为中国对外经济政策的工具，为维护地区稳定与大国发展起到关键作用。但这也意味着同时要面对系统性金融风险、供应链金融风险，以及国内汇率韧性等问题。总而言之，人民币将会成为美元以外广泛流通的货币，这将削弱霸权货币的特殊地位，形成n-1与n-2并存的结算模式。也就是说，美元不再是唯一的“安全货币”，如果美元挟带过多的政治目的，那么其他国家就会选择人民币结算。当然，这还需要一个过程，关键要看人民币是否能经受住全球债务危机的考验。

---

1 Charles P. Kindleherger, “Dominance and Leadership in the International Economy: Exploitation, Public Goods, and Free Riders”, *International Studies Quarterly*, 1981, pp. 242-254.

第五章　全球疫情下的经济复苏

经济衰退

世界上有三件事情能引发全球大变革：一是规模化战争，二是技术革命，三是大流行病。虽然新冠疫情致死人数远低于历次大瘟疫或世界大战中的死亡人数，但国际社会长期积累的矛盾，以及第四次工业革命与新冠疫情交集“共振”等因素，可能让疫情成为世界大重构的分水岭。

《世界是平的》一书作者托马斯·弗里德曼称新冠疫情将是新的历史分水岭，如同公元前、公元后的历史划分一样，今后的历史划分将以新冠前、新冠后来表达。[1]人类实际上没有享受过几天好日

1　Thomas Loren Friedman（托马斯·弗里德曼），“Our New Historical Divide: B.C and A.C——the World Before Corona and the World After”（《新历史划分：公元前与公元后以及新冠病毒前后的世界》），*The New York Times*, March 17, 2020。

子，几千年来，战争与疾病不断出现。就拿近百年来看，1918年西班牙流感、1957年亚洲流感、1968年香港流感、2003年传染性非典型性肺炎（SARS）、2009年甲型HlNl流感、2014年脊髓灰质炎疫情、2014年埃博拉疫情、2015年中东呼吸道综合征（MERS）、2015—2016年寨卡疫情、2018年刚果（金）埃博拉疫情等，其中五次被世界卫生组织列为“国际公共卫生紧急事件”。新冠疫情属于第六次被世界卫生组织列为“国际公共卫生紧急事件”的疫情。新冠疫情在历次疫情中死亡人数虽然不是最多的，但对全球影响是最大的。从经济上来看，疫情导致全球大封锁、导致失业率与经济衰退超过了2008年全球金融危机，直逼20世纪的大萧条。

2019年底新冠疫情爆发后，世界各国相继进入疫情防控状态，供给与需求因疫情封锁而阻断，从而导致了自“二战”以来最严重的经济衰退。2020年，一向务实求精的欧洲大哥德国，GDP下降了5%，终结了连续10年增长的纪录；而狂妄不羁、闹着要脱欧的英国，GDP竟然萎缩了9.9%，创1709年以来最大降幅；就连信誓旦旦说要超越中国的印度，GDP也收缩了7.7%；亚洲的发达国家日本维持了意料中的衰退，负增长4.6%，创下了“二战”之后最大降幅；澳大利亚“幸运之邦”也陷入了29年来首次衰退；最后来看看美国，GDP萎缩3.5%，是2009年以来的首次下跌，也是1946年以来的最大跌幅。世界主要经济体，除了中国，似乎都出现了停摆。根据国际货币基金组织（IMF）《2021世界经济展望报告》测算，2020年全球经济萎缩幅度约为4.4%，2020年全球GDP总量大约减少3.91万亿美元，这个数字相当于德国2019年全年的GDP规模。根据联合国发布的《2021年世界经济形势与展望》报告，2020年全球经济萎缩4.3%，远超国际金融危机期间的萎缩幅度。其中，发达经济体经济降幅高达5.6%，发展中经济体萎缩2.5%。中国虽然是世界主要经济体中唯一正向增长的国家，但2.3%的增长较疫情前的水平相差甚远。新冠疫情并没有人们预期的那么快结束，从2019年底到2022年持续蔓延，甚至出现变异毒株，全球经济活动出现“放收循环”周期律。世界各国似乎都有束手无策的感觉，为了稳就业促经济，有的国家甚至启动“直升机撒钱”的办法。但是从欧美等国的刺激性政策效果来看并不理想，因为新冠疫情只是全球经济矛盾的触发因素，要摆脱长期性滞胀问题就必须重塑经济秩序与商业伦理。

中国在面对经济衰退问题时提出了“双循环”发展模式，以自力更生的意志和开放合作的态度重构价值链。中国同时提出以“跨周期调节”来应对逆周期调节的不足问题，欧美国家在疫情期间频繁采用大力度的逆周期调节，导致货币政策空间严重透支、财政政策空间大幅压缩，给全球带来了流动性风险。而中国提出“跨周期调节”很大程度上是给宏观政策未来的操作留下空间，也是为了应对后疫情的中长期挑战。从2020年初到2022年底的三年时间来看，新冠疫情给经济带来的影响主要有供应链和滞胀两个方面的问题。

供应链危机

从供给角度来看，由于疫情对生产活动的干预和破坏，加剧全球供需矛盾，从而引发供应链危机。比如疫情对企业用工、订单、库存、生产、运输等环节产生冲击，就有可能导致企业出现停产。

停产后人力成本、房租成本、融资成本都将急剧上升，如果政府不采取干预措施，企业就有可能倒闭或破产。由于现代企业的绞合关系越来越密切，一个行业，甚至是一家大型企业出问题就有可能引发区域性金融危机。2020年上半年，浙江省绍兴市纺织产业就面临供应链金融危机，供需市场阻断以后，绍兴市的纺织企业流失了75%以上的订单，导致企业出现规模化停工，库存资产缩水，银行面临不良债务风险。如果政府置之不理，或者只发几个口罩以表慰问，那后果不堪设想，区域性金融危机就有可能爆发。浙江省政府对此专门成立应急小组，通过对债权银行、银监、保监、企业之间的协调，采取贴息、免息、担保及过桥资金等手段帮助企业渡过难关，化解了金融风险。

供给端萎缩对于整个产业链来说是一场生态性的灾难，2020年世界大部分地区有不同程度的停工停产，尤其是欧美国家几乎处于长时间停产状态，全球供应链首次出现不需要军事战争或贸易战就能实现“断链”的现象。

供应链是生产和流通的过程，只要是开放型的国家就摆脱不了对供应链的需求。中国由于疫情治理优势率先恢复了生产，但供应链问题导致中国在诸多领域依然备受压力。在2020年，中国经济增长对世界经济的贡献率达到25%以上，中国制造业所占比重对世界制造业贡献比重接近30%，这也就说明世界对中国供应链的依赖程度也是最大的。从中国2020年2月份到7月份的PMI（Purchasing Managers' Index，采购经理人指数）就可以看出其压力，2月份中国PMI产出指数为28.9%，3月份立马飙升至53%，到了11月份恢复到55.7%，这说明中国恢复生产的同时对自身供给需求压力增大，如果中国在第二季度进一步停产停工，那么全球供给侧的压力将进一步加大，将可能影响西方社会的稳定。可以说，疫情期间中国对全球经济做出巨大贡献，是供给侧的重要保障。

从需求端来看，受疫情冲击，消费市场出现了严重的错位现象。一边是需求收缩，一边是供给不足。在疫情期间，一场关于“拯救生命还是挽救经济”的讨论一直持续不休，看似一个很简单的选择，但现实却更为复杂。比如选择“拯救生命”优先，那么就会面临经济的衰退，并且是不可逆的衰退。受交通管制、地方区隔等因素影响，批发零售、交通运输、文化旅游、餐饮娱乐等服务领域出现了严重萎缩。更为严重的是每一个领域背后都是一个产业链组成，比如批发零售对应的是生产、就业、租赁；交通运输对应的是能源、汽车销售等；文化旅游对应的是“三农”及城市消费；餐饮娱乐对应的是养殖、种植及流通行业等。有人认为，“留得青山在，不怕没柴烧”，疫情带来的经济停摆是暂时的，疫情之后便会产生报复性消费。这其实是一个谬论，失去的终究是失去的，又怎么能回得来呢？比如你一个月没有下馆子，在疫情恢复后你就会不断下馆子吗？恰恰相反，由于疫情受到损失，所以会对消费进行控制。可见，疫情期间的消费不具备延时或推后效应。

在投资需求方面，疫情削弱了企业的投资意愿，抑制了投资增长。从2020年到2021年，从各国的M1（狭义货币供应量）、M2（广义货币供应量）及社会融资（简称“社融”）的数据来看，尽管政府不断加大货币宽松政策，但企业的投资活力依然没有恢复。中国在2020年2月M2同比增长高达8.4%，而M1同比增长只有4.8%，这说明大家更愿意存钱，而不愿意投资或消费，所以出现较严重的剪刀差现象（即M2增速高于M1增速）。从2020年4月开始，在政府政策的刺激下，M1增速开始反弹，到了2021年1月甚至出现了

M1逆袭的现象，M1增速高达14.7%，M2增速为9.4%。很多人认为这是投资活力恢复的表现，其实并非如此，这只能代表企业资金充裕，而不代表投资活力强劲。央行调查统计司司长阮健弘指出：单位活期存款是M1里的主体，占M1的90%，是最主要的构成部分。企业资金充裕是货币政策的作用，并非生产力的恢复。到了2021年2月，M1增速又出现了严重的下行趋势，剪刀差再次形成，而且在不断扩大，到了2021年10月，M1增速只有2.8%，而M2增速却高达8.9%。

而作为世界第一大经济体，也同样出现剪刀差现象，尽管美国政府采取了“直升机撒钱”及货币量化宽松政策，但经济依然恢复缓慢。数据显示，2020年3月美国M1同比增速4.8%，而M2的增速是8.8%，在宏观政策不断刺激下，M1虽有增长，但与M2相比依然存在剪刀差。这说明疫情管控对全球的消费需求和投资需求都具有长期性的抑制作用。当然，到了2021年以后，美国M1增速下滑趋势得以逆转，经济动力得以恢复，并创造了较好增长。

那么，如果政府重点选择“挽救经济”，是否对投资和消费会有所改善呢？答案显然是否定的，这不仅违背人道主义精神，而且对经济改善也无济于事。根据日内瓦大学教授克劳斯·施瓦布的观点：“从供给方面看，过早放宽限制和社交隔离要求将导致感染加快，会有更多员工和工人受到感染，更多企业停工。”而在需求方面，克劳斯·施瓦布教授认为：“这一点可归结为经济活动的根本性决定因素：情绪。因为消费者的情绪才是经济发展的真正动力，唯有消费者的信心得以恢复，经济才能恢复到某种形式的‘常态’。个人对安全的感知驱动着消费者和企业的决策，这意味着经济的持续好转取决于两点：对疫情消退的信心，以及全球范围内战胜病毒的证明。”所以，为保经济发展而放松疫情管控也有可能得不偿失。

那么如何做到疫情防控与经济发展两手抓呢？首先要避免忽左忽右的极端化行为，应该根据区域需求重点，疫情分布特点，利用不同产业特性，科学部署疫情防控与生产关系。其次要充分利用网络平台、大数据、人工智能、工业互联网等数字模式替代传统消费行为和生产方式。

滞胀

新冠疫情爆发以后，世界各国普遍采用了不同程度的货币宽松政策，过度刺激的政策不仅导致无效需求，还引致通胀，最终走向了罕见的“滞胀”。为什么说滞胀是罕见的呢？因为停滞性通货膨胀其自身就是一个矛盾的交集，一边是通货膨胀，一边是经济停滞不前。滞胀形成的原因错综复杂，一方面是长期以来货币宽松政策的积累，另一方面是新冠疫情抑制了消费市场，加上资源错配导致的无效供给。当然，不同的历史背景有不同的滞胀原因。从20世纪70年代美国引发的世界性滞胀来看，美国长期采取扩张性的货币政策导致货币超发和财政赤字扩张，社会先是表现出异常的繁荣，然后便是高通胀，最后形成停滞性通货膨胀。

怎么理解呢？比如在货币超发情况下石油价格暴涨，按理来说对于产业链的利益相关者是利好，但是在石油价格暴涨的同时，其他各项成本也出现扭曲性暴涨，所以就出现了生产成本上升的同时利润减少的情况，最终引致商品价格上升同时经济增长放缓。疫情后的滞胀形成原因，除了货币超发导致的通货膨胀，还有很多深层次因素，比如地缘政治需要，比如寡头垄断与大数据对市场的切分导致的新的信息不对称，等等。

从2020年到2022上半年，新冠疫情经历了爆发阶段、常态化阶段、变种毒株阶段，每一阶段为了促发展稳就业，各国几乎都采取了相对应的量化宽松政策。与20世纪70年代相似，第一轮通胀便是大宗商品。由于美元锚定石油及主要大宗商品，所以美元的变化将直接导致大宗商品价格的变化。世界资本巨头利用疫情期间人们的不确定性心理，通过操纵期货来推高大宗商品价格。以石油、天然气等能源为例，从疫情爆发到2022年上半年，价格涨了数倍。大宗商品价格上涨后就开始不断向其他产业延伸，汽车、电器、建材及农产品均出现大幅上涨趋势。涨幅最大的是美国，根据美国劳工部的数据显示，2021年三季度连续三个月，美国CPI（Consumer Price Index，居民消费价格指数）同比涨幅均超5%，而10月份更是高达6.2%，创下31年来的最高水平。同样，拉美国家与新兴国家也深陷通胀漩涡。2021年10月，阿根廷的通胀率达到52%，而委内瑞拉的通胀率竟然早就超过了1000%。土耳其在2021年10月份通胀率高达20%，巴西通胀率为10.67%，古巴通胀率为70%，海地通胀率20%。根据联合国拉丁美洲和加勒比经济委员会（ECLAC）提供的34个国家的数据，该地区几乎所有国家货币兑美元都有贬值。货币贬值加全球大宗商品涨价，使拉美经济遭遇内外双重压力。亚洲国家虽然承担了石油、天然气、煤炭等大宗商品的高价位，但未出现暴涨的现象。在同一时期，中国CPI同比上涨率在1.5%—2.3%之间浮动，2021年全年CPI同比上涨率仅为0.9%。日本通胀率一如既往，几乎为零。那么在疫情期间，亚洲国家通胀率为什么会远低于其他地区呢？答案显然与疫情管控效率有关。亚洲国家对疫情的心理调适已趋于平稳，所以物价的变化不再被心理因素主导。

欧美或拉美国家高通胀的形成不仅仅是由供给端引致的，同样需求端也是导致通胀的关键因素。民粹主义下的“超常”需求，诱导政策的非理性倾斜。这种人为诱导下的“社会福利”加剧了物价的波动。西方及拉美国家总体上是偏“胀”，而中国由于疫情前就积累了各种焦点问题，经济发展相对放缓。数据表明，2020年到2021年，中国消费、工业生产、房地产各领域均出现一定的下行趋势，“滞”的现象已比较突出。但是中国会不会觉得有足够空间像美国一样执行货币量化宽松政策呢？对于这个问题，中国境内的经济学家多数呼吁采取宽松政策来刺激经济。但中国政府一直保持高度的谨慎和理性，这不是对国内经济学家不够信任，而是对社会大众更加负责任。

社会主义国家政府不是精英阶层的专属工具，而是代表着广大人民群众的根本利益。在一项政策出台前必须考虑对社会深层次的影响。比如中国为什么“滞”？一方面是产业转型升级必然引发阵痛周期；另一方面是中国房地产调控是宏观经济发展的战略措施，其规模收缩拉低固定资产投资也在意料之中。此外，中国基建投资正从传统桥梁道路等设施建设向高质量的新基建转型，这也需要一个过渡时间。作为中国三大投资的房地产、制造业、基建都面临重大转型，所以适当偏“滞”也是战略性的选择。

同时，中国发展周期与疫情防控节点与国外相比有较大差异。如图5-1所示，中金公司2021年10月份发布了一篇《“滞胀”解析及市场启示》的报告，该报告分析：疫情后全球经济复苏呈现为

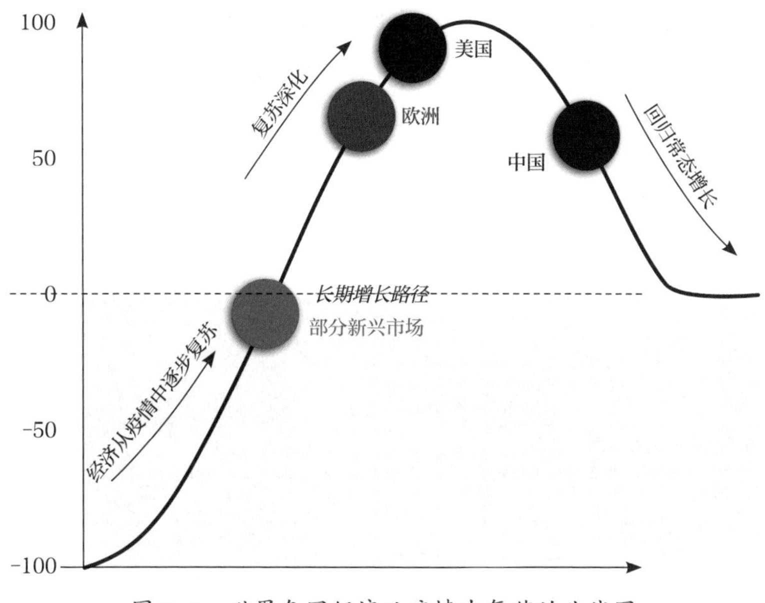

图 5-1　世界各国经济从疫情中复苏的曲线图

（资料来源：彭博资讯，中金公司研究部）

“先进先出、长尾退出、节奏异步、结构分化”的特征，中国率先控制疫情并复苏，在宽松政策逐步退出后，增长也在回归常态化，疫情对需求负面影响的长尾效应逐步体现。而海外经济体受疫情影响更严重，但由于采取更大力度的刺激政策，且政策未完全退出，因此当前海外发达经济体仍处于非常态化的高增长状态。

从中金的报告分析看，中国的适度“滞胀”是属于阶段性刺激后的理性回归。虽然没有恢复疫情前的水平，但中国产业升级、规模化生产的红利将在未来发挥重要的作用。一方面是向全球产业链高端环节攀升，实现“补链”“延链”的预期，化被动为主动。另一方面规模化生产红利将创造规模化定制的愿景，进一步压低全球高端制造品价格。所以蛰伏有时往往是为了更高的追求，平静是为了酝酿更大的理性。

第二部分
全球趋势与应对策略

第六章　社会重构与“大政府”回归

从社会层面来看，疫情期间出现了社会分化，导致财富再分配，劳动力转移，以及意识形态的重新分割与大政府的回归。疫情对地缘政治和地缘经济也将产生重要影响，全球领导力国家也许将不再依托于单一的霸权实力，而是通过对全球重大事件的处置能力与协同治理的贡献来影响世界政治与经济格局。

在短期内霸权主义国家或许可以通过威逼利诱引致更多国家的“投靠”，但从更长的周期来看，相融共生才是一条光明大道，否则就会陷入信用危机，失去全球价值引领的地位。从更大的范围来看，面对全球性重大疫情，世界各国抛弃政治偏见，携手共渡难关才是人道主义与立国之本。正如新加坡学者马凯硕的观点：“地球上70亿居民不再生活在100多艘互不关联的船（国家）上。相反，他们是在同一艘船上的193个独立客舱。”[1]一旦出问题，同一艘船上的客舱将无一幸免，只有协同治理才能解决系统性风险。但是很遗

1　Mahbubani, Kishore, *The Great Convergence: Asia, the West, and the Logic of One World*, Public Affairs, Perseus Books Group, 2013.

憾，新冠疫情从爆发到蔓延，全球协同性治理效果不佳。发达国家对发展中国家的偏见与过度戒备导致对抗性竞争持续蔓延，这为经济大萧条、全球治理失灵、全球化衰退埋下了恶的种子。

国际秩序加速演变

新冠疫情可以说是一只“黑天鹅”，不仅使全球经济遭受重创，还加大了引发全球秩序大重构的可能。从经济层面上看，2020年全球经济萎缩4.3%[1]，相当于2008年世界经济危机跌幅的7倍，为20世纪30年代世界经济大萧条以来最严重的衰退。各国相继采取管制措施，限制人员流动和货物流通，2020年全球货物贸易量下降9.2%。

失业率上升

世界银行2022年1月发布的《全球经济展望》报告分析，预计全球经济增长将显著放缓，从2021年的5.5%降至2022年的4.1%。国际劳工组织发布的《世界就业和社会展望：2021年趋势》报告显示，受到新冠疫情冲击，2021年全球失业人口将高达2.2亿，失业率将达6.3%。欧盟统计局预计欧盟失业人数大概在1390万人。截至2021年11月，欧元区失业率依然有7.2%。

---

1 联合国于当地时间2021年1月25日发布《2021年世界经济形势与展望》报告。报告总结道：受新冠疫情冲击，2020年全球经济萎缩4.3%。

另外《联合早报》2020年12月17日报道：新冠疫情严重冲击了亚太地区劳动市场，至今导致8100万人失业，2020年亚太地区失业率或将从2019年的4.4%升至5.2%—5.7%。同样，疫情导致美国失业率居高不下，2022年1月，美国劳工部公布数据显示，美国连续申领政府救济金人数依然在200万以上，而这一数据已经比2020年大有好转，2020年美国失业率最高达到3300万人以上，曾一度超过美国20世纪30年代的大萧条纪录。失业率是企业运营状态的反映，庞大的失业人口背后是成千上万家企业倒闭的现状。全球社会由于疫情引致的冲突事件越来越多，在多种社会矛盾的交集下，少数人出现了焦虑、无助、报复社会等心理问题。这种现象如果不妥善解决，将引发更广泛的社会暴力行为，甚至会传导给更多国家。因此，当前世界必须加强合作，只有协同治理才能妥善解决疫情导致的社会、经济、政治等方面的深层次问题。

世界组织“失灵”

对于全球重大的流行病，政府是人民的唯一希望，全球保护主义、孤岛主义在人类重大灾难与疾病面前都不值一提。疫情爆发伊始，各国人民就期待世界合作组织能有所作为。在过去面对全球重大事件时，无论是20国集团（G20）还是7国集团（G7）都发挥了重要作用。比如在2008年金融危机中，G20国家携手合作，为世界经济复苏发挥了积极的作用。人们希望在重大疫情期间，G20也能发挥像2008年金融危机那样的作用。G20在新冠疫情爆发后也曾表态，要对2020年工作重点做出调整，在保留原有议题工作的同时，将关注重点转向合作抗疫和稳定经济，在财政、金融、贸易、旅游、就业、农业等方面协调行动，推进全球层面合作。2020年2月下旬，G20召开2020年度首次央行行长和财政部部长会议之时，部长们即表示将对新冠疫情风险进行监测，并准备随时采取行动应对风险。2020年，G20央行行长和财长先后两次召开会议，核准了《G20行动计划——支持全球经济渡过新冠肺炎危机》，通过了G20《暂缓最贫困国家债务偿付倡议》。但是G20在新冠疫情中并没有完成人们所期待的作用，更多是停留在倡议和号召层面上，切实的行动并不多。后来美国人又把目光投向7国集团（G7），认为7国集团更能代表发达国家的利益，其协调机制相对G20也会更成熟。G7也多次召开央行行长和财政部部长电话会议，声明要利用一切适当的政策工具，实现强劲且可持续增长，防范经济下行风险；并表示将与世界卫生组织合作，支持其发挥领导和协调作用；将加快全球疫苗开发和部署；将与业界合作，提高疫苗生产能力；将加强新变种测序方面信息的共享。但是从疫情发展的几年时间看，G7似乎在经济、科研、卫生等领域也没有发挥改善性的作用。此后，发展中国家也召开了多次会议，呼吁采取联合行动共同应对疫情防控与经济发展问题，但同样没有实质性作用，更多还是停留在倡议、沟通的层面。2019年底爆发的这场疫情，使世界各大组织几乎全部“失灵”。

“空头支票”与单边主义

世界各国虽有声明，面对疫情要在多领域、多层面加强沟通，建立协同合作的治理机制，但在具体合作过程中却缺少务实与真诚。G20领导人峰会承诺的向全球经济注入的5万亿美元，更多是各成员已经或拟实施的本国经济刺激计划的加总。而G7所谓“财政和货币政策协调”也只是各成员心照不宣地同步采取了扩张性财政和量化宽松政策，并未见实质性共同行动方案。[1]对于世界合作组织在疫情期间作用甚微的解读有多种，无论哪一种都无法回避世界大国在其中的反作用力。

首先是一些大国在疫情防控中出现政策性失误，导致感染率与死亡率远超预期，经济生产一度出现停滞，所以也就无暇顾及他国，甚至推卸责任，给他国施加压力。

其次一些是大国不遵守信誉导致国际公信力丧失，如美国时任国务卿蓬佩奥曾表示，美国政府准备好投入最多达1亿美元的资金协助中国和其他受影响的国家，以及用于世界卫生组织遏制和抗击新型冠状病毒，然而该承诺未能兑现。此外，美国政府还承诺将向欧洲国家捐赠大量医疗物资，并向意大利承诺提供价值1亿美元的医疗援助，但最终只援助了30多万美元的医疗物资。后来意大利没办法，跑到欧盟去"哭诉"，要求欧盟伸出援助之手，但欧盟似乎也无动于衷，或者说无能为力。逼得意大利驻欧盟大使马萨里（Maurizio Massari）发表了一篇《意大利需要欧洲施援》的文章，公开抱怨欧盟各国见死不救。文中提到，虽然意大利已经通过欧盟民事保护机制向欧盟求救，但没有成员国响应欧盟委员会号召，为意大利提供口罩等医疗装备，只有中国施援。[2]在疫情期间，某些大国及世界组织陷入保守主义，产生自顾倾向，导致国际合作呈现出貌合神离的复杂局面。各国出于自救心理，采取的多是单边行动。

世界组织由于大国权力介入，难以发挥正常功能，甚至出现

---

1 李双双:《国际合作应对新冠肺炎疫情的困境及其经济政治逻辑》,《北方论坛》2021第6期。

2 张弛、郑永年:《新冠疫情、全球化与国际秩序演变》,《当代世界》2020第7期。

“孤岛”现象。世界卫生组织由于在疫情爆发后保持谨慎、中立、客观的态度，就遭到了美国断供和“退群”威胁。特朗普政府以世界卫生组织“拒绝执行美方所要求的改革”等理由宣布终止与世界卫生组织的合作，并将应向该组织缴纳的会费调配至别处。2020年7月6日，美国政府正式通知联合国，决定退出世界卫生组织。数月后拜登政府宣布要重返世卫组织，但对国际社会所产生的影响已无法补救。在疫情期间，美国与世界各大组织几乎都有分歧或冲突，比如G20曾发表联合声明，承诺维持贸易畅通，尊重世贸规则，保持市场开放，然而美国却做出限制他国防疫物资过境、干扰正常贸易的行为，甚至阻碍WTO上诉机构大法官任命，反对临时争端解决措施，导致WTO的争端解决功能难以正常发挥。对于美国政府的极端化行为，就连G7内部也产生了分歧，一些国家对美国表示不满，甚至是美国内部也表示担忧。2020年4月8日，美国资深外交官、世界银行前行长佐利克在《华尔街日报》上发表了一篇《世界正在看美国怎样应对疫情》的文章，文章作者认为美国在成为抗击疫情国际领导者方面完全失败了，这个失败影响很深远，足以降低其盟友和期待美国援助的国家心目中美国的世界领袖形象。

疫情期间，美国继续推进与中国的脱钩政策，这是自2018年开始的中美贸易摩擦的延续或升级。本来经过双方多次谈判，中美贸易战有望在2020年1月告一段落，但是在新冠疫情爆发之后，由于美政府管控不力，便再次向中国发难。除了在疫情方面对中国污名化，还在经济上对中国进行打压。2020年4月29日，美国国务卿蓬佩奥提出“5G清洁路径构想”，宣布不使用华为和中兴通讯之类“不可靠卖家”提供的任何5G设备。印度也不顾自身疫情的压力，配合他国不断激化中印边境冲突，还在经济上限制中国企业在印度的正常经营，造成双边关系紧张。疫情期间，由于大国关系对抗性增强，给国际合作带来了重重障碍。

综上可见，新冠疫情加剧了国际秩序演变。世界组织由于在疫情期间没有发挥正常作用而丧失了公信力。美国因为单边主义的极端化行为而导致国际形象受损、国际影响力削弱。而中国在世界疫情防控中为包括一些西方国家在内的150多个国家和国际组织提供了医疗卫生物资和援助，以实际行动为全球公共卫生事业担职尽责，彰显了讲信义、重情义、扬正义、守道义的大国担当。尽管也有少数西方人士诋毁中国是“影响力外交”，但中国给世界带来的帮助是实实在在的。

疫情加剧社会分化

如果你认为疫情无形之中可以促进社会再分配，实现财富“均衡化”，那只能说明你太天真了。持有这种观点的人有不少，那只能说明人类对美好与公平是有多么渴望，总是幻想以自残和意外的方式获得别人的同情或自我内心的平衡。但是回顾人类所经历的全球性战争或灾难，哪一次不是由分化到固化的演变？新冠疫情也不例外，经济衰退、产业停工、贸易冲突、通货膨胀等经济问题背后，最终吃亏的皆是低收入人群与弱势群体，因为劳动分工、制度逻辑、经济形态决定了在危急时刻更容易引起两极分化。太平盛世的时候，富人们可以让穷人分得一杯羹来维持固有的繁荣秩序和既得利益；但当发生重大灾难的时候，富人们要么断臂求生、转移风险，要么重构樊篱、攫取利益。

富人与穷人

1800年前，曹植便在《说疫气》中写过："夫罹此者，悉被褐茹藿之子，荆室蓬户之人耳。若夫殿处鼎食之家，重貂累蓐之门，若是者鲜焉。"瘟疫爆发的时候，鼎食之家，重貂累蓐之门并没有受到太大的影响，而底层百姓却生灵涂炭。别以为政府架两口锅，搞几天施舍就等于二次分配，其实别人在你排队等汤喝的时候，早已跑马圈地、牛羊成群了。这一点在西方资本主义社会中表现得更为明显，政府一边通过"直升机撒钱"稳定民心，一边开足马力量化宽松。老百姓捡到钱的时候自然是很开心的，原本家里只剩下买10斤大米5斤蔬菜的钱，现在有了政府补助，似乎可以多买几斤肉。但是，当老百姓拿着政府补助去超市买东西的时候，发现连10斤大米5斤蔬菜都买不起了，因为高通胀不仅削弱了他们的既得利益，而且还剥夺了他们原有的价值。那很多人会说，富人不是同样在受损吗？从客观上来看，富人及权贵阶层在疫情面前所承受的风险是公平的，但是富人承受损失或止损的能力比穷人强，并且能在极大的分化过程中找到自我优势，寻找到新的机会。"风险总是以层级的或依阶级而定的方式分配的。在某种意义上，阶级社会和风险社会存在着很大范围的相互重叠。"[1]因此，疫情加剧了原有的不平等并造成了新的不平等。

此外，富人掌握了渠道资源与定价环节，可以任意调节利益的

---

1 ［德］乌尔里希·贝克：《风险社会》，何博闻译，南京：译林出版社，2004年。

分配和流动。比如蔬菜价格暴涨，按理来说是农民受益，但事实并非如此，农民处于供应链中的低端环节，会在商品价值转换过程中被渠道商或资本机构攫取剩余价值。当前处于数字化与资本化的时代，供应链在资本与数字赋能下打破地域和行业边界，实现从生产到分配、流通、消费各环节的全面垄断，当然也可以换一个体面的词来表达，叫“整合”。所以，当今产品价值已呈现出“橄榄型”分配模式，即两端小、中间大。生产者与消费者获利最小，而中间商获利最大。生产者会陷入“双折”危机，因为他们既是生产者也是消费者，自己生产的商品获利甚微，而被中间商抬高的物价成本却要让他们一起去承担。

从社会分工角度来看，疫情最大的受害者应该是服务行业与劳动密集型产业，疫情导致的“封禁”让这些领域的失业率大幅上升，收入急速下降。而在其他领域的从业者可以通过远程办公、线上交易、技术转让等手段来实现财富收益。这从某种意义上来说，这也是加剧贫富差距的一种形式。

在一些国家，疫情不仅加剧了贫富差距，还激化了种族矛盾，这是公共资源分配不平衡的表现。克劳斯·施瓦布在《后疫情时代：大重构》一书中写道：“在美国，在新冠疫情中丧生最多的是非裔美国人、低收入人群，以及无家可归者等弱势群体。在密歇根州，黑人人口占比不到15%，但在死于新冠并发症的人中，黑人人口的占比高达40%左右。新冠疫情给黑人群体带来的巨大影响正反映了背后的社会不公问题。”这也就是美国疫情传播速度之快与传播规模之大的原因。无论是不平等的经济规则还是不平等的社会福利都会加速疫情的致命性传播，起到推波助澜的作用，加剧社会财富两极化差距的同时也给国家疫情控制增加难度。在重大灾难面前，风险分配逻辑与财富分配逻辑是两条缠绕的曲线，共同推动社会分化或重构。

钱都被谁赚走了

瑞士信贷（Credit Suisse）发布的《2021全球财富报告》，清晰地整理了疫情之前全球财富变化和走向。数据显示2020年全球财富增长7.4%，达418.3万亿美元；成人人均财富增长6%，达79 952美元，均为历史新高。但是大家要注意，全球总财富是在增长，而贫富差距却是在拉大。到2020年底，处于金字塔底层55%的人拥有的财富仅为5.5万亿美元，占全球财富比重的1.3%。最富有的10%的人群却拥有全球82%的财富，其中，最富有的1%的人群就拥有近一半（45.8%）的财富。瑞信还指出，全球顶层财富的分配也极不均衡，截至2020年底，美国拥有世界最多的百万富翁，人数为2195.1万，约占全球的39.1%，远远超越中国。中国以9.4%的百万富翁人数位居世界第二。此外在超高净值人群的分布上美国也是一家独大，人数超过10万人，紧随其后的是中国、德国、英国和日本，但人数差距较大。

其中反映出两个问题。一方面是疫情期间由于生产方式不同加剧了收入的差距。比如疫情期间商贸百货行业的工资性收入大幅下滑，而直播行业收入却大幅上升。有人肯定会说这是好事，为何愤愤不平？但从更深层次来看，直播行业收入大幅上升的同时社会信用体系也在逐步瓦解。同时受流量分配不公与头部资源优势影响，机会平等规则被破坏，过去10个人赚的钱现在被一个人赚了，或者说被一个人背后的利益集团赚了，这无疑加剧了分配不公。

非线性产业与线性产业

非线性产业与线性产业的差别也是导致贫富差距的重要原因。非线性源于数学原理，本来是指不按比例、不成直线的数量关系，无法用线性形式表现的数量关系，如曲线、曲面等。非线性是相对于线性而言的，是对线性的否定，出现不同于“线性叠加”的增益或亏损。对非线性产业的解释就是：不按传统产业计时、计量、计价，且打破时空束缚的产业模式。比如互联网、信息产业、金融保险等都属于非线性产业。

在疫情期间，这些产业不仅没有下滑反而大幅度增长，这就推动了产业分化，传统产业在疫情期间利润逐步萎缩，非线性产业在疫情期间利润不断提高，两者分化导致供应链危机加剧。比如传统产业赚不到钱必然要提高商品价格，产品价格大幅度提升，消费市场就无法接受。当市场滞销的信号反馈到生产方的时候，生产方就会改变策略以降低成本获取利润。刚开始供需市场还能维持，时间一久消费市场就不接受了，因为对于消费者来说并不希望降低质量。那么，这就存在一个非典型的供需矛盾，生产者因为赚不到钱不想生产或降低生产质量，消费者因为价格太高或质量不好降低了购买欲望，“滞胀”便由此形成。而那些掌握渠道的非线性中间商依然可以利用信息不对称环境通过无边界低成本扩张攫取利益。所以疫情期间由于线性产业高接触性的特点备受打击，而非线性产业利用链接与成本优势爆发式增长。

乐施会（Oxfam）发布报告称，全球贫富差距因新冠疫情进一步拉大。财富寡头利用疫情快速扩大营收，导致贫困人口依赖性进一步上升。乐施会对79个国家的300名经济学家进行问卷调查，其中有87%的人认为收入差距正在增加或显著增加。2019年2月以来，世界富豪前10位的财富增至5000亿至1.12万亿美元不等，位居前三的分别是亚马逊创立者贝索斯、特斯拉CEO马斯克及法国奢侈品巨头阿尔诺。全球最富有的1000人持有的财富在9个月之内翻了一番。预计世界贫困人口可能需要10年左右才能从疫情影响中恢复过来，尤其是女性群体，她们主要从事受疫情影响最严重的餐饮、医护及社会服务业，染病风险更高。乐施会认为贫富不均是社会结构问题，企业、市场和政治家过于注重眼前利益而忽视共同富裕、劳动保障、薪酬及人权等问题。[1]疫情对经济社会治理模式提出了挑战，凸显出底线思维的重要性。政府在处理个体、社会、市场的关系时要客观分析内在逻辑，要厘清个体性与公共性的匹配关系，创造有效供给，规避利益倾斜或垄断导致的社会分化。

“大政府”回归

亨利·基辛格说：“国家能团结和繁荣，是因为人民相信政府各部门能预见灾难，阻止灾难的影响，并让国家恢复稳定。这次的新冠疫情结束时，许多国家的政府机构在公众眼中就会变成失败

1 《疫情导致全球贫富差距进一步扩大》，中华人民共和国商务部，http://www.mofcom.gov.cn/article/i/jyjl/m/202102/20210203037745.shtml，2021年1月25日。

者。”[1]实际上，国家职能边界问题一直是人类讨论或争论的话题，管得太多与管得太少都会面临各种失灵的窘境。国家治理问题不能只从经济角度去解释，经济只是国家治理的一部分内容，如果用经济思维去解释国家综合治理的能力，就会陷入极端主义思维。比如几百年来人们习惯用亚当·斯密的古典政治经济学理论去解释政府对国家的治理问题。这就相当于拿了一条围巾当帽子，裹在头上又重又热，然后大家都在数落围巾的种种缺陷，但是脖子却很郁闷，这围巾明明是我的，你们为何讨论围巾与脑袋的关系？事实就是如此，亚当·斯密古典政治经济学理论更多适用于经济范畴，不能延伸到社会治理领域去讨论，不然就会出现脑袋与脖子抢围巾的现象，讨论再多也没有意义。

资本不是万能的

当然，亚当·斯密也认为国家应该承担最低限度的公共职能，诸如国防、治安和行政管理等，一般被认为是“自由放任”或“小政府”主张。这种观点得到资本的大力鼓吹，因为资本最反对政府干预，因为干预越多他们获取的剩余价值就越少。正如马克思认为的，资本主义的发展让社会日益分化为资产阶级和无产阶级两大阶级，他们之间存在不可调和的阶级矛盾，二者间的阶级斗争会将资本主义导向灭亡。就事论事，关于国家治理，在经济上可以适度保持市场的韧性，政府做好“守夜人”的角色最好，而在社会治理上资本不是万能的，应该强化“大政府”统筹协调，社会各级各界有

---

1 Kissinger, Henry A., “The Coronavirus Pandemic Will Forever Alter the World Order”, *The Wall Street Journal*, https://www.wsj.com/articles/the-coronavirus-pandemic-will-forever-alter-the-world-order-11585953005, 3 April 2020.

组织参与。极左或极右就会出现“对于解决小问题则嫌过大，而对于解决大问题则嫌过小”的情况，所以“大政府”或“小政府”不是一个固定的模板，而是要结合自然、社会、文化等因素的相互作用调整，是历史变迁与社会需求的动态选择。

社会治理的本质是对个体需求与现实困境的整理、分析、处置、创造、满足、回馈等一系列过程，是由无数碎片化影响因子与无数碎片化需求绞合在一起的，如果让社会去自由调节，那只会顾首不顾尾，满足小众的公平失去了大众的利益。这种所谓“自由”只会在某个特定领域获得高效发展，而在其他领域就会出现资源过度消耗，边际效用递减的现象。比如新冠疫情期间，美国、意大利等国的疫情防控不力就让那些反对“大政府”的自由主义者狼狈不堪。因为“大社会”或“自由主义”都是虚拟、抽象的存在，并不是一个完整的组织，所以社会自治只是一个积极的理念，或者说是基于共同法治与伦理下的自我约束，而不是一种整体且及时的行动。只有政府才有能力把支离破碎的公平与需求进行整合，然后采取国家行动予以解决，尤其在灾难面前更是如此。

日内瓦大学克劳斯·施瓦布教授说：“新冠疫情可能敲响了新自由主义的丧钟，所谓新自由主义包含一整套思想和政策，大体上倡导竞争，忽视团结；强调创造性破坏，反对政府干预；推崇经济增长，抑制社会福利。”美国的“小政府”主义在现代史上经历了三个阶段。第一阶段是20世纪20年代末到30年代，一场席卷全球的资本主义经济危机让市场自我调节的神话破灭，自由放任的弊端让越来越多的人开始反思。第二阶段是从20世纪80年代里根政府开始到2008年金融危机爆发，小政府新自由主义政策下导致的金融海啸让美国社会再次反思。在极端化的自由主义鼓吹下，美国经济脱实向虚，贫富差距突破社会的临界点，1%的人攫取了社会的大部分财富，导致中产阶级萧条，国家职能失效。第三阶段是2008年次贷危机以后，美国并没有把精力放在国内的“大政府”制度建设上，而是依然在推行货币宽松政策，满足资本主义市场既得利益者的需要。

美国很危险

美国是一个崇尚个人英雄主义的国家，这一点在不同领域都有体现，农业生产就是一个典型。通过技术与资源的倾斜让少数人种地去养活绝大多数人，从逻辑上看没有毛病，释放农业劳动力向工业部门流动，以此来提高劳动效率，平衡产业结构。但问题是一些不流动的人也能获得政府的生活津贴，这样就会释放一种扭曲的精英社会价值，极少数人赚取绝大多数人的剩余价值，然后政府通过税收再去养活其中一批无业者。这种逻辑就是不断固化利益集团对社会大众的剥削，然后用部分税收补贴去平衡少数激情分子的情绪，来维持社会的运行。但是当国家出现重大危机的时候，这种运行机制就会失效，美国2008年次贷危机及新冠疫情防控就暴露了问题。

拜登接任美国总统后虽然极力推行“大政府”政策，但更多是体现在全球化概念上。也就是说美国的“大政府”不是立足于国内制度改革，而是强化全球性霸权主义的“大政府”。这种思想对美国来说非常危险，一旦美国衰退，难以维持全球化霸权，就会面临国内骚乱，甚至难以抵御外来的威胁。这样一来就等于绑架了自己，就像一个运动员要不断通过兴奋剂来维持自身力量，一旦规则被改变，就会如一滩烂泥失去竞争力。新冠疫情爆发算是美国陷入反思的第三个阶段："小政府大社会"为什么没有给美国带来高效的疫情防控，反而是亚洲一些"大政府"国家实现了高效防控与治理的目标？

善治型政府

每一场灾难都是对政府治理能力的考验，也是对社会秩序与伦理道德的纠偏。对于善治型政府来说，当重大灾难出现时，决策机制、领导水平、组织能力就会被自动唤醒。其最基本的表现反映在三个层面。

其一是快速应急机制。果断抉择，敢于担当，以人民生命安全为核心展开系统性部署是应急处理的关键。对时间与空间的管理是重大灾难有效防控的关键，这取决于制度的韧性与长期以来的组织理念。

其二是人性化疏导。调度资源、疏通矛盾、舆论引导是公共服务应尽的义务，而不是可有可无的服务理念。无论是调度资源还是疏通矛盾等都是根植在制度内的价值体现，不是机动性的个人行为，更不是集权下的利己主义行为，不然就会演变成"城市霸权主义"。失去了人道主义宗旨的"善举"带来的将是公信力的丧失。

其三是弹性治理。维护社会稳定、安全的同时如何采取弹性的生产方式关系到经济恢复与运行的效率。所谓"弹性"并不是"看天气预报"那么简单，外面下雨了就在家休息，天晴了大家就出去干活儿，阴天为了以防万一还是在家里休息，这其实是懒政行为。真正富有弹性的治理是基于产业属性、区域现状、资源条件等要素做出的合理判断，而不是随大流或一刀切。

中国由计划经济向市场经济转变的过程中摸索出一套"双轨

制”改革路径，这为中国发展奠定了理性基础，并且表现在诸多领域。比如在制度管控上采用的是民主集中制，在经济上采用的是分权“代理”制。再如，在政治任命上，上级官员掌握着下级官员的人事任命和晋升，在晋升激励的作用下，形成了各级政府对上负责的责任体系，因此中央和地方、上级和下级政府可以看作一种类似委托—代理[1]的行政发包体系。中国行政体系的特征主要是垂直管理与“绩效”奖励制模式。尤其是绩效体现在多个层面，有组织绩效收益，也有个人绩效收益。组织要能完成绩效，可以获得更多可用财力；个人完成绩效，可以获得更多升迁机会，所以于公于私人们都会尽力而为。为了获得有限的晋升机会，各级官员就会积极利用手中的“工具”完成自己所负责的经济任务[2]，从而实现了目标的逐级分包。对于疫情防控也是如此，在“全国一盘棋”的背景下，各级负责制从某种意义上来讲形成了一种责任包干制，充分发挥了基层治理的作用。尤其当疫情爆发后立马做出“全国一盘棋”的战略更体现了“大政府”的高效。当然，统筹协调、整体推进是“大政府”的全局观，是面对重大灾难的基本保障，但是“大政府”的边界也很重要，须谨慎把握。

卢梭说，“没有任何一种政府形式适合于一切国家”。国家因文化、制度、信仰、社会的差异存在多样性。我们不能偏激地认为哪种制度是完美的，只能在不断发展的过程中总结经验，调适自我。

---

1 Holmstrom B, Milgrom P., “Multitask Principal-Agent Analyses: Incentive Contracts, Asset Ownership, And Job Design,” *Journal of Law, Economics and Organization,* 1991, 7(S): 24-52.

2 余泳泽、杨晓章：《官员任期、官员特征与经济增长目标制定——来自230个地级市的经验证据》，《经济学动态》2017年第2期。

无论是“大政府”还是“小政府”都有其优越性，也有其与生俱来的局限性。在时代的发展过程中，只要有利于人民的制度就是好制度，就可以兼收并蓄。从新冠疫情爆发后的防控效率来看，“大政府”优势得以有效发挥，备受世界关注。在未来国家治理中将可能出现“大政府”与“大社会”共治的发展模式，这也许就是对善治的最好解释。

第七章 “双碳”大周期与能源革命

2020年9月22日，中国国家主席习近平在第七十五届联合国大会一般性辩论上的讲话中提到：“中国将提高国家自主贡献力度，采取更加有力的政策和措施，二氧化碳排放力争于2030年前达到峰值，努力争取2060年前实现碳中和。”[1]此话一出，引起了国际社会的极大关注。这意味着全球最大的碳排放国已经从相对减排目标向绝对减排目标转变。

这一转变，无论对中国自身发展还是全球产业变革都将产生深远影响，因为气候问题的背后是关乎政治、经济、社会、产业、文化的系统工程。此后，日本、加拿大、韩国等发达国家也相继提出碳中和时间表。亚洲一些新兴经济体在中国作出承诺后也相继调整战略，以此应对新的经济秩序与产业变革。截至2021年初，已有127个国家和地区作出了碳中和承诺，这些国家占全球二氧化碳排放量的65%以上及世界经济总量的75%以上。中国主动提出“双

1 《恢宏的世界胸怀，坚定的大国担当》，光明网，https://m.gmw.cn/baijia/2020-10/03/34242581.html，2021年10月3日。

碳”目标，无疑为全球气候治理及新能源革命打开了一扇门。正如能源转型委员会（ETC）在《中国2050：一个全面实现现代化国家的零碳图景》的报告里所说：“无论对于整个世界还是对于中国自身而言，中国探索到本世纪中叶实现净零碳排放的战略路径意义重大。”

“双碳”大周期

从20世纪80年代开始，随着全球气温不断升高，气候问题引起广泛关注，经过全世界科学家的多年研究和论证，二氧化碳等温室气体增加导致气温上升这一说法获得广泛认同。研究发现，工业革命前，大气中二氧化碳的浓度为280ppm，现在大气中二氧化碳浓度已超过400ppm，地表温度比工业革命之前升高1.02摄氏度。科学家们发现近100多年以来全球平均地表温度升高了0.3—0.7摄氏度。全球变暖终会导致海洋水体膨胀和两极冰川融化，强力驱使海平面升高，这将直接危及沿海地区人们的生存；同时也会加剧洪涝、干旱及其他气象灾害，严重破坏人类家园。[1]气候问题一开始是发达国家内部的讨论焦点，后来随着发展中国家工业规模不断壮大，逐渐演变成发达国家与发展中国家之间的争论。发达国家站在道德的制高点呼吁，为了人类共同命运，世界各国必须节能减排，以此控制

1 ［英］安东尼·吉登斯：《气候变化的政治》，北京：社会科学文献出版社，2009年。

全球气候变暖带来的灾害。

“道德”成为遏制发展中国家的工具

1992年，联合国在巴西里约热内卢召开了人类历史上第一次“地球峰会”，大会否定了“高生产、高消费、高污染”的传统发展模式，提出了可持续发展战略，确立了国际社会关于环境与发展的多项原则。那一年，中国刚刚确立了社会主义市场经济体制的改革目标，搞起了社会主义条件下的市场经济，由于当时还不具备工业规模，所以就不存在争论。而巴西作为当时发展中国家的代表，与发达国家进行了激烈的争辩，尤其是在资金、技术转让等关键问题上产生了严重分歧，最后虽然达成了共识，但发达国家却没有兑现承诺。在发展中国家眼里，发达国家要求节能减排在某种程度上夹带了遏制他国发展的政治目的。既然如此，发达国家又怎么可能会通过资金和技术来“补偿”发展中国家因节能减排带来的损失。

1997年，联合国气候大会再次在京都召开，目标是“将大气中的温室气体含量稳定在一个适当的水平，进而防止剧烈的气候改变对人类造成伤害”。发达国家从2005年开始承担减少碳排放量的义务，而发展中国家也必须从2012年开始承担减排义务。中国为了顾全大局首次提出了2020年相对减排目标，即争取到2020年单位国内生产总值二氧化碳排放量比2005年下降40%—45%，非化石能源占一次能源消费比重达到15%左右，森林面积比2005年增加4000万公顷，森林蓄积量比2005年增加13亿立方米，大力发展绿色经济，积极发展低碳经济和循环经济。最后，会议一共有183个国家通过了条约，并签订了《京都议定书》。然而到了2001年，布什政府以“减少温室气体排放将会影响美国经济发展”和“发展中国家也应该承担减排和限排温室气体的义务”为理由，宣布拒绝批准《京都议定书》。此举颇有针对中国的意味，因为在一些发达国家看来，中国工业规模不断壮大，GDP直逼老牌发达国家，所以必须明确减排目标，保护地球。而以中国为代表的发展中国家认为，从1860年开始，发达国家几百年工业化造成的污染要让发展中国家以牺牲经济为代价来偿还是不公平的。更何况发达国家以全球20%的人口“贡献”了全球75%的二氧化碳，如果让发展中国家来承担发达国家碳排放的代价，那便是霸凌。

美国单方面退出后，《京都议定书》在某种程度上也就变成了名存实亡的一份协议。到了2009年，哥本哈根峰会商讨《京都议定书》一期承诺到期后的后续方案，以中国为代表的发展中国家与以美国为代表的发达国家展开了激烈辩论，中国的态度依然很明确，全球仍有24亿人口以煤炭为主要燃料，有16亿人口用不上电，还有更多人口处于贫困状态，应对气候变化应该以发达国家为主，不能以发展中国家的贫穷落后为代价。其实各国都心照不宣，中国并不是排斥节能减排，而是要争取发展权。一些发达国家借环保之名屡屡施压不过是打压发展中国家的上升空间而已。不过最后，危机终究让各国放下偏见达成共识。2015年《巴黎协定》一锤定音，这是自1992年以来第一份落地的全球减排协议。协议体现共同但有区别的责任原则，同时根据各自的国情和能力自主行动，采取非侵入、非对抗模式的评价机制。但是仅仅维持了5年时间，特朗普政府为了制造业回归及对抗发展中国家，在2020年11月4日正式退出了《巴黎协定》，成为第一个退出《巴黎协定》的缔约方。但是颇具戏剧性的是，108天后拜登政府又重返《巴黎协定》。美国的反复变化让全世界对未来的不确定性倍感担忧。

从偏见走向合作

无论碳排放是否掺杂着政治目的，人类近20年来对环境保护的觉醒与付诸的行动仍是具有积极意义的。尤其是欧洲国家带头宣布绝对减排目标，在减排方面一直是全球范式。2020年欧盟委员会主席冯德莱恩公布减排目标：2030年，欧盟的温室气体排放量将比1990年至少减少55%，到2050年，欧洲将成为世界上第一个实现碳中和的大陆。欧盟从1990年之后碳排放量持续减少，累计减少23.3%。在欧洲各国中，德国与法国一直是碳中和目标的引领国。德国政府2020年宣布，实现净零碳排放（即碳中和）的时间，将从2050年提前到2045年，为此将提高减排目标，2030年温室气体排放较1990年减少65%，高于欧盟减排55%的目标。

法国在1979年二氧化碳排放量就出现峰值，而人均二氧化碳排放量早在1973年就出现峰值。自2015年起，法国政府提出“国家低碳战略”，先后制定并实施了《绿色增长能源转型法》《多年能源规划》和《法国国家空气污染物减排规划纲要》等法律法规，依法构建了法国国内绿色增长与能源转型的时间表，为实现节能减排、促进绿色增长提供有力的政策保障。而作为第一次工业革命的领导者英国，更是在1971年就出现了峰值，二氧化碳排放量和人均二氧化碳排放量几乎同步呈下降趋势，早在1970年前，二氧化碳排放量增长速度就低于GDP增长速度。

英国是世界上最早开始碳中和实践的国家，在2008年正式颁布《气候变化法》，是世界上首个以法律形式明确中长期减排目标的国家。2019年6月，英国新修订的《气候变化法》生效，正式确立2050年实现碳中和目标。

美国碳排放值也是在20世纪70年代初出现峰值，但是数十年来波动性较大，一直到2005年才实现达峰。拜登政府重返《巴黎协定》后承诺2035年向可再生能源过渡，实现无碳发电，到2050年让美国实现碳中和。

日本的工业体系与西方国家基本相似，也是在20世纪70年代出现峰值，但在20世纪90年代末和2010年前后出现了两次波动，直到2014年才呈平稳下降趋势。在中国宣布“双碳”目标后，日本随之发布了《绿色增长战略》，承诺在2050年实现碳中和目标。

中国的担当

西方发达国家之所以能较早实现碳排放峰值，主要是因为工业发展起步较早，从1760年开始经历了三次工业革命，已经完成了工业体系的转型升级。另外由于西方国家人口规模较小，能有效控制碳排放总量。从人均碳排放数据来看，发达国家早期人均碳排放量高达22吨之多，像澳大利亚、美国、加拿大这些国家，至今人均碳排放量还在18吨左右，而中国到2022年人均碳排放量已经下降至6吨左右，这一数据呈下降趋势。所以从逻辑与公平的视角来看，中国完全是有理由推迟宣布“双碳”目标的，因为中国的工业发展仅有数十年时间，而西方国家的工业发展已经持续了数百年，无论是碳排放总量还是现实的人均碳排放量都远远高于中国。

从20世纪90年代末开始，中国承接了发达国家高能耗产业，承担了“世界工厂”的责任，并在2001年后为世界经济发展开启了“黄金时代”。中国对世界的贡献不仅没有得到发达国家的认可，反而成为发达国家站在道德制高点来指责中国的理由。而实际上，美国、澳大利亚等发达国家的人均碳排放量几乎是中国的3倍之多。

中国在此背景下提出“双碳”目标完全是基于大国担当和对人

类命运的真切关怀。因为对于现阶段的中国来说，要实现“双碳”目标需要面对巨大挑战。

首先，从提出碳中和目标的127个国家来看，从碳达峰到碳中和，欧盟历时71年，美国历时43年，而中国只有30年时间。最为关键的是欧美等发达国家是在人均GDP达到2万美元之后才开始转型，已经实现了经济发展与碳排放脱钩的目标。而中国2020年人均GDP刚突破1万美元，处于经济上升期，所以减少碳排放也就意味着放缓发展速度。

其次，中国刚刚完成了工业化目标，经济结构转型还在推进中，这意味着在实现“双碳”目标的同时必须成功完成经济结构转型，否则就会陷入两难境地，出现不可逆转的衰退风险。同时，中国在实现“双碳”目标的过程中必将引发一场广泛而深刻的经济、社会、文化、制度的系统性变革。对内部考验与外部竞争来说都是巨大的压力，此举算是破釜沉舟。当然，中国若实现“双碳”目标，全球碳中和的时间将会提前5—10年，温升目标可降低0.2—0.3摄氏度，造福全人类。

第三次能源革命

人类经历了三次工业革命和两次能源革命，两者之间相辅相成、互为促进，共同推动经济发展的同时，也改变了世界格局。

工业革命与能源革命

第一次工业革命，随着蒸汽机的发明，煤炭成为殖民国家的工业基础，也是对外扩张的战略资源。同样蒸汽机也是煤炭开采及运输的重要工具，最终成为闭环发展模式，促进了“日不落帝国”的崛起。到了1890年，英格兰与威尔士地区煤炭消费量占能源总消费量的比重达到95.5%，以煤炭为代表的能源革命维持了欧洲两个世纪的繁荣。

第二次工业革命，随着内燃机的发明，唤醒了化石燃料的价值，石油成为新工业生产的血液，也成为国家战争机器的内在动力。美国凭借丰富的石油资源及先进的油井开发技术，实现了经济腾飞，第二次能源革命成为20世纪全球化发展最强的加速器。布雷顿森林体系瓦解后，美国让石油和美元挂钩，创造了美元的新世界霸权。美国通过石油供给可以操控美元，同样利用美元便可以控制石油。

在美苏冷战时期，美国多次通过美元与石油的锚定关系摧垮苏联的石油体系，引发苏联经济危机。进一步分析，苏联经济危机也是导致苏联解体的重要原因。正如历史学家尤瓦尔·赫拉利所说：人类发展至关重要的前两次工业革命的实质，不仅仅是技术革命，其核心是人类对能源的转换、使用和驾驭。冷战之后，美国为了化石能源更是不断把势力扩张到中东、中亚地区。同样，从世界财富变化来看，能源革命加剧了财富的重构。1921年石油大亨洛克菲勒靠石油位居世界首富，2021年特斯拉创始人马斯克以新能源产业问鼎世界首富。一百年间两个首富的交替映照了能源革命的机遇。

“双碳”背后

“双碳”从表面来看是各国减排、履行义务的目标，而从更深层次来看是一场强国角逐的竞赛。环保问题只是一种人类生命意识的觉醒，而同样觉醒的还有一种以环保为契机的政治、经济、科学发展体系，是对制高点、话语权等竞争优势的构建。“双碳”背后的实质是工业发展由化石能源彻底向清洁能源转换的又一次能源革命。

2021年中国化石能源碳排放量占全国总的碳排放量比重为80%左右，这意味着到2030年实现碳达峰的过程中将掀起产业巨变。生活、工作、出行、商业活动等背后将酝酿一系列庞大且具有创新性的产业体系。能源已经不是一个单一的催化剂，其自身就是一个产业闭环。过去石油与资本、工业、运输，甚至是与战争构成了一个产业体系。而今清洁能源的产业体系更为直接，比如光伏负责生产能源，特高压负责传送能源，电动车负责消费能源，其背后将构筑一个产业集群，产业集群中有众多产业链，产业链上又分布着生产链、创新链和金融链等，一环扣一环，形成一个以产业闭环为主体规模的经济生态体系。

从前面三次工业革命结果看，大航海时代的霸主荷兰被英国蒸汽机替代，掀起第一次工业革命的英国被美、德内燃机与电力化替代，第三次工业革命美国押注计算机再次领先世界。每一次弯道超车都有对原有体系的继承，也有对原有系统的突破。这种突破不仅是对世界价值链的重构，更是对内部的重新分配与促进。中国在改革开放的几十年时间里，转口贸易与外向型经济促进了沿海地区高速发展，但在第三次能源革命的风口上，中国西部和北部地区由于资源优势可能释放巨大的发展潜力，经济产业将向富有自然资源的地区倾斜，从而形成产业大迁徙。

拜登政府之所以要求重返《巴黎协定》，其实也是充分认识到，任何一个国家要发展就必须融入世界价值链，脱离了世界价值链就意味着失去了产业支持，丢掉了工业革命的参与机会或引领地位。所以拜登出任总统后第一时间就计划投资2万亿美元支持清洁能源产业发展，涉及高铁扩建，电动汽车生产，风能、太阳能和其他可再生能源技术的推广；计划10年内投资4000亿美元用于清洁能源技术创新，加快清洁能源技术在美国产业中的应用；提出2050年80%的电力需求将来自可再生能源。

德国政府也计划为能源转型提供巨大的经济补贴，将1300亿欧元刺激资金中的1/3用于公共交通和绿色氢开发等领域。英国政府于2020年宣布了一项涵盖10个方面的“绿色工业革命计划”，包括大力发展海上风能、推进新一代核能研发和加速推广电动车等。该计划将动用超过120亿英镑的政府资金，预计在2030年带动3倍以上的私营部门投资，建立适应未来的绿色产业。此外，英国还启动了440亿美元的清洁增长基金，用于绿色技术的研发。

欧盟作为应对气候变化的领导者，早在2005年就建立了领跑全球的碳排放交易体系（EU-ETS）。从市场规模上看，欧盟碳交易体系的碳交易额达到1690亿欧元左右，占全球碳市场份额的约87%。

日本政府针对包括海上风电、核能产业、氢能等在内的14个产业提出具体的发展目标和重点发展任务，并计划通过监管、补贴和税收优惠等激励措施，引导超过2.3万亿美元的私人资本投资绿色领域。

中国把“双碳”纳入生态文明建设整体布局，并写入“十四五”规划。2021年，中国酝酿了10年的全国碳交易市场开启。

首批纳入碳配额交易的企业有2000多家，主要以发电企业为主。因为中国电力行业每年大约有40亿吨碳排放量，占碳排放总量的40%以上，也就是说控制了发电企业就有效控制了中国的碳排放。截至2022年，中国的碳交易市场还是处于供大于求的状态，每吨排放价格在40—50元之间，与欧盟碳交易市场每吨60欧元相差甚远。但是随着中国“双碳”目标的推进，碳交易规模与交易价格将不断提升。中国碳配额交易在此后几年将不断向八大重点能耗行业渗透，参与企业可能达到1万家左右，根据初步估算，配额发放可能达50亿吨，将是全球最大的碳排放交易市场。

“双碳”对中国的影响

对于中国来说，2020年之后的数十年里，能源、产业、消费、区域经济将发生重大的调整。这相当于中国第二个城市化发展红利的规模，更何况中国产业转型窗口期正好赶上中国高质量城市发展期，便有可能形成双向溢出价值。也就是说有效供给与有效需求的耦合关系将推动量变与质变的同步发展。从能源结构上来看，要实现“双碳”目标就必须调整能源结构。中国对化石能源的依赖比重过大，2021年占比达到了85%以上，而在化石能源中煤炭占比高达65%左右。数据显示仅仅2020年中国就消耗了48亿吨标准煤。以此推算，中国绿色可再生能源占比在15%左右。在2020年之前，中国便对煤炭资源进行了供给侧调整，取得了有效成果，把煤炭资源在化石能源中的比重从90%以上压缩到60%左右，2018年全国煤炭消费总量一度控制到了45.5亿吨，煤炭消费比重在化石能源中的占比下降到了59%左右。

可以说，既定的能源结构调整目标基本完成。但是从2019年开始受贸易战等因素影响，煤炭消费比重略有上升。到了2021年，随着全球货币量化宽松及疫情等因素影响，大宗商品大幅涨价，供需结构失衡的情况下也出现了小型煤企“死灰复燃”的情况，影响了多年来的供给侧结构性改革成果。煤炭在化石能源中的占比被再次推高到65%。这从另一个角度说明中国目前还没有达到可再生能源替代传统能源的供给能力，否则煤炭价格上涨也只是“滞胀”而已。当然可再生能源占比越低，说明市场潜力就越大，企业的发展机会就越多。未来光伏、风能、氢能等清洁能源将迎来高速发展的机会，预计整体比重将从2022年的15%左右提升到75%以上，平均每年增长1.5%。

在产业结构方面，“双碳”带来的是碳排放与碳吸收两个维度的影响。高碳企业将受到严格管控，随之而来的是成本将会大幅增长。当碳排放配额全面推广后，生产企业会根据行业能效基准法或历史强度法（GDP增长与碳排放下降的逻辑）获得部分免费碳排放配额，当配额用完了就必须自行到交易市场购买，或通过植树造林来抵消。如果一家企业能耗不减，生产总值却下降或难以提高，就会面临成本上升的问题，进而失去竞争能力。相反，一家企业如果能实现低碳模式，就可以提高收益。2020年，特斯拉在欧洲市场的利润为7亿多美元，但是特斯拉通过碳积分转让，额外赚了约15亿美元。从2015年到2020年，特斯拉靠卖碳积分总共赚了33亿美元，而同样是汽车生产企业，菲亚特克莱斯勒汽车公司在欧洲向特斯拉购买碳排放积分的金额就高达3.62亿美元。商品没上市，成本就比竞争对手高，这就是“双碳”带来的产业拐点。

另外从碳吸收角度看，林业资源和碳捕集封存技术等相关产业比重将进一步提高。在消费结构方面，新能源汽车、智能化家居等消费将全面到来，有数据统计，2020年中国智能化家居产业产值已经超过万亿，目前广东佛山、江苏苏州、浙江嘉兴等地均把智能化家居产业纳入区域产业发展重点，抢先布局行业市场。

在区域结构方面，传统的能源中心将逐步弱化，新能源中心将逐步向西部地区扩散，东部地区以氢能为主，西部地区以风能和光伏产业为主。如果把新能源看作是水，那么“双碳”便是渠，下游产业就是田地。在“双碳”政策的指导下，新能源这股清流将重构下游田地，一枯一荣是必然的更替。

重塑产业新格局

“双碳”目标是不可逆的，2030年力争实现碳达峰，2060年努力实现碳中和。但是要实现碳达峰和碳中和就必须面对两个阶段性的问题，这既是挑战也是机会。

碳达峰的本质是“精明增长”

第一个阶段是碳达峰，中国从2019—2022年碳排放总量平均稳定在98亿吨，根据对欧美等发达国家20世纪70年代的数据分析，如果能持续5年保持稳定状态，那么实现碳达峰的可能性就很大。当然，如果仅仅为了碳达峰而碳达峰那就失去了发展的根本意义，因为任何一种衰退都会导致比环境恶化更为严重的代价。真正的碳达峰是有前置条件的，而并非“拉闸限电”那么简单。碳达峰的本质是“精明增长”，是伴随着人类文明与技术进步的发展方式转变过程的。所以在第一个阶段需要通过清洁能源使用、低碳生活的消费方式、产业转型升级、技术改造与创新来实现。

2020年的数据显示，全球碳排放主要来自能源发电与供热、交通运输、制造与建筑业三个领域，分别占比43%、26%、17%，也就是说只要针对这三个领域的产业进行重构就可以降低全球碳排放。对此，需要依靠清洁能源、低碳生活、产业转型、创新金融四大理念来支撑。在这四大理念的背后是一个个庞大的产业体系，也正是产业的新格局。

清洁能源产业体系

清洁能源的产业体系是基于非化石能源的产业链，风力发电、光伏产业、氢能、核能等构建了新能源体系。

因此，首要环节是新能源的制造端。与风力、光伏、氢能等领域相关的产业将迎来发展机会。其中在光伏领域，中国在“十四五”期间将实现年均光伏装机容量70—90GW的规模。这背后将带动电池、硅片、组件等产业发展。同样在“十四五”期间中国规划风电装机2.9亿千瓦，每年预计新增装机量超0.5亿千瓦。这背后也将带动相关材料企业、零部件制造商、风电整机制造商和风电运营商等的发展。在储能电池应用上，宁德时代、比亚迪、亿纬锂能已经是红利的最大受益者，在未来，氢能又将促进新的储能革命，带动新的产业体系。

第二个环节是负责传送能源的特高压。中国国家电网表示，在“十四五”期间将年均投入超过700亿美元，推动电网向能源互联网升级，庞大投资规模背后是产业集群的崛起。

第三个环节是消费，也就是新能源的应用市场，比如新能源汽车。2020年，中国新能源汽车整体销量为136.7万辆，在整体汽车销量中的渗透率为5.4%，发展空间巨大。2021年中国新能源汽车产销量均超过350万辆，同比增长1.6倍。随着中国新能源汽车技术的不断提升，海外市场有望进一步扩大。

低碳生活创造有效供给

低碳生活是为了减少二氧化碳的排放，是一种低能量、低消耗、低开支的生活方式。绿色建筑、智能化家居将开创一个全新的消费市场。

传统建筑全过程的二氧化碳排放量占全国碳排放比重的50%以上。以建筑数据为例，2018年中国建筑全过程的碳排放总量为49.3亿吨，同时建筑全过程能耗总量为21.47亿吨，所以要实现“双碳”目标就必须推进绿色建筑发展。这对建筑产业链来说无疑是一次重构的机会。中国住房和城乡建设部、工业和信息化部等七部门在2020年出台了《绿色建筑创建行动方案》，目标是到2022年城镇新建建筑中绿色建筑面积占比达到70%。

同样，对于智能化家居来说这也是一次产业发展革命。智能化家居除了满足舒适方便的生活需求，还实现了低碳环保的生活方式。有数据统计，2016—2020年中国智能家居市场规模已经由2608.5亿元增至5144.7亿元，年均复合增长率为18.51%，如果再加上延伸产业链，则已经突破万亿元。

当然，低碳生活方面的产业还有很多，随着技术不断成熟，产业迭代速度将越来越快，消费规模也将越来越大。

“双碳”目标促进产业转型升级

中国经济经历了20世纪90年代的“追逐阶段”和21世纪初开始的“大而不强阶段”，而从最初面临人口红利丧失与产能过剩的压力到今天面临环境、成本与市场的压力，都说明中国产业到了转型的十字路口。发达国家通过技术构建了新的价值链，并且呈不断攀升趋势。中国虽然拥有全球最为完整的工业体系，但在世界价值链中仍处于中低环节，而中低环节又面临着两大不可调和的矛盾：一是成本高利润低，产值很大但创造的利润价值却很低，并且在全球价值链中存在随时出局的风险；二是高能耗低收益，传统制造业的特点就是消耗大量生产要素，不利于“双碳”目标的推进，或者说“双碳”目标的推进不利于传统产业的发展。由此可见，转型升级成为必然的途径。企业在转型升级过程中必然带动新的产业体系。比如说装备升级将带动智能制造装备、节能环保装备等众多产业链的发展，同时也将带动集成电路、关键元器件、信息通信设备、工业软件及新型显示器等产业的发展。高端装备是提高企业生产效率的基本保障，是引领企业产品向全球高端产业链攀升的重要途径之一，可以说是工业转型升级的引擎。

“双碳”开启一个新时代

“双碳”将开启一个绿色金融、碳捕集与封存产业的新时代，对于绿色金融来说是一个“新纪元”。从资本规模来看，“双碳”发展将释放巨大的投资规模。清华大学气候变化与可持续发展研究院的数据显示，实现碳中和目标将会为中国带来约138万亿元的投资机遇，其中2021年至2030年的绿色投资需求约为22万亿元，2031年至2060年的绿色投资需求约为116万亿元。这对于金融行业来说是一场全新的“革命”，意味着投资与产品结构将发生重要的变化。银行将从高碳资产向清洁能源、绿色交通、绿色建筑等低碳产业转移。从2021年开始各大商业银行已经开始调整信贷资产布局，将有限的增量信贷额度向低碳行业倾斜，在“发、输、储、用”各个产业环节部署金融业务。过去金融机构的产品相对比较单一，主要集中在热门的信贷领域，在碳达峰、碳中和的背景下，银行也开始进行产品和服务创新，比如推动能效融资、林权融资、合同能源管理未来收益权融资、国家储备林等产品的创新发展。在“双碳”背景下，金融机构对企业的评估也从过去的质押物评估向ESG评估模式转变。ESG（一种关注环境、社会责任和企业治理绩效的投资理念）是一个评价体系或评价工具：E代表企业对环境的责任，是企业的一种担当与合法体现；S是企业对社会或员工所行使的责任，比如企业生产伪劣产品、不重视员工合法权益等行为都将纳入评估体系；G是公司内部治理的情况，包括股东与经营团队之间的关系等因素。当然这里并不是要讨论公司治理关系，而是阐述“双碳”对ESG的影响。欧美国家已经把“双碳”与企业环境责任法律化，并形成统一的标准强制执行。所以金融机构要对企业进行投资或信贷，就必须对其进行ESG的评估，而评估的首要目标就是企业是否履行了环境的责任。截至2023年，中国虽然还没有全面执行ESG评估模式，但这必然是一大趋势。2016年，中国证监会出台政策，要求重点碳排放行业的上市公司必须在年报中披露碳排放情况。随着有关法律及各部委“双碳”政策的陆续出台，越来越多中国企业将披露碳排放信息，并履行减排义务，这将倒逼企业加快绿色发展转型。

“双碳”的发展规律

我们来关注一下“双碳”的发展规律。根据分析，产业转型越快，碳排放量下降的速度就越快。两条曲线的交叉点就是碳排放峰值，之后便呈下降趋势。从发达国家碳排放的数据来看，碳排放总量下降趋势越明显的国家，第三产业占比就越高。把英国1970年到2005年的碳排放数据与产业增长数据进行对比会发现，第一产业和第三产增长越高其碳排放量就越少。比如1970年英国二氧化碳排放达到峰值就是因为第三产业在国内生产总值中占到了56.6%，此后数十年的波动也跟产业结构有密切的关系。法国在能源危机爆发后对产业结构进行了优化与升级，对传统产业进行改造，推动了工业自动化与信息产业等领域的发展，从1974—1979年的数据来看，法国二氧化碳排放量先是持续上升，但随着产业结构调整与工业自动化不断完善，碳排放便在1979年到了峰值，之后就呈下降趋势。再分析美国、日本、德国等碳排放数据，其逻辑基本相同。所以中国要完成“双碳”目标就必须对传统产业进行改造，尽快实现产业数字化发展，通过数字化赋能提高企业效率，降低能耗。

当然，中国要实现“双碳”目标，不仅关系到产业结构调整，还关乎社会经济的治理体系，以及地缘经济和地缘政治等多方面影响。从内部环境来看，截至2022年，中国碳排放总量约占全球总量的30%，位居第一，这说明中国资源型、高耗能产品占比依然较高。同时由于中国人口数量之大，第二产业比重之大，要想在2030年之前实现碳达峰就意味着要在其他协同领域加大调整强度，这种脱胎换骨式的改变，无疑要经受强烈的阵痛过程。从外部环境来看，碳达峰国家不断改变环境规则，这种有意和无意的行为让发展中国家难以调适。比如2021年，欧盟开始执行每公里95克二氧化碳的乘用车排放标准，达不到要求，超标1克按实际销售量罚款95欧元。对于车企来说，如果动力系统不做出巨大革新，就无法进入欧盟市场。

欧美国家通过碳交易、碳税、碳配额、碳标签等，不断叠加规则给发展中国家设置门槛，以此来收割道德制高点下的环境红利。中国面对全球化发展，一方面要适应欧美发达国家的变化节奏，另一方面要打破旧格局建立自己的新规则。中国在“双碳”的道路上必将面临诸多困难与挑战，但另一方面也是摆脱长期以来各种矛盾的最佳机会，无论与环境有没有关系，中国都必将去面对。既然如此，那就破釜沉舟。

第八章　以“双循环”应对大变局

2020年，在复杂多变的环境下中国提出了“加快构建以国内大循环为主体，国内国际双循环相互促进的新发展格局”（下文简称“双循环”）。这看似是一个政策性文件，却诠释了经济学理论在实践中的战略性作用。2008年以来，全球经济增速放缓，竞争加剧，逆全球化现象从初见端倪到全面发展，这一过程经历了错综复杂的战略性变革，世界主要经济体开始通过技术创新、制造业回归、消费振兴、货币政策等手段构建自身的竞争力。

世界强国一方面试图通过国际影响力巩固有利于自身发展的地位，另一方面通过技术创新来重构全球价值链。这一策略常常让对手深陷泥潭或一蹶不振。2018年特朗普上台后更是挑起公开的贸易战争，甚至演变为大国之间的全面竞争。美国对中国发起单边贸易战后，逆全球化这一现象便成为难以破解的“魔咒”，究竟会维持多长时间没有人能确定，因为各种不利于发展的因素层出不穷，加剧了竞争与不稳定性。

首先是2020年新冠疫情对全球的冲击将导致产业链分化，各国和各地区为了自身安全都在构筑自己的产业体系，而原有的产业化分工将会被撕裂，成为各自为战的地区资源，世界“断链”和“短链”情况将不可避免。

其次是地缘政治的矛盾日益激化，尤其是欧亚大陆出现了重构与冲突现象，北约与俄罗斯关于乌克兰问题的争端并没有结束，反而成为引爆欧亚大陆争端的导火索。乌克兰由于特殊的地理位置，成为北约欧洲势力的一道防火墙，或者说是一枚重要的棋子，不可避免地成为“战争”代言人。而俄罗斯一旦失去了对乌克兰的话语权，就意味着枕了一个炸弹在睡觉，难以调和的矛盾无疑将破坏地区安全与经济的稳定性。俄罗斯与乌克兰的战争首先震荡的就是欧洲的金融市场，然后再通过供应链传导到全球各大经济体，从而引发金融海啸或经济危机。人类在百年以来经历了多次战争，尤其是两次世界大战给人类带来了深重灾难，所以对战争的恐惧心理将会直接反映在金融层面。而西方一些政治体却在百年来的战争中找到了规律，那就是战争能有效刺激资源型国家的经济，为战后繁荣创造供给与需求的条件。这种思想的引导加剧了霸权主义国家的“舔血”欲望，在激化地区矛盾的过程中，如果战争爆发便可渔翁得利，如果战争没有爆发也巩固了自身地位。但是，世界多数国家与人民还是期望和平的，在21世纪要爆发一场大规模的战争可能性不大，但是一场小规模的地区冲突足以让经济陷入寒冬。

另外，货币“战争”也在悄然涌动，美元的全球化霸主地位产生了动摇。虽然目前还没有一个国家的货币能替代美元成为国际货币，但是由于美国对国际社会的贡献率逐年下降，以及美国自身公信力存在严重的滑坡问题，美国在国际上的地位也就成为人们心中的疑虑。在此背景下，美国试图维系资本输出来重组各国在全球经济体系中的比较优势便难上加难了。从美国的角度来看，或许唯有通过重构全球价值链才能让其重新回到绝对的领导地位。而从发展中国家来看，面对全球诸多不确定性因素，以及美国针对性的打击，只有采取内外“双线”战略才能化解这一被动局面。事实上，采取内外结合战略的不仅仅是中国，发展中国家面对这一局势都会做出这一本能反应。比如越南就重新调整了过去的外向型产业战略，通过产业结构调整与需求市场的重新布局化解危机。中国由于人口规模与出口规模均位居世界第一（2023年4月，印度或超越中国成世界第一人口大国），不得不慎重且通过系统化的战略设计来应对国内外不同的挑战。

“双循环”的战略意义与历史实践

1965年，日本对美国的贸易由逆差变为顺差，贸易顺差高达513亿美元。日本作为美国一手扶植起来的新资本主义国家，发展如此迅速让世界大为震惊。作为世界第一大经济体的美国自然是不愿意看到这种结果的，于是便从20世纪60年代开始对日本发起了长达数十年的贸易制裁。

摆脱依赖

从20世纪60年代的钢铁制品到70年代的彩电，再到80年代的汽车工业及半导体等领域，美日出现了激烈的贸易摩擦。日本自知无力撼动美国这棵大树，于是便采取了逆向思维，与其被人严厉制裁，还不如主动摆脱对别人的依赖。一方面是外向型经济受外部风险影响太大，在美元结算体系下外部风险会通过汇率波动及时传递，这将会是影响本国经济稳定的一个不确定性因素。另一方面是国内经济对出口依赖过大就有可能导致产业结构失衡，直至影响国内的创新发展。就比如一个城市大部分产业都依赖服装出口，虽然赚不到多少钱但总体还算稳定，也不需要花太多精力，所以这种安逸且没有门槛的经济发展模式就会导致资本难以向其他产业流动，更不可能投入创新研究，长此以往就会叠加风险，国家经济就像一只待宰的羔羊，什么时候被宰割完全看别人的心情。日本在签订《广场协议》后彻底放下了幻想，痛定思痛，在1986年出台了《前川报告》，明确了经济发展从以出口为主导向内需方向转变，全面开发国内市场，以及向高新技术转型，以应对国际环境变化。

中国为了应对国内外环境变化，在2020年提出“加快构建以国内大循环为主体、国内国际双循环相互促进的新发展格局”，强调以国内大循环为主体战略的同时，不放弃国内国际“双循环”的增长逻辑。这一战略具有大开大合的特点，把宏观、中观、微观放在统一的战略层面上考虑，更能体现改革的效率。

关于“双循环”的理论起源很早，在春秋时期，管仲就认为“俭则伤事，侈则伤货”，民众应妥善处理节俭与奢靡的关系，促进消费有利于促进生产和就业。他甚至提出，在出现自然灾害时，当通过修建楼台宫室来促进就业，促进国家经济增长。这种思想与千年之后的凯恩斯理论极为相似。同样，管仲的“服帛降鲁梁”“买裘降代”等策略也是依托国内消费市场与外部竞争环境之间的博弈形成的竞争优势。在现代经济学理论中，亚当・斯密的观点更贴近

“双循环”理论。亚当·斯密在《国富论》中认为：分工是带来劳动力增进的关键因素，而市场需求影响着分工深化，大国在人口数量上有绝对优势，市场需求潜力也更大，故大国扩大内需是促进其经济发展的正确方向。[1]马克思主义政治经济学认为：社会生产是一个整体，它是由生产、分配、交换和消费四个环节构成的。这四个环节某种意义上是国内大循环的基本条件，用马克思政治经济学理论可以解释“双循环”中“国内大循环”的内在逻辑。对于国际循环，可以理解为在国内大循环的基础上借助国际供应链体系与自身要素禀赋创造更高的溢出价值。

“双循环”经济发展模式是世界主要经济体面对复杂多变的环境时采用的一种经济振兴策略，不同的国家有不同的侧重点，有的国家侧重“内循环”，有的国家侧重“外循环”，具体根据外部环境变化与内部现实情况作出判断。从历史上来看，美国、日本、欧洲一些国家都在重要转型期采用过大循环的战略。无一例外，采用这一战略都是基于特殊且复杂的外部环境作出的反应。从中国的现实情况来看，虽然供给侧结构性改革缓解了产能过剩的压力，但是“两头在外”的传统依然没有得到彻底改变，这就意味着在“微笑曲线”中，我们扮演的角色依然是加工和组装，在人口红利优势不明显的情况下，企业的利润逐年下滑，而处于“微笑”两端的研发、材料、设计和销售、品牌、渠道等领域依然在挤压底部的生产加工利润。同时受碳达峰、碳中和大趋势影响，生产加工领域的压力与成本将再次加大，所以一味追求货物出口规模并非最优选择，

1 马建堂、赵昌文：《更加自觉地用新发展格局理论指导新发展阶段经济工作》，《管理世界》2020年第11期。

只有通过调整市场结构，才能解决有效供给问题，创造更高利润。

2023年之前，中国是世界第一人口大国，第二大消费国，同时也处于高质量城市化发展的上升期，国内大市场是保障中国经济稳健增长的“压舱石”。如何提高并发挥国内市场优势，为中国高质量发展与国际竞争创造条件和争取时间是一个历史性战略问题。在“双循环”发展的历史实践上，美国和日本最为典型，下文将通过对美国和日本的“循环”经济分析，寻找一些可以借鉴的经验。

美国“一体两翼”模式

正如亚当·斯密认为的，大国在人口数量上有绝对优势，市场需求潜力也更大，故大国扩大内需是促进其经济发展的正确方向。美国正是依据这一特点，通过“内循环”发展模式多次拯救了经济颓势。美国在“内循环”方面的做法是：一手通过刺激消费推动增长；一手扶持高新制造业，创造有效需求。在“外循环”方面，美国更是采用双层战略：一方面通过美元的世界货币地位进行资源垄断；另一方面保持高端制造业本土化，形成高价值出口优势。美国通过以上“一体两翼”的循环发展模式保持着超级大国地位。所谓“一体”，是指在“生产、分配、交换和消费”各个环节形成大循环优势；所谓“两翼”，是指通过货币输出主导全球金融分工体系，以及通过高新技术形成垄断优势创造溢出价值。从历史上看，美国的“双循环”发展经历了里根政府、老布什政府、克林顿政府、奥巴马政府四个阶段，每个阶段都有其特殊的意义。

20世纪80年代初，美国经济出现了较为严重的滞胀。从内部环境来看，核心CPI在1980年高达13.5%，到了1982年失业率则高达10.8%。同时外部环境对于美国来说也颇为棘手，在军事上要应对苏联的威胁，在经济上又要面对日本的挑战。在此背景下，里根政府在“内循环”层面上通过紧缩货币来削减社会福利，并通过降低政府开支来减少财政赤字。同时一改以往利用货币宽松政策刺激经济增长的路径，采取大幅度减税政策，放松对汽车运输、天然气、电信、铁路、航空等行业的干预和管制，为企业提供了宽松的竞争环境。当然这种竞争环境并非真正的公平竞争，但能给经济增长带来活力。在“外循环”方面，里根政府一方面通过外贸霸权要求其他国家不断放宽市场来扩大美国出口；另一方面通过提高利率来吸引外资，以缓解财政赤字，同时，提高利率也可有效遏制过剩行业的无效融资，有利于产能出清。在里根政府的“双循环”战略下，美国CPI从1980年的13.5%降到1982年底的4.5%。里根时期，标准普尔500指数涨了2.3倍，股市也维持了13年的大牛市。但是过度放任的自由化市场加剧了美国社会的不均，贫富分化日益严重。

到了老布什执政期间，里根政府的“内循环”政策被推翻，政府的加税政策引发了巨大争议，同时由于老布什政府发动了海湾战争，有效劳动力流失与物资消耗让美国经济持续恶化，失业率又重新回到了里根政府初期的阶段。但是老布什政府在“外循环”上占到了便宜：一方面通过海湾战争为美国军火树立了品牌效应，在此后的军火交易中美国大为获利；另一方面美国通过海湾战争打破原有石油垄断体系，为美元与石油挂钩扫清了最后障碍；更为关键的是，海湾战争结束后，苏联解体，美国成为世界唯一的超级大国。

20世纪90年代，克林顿政府在“内循环”方面采取两只手交替的治理模式，既反对自由放任的政策，又反对过度干预的政策。在发展理念上也做出了重要调整，从关注经济规模转向关注经济结构问题。在创新领域，克林顿政府大力推动信息技术发展，通过“信息高速公路计划”巩固美国在第三次工业革命中的领导地位。同时在货币政策上，美国采取持续、稳定的货币政策，避免了大风大浪的通胀或通缩现象。在“外循环”方面，克林顿政府最大的成就是建立了世界贸易组织（WTO），同时通过《1988年综合贸易法》和“301条款”来维护美国在全球贸易中的利益。同一时期，失业率也从7%下降到4%。从严格意义上说，克林顿政府是美国历史上唯一利用“双循环”政策创造了繁荣的政府。此后小布什政府又把克林顿政府积累的家底给败光了，不仅发动了阿富汗战争，还由于量化宽松导致了次贷危机，引发全球性金融危机，直到2009年奥巴马执政，危机才得以缓解。

奥巴马政府在“内循环”上通过扩大财政支出来拯救2008年金融危机带来的衰退，同时通过税收优惠、知识产权保护等方式鼓励企业技术创新，实现制造业振兴。在“外循环”方面，奥巴马政府重视双边贸易，启动了《跨太平洋伙伴关系协定》（TPP）和《跨大西洋贸易与投资伙伴关系协定》（TTIP），遗憾的是后来特朗普政府又退出了这两大组织。奥巴马政府为了巩固贸易霸权又提出了“再工业化”政策，这一政策的提出实际上已经为逆全球化埋下了伏笔，因为对于全球产业化分工来说，这无疑是一次重构，这一过程必将加剧各国在资源与供应链上的恶性竞争。此后特朗普政府便在此基础上提出“制造业回流”，通过“胡萝卜加大棒”的政策让美国企业从中国撤资，当然结果并没有达到特朗普的预期，只有3.7%的企业把部分生产环节搬回了美国。

尽管美国在“双循环”发展方面存在明显的利弊得失，但其发展逻辑依然遵循“一体两翼”的美国优先战略。从国内主体上看，美国通过创新和金融参与全球配置获得有效供给能力，为消费市场注入了活力。从两翼来看，美元在全球货币体系中的主导地位和美国推行的贸易霸权主义为美国“外循环”创造了条件。

日本“外循环”与中国“内循环”

从日本的“双循环”来看，主要分为两个阶段。

第一阶段是20世纪60年代末到70年代，日本为了突破地域面积与人口规模的局限性，把“外循环”作为经济发展的主要战略。在全球贸易的牵引下日本在1968年一跃成为世界第二大经济体，到了1975年以后日本经济与产业发展速度再次提速，其竞争力甚至超越美国。美国对此深感压力，并采取一系列打击日本发展的措施，其中单边贸易制裁是最为直接的打击措施，日本迫于自身的局限性也只能敢怒不敢言，任由美国宰割。最终，美日长达数十年的贸易争端在1985年因一纸《广场协议》告一段落，日元大幅升值导致国内生产成本急速攀升，从1985年开始日本出口额急剧下降，日本的竞争优势被美国完全碾压。为了挽救经济急速衰退的局面，日本开始把“外循环”的重心转移到“内循环”，并在1986年颁布了《前川报告》，来执行“内循环”的一系列政策。但是由于《前川报告》的执行手段过于倚重扩张性货币政策，在拉动国内消费的同时也促进了通胀。

日本“双循环”的第二个阶段是从20世纪90年代至今，由于前期扩张性货币政策加速了经济泡沫的破灭，日本“内循环”政策不仅没有力挽狂澜，反而加速了经济的衰退。1998年亚洲金融危机爆发更是使日本经济雪上加霜，家庭消费长期偏弱，制造业增长停滞不前，再加上日本严重的老龄化，给日本带来了不可调和的矛盾。日本的出路似乎只有一条，那就是通过科技创新推动“外循环”发展。当然，日本在“内循环”发展的产业布局上还是值得发展中国家学习的。

中国从1978年改革开放开始就以“外循环”为主，1978年到2009年是“外循环”能力的储备期和增长期，通过政策与人口红利实现了高速增长。到了2010年中国经济总量一跃超过日本，成为全球第二大经济体。但是“两头在外”的经济发展模式有着先天性的缺陷：其一是受全球系统性金融风险影响大，只要国外一有风吹草动立马就传导到国内的商品制造领域；其二是受制于全球供应链的影响，核心技术掌握在发达国家手里，一旦出现技术封锁就有可能导致生产停滞的局面；其三是在人口红利优势减弱与环保要求提升的情况下，低端制造业的利润与生存空间将被进一步挤压，从而导致大而不强的状况；其四是长期倚重外向型经济将导致产业结构失衡，生产要素向低效率领域沉淀，影响高质量发展。

中国从2010年后开始着力解决产能过剩问题，并通过供给侧结构性改革来实现有效供给。但这仅限于平衡供需，对产业结构调整并没有起到关键性作用。按理来说这不符合经济学规律，经济学规律是对供给端的调整必然会影响结构性变化。当然，中国产业的结构性变化是存在的，但更多是从传统的生产领域流向了高利润的资本市场及房地产领域。2020年中国提出的“加快构建以国内大循环为主体，国内国际双循环相互促进的发展格局”，是对供给侧结构性改革的完善，也是对国内市场的理性回归。

总而言之，中国经济发展，既要保持“外循环”的能力，又要实现“内循环”的动力。美国外贸依存度不足30%，但其出口的利润远高于发展中国家，这与美国的科技实力在服务业中的占比有关，所以中国要实现“双循环”必须从产业转型升级入手，加大服务出口能力，提高企业生产利润，从而转化为可支配性收入来满足我国“内循环”消费能力。

“内循环”的推动力

“内循环”的推动力是什么？答案显而易见，那就是扩大消费和技术创新，一个是需求市场，一个是供给市场。但是要实现两者平衡并非一件容易的事，因为市场除了有效供给，还要有自身的消费能力。决定消费能力的因素有很多，最为关键的是可支配性收入、消费结构和社会保障三大问题。但是长期以来多数国家受凯恩斯通胀理论影响，在刺激居民消费的手段上采取货币量化宽松政策，这种单一的刺激手段虽然能有效提高社会消费力，但时间积累太久就会催生泡沫，当人均可支配性收入和人均生产总值的增速低于通胀增速时，就会导致泡沫破灭，从而触发金融危机或周期性萧条。

“良药”不良

量化宽松一直以来是刺激消费的“良药”。理论上来说增加流动性资金可以为消费贷款提供方便，但这似乎又是一把双刃剑，当你轻松获得贷款的同时，商品的价格也在发生改变。举个例子：沙漠里非常缺水，一瓶水的价格要一克黄金，张三为了让一家人能活下去，拼命工作，即便如此，劳动所得也只能勉强维持不被渴死，谈不上生活质量的改善。突然有一天银行愿意把黄金借给张三用于购水，张三拿着从银行借来的黄金购买了足够的水，由于生活质量的提高，张三的工作效率也随之提高，因此有能力偿还银行的利息，这样便形成了一种良性循环——银行赚取利差，张三获得消费与机会，政府解决就业、维持稳定。但是有一天，银行突然宣布可以把黄金借给更多人，并且降低利息鼓励消费与投资。按理来说这是政策性红利，但是忽略了一个问题，那就是张三拿着银行借来的黄金已经购买不到之前同等数量的水。假如之前一克黄金购买一瓶水，现在要五克黄金一瓶水，张三只能向银行借更多的黄金来购买水，但生活质量和发展机会并没有因此提升相应的五倍。在此条件下，张三创造的劳动价值虽有提高，但还是难以偿还银行的债务。（当然案例中用黄金作为货币是不恰当的，因为黄金是有限的，不可能通过量化宽松无限供给。）所以即使张三累死了，也不影响银行的整体安全。假如换成信用货币结果就不一样了，累死的可能不是一个张三，而是无数个张三。因为信用货币可以无限制发行，其流动速度与规模将导致资产价格和消费物价无限上涨。如果人均生产总值和人均可支配性收入跟不上资产价格和物价上涨的速度，就可能导致泡沫破灭，引发金融危机或经济衰退。

美国与日本都曾有过饮鸩止渴的经历。2008年美国次贷危机看上去是房地产泡沫破灭的结果，但实际上是量化宽松长期积累的结果。同样，日本一直以来也是实施宽松的货币政策，由于消费市场的局限性，以及难以摆脱美元锚定，最终使自己陷入进退两难的尴尬局面，即继续扩大量化宽松的规模将面临国家信誉破产的风险，如果停止量化宽松政策将导致日元对美元急速升值，生产成本上升，会使日本经济陷入停滞。所以，量化宽松不是刺激消费的长效机制，只有通过产业振兴和完善社会保障才能创造收益，稳定消费。

消费结构失衡

实际上消费的逻辑很清晰，要创造消费就必须提高可支配性收入，要提高可支配性收入就必须实现产业振兴，完善社会分配制度。从中国的消费市场来看，消费规模虽然很大，但是人均消费占人均GDP的比重还有待进一步提高。对比各国居民消费率发现，美国、德国、英国在人均GDP达到10 000美元时，居民消费率分别为61.2%、68.8%和54.6%；日本和韩国人均GDP达到10 000美元时，居民消费率分别为67%和54.4%；中国2019年人均GDP达到10 000美元时，居民消费率仅为38.8%，可见中国居民消费率相对发达国家偏低。如果中国居民消费率在现有水平上提高1%，就能拉动消费1万亿元，如果达到发达国家的水平，每年可以增加数十万亿的消费支出。另外，在中国八大类消费中，有较大增长的分别是住房消费和烟酒食品消费领域，消费结构的失衡反映出诸多问题，须加以关注。近十几年来，伴随着房价的不断上涨，在居民消费结构中住房消费占比不断攀升。2008年，我国城镇居民住房消费占全部消费支出的比例为10.2%，2018年这一数据上升到24.2%。与此同时，我国居民住房贷款规模增长迅速。2008—2018年，我国居民个人住房贷款余额从3.0万亿元增至25.8万亿元。2018年，我国个人住房贷款余额占个人消费信贷余额的53.9%，除去房贷和车贷，居民消费信贷占比仅为10%左右，远低于成熟市场国家平均30%的占比。可见，住房消费占比的上升挤占了其他家庭消费支出，降低了总需求的增长。[1]对于中国来说，要实现国内大循环为主体的发展格局，就必须发挥消费在国内大循环中的基础性作用。

多数人不理解，为什么发达国家居民消费率会如此高？很大的原因就是社会保障体系的贡献。以美国为例，从1935年颁布《社会保障法》以来，美国已形成完善的社会保障体系。通过社会保险、社会救济、社会福利三个维度保证了居民的最低生活标准。一般而言，国家财政支出分为三个部分，首先是保障性支出，其次是发展性支出，另外是国家安全支出或是军事支出。不同国家根据自身的现实情况做出与国情相匹配的安排。美国注重社会保障支出，历年社会保障支出比例不断上调，从20世纪40年代的10%提高到21世纪的50%以上。而多数发展中国家保障支出占财政的比例只有10%左右。虽然民粹主义给美国带来不少问题，但其打消了人民顾虑，激发了消费热情的现实也是存在的。

收入结构决定消费能力

只有提高人均可支配性收入才能有效扩大消费规模，但要提高人均可支配性收入并非只是做大经济规模这么简单，更多要从产业经济中创造价值，提高企业利润从而实现工资的增长。

当前中国人均可支配性收入的增长部分主要来自资产性收入和财政补贴收入。其中资产性收入主要来自不动产收入，这种收入结构显然是缺乏流动性的，对经济运行机制或社会零售品消费的贡献不大。比如一套房子卖掉赚了300万，但多数人不会把300万用在社

1 许永兵：《扩大消费：构建“双循环”新发展格局的基础》，《河北经贸大学学报》2021年第2期。

会零售品消费领域，而是选择继续购买不动产或做其他投资。这样一来就会进一步提高房地产业的资产规模，抑制了流动性，对整个消费市场来说是一种消费结构的挤压。中国居民资产主要集中在不动产领域，但不动产有较高的门槛，不是大众投资产品，所以不动产投资收益推高了人均可支配性收入，这种“假象”不仅会导致信息误判，还会进一步加快贫富差距的形成。

美国居民资产主要集中在证券与金融市场，由于上市企业平均利润高达10%，相对稳定的收益刺激了消费增长。同样，消费规模扩张又为上市企业创造了预期利润，提高了二级市场中的估值，从而产生一种积极的正向反馈机制。数据显示，美国家庭和非营利机构部门的金融资产占美国总资产的60%以上。2008年国际金融危机以来，金融资产占比持续攀升，并稳定在总资产的70%左右。

中国资产性收入与过去相比有大幅提高，从2009年的2.9%提高至2020年的8.7%，劳动性收入占比从2009年的72.1%降至2020年的55.7%。2020年资产性收入增长6.6%，远高于工资性收入的4.3%和经营性收入的1.1%。从数据来看，中国正从工资性收入向资产性收入转变，这一逻辑虽然符合经济发展规律，但是中国资产性收入不在金融、证券领域，而是在不动产领域，这就注定了狭隘的一面。房产资本流动几乎是闭环式的，通过买房—卖房—再买房来做大资产规模，对产业之外的零售品消费带动是有限的。中国房地产规模不断扩大，但中国房地产上市企业股票却一直低迷，这恰恰反映了机会主义投资心理。所以要实现产业与消费的正向反馈机制，就需要打破房地产业吸收外部资本而在内部循环的现状，通过“挤水”促发展的手段让资本流向更广泛的产业，实现产业增长的同时提高居民收入。

此外，“内循环”必须关注有效供给与有效需求之间的供需错位问题。随着技术、经济、文化的不断变化，消费者对产品的需求也发生改变，传统的产品与服务供给已经难以满足消费者的现实需要，如果不进行产业变革和产品创新，就会出现无效供给现象，消费者的购买能力与购买欲望也难以得到有效释放。另外，从国家或区域政府角度来看，把握产业革命带来的各种机会是经济转型与治理的重点。虽然不同时代有不同的风口，但是能飞起的“猪”将不再是机会主义者，而是掌握核心技术与创新能力的企业。政府要创造条件为企业创新提供支持，引导企业向高端价值链攀升。比如日本在《广场协议》之后大力发展知识密集型产业，政府通过创新环境的构建帮助传统产业转型升级，实现有效供给。无论是国内消费市场还是国外消费市场，都存在供需市场不对称现象，区域政府必须高瞻远瞩，纵观全球价值链与国内产业链的匹配关系，整合资源，培育具有替代性的产业集群，才能实现“内外循环”。

“外循环”的手段与货币工具

如果说消费和投资是“内循环”的主要途径，那么靠什么来支撑“外循环”的发展动力？这是一个非常复杂的问题，但是通过对过往的总结可以发现，所谓“外循环”，是在“内循环”基础上，通过外部资源来支撑自我发展的能力。这种手段反映在政治、金融、军事、技术等领域，不同国家在不同历史背景下所使用的“外循环”手段存在较大差异。

“外循环”的形式

在第二次世界大战之前，国家的“外循环”能力主要体现在强大的军事力量上。当一个国家出现过度繁荣或陷入衰退的时候，就会通过军事扩张来促进经济增长。巴黎大改造时期，拿破仑三世为了把巴黎打造成第二个伦敦，花费了大量财力、物力，当时法国政府财政赤字几乎超过欧洲政府财政赤字的总和，高负债催生虚假繁荣之后便陷入了衰退。面对失业率不断攀升、社会矛盾冲突不断加剧的情况，拿破仑三世发动普法战争，试图通过“外循环”来解决国内矛盾。最后，拿破仑三世战败，法兰西第二帝国灭亡。事实上通过战争来为“外循环”创造条件的现象屡见不鲜。从15世纪西班牙建立海外殖民地开始，英国、荷兰、法国、德国、美国等皆是如此，霸权主义扩张的本质就是从世界各地攫取资源或利益来满足自我发展的需要。

希特勒发动第二次世界大战也是基于德国经济衰退、工人失业等问题。为了解决就业，希特勒通过扩大军工向企业订货来实现“内循环”。但是政府的财力根本无法支撑庞大的军事开支，希特勒只能把目光转向“外循环”，先是洗劫了捷克斯洛伐克，然后是波兰、法国、苏联。

冷战后，美国发起的多场战争其本质上也是为“外循环”做铺垫。老布什发动的海湾战争不仅控制了科威特的石油资源，还为其军售创造了条件。在海湾战争中，美国向全世界展示了大量投入实战的高科技武器，展示了压倒性的制空、制电磁优势，海湾战争后美国军售大幅度增长，带动国内高科技产业发展及创新活力。后来小布什以“9·11”反恐之名效仿父亲，在中东地区也发动了两场战争，进一步控制了中东地区的石油和天然气资源，为美元锚定石油的资本霸权提供了支撑。但是，随着2021年美国从阿富汗撤军，战争带来的利益不再拥有让人引以为傲的光环。历史经验告诉我们，通过战争换来的“外循环”必然面对伤亡的代价与道德的风险。

“外循环”的另一种存在形式是通过提高国内产业水平，使其融入全球价值链来满足供给与需求的有效循环。当然，这是一种传统且普遍的“外循环”方式，发达国家已经不屑于此。发达国家的“外循环”主要是通过科技创新来构建全球高端价值链，以此挤压发展中国家低端产品的剩余价值。同时通过高附加值产品的出口来换取劳动密集型产品的进口，实现资本回流的意图。

在20世纪70年代，当日本因不断扩大的货物贸易顺差沾沾自喜的时候，美国已悄悄准备好剪刀，打算收割他们培育了多年的羊毛。1970年开始，日本家电行业崛起，大量家电产品出口美国，获得不断增长的外汇收入。日本家电企业拿到美元后到国家外汇部门兑换成日元再支付给上游供应商，上游供应商拿到日元后又到外汇部门去兑换成美元再向美国购买半导体。表面上看来，日美之间的贸易顺差促进了日本经济的繁荣，但实际上由于美国掌握了高端技术，从而形成了美元回流的潜在动力，虽然美国一直是贸易逆差国，但美国出口技术产品的利润远高于进口货物产品的利润，因此利润差额可以折抵贸易逆差带来的损失。同时由于日本对美国的货物出口贸易主要是劳动密集型产品，占用人力资源的同时也消耗大量生产要素，给日本的产业转型与创新发展带来挑战。而美国正是通过进口大量劳动密集型产品，然后出口技术密集型产品，来实现美元循环的同时，促进了自身产业结构调整。

货币全球化是“外循环”的重要途径

劳动密集型产品有延后成本问题，比如后期环境治理、配套投入折旧等等都是滞后性的成本，如果把这些成本摊到货物成本中，利润就会更低，甚至亏损。美国劳动成本较高，如果发展劳动密集型产业，产品销售就失去竞争优势。所以发展中国家大量的廉价产品进入美国市场后，不仅不会给美国主要产业带来冲击，反而能帮助美国消费市场节约成本，完善了美国的供应链体系，为美国维持货币宽松创造了环境。因此，美国一直以来是通过高附加值产品出口换取低附加值产品进口来实现循环发展。这也是美国不怕贸易逆差的真实原因。那么，其他国家为什么难以复制美国的“外循环”模式呢？答案是没有全球通用货币。美元是美国向外扩张并创造溢价能力的重要工具。

首先，美元是迄今为止全球唯一的通用货币。布雷顿森林体系瓦解后美元从金本位转向与能源挂钩，美元不但没有失去国际流动能力，反而成为更多国家的储备货币。这一方面是因为美国的全球影响力不断提升，尤其苏联解体、东欧剧变后，美国成为世界唯一的全球性大国，自然就主导了国际货币金融体系；另一方面是因为全球贸易和投资不断扩大，世界各国对美元结算的依赖程度越来越高，同时为了稳定本国汇率，各贸易国不得不加大美元储备或购买美国国债来维持平衡。所以美元的发行或扩张基本等同于世界货币的发行或通胀。美国也正因为这一优势可以不断实施货币量化宽松政策。自20世纪90年代以来，每次美国货币政策的调整都会给其他国家带来不同程度的影响，1994年墨西哥金融危机、1998年亚洲金融危机及2008年的次贷危机都有美国货币政策调控冲击和美国金融资本参与的影子。尤其以美元为锚的国家承受了美国转嫁危机带来的压力，甚至是灾难。美国的量化宽松政策一方面冲淡了美国债务风险，为美国资产价格的稳定性保驾护航；另一方面为美国证券市场及国际贸易的流动性提供了支持。美元的规模会在国际贸易及全球投资过程中随着经济规模增长而被稀释。美国往往会根据现实需要来操纵美元贬值或升值，比如美元贬值，其对债权国的负债就会缩水，以此来变相逃避债务。同时各国把巨额的外汇储备用于购买美国的债务，正好为美国提供了“内循环”资本，维持了美国高负债的运行机制。再加上美国一直是低息制度，各国购买的国债相当于为美国提供了廉价融资。所以美元全球化的“外循环”机制为美国“内循环”提供了支撑。美元在一个国家或地区的流动规模越大、流动速度越快，对这个国家或地区的“收割”能力就越强。

其次，美国的技术创新为美元回流创造了条件。美国之所以敢于放弃劳动密集型产业，主要是因为强大的科技产业水平使其坐稳了全球价值链的绝对地位，发展中国家在高端制造领域难以摆脱对美国供应链的依赖，由此便促进了美元的回流。从理论上讲，任何一个非储备货币国家如果存在长期的巨额贸易逆差，都会给本国带来债务危机或汇率危机。但美国却是例外，不仅长期处于贸易逆差状态，还把贸易逆差作为国家战略使用。2021年美国商品贸易逆差创历史新高，达到了1.08万亿美元，但是美国的服务贸易顺差却高达2000多亿美元，是全球最大的服务贸易顺差国，从贸易利润来看，美国服务贸易出口的利润贡献远高于其他国家货物贸易顺差的贡献。也就是说美国虽然为货物进口支出了很多美元，但不用担心像过去的黄金、白银那样有只去不回的风险，因为其他国家赚取外汇后必须再次兑换成美元用于购买美国的服务产品及高新技术产品，这样一来美元便实现了回流。另外，再加上其他国家购买美国债券、股票，以及进行资产投资等，美元的流出与流入并不会存在巨大的差额。

事实上美元要成为全球货币，就必须通过巨额贸易逆差来实现。如果美国是贸易顺差国，那么美元就无法向其他国家广泛流通，其他国家也不会把美元作为储备货币来应对国际贸易及投资中的汇率风险。所以一个国家的货币要想得到广泛的流动，就需要减少贸易顺差，但减少贸易顺差必须建立在产业转型与服务出口能力提高的基础上，不然会导致衰退或失业率上升等问题。一直认为贸易顺差国在国际贸易中具有主动权，但实际上恰恰相反，对他国的出口依赖过大就容易被贸易逆差国打压，并以此作为国际政治博弈条件或要挟的筹码。

国际结算系统对“外循环”的影响

由于美元是国家大宗商品的结算货币，也是多数国家的外汇储备货币，所以美元在全球货币体系中的地位使其绑架了国际结算系统。早在20世纪50年代的朝鲜战争中，美国就利用美元的国际影响力冻结了中国的海外账户资产。后来又利用此手段先后冻结过伊拉克、朝鲜及利比亚等不符合美国利益国家的美元账户。尤其在“9·11”事件之后，美国以《国际紧急经济权力法案》为由控制了国际资金清算系统SWIFT。

SWIFT是成立于1973年的一个国际银行间非营利性的国际合作组织，支持几乎所有货币的支付。如果脱离了SWIFT系统，就相当于失去了在国际贸易中自由结算的能力。21世纪以来，美国对伊朗、朝鲜、俄罗斯采取了极端化手段，将这些国家及其企业直接剔除出SWIFT系统，这就相当于切断了这些国家的货币在国际上的流通，他们会因此面临进出口结算与支付的瓶颈，导致国际贸易受限。自从中美贸易摩擦加剧后，美国也以此威胁中国，并对中国一些机构和个人采取了该手段。美国利用美元的霸权主义，在“外循环”上胁迫竞争对手降低或取消关税。美元成为美国“外循环”战略的一种制裁工具让世界感到恐慌，日本及欧盟对此也苦不堪言，欧盟曾试图建立新的支付结算体系来应对美元霸权，但由于诸多条件的缺失而未能实现。中国在2015年启动人民币跨境支付系统（简称CIPS），在一定程度上摆脱了美元控制的SWIFT系统，但是要彻底替代SWIFT系统还需要进一步加快人民币国际化。

近年来，人民币国际化程度有所提高，但市场份额仍然很低。根据中国人民银行的《2020年人民币国际化报告》，2019年在国际货币基金组织（IMF）成员国持有储备资产的币种构成中，人民币市场份额为1.95%，居第五位，与2016年相比提升了0.88%。在全球外汇交易中，人民币占有4.3%的市场份额，与2016年相比提高了0.3%。在主要国际支付货币中，人民币市场份额为1.76%，居于第五位。所以中国还须进一步推动以人民币进行国际贸易支付结算，拓展中国金融市场的双向开放，加深对外货币合作，增强涉外计价职能，增强人民币各项货币功能。对此，中国采取的策略是先从周边国家开始，逐渐扩大影响范围。世界各国对于中国这一举措很少有反对的声音，因为中国CIPS体系的建立将有助于全球支付结算体系的多元化，遏制美国擅用SWIFT体系制裁他国，打破美元的绝对垄断地位。

当然对于中国来说，要构建“外循环”的体系，仅靠这些还远远不够，因为“外循环”是建立在“双循环”基础上的发展战略，是一个系统性的战略工程，也是一个庞大且复杂的发展逻辑。比如要实现“外循环”，就必须推动人民币国际化，要让人民币国际化就必须提高汇率或减少贸易顺差，要提高汇率或减少贸易顺差就必须加快产业转型和实现服务出口顺差，要实现产业转型和服务出口顺差就必须促进本土市场发展和创新活力，要促进本土市场发展和创新活力就必须刺激消费、释放流动性。但是刺激消费及释放流动性又不能用常规的量化宽松政策，所以就必须实施“内科手术”：一边通过“挤水”促发展，释放沉淀资本；另一边通过定向流动来支持战略性产业发展。由此可见，中国提出“加快构建以国内大循环为主体，国内国际双循环相互促进的新发展格局”正是基于对国际大环境与国内现实情况的一种考虑，具有严密的逻辑性与科学性。

第九章　构建“国内大循环经济”三大维度

美国次贷危机以来，西方发达国家及新兴国家为了刺激经济增长几乎都采取了同样的货币宽松政策，导致全球性高杠杆率运作，刺激产能过剩，助推资产泡沫的形成。在此背景下，世界大国纷纷构筑了自己的“防火墙”，逆全球化成为近年来难以调和的矛盾。同时在新冠疫情全球蔓延的形势下，国际价值链、产业链、供应链受到了严重冲击。中国面对如此复杂的环境，提出“加快构建以国内大循环为主体、国内国际双循环相互促进的新发展格局”，可以理解为中国将建立以国内大循环为基础、国内国际“两条腿走路”的发展模式。马克思主义政治经济学认为经济运行的过程包括生产、分配、交换、消费四个环节，四个环节有机联系、辩证统一，使社会再生产得以循环复往，社会财富增加。那么，要实现国内大循环经济，就必须厘清从生产到消费各个环节，从产业内部、三产之间、供需市场三大维度着手，优化资源，打破垄断，实现生产要素的合理配置。

促进产业内部循环，提高抗风险能力

中国产业发展一直存在弹性不足、动态平衡能力差等问题，这主要与特定的历史阶段有关。1990年到2000年世界经济增长不足50%，但是到了2000年以后，世界经济突然进入黄金时代，2000年到2008年世界经济总量就增长了将近一倍。究其原因，主要是与中国加入世贸组织后全面接入全球产业链分工有关。中国依靠劳动力规模与成本优势释放了巨大产能，为提高全球产业链分工效率做出了重要贡献。但是中国产业过于依赖需求拉着供给跑的增长模式，导致内部循环能力逐步弱化。到2008年以后，需求拉着供给跑的模式逐渐失灵，原因有二：一是美国次贷危机引发金融海啸，导致全球购买力下降；二是中国产能扩张，导致供给过剩。此后为了抵御金融危机带来的市场萧条，世界各国出台了不同程度的货币量化宽松政策，经济一时得以复苏。但是没有维持两年，经济增长再度下行。2015年为了矫正要素配置扭曲，提高供给结构对需求变化的适应性和灵活性，我国提出了供给侧结构性改革。虽然通过供给侧结构性改革对要素市场化配置进行了调整，但是要实现产业链体系全面优化还需要重塑结构，促进产业内部循环能力。

传统产业链脱节现象较为严重

以第一产业为例，无论是产前、产中还是产后环节都出现了不同程度的脱节现象。较为严重的是农药、种子、化肥、农机等长期以来过于依赖从国外进口，导致农资成本居高不下，影响农民生产积极性。另外从市场结构和企业规模来看，中国产业集中度比较低、企业规模也不够大，制约了中国经济高质量增长。由于生产经营分散、专业化程度低、生产效率得不到提高，使第一产业的产品在市场销售过程中处于不利地位，再加上资本市场受产业利差影响，长期以来向非线性产业转移，从而导致产业链利益分配机制失衡。同时在电商平台恶性竞争与竞价排名等手段影响下，商品交易中出现了优价不优质现象，导致商品失去国际竞争力。

从全球产业链来看，导致产业链脱节的主要是供应链、需求链、创新链三个环节。在每个环节的背后都有一个较为复杂的生态体系，比如供应链的背后是要素市场。要素市场是由金融、人力、土地、技术、材料、信息等条件构成的，在要素向生产供给的过程中，由于某些必要条件的缺失，就会影响效率或质量，甚至导致某一领域的停摆。因而，完善要素市场配置的实质是保证供应链安全，要从扩大规模的发展理念向扩大要素配置的理念转变。理由很简单，留得青山在，不怕没柴烧，要素资源充足就不怕没有生产能力。（如图9-1）但是在科技时代，传统要素资源正发生改变，商品对土地要素与人力要素的依赖逐渐向技术要素转移，这就容易导致脱链风险。比如过去农民对要素资源的依赖主要是土地与人力，而现在是种子、农资及生产工具。中国自1978年开始实施家庭联产承包责任制，土地问题得以解决，但是生产工具与农资产品相对滞后导致生产力不足，农村劳动力优势变为了农业生产力“过剩”的劣势。也就是说虽然农村劳动力充足，但无法实现规模化生产，无法改变从温饱向小康的转型，所以只好把“剩余”农村劳动力向城镇

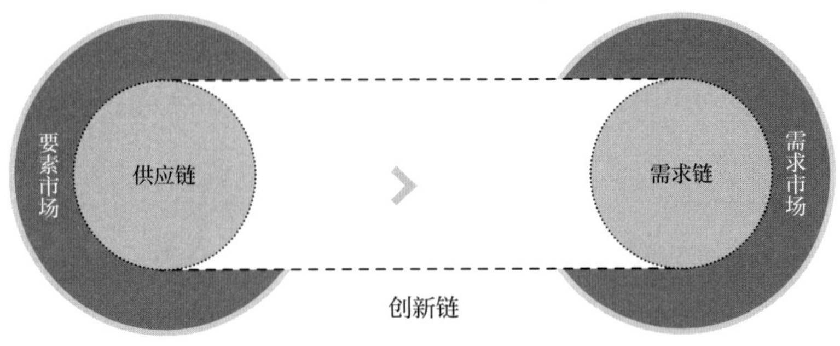

图 9-1　供应链、需求链、创新链的关系

工业部门转移。进入21世纪后，中国加大对农业、农村、农民的扶持与反哺力度，农业生产得以大幅度提高，但是在农业要素配置方面与发达国家相比依然处于落后状态。尤其是生物育种与大型拖拉机领域还是依赖进口。同样，制造业领域面临的问题也与之相似。中国拥有“世界工厂”称号，是全球最大的制造业国家，但是过于依赖中间品生产而导致获利较低的同时还受全球供应链制约。

中国虽然是中间品出口大国，但也是资本品进口大国。所谓“中间品”，是指通过加工、组装来实现较低的利润；而所谓“资本品”，是指企业用于生产的机械设备或技术。从这个逻辑上看，发展中国家以出口大量低利润中间品换取高利润资本品来维持产业循环，自然得不偿失。同时，在重大疫情或国际冲突的影响下，供应链显得无比脆弱，若出现断链、短链的情况，将有可能导致经济体系混乱。

需求链是价值链的重要组成部分，是商品价值转化的承载平台与诱导因素。但是在逆全球化背景下，需求链出现了诸多不确定性因素。比如中美贸易摩擦导致需求链出现结构性分化与区域性转移。首先，从结构性分化来看，货物贸易与服务贸易出现了两个极端，以美国为代表的全球第一大服务贸易出口国，形成了绝对市场垄断地位，而中国则成为全球第一大货物贸易出口国。由于中国在高端装备、信息工程、生物制药等领域不断进取，进出口结构正在发生变化，从而促进各国的产业变革。其次，从区域性转型来看，美国正试图培育东南亚一些国家来替代中国的传统生产力，这一行为的目的也许不是为了在货物贸易领域对中国进行打压，而是为了摆脱对中国货物进口的依赖。美国是一个消费大国，货物贸易逆差是美国的国策，所以美国因为生产成本与生产力的局限性不可能拒绝中国的货物出口，恰恰相反，美国更担心中国不出口或提高出口价格给其带来损失。从2018年开始，美国试图大规模转移在华制造业，培育新的生产基地。然而，事实证明美国这一想法注定要落空。虽然中间品（加工、组装商品）对技术的要求没有像芯片生产那样苛刻，但是规模经济带来的成本优势在全球没有第二个国家可以与中国抗衡。同时中国通过数十年的积累已经形成全品类、高效率、流水化的生产模式，就这一点而言，东南亚国家，甚至南亚的印度都难以企及。

创新链是围绕在供应链与需求链之外的一条循环链。就像帮助汽车发动运行的链轮，通过两个齿轮之间的纽带帮助发动机启动。每一个产业都有其独立的创新链，无数条创新链构成了错综复杂又相互联系的经济体系。

创新链一般是由要素整合、研发创造、商品化、社会效用化四个环节组成，其表现形式是知识和技术在生产、流通过程中的转化和增值效应，是创造价值、传递价值、实现价值的重要手段与内在支撑。当前美国是全球创新链的领导者，因此也成为价值链的构造者，符合美国利益的就能在美国构造的价值链中享受创新链带来的红利，不符合美国价值链的国家就要面对制裁、挤压，甚至出局的风险。比如在半导体领域，美国拥有全球50%左右的市场份额，32种半导体产品类别中的23种处于技术领先地位。美国在过去10年中，对半导体研发投资（3120亿美元）几乎是世界其他国家投资总额的两倍。因此美国在这一领域上牢牢地把握了制高点，形成一条通过内部循环不断裂变的创新链。同时，由于西方发达国家参与或引领了前三次工业革命，积累了众多科研人才，所以为美国的科技创新奠定了基础。当然，中国也不能小觑，经过改革开放以来的资本积累，产业基础已不断壮大，中国正以“解锁”式的决心和毅力打破发达国家的技术封锁。

重塑产业链仍需补短板

当前全球产业链、供应链重塑已经成为世界经济发展的明显趋势，中国在重构产业链过程中能否被世界接受完全取决于自身的实力。自身实力越强，世界对中国的依存度就会越高。然而，目前中国在一些产业领域基础还很薄弱，尤其是高端装备、核心零部件、基础研究等关键核心技术受制于人，产业风险不容忽视。以美国为首的发达经济体必然会构筑自己的价值链、供应链及产业链，试图对中国进行打击、排挤。尤其在供应链方面，美国通过技术封锁来阻断与中国企业的合作。所以，基于产业链与供应链安全，中国必须加快自主创新力度，围绕产业链部署创新链、围绕创新链布局产业链，环环相扣，实现产业内部大循环。

在重塑产业链过程中，通常采用“强链”“补链”“延链”等手段。这些年来，江苏、广东，以及安徽合肥、湖南长沙等地在产业转型升级的过程中表现尤为突出，甚至实现跨越式发展。

“强链”是基于区域要素禀赋的发展模式，在规模化产业基础上推动创新发展，既能保持规模报酬递增优势，又能实现产业集群发展，吸引资本与技术的流入。这也是基于不确定环境下“六稳”“六保”的基本措施。比如纺织业是一个传统产业链，与芯片技术、生物制药、航空工业等产业相比受关注度并不高。但是从区域经济角度来看，传统产业对经济生态体系的影响根深蒂固，也是区域经济转型的内生动力。一根细细的化纤纺丝，从生产到出货，涉及的关联供应商超过1000家。产业链环环相扣、彼此依存，形成一个庞大的运转体系。如果放弃一条传统的产业链，就意味着放弃了规模市场，放弃了一个庞大的产业运作体系，会对区域经济的稳定性带来挑战。所以，一般“强链”是在原有的产业基础上进行要素投入，使其向全球价值链高端环节攀升。

所谓“补链”，就是围绕产业链薄弱环节，通过制度创新实现资本与技术的转化，从而填补产业链环节的缺失，摆脱“卡脖子”的被动局面。2019年以来，中国多个产业集聚度较高的省份都对区域内产业链进行了摸底，并制定了相对应的“补链”措施。比如江苏省梳理了一批产业链龙头骨干企业和重点项目，形成一个产业链专属政策组合，建立了一张产业链关键核心技术短板、长板的动态表。通过议事协调例会制度，协同推进优势产业链提升。同时，江苏省编制了产业链树状图，在产业链关键环节建立500多家核心企业库，充分发挥省政府投资基金的引导作用，利用已设子基金加大对相关产业链的投资支持力度，鼓励企业通过并购、引进、参股等方式“补链”“强链”“延链”，提高产业链垂直整合度。2020年江苏省印发了《江苏省“产业强链”三年行动计划（2021—2023年）》，明确提出实施主导企业培育、协同创新提升、基础能力升级、开放合作促进等4项行动，推动50条重点产业链发展水平全面提升、30条优势产业链国内领先地位不断加强、10条卓越产业链综合竞争力大幅提升。为了确保“任务书”如期实现，江苏建立了省领导挂钩联系优势产业链制度，由每位省领导挂钩联系一条优势产业链，组建产业强链工作专班，集中力量破解产业发展遇到的技术、资金、人才等方面的问题。与此同时，全省各区市也相继建立市领导挂钩联系优势产业链机制。

“延链”的本质是向产业链的上下游拓展延伸，以此获得更高或更多利润来满足竞争需要。“延链”是在原有产业链上通过技术、资本、市场的优势向前后拓展延伸，避免长期陷入“微笑曲线”底部。一边是向技术研发、产品设计突破，一边是向市场环节和品牌价值突破。长期以来，传统产业过于依赖规模经济而忽视了创新价值。比如第一产业的农业生产，在产业链的前端是农业生物技术及农业机械技术，后端是农产品销售渠道及融合发展模式。由于前端生物育种技术和大型农业生产机械技术的滞后，一直以来中国农业主要收入来源于效率较低的种植环节，所以农业生产效率低且进口成本高。而后端由于深加工产业链不健全，难以实现更高附加值收入。所以在产业链发展过程中需要建立一个高效的分工合作机制，促进要素市场与产业链之间有效配置、高效配置，摆脱过度依赖西方国家的国际大循环模式，减少“卡脖子”环节。

促进“三产”融合循环

产业结构失衡问题一直束缚着中国经济高质量增长。尤其是第一、二产业与发达国家相比，整体呈现“大而不强”的特征。2020年受新冠疫情的影响，三大产业增长结构出现两极化发展趋势，即第一产业与第三产业增长曲线优于第二产业，这是非常态形势下的结构性变化，需要结合2019年的数据进行分析。2019年第一产业增加值70 467亿元，增长3.1%，占国内生产总值比重为7.1%；第二产业增加值386 165亿元，增长5.7%，占国内生产总值比重为39.0%；第三产业增加值534 233亿元，增长6.9%，占国内生产总值比重为53.9%。中国第二和第三产业产值已超过GDP的90%，约为93%。数据显示三大产业不仅对GDP的贡献相差甚大，而且增长率也呈现较大的分化，说明产业结构失衡问题依然严峻。

造成产业结构失衡的原因主要是来自产业内部，比如第一产业出现效率与质量“双低”现象，又因为农产品供给质量不高，导致产品利润值下降，从而影响土地流转及规模化生产的积极性，创新研发也因为资本市场的转移而失去动力。当然，作为农产品供给端也有自己的委屈，认为渠道与市场虽然通过数字化赋能创造了需求规模，但剥夺了利润与公平性，从而导致“劣币驱逐良币”的现状，影响产品质量，形成恶性循环。第二产业面临的问题也一样，整体上仍处于全球价值链的中低端，尤其是高能耗、低利润、产能过剩等现象一直困扰着中国企业的发展。

2017年中国提出了“加快建设制造强国，加快发展先进制造业，推动互联网、大数据、人工智能和实体经济深度融合”。加速新一代信息技术与制造业融合，是落实供给侧结构性改革的现实需要，也是实现《中国制造2025》计划的重要举措。当前，中国数字经济发展势头迅猛，但是从数字经济的增长值来看，数字产业化带来的数值远远高于产业数字化带来的数值，也就是说中国数字经济过于依赖数字产业化的直接贡献。所以必须加大数字产业对第一、第二产业的反哺力度，促进三产融合发展，提高产业效率。

产业融合的溢出价值

产业融合是基于科技进步与需求市场变化的必然结果。一般来讲，产业融合是突破原有产业框架，通过不同产业之间的资源配置、要素流动，以及供需市场的有效循环，为企业实现产业融合发展带来溢出价值。发达国家的经验表明，产业融合能增强企业或产品的竞争力，刺激企业创新投入，实现可持续发展能力。从具体表现来看，产业融合有多重溢出价值。

首先，产业融合促进创新动力。通常情况下，企业的创新多为被动性或投机性的，由模仿、改进再到二次创新，很少有企业直接进入自主创新阶段。企业之所以对创新的积极性不高，是因为无法承担创新失败的代价。但是在数字经济的环境下，数字产业溢出效应能降低企业创新带来的不确定性风险。比如通过大数据算法快速响应赢得市场，根据客户需求定点安排生产，提供个性化产品以获取竞争优势等。以盒马鲜生为例，从行业属性来看依然属于零售业，但依托大数据与零售业务的融合，创造了一种新的业态模式，既打破了折扣百货低价倾销的模式，又突破了传统百货以量取胜的模式。在全球零售巨头沃尔玛、家乐福的集体倒闭潮中，盒马鲜生的出现无疑给市场注入了实体“不死”的信念。

在技术高速发展与信息不断溢出的时代，消费者对购物的需求已经从价廉物美向质量、效率、体验等方面倾斜。而零售企业也从供应链、价格成本、规模经济等优势向大数据、人工智能、便捷服务等优势转变。盒马鲜生正是依托阿里巴巴旗下的大数据优势，对线上线下进行融合，提供集超市、餐饮、仓储、物流为一体的新式购物模式。通过对消费者的购买行为与购买心理进行数据分析，经过人工智能的算法给出精准匹配，创造有效供给。当然，产业融合不仅仅在数字产业领域，在传统行业中也存在融合增长的案例。比如当前普遍流行的月子会所，就是把普通家政服务与医疗保健进行融合后诞生的一个新行业。过去产妇坐月子是依靠有经验的长辈照顾，但是婆媳关系问题一直困扰着人们，同时随着人民生活条件不断改善，人们对育儿的要求已经不仅仅满足于健康，所以一个集保健、护理、心理辅导等为一体的商业模式便应运而生。可以说，产业融合的溢出价值大大刺激了企业的创新动力。同时，在竞争环境下，企业要发展就必须加强学习与合作，这样便提升了公共资产利用效率，避免了公共资源的无效供给与投入产出价值不高的情况。

其次，产业融合优化资源配置。产业融合能突破行业边界，创造范围经济效益，主要表现在两个方面。一方面是产业融合能实现规模化市场。产业融合优化了知识与技术结构，可实现创新产出多样化，从而改变产能过剩现象，扩大市场规模。同时在长尾理论[1]作用下，有效供给、有效需求都能得以均衡发展。过去传统产业受二八理论限制，也就是说具有品牌或渠道资源的产品才能获得20%的高端市场青睐。高端市场代表利润与价值，所有人都希望跻身于20%的高端消费市场，但要进入高端市场并非一件容易的事情，因为准入壁垒很高。所以，大量商品和企业只能在大众市场摸着石头过河，甚至陷入低价、低质的恶性竞争之中。市场的开拓往往会受到空间和时间的限制。比如你要开拓一个区域市场就必须要建立一个仓储基地或发展不同层级的代理商来满足产品的下沉，即便如此，市场规模也是受地域边界局限的，每增加一个区域市场就要增加相应的开拓成本，前期赚取的微薄利润往往会被市场成本吞没，导致企业无力在研发创新领域增加投入，只能以此循环，做大了规模却没有做大利润。但是通过与数字技术的融合，可以打破产品的时空局限。比如互联网交易不受营业时间限制，可以24小时自动交易，也可以打破地域限制，只要有互联网的地方就可以进行产品交易。另外互联网因非线性的特点，在增加产出规模的同时不一定会增加成本，所以便形成了“长尾”利润，把80%尾部不被看好的市场组织起来，赚很少的钱但赚很多人的钱同样能获得巨大利润。另一方面是产业融合能创造合作分工条件。过去的产能优势是依赖传统生产要素的集中投入而实现的，如果市场发生变化，企业就会陷

1　长尾理论，是指只要产品的存储和流通的渠道足够大，需求不旺或销量不佳的产品所共同占据的市场份额可以和那些少数热销产品所占据的市场份额相匹敌甚至更大，即众多小市场汇聚成可产生与主流相匹敌的市场能量。也就是说，企业的销售量不在于传统需求曲线上那个代表“畅销商品”的头部，而是那条代表“冷门商品”经常被人遗忘的长尾。

入绝境。而产业融合可以优化资源配置，通过供应链大数据及用户大数据来组织合作生产，实现更精确的产业化分工，降低风险，提高生产效率。

最后，产业融合创造有效供给。产业融合能催生出一系列跨界产业，创造出新品种、新服务，进一步扩展需求空间，实现有效供给的同时也实现创新收益的乘数效应。中国从2008年美国次贷危机后就是靠产业融合的商业创新获得持续发展机会的，否则在2008年中国就会陷入产能过剩的衰退危机中。

制造业服务化

产业融合的路径有很多，最简单的是通过“联想组合”思维实现产品创新，比如柠檬加红茶创造了柠檬茶，按摩器加椅子创造了按摩椅，牙刷加电动马达创造了电动牙刷，等等。无论是简单的产品组合还是复杂的技术、渠道、资本等要素的融合，其本质就是一种超越竞争对手的能力。产业融合是把异质性知识与自身要素禀赋相结合，在特殊的社会环境与市场背景下转化为竞争优势，实现溢出价值。这一过程实际上是通过要素流动，消除了知识转移的壁垒，降低了交易成本的同时还满足了市场的潜在需求。虽然产业融合创造溢出价值的模式有很多，但是从行业的类别上来看，产业融合的路径一般是由制造业服务化、服务业制造化等构成的。当前最关键的是提高制造业服务化能力，解决制造业转型升级的现实问题。

制造业服务化是基于产业链延伸的理念。商品从设计、研发到生产、流通、消费等环节构成了传统产业链的生态体系，但是在新经济背景下传统产业链被不断延伸，其边界也变得越来越模糊。所以为了增加用户黏性，提供有效供给，制造业不再依托中间环节的间接信息反馈，而是直接参与到用户的消费体验中，捕捉信息创造价值。制造业服务化是指制造业企业延长服务半径，在产业下游环节通过直接参与给用户带来突破边界的消费体验。比如过去卖监控设备的厂家与消费者是一次性交易，而现在厂家把设备卖给消费者的同时要求消费者下载一个专用的信息平台，通过信息平台注册使用可以实现远程监控，实时调整设备口令与参数。厂家通过对系统不断升级来增强用户的体验感和对产品的黏性，实现二次营销或流量价值。制造业服务化是发达国家在完成工业化使命的基础上提出来的。20世纪70年代美国为了促进制造企业向服务领域延伸，专门出台了国家制造业创新计划，涵盖交通、金融、农业等众多领域。美国早在1980年就提出了《铁路和汽车运输条款》，1984年又提出了《航空条款》，1991年出台了《多式联运法》，1999年通过了《金融服务现代化法》等，近年来在制造业回归的战略背景下又打造了15个制造业创新中心，其目的就是推动制造业服务化发展。中国也出台了《发展服务型制造专项行动指南》，确定了中国制造业由生产型制造向服务型制造转变的方向。

从全球范围来看，目前全球已经有50%的制造企业启用了产品加服务的模式。在世界500强的制造企业中，有70%的企业已经实现了制造加服务的运作体系。制造业服务化，简单来理解是在现有产品供给中增加更具价值的体验性和售后服务。西方发达国家的制造业服务化，因技术的垄断性形成了纵横结合的双层发展模式。比如戴尔公司通过信息技术的开发能力实现了计算机生产和信息服务的双重营业模式。戴尔中国公司从2019年开始，营业额就超过千亿人民币，其绝大部分营业额是由戴尔科技的信息化服务贡献的，传统的计算机和PC项目在业务中只是作为一个信息化载体出现。而联想电脑与此正好相反，其营业收入是依靠计算机设备及PC业务贡献的，虽然营业规模很大，但利润很少，甚至出现亏损。所以制造业服务化迫在眉睫，这是企业寻找生存空间的无奈之举，也是市场的真实需求。

中国近年来在制造业服务化领域也在不断深化，但主要是来自市场竞争的被动性转型。在汽车制造领域竞争尤为激烈，科技的迭代速度、大资本推动的产业变革等因素导致中国汽车市场出现了日新月异的变化，一些低端汽车制造企业相继倒闭或破产。在此背景下，汽车制造企业的出路只有两条：要么通过技术革命开创一片新的市场，要么通过做产业链延伸拓展新行业。其实两条路都很艰难，但相比之下后者似乎更有机会。比如江铃汽车逐渐从品牌化生产向代工模式发展，通过产业规模优势承接产业链分工中的加工组装业务，以维持企业的发展。很多人对此提出了批判的观点，认为此举是企业走向没落的表现。其实在未来，汽车产业链中代工模式将成为常态，因为进入智能化汽车时代，汽车企业不再像传统工业时代一样依赖规模优势，而更多是靠技术创新能力，头部企业只要不断加强科技研发和技术设计即可，生产过程可以交给第三方来完成。当然企业除了代工发展模式，向产业链下游延伸也是一种突破方式。

长安汽车是中国制造业服务化最早的企业之一，早在本世纪之初就开始了从汽车制造向与汽车物流服务融合的转变。长安集团在经营过程中发现大部分成本都是来自汽车产业链的配送物流，于是长安汽车便顺势成立了长安民生物流公司，通过旗下汽车生产企业投入物流运输领域，既承接了集团内部材料运输、汽车零部件运送、整车发运的业务，也促进了长安汽车销售业务的发展，形成从汽车销售到物流运输服务的闭环发展模式。现在长安民生物流已经发展成为汽车物流领域的引领者，在汽车配套部件的接收入库、储存、二次分装等方面，为汽车生产企业提供定制配送服务，成为汽车供应链的中心枢纽。所以，制造业服务化与传统制造业的最大区别，在于基于自身的要素禀赋联合外部资源创造溢出价值。

产业融合“陷阱”

产业融合的本质是生产要素向产业链上下游流动。其中的关键词是“生产要素”和“流动”，一个是特定的条件，一个是用于平衡发展的动态管理。所以在产业融合过程中仅限于要素之间的流动，而不是行业之间的兼并。

当前有些区域就出现一种误解，认为产业融合或产业转型的核心意义是把第一、二产业向第三产业转变，或者说第一、二产业的重心必须放在第三产业。这显然是错误的，产业本身没有孰轻孰重之分，关键是如何利用不同行业要素资源提高自身产业的效率与竞争力。所以，过度夸大第三产业的万能作用是认知上的误区。更有一些学者照搬美国第三产业的比重来衡量中国的产业结构，这都是不妥当或偏激的行为。美国的第三产业虽然占有绝对值，但有两个先决条件：其一，是美国第一产业已经实现了全球第一的领导地位，发展第三产业可以帮助第一产业实现价值传递；其二，美国拥有全球最强的科技创新能力，发展第三产业是科学技术的有效转化及服务贸易的需要。中国第三产业虽然增长速度较快，对GDP的贡献也较大，但站在国际市场上来看，原创性不足，整体竞争力不强，更何况中国把房地产收入也纳入了第三产业，所以第三产业大而不强。近年的国际贸易数据显示，中国是货物贸易顺差国，但却是服务贸易逆差国，这从侧面反映了第三产业在国内具有较强的竞争力，而在国际上还没有一席之地。我们在强调产业融合发展，却更多表现在大板块之间兼容并包，而在微观的要素流动上并不积极，“三产”之间依然是“割裂”式发展，要素之间没有完全形成相互促进、相互融合的发展格局，反而在某些领域出现了渠道垄断、相互排挤的现象。

“融合”一词在汉语中具有“交融、融会”的意思，是指几种不同的事物合成一体。如果要素资源出现单向流动与分配不公，就有悖于融合的概念。比如第三产业表面上是为第一产业和第二产业创造效率与价值，但也有可能存在剥削第一、二产业产出价值的情况。最让人担忧的是两个层面的问题。

其一，是第三产业利用信息技术或渠道优势构建垄断市场，操控供需市场，赚取中间利益。比如通过竞价排名、信息操作诱导消费、提高价格，对上游生产环节则通过渠道垄断或规模市场进行压价，这样就导致供需两端在信息化平台上出现信息不对称的情况。

其二，是生产要素单向流动导致生产端成为资本的代言人，尤其是资本“逆向流动”很容易控制生产端而削弱生产者的利益。其实，无论是资本还是技术在产业之间的流动，都应该回归要素本身的价值，如果通过资本或技术去控制产业发展，为垄断创造条件，社会必将陷入“虚假繁荣”的陷阱。

比如一家资本公司，你看中什么行业你可以合作投资，但你不能参与经营或者为关联交易提供方便，否则就会破坏经济生态规则。如果中国移动要去做手机制造，那么中国其他手机制造商基本活不下去，因为人家掌握了移动互联网。同样，如果淘宝、京东都去种田，那么其他农业生产企业又怎么能活下去呢？所以资本向上游产业逆向流动必须建立在非关联交易上，否则对于产业融合不仅没有好处，反而还会加剧供需市场的矛盾。

当然，并不是要限制资本的逆向流动，而是要鼓励资本回归到投资的属性，比如日本在产业融合方面就值得学习。日本在推进服务业与第一产业合作的过程中就强调通过资本与技术引导农业向后延伸，让第一产业的生产者能分享到产品加工、流通、消费各环节的增长红利，而反对供应链资本或技术向前整合，侵蚀或兼并第一产业。为了保证第一产业不被供应链资本绑架，日本出台了《农工商合作促进法》，要求供应链资本在上游生产环节出资股份不能超过49%。中国一直鼓励社会资本进入第一产业，这本身并没有错，因为社会资本对利益的诉求仅仅是资本产出利益，而供应链资本全面进军上游生产环节就会形成垄断，侵害两端的利益。

如果说西方发达国家的产业融合是基于核心技术层面的大开大合的做法，那么日本产业融合便是体现了工匠精神与务实态度。日本为了促进第一产业与第二、三产业融合，通过持续实施特派员制度，把技术服务、成果转化和产业发展结合在一起，形成三个维度的发展模式，即“科技特派员+龙头企业+农户”“科技特派员+农业合作社+农户”“科技特派员+金融+流通”。三大维度均以特派员为核心，目的就是为了保证以农为本，通过技术、人才、资本、管理等生产要素的融合提升农业价值。

市场本身是存在盲目性的，过于放任市场就会出现边际效益递减。更何况当前资本与技术已经形成产业固化模式，产业与产业之间的壁垒被资本与技术牢牢锁着，政府只有适度干预才能让要素在行业之间相互渗透、交叉、融合。每个国家或每个地区的要素禀赋或社会、文化等结构存在较大差异，如果一味鼓吹“放松管制”，只会加剧垄断。

促进供需市场循环

实现供给与需求之间的结构性均衡，前提条件是要实现产业内部循环和产业之间的融合发展，否则就很难形成有序、顺畅的循环体系。如果把“大循环为主体”的发展模式仅仅理解为“国外不卖给我们，我们就自己生产；国外不买我们的，我们就自己购买”，这显然是片面且极端的观念。经济全球化背景下，任何一个国家都难以形成绝对的独立循环体系。但是，面对当前逆全球化浪潮，一方面要加强与欧盟、东盟等贸易伙伴的紧密合作；另一方面要全面提高并改善国内供给与需求的规模、结构和质量。过去是需求拉着供给在跑，市场运行处于粗放式阶段。供给与需求因为生产、分配、交换、消费等环节出现“逆数字化”现象，导致适配性较差。这种现象主要表现在两个方面：一是需求端的超大市场潜力没有得到充分释放，尤其是个性化、品质化产品供给不足；二是供给端从规模化生产向定制化生产转变中没有实现两者兼有的优势。要改变这一现状就必须要需求侧与供给侧结构性改革双管齐下。

创新供给

通过创新供给发掘潜在需求，让新需求形成新市场。一般来说，消费市场是一个动态的发展过程，其发展结果与消费能力、科技发展进程、文化变迁、社会背景、政治环境等因素有关。市场需求从卖方市场的供给规模向买方市场的消费规模转变，这是一个从量变到质变的过程，世界上任何一个国家都要经历这一阶段。随着经济规模不断扩大和收入水平的提高，消费结构打破了固化模式，出现了机动性与迭代性的变化。过去消费广度相对较小，主要是以衣食住行为核心的消费模式，由于生产力落后及宏观不确定因素等，所以往往供给不足。而现在随着消费能力的提高与科学技术进步，消费由刚性需求向效率需求、质量需求、精神需求等方面提升。如果科技水平落后，就会导致创新能力不足，创新能力不足就会引致供需结构失衡，主要表现为：资源配置效率低下，中低端制造业产能过低，高端产品与先进服务业供给不足等。

凯恩斯认为，需求决定供给，抑或需求创造供给。凯恩斯主张通过货币政策来满足消费需求。但是凯恩斯学说的形成背景与当前的社会情况相比有较大差别。一是技术革命带来经济运行规律的变化，当时的生产要素与市场需求相对现在存在较大差异。二是货币政策与规模发生变化，当前全球处于高杠杆水平，全球债务占全球GDP比值超过300%，且呈现上升趋势，政府、企业、家庭三大部门债台高筑，增加了金融的脆弱性。显然，世界任何一个国家想通过持续的货币量化宽松创造消费市场已不现实。

我们还需要重新审视萨伊定律。萨伊认为供给会创造自己的需求，当供给形成一定规模后，就会形成各种新的产业，同时供给本身也是对产业上游的一种需求。中国市场规模巨大，如果在供给过程中有所创新，不仅能够发掘潜在的需求，还能形成新的产业与市场。2019年中国零售市场规模超过40万亿元，消费支出对国内生产总值的贡献率为57.8%，消费已成为中国多年来拉动经济增长的第一动力。但是市场规模越大越容易出现供给过剩的现象，所以必须发掘潜在需求，由新需求形成新市场，为经济循环提供动力。在动态的供需关系中，内在创新的投资需求对消费需求有着拉动和促进作用。潜在需求主要集中在中等以上收入群体中，通过智能化产品与智能化服务能有效诱发需求动力，创造新的市场，形成新的产业体系。

当然，创新供给还需要关注两个重要问题。

一是创新的内涵。创新不仅是生产环节的产品迭代，还是通过对要素进行整合，创造一种新的供给，来满足人民日益变化的现实需求。过去的经济学理论认为创新是“建立一种新的生产函数”（熊·彼特），这是从供给本身的角度来理解的，如果分析需求市场就会发现传统创新概念过于狭隘。因为创新的环节不仅在生产环节本身，还关乎分配、流通、消费等各个环节；此外创新驱动力也不仅在于技术本身，还关乎社会、文化、科技、政治等因素，所以创新供给的本质是基于社会、技术、文化等因素的定制化供给。

二是创新与产业的关系。创新供给的过程是对产业链的整合与补充。创新供给与产业链之间是相互支撑、互为转化的关系，不能出现脱钩式发展。习近平总书记曾强调：“必须破除体制机制障碍，面向经济社会发展主战场，围绕产业链部署创新链，消除科技创新中的‘孤岛现象’。”[1]这一观点正是解释了创新供给与产业链之间的关系。

1 《这四年，习近平在两会上》，习近平系列重要讲话数据库，http://jhsjk.people.cn/article/29120051，2023年10月9日。

大规模定制

供给从大规模生产向大规模定制转变。传统制造业以产品为中心，以低成本赢得市场，其特点是通过稳定性和控制力取得高效率，所以企业的目标就是以低价开发、生产、销售、交付产品和服务。而在驱动方式上，传统制造业也是凭经验对市场进行预测，安排生产，属于推动式的生产方式。这种模式容易脱离市场，因为先生产后供给的思路已经难以适应需求端的瞬息万变。因此，以需求端为导向的产业链才能快速赢得市场。

所以，一方面要利用数字化技术，通过灵活性和快速响应来实现多样化及定制化；另一方面要根据客户定点安排生产，以多样化和定制化开发、生产、销售、交付顾客买得起的产品和服务，创造有效需求。

数字化技术对大规模定制的影响体现在多个维度。

第一，通过大数据对市场进行预测。过去对产品的市场预测主要依靠企业决策者或第三方的市场调研。企业决策者对市场预测是凭借主观经验判断，这种预测能力一方面不可复制，另一方面失误率较大，因为市场是动态的，而经验是静态且狭隘的，是对过去已经发生的自我体验或观察的总结。第三方调查相对会客观一些，但受产品专业性和地理边界影响，也会导致信息失真。数字化工具最为客观，是最能打破边界局限的市场信息反馈工具。企业可以对产品使用信息反馈及搜索引擎、电商数据等进行预测，当然其中还要设计更为理性、科学的算法。

第二，通过大数据实现精准匹配。产品的设计研发主要基于消费市场的使用习惯与潜在需求，现在的产品本身就具有数字孪生的属性，消费者在使用产品的同时也在即时向生产方传送使用数据，生产企业可以对数据反馈进行分析，挖掘潜在消费需求，从而实现精准研发及设计。

第三，通过智能制造提高生产效率，降低成本。由于定制成本会比流水化生产成本更高，所以就必须通过智能制造来提高效率，降低成本。智能制造主要是利用传感器及工业大数据，替代传统粗放式的半机械化生产，根据对规上企业的数据分析可知，一般实现智能制造的企业，其生产效率会比传统企业的生产效率高出35%以上。

第四，通过供应链大数据实现合作生产。断链和短链现象一直是困扰企业发展的主要问题，企业要实现大规模定制就必须整合供应链资源，数字化是突破地域边界和行业壁垒的有效供给，兼具低成本和高效率的特点，为企业组织合作生产提供了方便。利用数字化技术是企业实现大规模定制不可或缺的手段，也是企业竞争力的重要保障。

大规模生产的优点是成本低、效率高、交货快；而缺点是产品种类单一、市场反应缓慢，往往降低了成本却失去了市场。定制化的优势是品种多、个性化强、市场反应快，但缺点是成本高、效率低、交货慢。所以需要把传统的规模化生产优势与定制化生产优势进行融合，实现“大规模定制化”模式。（如图9-2）大规模定制化既有传统规模化生产的优势，又有定制化生产的个性化优势，这种融合将重新诠释“世界工厂”的含义。我们一直在强调有效供给，实际上真正的有效供给就是定制化供给，谁能为更多客户提供定制化服务，谁就拥有绝对的竞争力。因为定制化生产不仅能创造有效供给，还能避免库存压力，减少投资风险。同样，随着企业生产风险与成本的递减，消费者承担企业的转移成本也相应减少，这将进

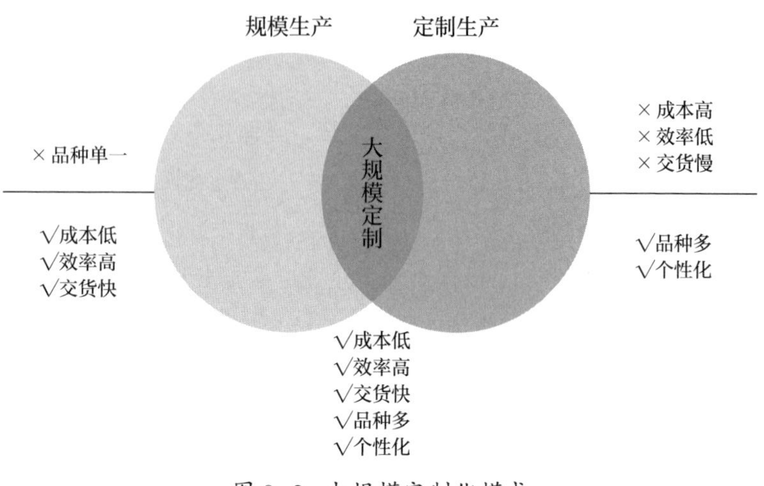

图 9-2　大规模定制化模式

一步增加消费者剩余，从而促进消费。

国内大循环既要扩大最终消费，又要以供给创新实现潜在需求和个性需求的转化。世界经历了三次工业革命，每一次工业革命都诞生了新的生产工具与科学体系，进而影响产业结构的重大调整，同时也影响国家经济的发展。新经济是中国经济增长的牵引力，也是传统经济的过滤器。但是长期以来传统经济积累的许多问题亟须逐一梳理，否则在新经济全面到来、传统经济又尚未拥有转化能力的时候，就会出现严重的阵痛期。“加快构建以国内大循环为主体，国内国际双循环相互促进的新发展格局”，提出了重构供需关系的重大命题，而产业内部循环、三产融合循环、供需市场循环是逆全球化背景下“国内大循环”发展应重点关注的三大维度。

第三部分
级差地租与城市增长动力

第十章　马克思级差地租与城市、产业边际分析

马克思无疑是人类历史上最伟大的理论家之一。他之所以伟大，是因为对社会有深层次认知，能对经济、政治活动规律与制度逻辑抽丝剥茧，看穿本质。其中，马克思对英国古典政治经济学创始人威廉·配第和“经济学之父”亚当·斯密提出的级差地租进行了新的诠释和批判，为该理论的完善做出了贡献，具有里程碑意义。马克思的观点通常简明扼要，他认为：“地租的占有是土地所有权借以实现的经济形式。”[1]级差地租的产生是“一定的投入一个生产部门的个别资本，同那些没有可能利用这种例外的、有利于提高生产力的自然条件的投资相比，相对来说具有较高的生产率”[2]。其中明确了两个观点：一是地租的利益既得者往往是拥有土地所有权的人或组织；二是地租收益的高低不仅取决于土地的地理环境，还取决于对同一片土地的持续投入。那么，这似乎就形成一个闭环，即拥有土地所有权的人才拥有更多的地租收益，有了地租收益才能有

1 《马克思恩格斯全集》(第46卷)，北京：人民出版社，2003年。

2 马克思：《资本论》(第3卷)，北京：人民出版社，2004年。

实力追加土地的持续投入。所以，马克思把级差地租分为两种形式：级差地租I和级差地租Ⅱ。级差地租I指的是同等规模土地在不同环境及要素资源下所产生的不同结果，这是自然或地理条件所决定的。级差地租Ⅱ是指对同一块土地持续追加投入，比如，由于对农地上的肥料、水利等要素投入的增加，提高了土地的利用价值，土地生产效率、价值收益得到提升，可创造超额的利润，实现地租的超额回报。

那么，是不是同一块土地投入越大收益就越大呢？其中就关系到边际效用的问题。从边际效用的规律来看，投入过大和过小都有一个临界点，低于临界点与突破临界点都会导致适得其反的效果。但是在投入与增长的过程中，第一阶段始终表现出增长的状态，到第二阶段往往会出现增长缓慢的状态，到第三阶段就有可能出现适得其反的情况。边际效用价值递减是否就是魔咒？任何事情都逃脱不了边际效用递减的悲哀？其实未必，打破边际效用价值递减魔咒的唯一办法就是实现有效供给、理性供给、创新供给。

马克思级差地租的观点

理论的本质是对现实生活的一种总结，并根据自己的主张提出一套思想体系。其特点既有客观性，也有主观性，因为具有创建的思想往往都是来自跨界的融合与延展。马克思提出级差地租，主要是基于农业生产领域，属于狭义层面的级差地租理论。而这一理论发展到今天已经被延伸为广义的级差地租理论，包含土地的一切利用价值，比如在工业使用、商业使用和城市开发等领域的价值。所以对马克思级差地租理论要进行现实逻辑的剖析。

马克思的地租概念主要是针对农业地租，是研究土地和产权在资本投入下对农业生产的关系。所以计算级差地租的过程中所考虑的因素主要由三个维度构成：一是地价与土地所有权，即成本与权益；二是土地地理环境与规模，即生产效率与现有价值；三是要素投入对土地价值提升的产出关系。马克思的观点认为，土地不是劳动产品，所以“这个购买价格不是土地的购买价格，而是土地所提供的地租的购买价格”，“土地价格无非是出租土地的资本化收入”，所以在计算地租收益的时候便相对简单。P代表购买地租的价格，L代表地租收益，R代表投入的成本、利息、劳动力及其他成本。在这样的关系下，土地投入与地租收益关系为：

$$P=\frac{L}{R}$$

当然，我们最关注的并非投入与产出关系，而是地租权益的分配，以及级差地租的形成要素。

首先，从地租权益的分配角度来看，多数人都认为西方国家土地是私有化的，而中国土地是国有与集体所有的。如果按此标准，那西方资本主义国家就不存在狭义的地租一说，只能理解为固定资产投入。马克思之所以把土地的使用权益称为地租投入，是因为资本主义国家也没有绝对意义上的土地私有制。比如美国一直被认为是世界上土地私有制最集中的国家，数据表明美国私人土地占国土面积的58%，联邦政府所有的土地占32%，地方政府占10%。但是细分美国的土地制度，价值产生过程其实还是地租收益概念。比如，美国一块土地的权益是由国家和租赁人共同约定使用的。政府与土地名义上的控制人（实际上是租赁人）在法律上有约定，在土地存续期间，土地控制人排他性地拥有该土地的一切权利，包括地下、地上的一切权益。任何人或任何组织不得擅自闯入，更不能占有或分配土地控制人的利益。土地控制人可以自己使用土地，也可以转让（租）给其他人使用。国家与土地控制人之间的履约关系没有定期，即为永久性概念。但是在履约过程中，土地控制人可以单方面决定终止协议，而国家不可以单方面与土地控制人终止协议（即收回土地），当然前提条件是土地控制人必须定期向国家缴纳相关税收，如果拖欠税收，国家就有权把土地收回。所以美国的土地私有化并非严格意义上的私有化，其本质上还是租赁制，只不过是把租金转化成了相关税收。由于国家法律对土地控制人（租赁人）权益的保障使其具有私有化特征，所以出现了广义上的私有化概念。

中国土地所有权也是归国家所有，个人或组织获得的土地也是使用权转让或租赁，这在某种程度上与西方资本主义国家相似，但是在权益保护方面相对欠缺。比如地方政府对土地使用权的征收更多体现在行政权力的表现上，个人或集体的主动权被削弱，这样就会导致土地使用人对生产投入的积极性减少，而政府对土地利益的渴望程度就会增加，从而影响了土地级差地租的形成。就像一个吃西瓜的小孩，当西瓜资源供给不足的时候，小孩就会把西瓜吃得很干净，而满桌子都是西瓜的时候，小孩就会吃一半浪费一半，西瓜给小孩带来的边际效用也在递减。所以，今天中国土地经济爆发式增长导致利益分配失衡，不是土地产权本身导致的问题，而是土地使用权益保护制度不健全导致的问题。

其次，是级差地租形成要素。在马克思地租理论中，地租差异取决于两个因素。一是土地的自然条件，尤其是对农业生产者而言，土地的地理位置、生产环境决定了土地产出能力与投入成本，所以在不同的生产环境下，付出等量的劳动及要素投入就会出现不同的地租收益（产出收益）。优质土地由于生产条件好，生产效率与质量就会得到提高，生产成本就相对降低。而劣质土地由于生产条件差，投入也相应提高，所以生产成本就相对较高。在此背景下，如果产品的定价权由优质土地来决定，那么劣质土地就会没有利润，从而也会削弱再投入的能力，形成恶性循环。土地产品定价，必须从劣质土地和优质土地中各寻找一个中间值除以平均数才能获得双方的平均利润。比如，劣质土地分为“次要劣”“一般劣”“严重劣”，优质土地分为“良好”“优秀”“特优”，在土地产品定价时，不能把权力交给“严重劣”的一方或者“特优”的一方，而是应各选一个中间等级，通过数据的总和，除以数据的个数，得到平均质量（利润）来作为定价的依据。当然，这是在农业生产中的一种规律，也是马克思级差地租I的一种假设。如果把马克思级差地租理论应用到城市土地利用方面是否适用？从社会生产力与经济运营生态体系来看，必须这么做，不然就会导致社会不断分化然后再固化，在公共品分配不均的情况下更会形成阶级对立。二是土地通过资本、技术、人才等要素的不断追加投入，使其创造各种溢出价值，从而为土地租赁者创造超额利润。这个利润通常被转化为地租，即是马克思提出的级差地租Ⅱ。对于级差地租Ⅱ的理解不能片面化，无论是农业部门还是工业部门，从生产效率层面上来说都应该鼓励其创造级差地租Ⅱ，不断提升土地的产出价值有利于推动社会文明进程，促进技术创新、产业革命等。但是，级差地租的形成往往伴随着资本化垄断现象。从农业生产角度看，下游经销商因为控制了渠道销售从而掌握着分配权，如果下游经销商还要通过资本控制农业生产领域，那么就会控制农产品的定价权，从而获得级差地租Ⅱ，而级差地租Ⅰ的生产者就难以生存。所以，马克思说，资本主义土地所有权不是这个超额利润创造出来的原因，而是使它转化为地租形式的原因。

随着级差地租概念的扩大，城市扩张成了级差地租的主要实现载体，城市需不需要采用级差地租Ⅱ？答案是肯定的。但是在土地供给垄断与产权国有化的背景下，要创造级差地租，还要考虑对社会大众利益的保护与再分配等问题，否则级差地租收益在不完全竞争市场就会向垄断部门、资本部门和中介部门倾斜，危及社会稳定，影响可持续增长的能力。

城市级差地租与传统级差地租差异

马克思虽然对城市级差地租没有太多的论述，但是他对将土地用于建筑提出了自己的观点。他认为建筑是对土地空间的利用，而不是像农业那样“为了再生产或采掘的目的而被利用”，并且“对建筑地段的需求，会提高作为空间和地基的土地的价值”。[1]这一观点明确了资本对土地空间的投入会产生更大的利润。事实上，这种高利润的回报会促进土地产品供给结构的变化，从过去农产品的供

1 马克思：《资本论》（第3卷），北京：人民出版社，2004年。

给向建筑产品和公共产品等转变。法国的巴黎大改造就是源于土地产品对宏观经济的影响而发起的城市更新运动，尽管这一运动对传统文化与阶级融合带来了破坏性影响，但客观上促进了宏观经济增长与投资活力。当然，这也导致了后来法国的长期衰退，这种衰退其实就是级差地租的边际效用递减和城市弹性不足导致的，本书后续再作论述。

农业级差地租与城市级差地租最大的区别主要体现在两个层面。

一是农业级差地租是以土地表层所创造的产品价值来满足级差地租收益的，而城市级差地租主要是以土地空间塑造为手段，通过对土地空间的规划、设计、建设等手段创造一种既有现实需要又有增值潜力及溢价空间的土地产品。

二是农业级差地租收益主要是单一的农产品转化地租收入，这种收入与环境、地理区域存在密切关系，即便是对同一块土地持续投资使其成为级差地租Ⅱ，那也不过是线性收入，即投入与产出按比例增长，无法形成裂变效应。而城市级差地租的形成便具有复杂性，首先是城市土地产品具有多样性特征，在土地向上或向下的空间都能创造高附加值的产品，这些产品可以以住宅的形式出现，也可以以商业、工业、艺术、文化、休闲、医疗、教育、娱乐、交通用地等形式出现，并且可以通过持续的投入获取更多、更持久的地租收益。其次，城市土地产品具有集聚效应，一个产品的诞生就意味着有众多的延伸产品集聚。比如在土地上开发一个商场，这个商场便是土地产品，当土地产品诞生后，就会集聚众多商业品牌入驻，而餐饮、金融、娱乐等也会围绕商业再次集聚，从而形成一种聚变效应，创造更多的价值，这些价值或以经营收入转化为地租收益，或以流量或溢价收入转化为地租收益。总之，城市级差地租的形成与收益相对农业地租来说更具复杂性，对社会、经济、制度的影响更为深刻。城市土地空间利用的主要优势是提高土地产品的数量与规模，以及集聚效应产生的溢出价值。

有学者把城市土地空间利用称为级差地租Ⅲ，这是对传统级差地租Ⅱ的一种延伸构想，但是其本质还是没有突破马克思土地级差Ⅱ的认知框架。马克思认为，“凡是存在地租的地方，都有级差地租，而且这种级差地租都遵循着和农业级差地租相同的规律”。确实如此，城市级差地租与农业级差地租的形成逻辑是极为相似的，其本质还是由区域环境及投入要素所决定。区域环境决定城市级差地租Ⅰ，对土地投入的资本、制度、技术、人才等要素所产生的地租称为级差地租Ⅱ。当前对于城市级差地租的研究普遍聚焦在土地位置差异所产生的级差地租Ⅰ和持续投资产生的级差地租Ⅱ上，而这些研究存在一定的误区。

首先是对地理认知的狭隘性。认为城市级差地租只是城市内部所产生的差异，而忽略了城市与城市之间存在的地区性差异，这种差异是由区域要素禀赋所决定的，不具备完全的复制性。比如浙江杭州市与安徽合肥市，两个城市所在的区域环境与城市要素禀赋都存在较大的差异，杭州地处中小企业高度集中的沿海城市群，而合肥地处长三角城市群边缘地带，那么如果合肥选择杭州的发展模式，是否会成功？显然是不可能的。杭州发展模式是整合浙江区域中小企业资源，发挥贸易经济优势，为互联网发展创造内生性动力。另外杭州率先采用以城市基础设施为导向的城市空间发展模式“XOD”（X-Oriented Development），通过对各种公共品的投入创造级差地租Ⅱ，为城市扩张与高速增长提供了动力。而合肥选择的发展路径则与杭州有着明显的差异，比如把有限的财政投入到产业孵化领域，秉着“引进一家带动一批”的创业理念成就了工业之城的地位。在产业初步形成集聚后，合肥再采用“XOD”的发展模式，并重点强化了以交通设施为导向的“TOD”（Transit-Oriented Development）发展模式，为产业集聚创造条件。虽然说两个城市都是在土地级差地租下发展起来的，但其侧重点不一样，这就是对区域差异的认知及对自身要素禀赋的认同。

其次是对城市级差地租形成条件的认知不够。城市级差地租不仅仅是由区位环境或持续性投资所决定的，还受政治、文化、制度等因素影响。我们可以把城市级差地租形成的条件分为外在因素与内在因素两个维度。（如图10-1）外在因素是资本性投入，如交通、

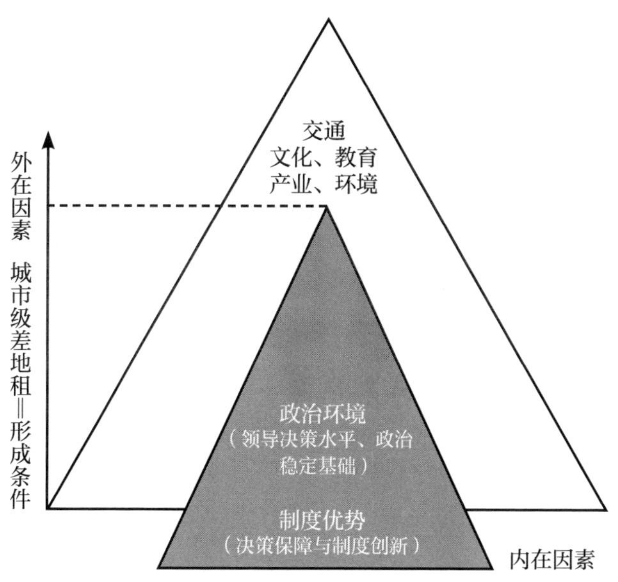

图10-1　城市级差地租形成的内因与外因

文化、产业、教育、环境等公共品投入，内在因素是政治环境和制度优势，这在级差地租中算是一种隐性投入，但往往会起到决定性作用。

从地理区位角度来看，无论是级差地租Ⅰ还是级差地租Ⅱ，区位优势依然是决定级差地租收益的关键因素。比如，东部地区城市级差地租普遍高于中部城市级差地租，而中部区域城市级差地租又普遍高于西部区域城市。当然，城市级差地租也不完全由区域GDP的高低来决定，比如2021年东部城市杭州的GDP是1.81万亿元，中部城市武汉是1.77万亿元，西部城市成都是1.99万亿元，由于武汉在2020年受疫情影响，经济恢复需要时间，所以生产总值略低于杭州。从这个数据来看，经济总量并不能决定级差地租的高低，成都、武汉、杭州都属于二线省会城市，在近5年的经济平均规模上，杭州低于武汉和成都，但是杭州的城市级差地租却明显高于武汉和成都。这说明区位优势依然是决定级差地租的关键因素。但是，倘若在同一区域下，如长三角地区，城市与城市之间的竞争优势就会受持续投资带来的影响而发生改变，这种改变正是级差地租Ⅰ向级差地租Ⅱ的转变。前面说过，促进级差地租的扩大分为外在因素和内在因素，下文我们看看两大因素是怎么对级差地租产生影响的。

级差地租在城市发展中的边际效用

无论是农业生产用地还是城市开发用地，只要存在土地所有权和使用权分离，就必然存在地租。从20世纪90年代开始，城市地租得以全面释放，各种类型的地租层出不穷，有协议租赁形式的仓储用地，有工业发展的产业用地，也有房地产开发形式的挂牌出让用地，还有城市改造中以集体组织为主体的开发用地，等等。政府部门作为土地的产权方，有时扮演的角色是土地供应商，有时扮演的角色又是土地租赁方，从一级开发到二级开发，其根本目的就是为了更高的土地级差收益，或者说是为了让土地创造更高利润来满足城市运营的需要。学界把不同用途的土地所产生的地租收益称为"Ⅰ、Ⅱ、Ⅲ、Ⅳ……"，其实这种细分并没有必要，因为总结起来还是马克思级差地租Ⅰ和Ⅱ，而城市地租的表现形式也主要来自房地产开发、城市改造、公共配套、产业用地四大类。下文对房地产开发、城市改造、公共配套及产业用地四类级差地租的产生与形成过程进行分析。

房地产开发与级差地租关系

政府作为城市土地产权方，通过对农地、集体用地或老旧社区及民房的征收，然后经过规划及相关配套设施建设后，再通过市场招拍挂转让给开发商用于商品房开发。政府转让的是土地开发权，所以从某种意义上来说是一种租赁形式。政府按规定标准把土地租赁给开发商，开发商利用土地立体空间和容积率指标来建造商品房，然后进行单元化分割卖给不同消费者，从而出现了较为复杂的地租关系，也可以理解为叠加式地租关系。

1.叠加式地租收益

叠加式地租收益主要是指在同一土地上，多层次、多维度获得不同形式的地租收益。地租收益的形式有很多，但从大维度来看主要由以下部分构成。

首先，直接地租收益。政府通过对征收的土地进行“七通一平”[1]或教育、生态等相关投入，然后通过招拍挂形式以最高价格出让有期限的土地使用权。出让收入减去征收价格和投入成本的剩余就是级差地租收益。由于土地使用权供给具有垄断特征，所以在竞价转让过程中可以获得超额利润。当然，这种超额利润有时候未必是由土地供给垄断导致的，而是由社会资源再分配或有偿分配诱致的刚性需求。比如为出让土地配置优质学区及医疗、文化、交通等资源，这些资源可以理解为社会资源再分配，也可以理解为通过土地使用权溢价进行有偿分配。所以，资源配置越充足的土地，其创造的级差地租越高。

其次，追加投入获得级差地租Ⅱ。开发商从政府手上获得土地开发权（租赁）后，对同一块土地继续追加投入，使其具备商品房的使用条件，再把产权分割转让给购房者。这一过程，追加的投入越大理论上创造的级差地租收益就越大。但在实际中，由于商品房具有投资属性而被资本追捧，所以在集团化资本与社会资本共同作用下，商品房价值偏离了投入与产出的逻辑，级差地租的高低有时不再由投入来决定，而是由趋利化的宏观环境来决定。在此背景下，开发商只要以合理的价格拿到地就可以赚到钱，与追加投入的规模大小并没有直接的关系。

当然，地租收益的层层加码最终由刚性需求来买单。为什么说

1 “七通一平”是指基本建设中前期工作的道路通、给水通、电通、排水通、热力通、电信通、燃气通及土地平整等的基础建设。

是刚性需求呢？因为刚性需求用户对住房没有更多的选择，他们一生或许只能买得起一套房子，通过购房来实现在一座城市生存的基本权益是他们最为核心的动机。所以政府与开发商的超额利润部分往往是由社会底层具有刚性需求的人们贡献的。那么有人会提出疑问，难道投资性购房者不是级差地租超额利润的贡献者吗？投资性购房是级差地租超额利润的贡献者，但他们也是受益者。把收益部分与贡献部分相抵消，其贡献的意义就不大了。

投资性购房因为资本的介入，或自身的实力，往往是通过高价买入再以更高价卖出，以此赚取中间差价，这自然能促进级差地租的超额利润，但为此接盘的还是千千万万的刚性需求者，所以说刚性需求是贡献最大的。而在刚性需求者的认知中，自己所购买的并非只是住宅，而是“平等、权益、希望”。所以“平等、权益、希望”变成了级差地租超额利润的新要素。

再则，消费者拿到房屋产权证后对土地产品（商品房）进行转让，获得的价值剩余就是级差地租收益。当然消费者的级差地租收益并不是通过对土地商品持续投入获得的，而是通过政府对同一片区域的持续投入，使其产品升值而获得利润。当然还有就是在资本与利益集团操纵下提高了整体价格而带来的价值溢出。

所以，房地产形成的地租其实是由三个层次叠加构成的。政府在这一过程中的利益主要是通过三个环节获得的。第一，政府永远扮演拥有土地所有权的角色，无论多少次交易，土地产权永远归国家所有，这就意味着土地级差地租具有永续性。第二，政府地租收益并非一次性交易，而是重复交易。第一次，政府通过土地使用权出让获得地租收益；第二次，政府将开发商分割销售所产生的税收转化为地租收益；此后第三或第四次等，只要每交易一次，政府就可以获得税收形式的收益，这在某种意义上也是地租的表现。第三，从土地到商品房这一过程中所产生的一切交易活动都将产生税收，这也是政府土地级差地租收益的表现。整个过程运行似乎是一个闭环式的发展模式，这一形式在中国城市化发展过程中发挥了积极的作用，几乎每座城市都是按照这一逻辑进行改造扩张的。但是，这种以土地级差地租模式带动的城市化发展是否能持续，关键取决于政府对地租的结构性平衡，过于依赖商品房所创造的级差地租必然难以维持。最简单的原因就是羊毛总会被薅完，当薅羊毛的速度超过了养羊的规模或羊毛成长的速度，就会导致供需失衡。比如，当土地产品（商品房）价格过高的时候，就会出现流动性危机，如果通过货币供给来解决流动性危机就会引发通胀。虽然通胀能稀释过高的房价，但也推高了其他商品的价格，使市场商品价格远远高于居民的消费水平，进而增加发生滞胀的风险。

2.房价高低怎样衡量

房价高低问题一直是争论的焦点，有学者认为当前一些城市存在严重的泡沫，也有学者认为只要市场得以循环就不存在泡沫。这种争论持续了近20年时间，几乎没有结论。那么究竟如何评估一个城市房价的高低呢？我们撇开理论学说或周期效应等观点，直接对比一下发达国家房价，或按国际惯例测算一下房价弹性会更为具体。根据国际惯例，测算房价弹性关键看收入比。所谓收入比，是指家庭购房总价与家庭年收入的比值，一般发达国家房价是家庭年收入的3—4倍，即一个中等收入家庭用3到4年的全部收入可以购买一套标准的住房。在1998年国务院有关房改的文件中也明确提出，房价收入比超过4倍的，应当获得住房补贴。这说明我国曾经也是认可这一标准的。如果按此推算，一个中等收入家庭一年30万元收入，那么房价应该在120万元以内。如果按世界房价较高的日本8倍收入比计算，那房价也只能在240万元内。但在现实中，多数城市的房价与家庭收入比已经达到十余倍，甚至数十倍。以杭州为例，2022年人均可支配收入70 281元，一个家庭算三个人赚取工资，其家庭年收入也只是21万元左右，即便减去最低收入人群，取中间值，那家庭收入也不会超过30万元。根据2022年杭州二手房数据显示，住房价格每平方米大约为3.7万元，主城区二手房价格普遍在每平方米5万—10万元之间，也就是说杭州城区一套120平方米的房子价格一般在600万—1200万元之间。杭州主力家庭收入一般在20万—40万元间，也就意味着杭州房价是主力家庭收入的30倍左右，即一个家庭要用30年的全部收入来支付购房款。这种消费失衡将带来新的“流动性陷阱”，还可能引发实体经济与消费市场的萧条。

3.新型雇佣关系

如上所述，地租能不能维持我们并不知道，但有一点是可以肯定的，要维持这种现状就必须提高家庭收入。但是，依靠工资性收入来缩小收入比显然是不可能的，最后只有一种可能，那就是构成新型“雇佣”关系。什么是新型“雇佣”关系？大致可以理解为：由于生存的必要条件受到限制，中低收入人群无法深度融入城市；由于购房与落户形成一种显性关联，中低收入人群失去了受教育及享有其他相关社会福利的机会。但是，城市运营又离不开低收入人群的服务，这样便形成一种新型的“雇佣”关系，这种关系与归属感或认同感无关，只是由货币来维系且相对自由的社会关系。富人花更高的价格请“穷人”来为其服务，“穷人”拿了报酬后再回原籍地或其他地区消费。这种现象看似符合逻辑，但实际上已经割裂了城市的生态体系。富人的消费关注点主要在大宗商品层面或高消费领域，所以富人消费方式的不同会导致城市商贸业的结构性失衡，当过于高端或过于低端的供给都难以满足城市现实需要时，说明城市的中产阶级已不足以支撑消费市场的繁荣，就有可能引发市场萧条。当然，这一过程是不断叠加的周期效应，可能在第一个或第二个周期并不完全显现。但是如果得不到有效改善，越往后面就越容易暴露其弊端。从另一个维度来看，这其实也是城市衰退的反映，是土地边际效用递减的结果。

城市改造与级差地租关系

“城市改造”也被称为“城市更新”，过去特指对老旧社区的公共环境进行改造升级。后来由于城市级差地租Ⅱ的产生，城市改造出现了广义上的“更新”“替换”等概念。城市改造的投入包括利用财税资金、社会资金、个体资金和集体资金，通过制度保障实现推倒重来或修复再利用的目的。无论是老城还是新城，在同一块土地上通过持续投资使其不断升值，最终创造了更大的级差地租。

随着城市进化进程不断推进，城市改造创造了巨大的级差地租收益，这种收益在形式上是一种全民化红利，但在利益分配与效用价值上依然存在一些问题。我们在关注城市地租收益的时候，往往忽略了成本对红利的影响。比如，为了修建一条宽敞的道路，老百姓要把自家的房子拆掉一部分。由此带来的好处是出行便利，并增加了住房价值；但是，也因为周边房价上涨，导致原住房增值率赶不上新建住房的增值率，出现“虚假增值”的现象，即卖掉原住房去购买新住房就会出现差价，这个差价就是亏损。同时，土地级差地租带来的非均衡性富裕，会引致物价上涨，由此带来的成本如果与原住户既得利益相抵扣，就会进一步减少改造带来的效用价值。从城市改造主体来看，城市级差地租的利益分配者，除了开发商，其余主要由政府、居民、集体构成。开发商作为土地产品的生产方，其本质就是利益的创造者和既得者，所以不列入利益分配的行业。以下我们对另外三大主体与级差地租的关系进行分析。

1.政府部门的级差地租收益

政府部门的级差地租收益包括财税收益和政治机会收益。这两种收益互为关联，相互促进。所以政府在城市改造中就会表现出超越其他发展模式的激情与动力。在城市改造中，政府通过下属国资平台对所在片区的土地产品进行置换或改造，以此创造空间利用率或集聚条件来换取级差地租。其中包括理性投入与非理性投入两种。理性投入是指根据区域要素禀赋对土地产品进行更新或完善，使其满足现实发展需要，创造以共享为基础的持续红利。而非理性投入是指政府为了满足阶段性财税收入，不顾现实条件，不注重社会、经济的生态逻辑，对城市空间和土地产品进行强制性改造或重建。

由于政府对土地一级市场具有垄断供给条件，所以能形成经营垄断。这种垄断可以使级差生产力转化为级差超额利润，马克思把这种供给现象称为绝对地租。从效率角度来看，政府主导的城市改造因为公权介入而具有高效率的特点，尤其在土地征用和拆迁方面可以通过行政手段推动更新进度。同时，政府主导的城市更新从制度上会顾及更多社会分配问题，尽可能避免因私利带来的分配不公。当然这首先要建立在制度优势与规划能力基础上，不然也会带来诸多负面影响。在规划中必须考虑社会阶层的效用价值、利益主体的公平分配、城市生态体系与动态空间的合理构建等问题，否则就会走入极端化的逐利陷阱。一般来说，政府主导的城市改造所实现的级差地租主要体现在经济收益与政治收益两个层面。

其一，经济收益。政府通过对城市土地及土地产品的开发创造更高收益的产品，以此获得超额利润。比如政府投入资金对低密度的老旧小区进行征收拆迁，然后通过提高建筑密度、优化交通规划及相关配套创造溢出价值，当产出高于投入的时候便能获得级差地租。但是这一过程很容易陷入非理性增长陷阱，过度追求利润最大化就会变成“收割”型地租，没有可持续增长能力。一些政府平台公司通过土地一级开发与二级开发联动的方式来抬高地价，促涨房价，这种行为虽然可以获得巨大收益，但收割了弱势群体的利益，最终会遭到市场的反噬而难以持续。还有一些地方政府在产业凋敝的情况下将财政收入寄托在土地财政上，依托土地垄断优势和行政手段进行强制性征收，然后通过“饥饿供给”的方法推高土地出让价格来获取利益。开发商高价获得土地开发权后再次进行“饥饿供给”，层层加码导致土地产品偏离了实际消费水平。从收益角度来看，土地产品的每一次交易都会产生税收，所以政府是最大的获利者。但从长期来看，这种收益会导致流动性陷阱，影响消费结构和实体经济的投资活力。

其二，政治收益。目前政府组织制度将领导干部升迁考核与经济增长和可视化建设关联，这种关联无论是直接还是间接的，都会推动地方执政者在任职期内加大城市更新力度，以此来创造经济增长和可视化政绩。政府级差地租收益包括“经济收益”和“政治收益”。理论上来讲，政府经济收益也会转化为城市红利的一种，对城市的发展能起到促进作用。但政府级差地租中的“政治收益”是不能转化为城市发展红利的，所以这部分将成为城市改造的沉没成本。也就是说老百姓实际得到的城市化红利要剔除“政治收益”这部分，某种意义上来说这是一种折损。

2.居民的级差地租收益

在城市化发展中，居民或农民获得的级差地租收益主要由资产补偿收益和土地征用补偿收益构成。虽然国家对补偿标准出台了相关意见，但各地受经济、社会及财政状况影响，补偿标准有较大差异。经济越好的地区土地级差地租就越高，居民或农民的收益就越大。但这种分配更多是体现在双边分配模式上，即政府与土地或土地产品经营者之间的分配，而对于参与城市建设和发展的人来说是不公平的。比如城中村拆迁，政府对级差地租的分配就是双边分配模式，即拆迁户与政府之间的利益分配。那些租住在城中村里的外来人口一夜之间便失去了住所，他们要以数倍的代价承受拆迁带来的居住成本的上涨。从分配角度看，外来人口为城市建设贡献了自己的力量，他们也是城市利益相关者，但是他们享受不到级差地租带来的红利，这本质上是一种分配歧视。所以，城市级差地租必须从双边分配模式向多边分配模式转变，在分配过程中要预留一定的比例用于廉租房、公租房建设，降低外来人口的居住成本。

城市级差地租分配问题一直是学界争论的焦点，居民或农民分少了会被认为是一种剥夺，要是分多了又会被认为是纵容“食利阶层”，所以就存在两种不同的声音。其实，分多分少不能凭直觉来判断，而是要在法律基础上进行科学设计。应针对居民或农民的赔偿建立一个合理的分配机制，把各种要素都考虑进去。比如政府要征用A地块：首先，要对A地块的土地市场价格进行评估，把土地价值透明化，以此来制定补偿标准；其次，要对A地块上的土地产品（建筑物或经营业态）进行评估，根据产品价值或经营损失确定赔偿或补偿标准；然后，对A地块的利益相关者（非户籍人口）进行分析，确定集聚还是疏解，以此来制定配套性投入的比例；最后，对A地块的综合环境进行分析，如交通、医疗、教育、文化生态、产业等与所在区域之间的供需弹性是否能满足持续发展的条件，以此作为依据进行规划。那么，这就得出了一个分配的模型。（如图10–2）居民或农民的收益分为两部分：一是获得市场价格的赔偿或补偿；二是级差地租（增值收入）减去保障性支出、发展性支出和利益相关者支出等的剩余。

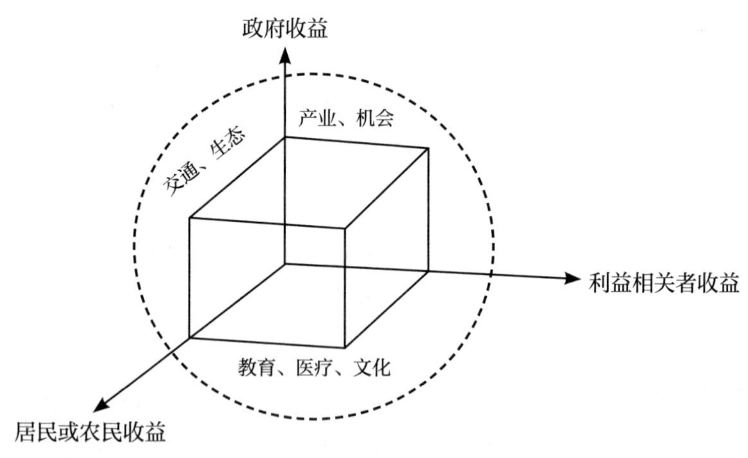

图 10–2　城市土地级差地租的分配模型

当然，这一分配方法的前提是政府必须把土地增值部分纳入监管体系，并严格控制土地增值收入的使用标准，保证增值收入向城市公共产品领域流动。根据区域发展现状明确保障性支出与发展性支出的比例，让居民或农民及城市利益相关者能享受到二次分配、三次分配。

3.集体组织的级差地租收益

集体组织是城市化进程中不可忽略的利益主体，也是维系政府与个人利益的纽带，有些分不清理不顺的利益分配往往通过集体组织来履行，这样既实现了政府对城市进行改造的目的，又避免了居民或农民的利益损失。当然，居民或农民能否真正意义上享受到集体组织带来的平均或平等分配，还要看制度条件，各地区或各组织有着较大差异，各有利弊。村集体是政府之外唯一拥有土地所有权的组织，于是根据马克思地租理论，村集体在城市改造过程中享有区域内的绝对地租和级差地租I的补偿收益。一些城市为了推进城市化发展速度，以及保障“后城市化”时代村民自我“造血”的能力，专门给拆迁或征用区域保留一定比例的开发用地，即“留用地”[1]项目。村集体以全民股权性质通过公司化运营对土地进行投资开发，从而形成级差地租Ⅱ。也就是说，集体组织在地租收益中享有两次分配权：第一次是在土地或土地产品被征用后享受级差地租I的补偿；第二次是通过对“留用地”项目的投资开发获得级差地租Ⅱ的收益。

1 “留用地”是政府在征用集体所有土地时，按照征地面积的一定比例核定用地指标，让被征地集体经济组织用于组织发展第二、三产业，壮大集体经济、安置失地农民，其实质是一种有效安置方法。

当然，这两次收益都是在政府获得级差地租后的剩余。即便如此，也是非常幸运了，因为一些城市的集体组织往往被地方政府代言，其组织利益也随之丧失。比如在一些欠发达地区，集体土地被征用后虽然获得一定的补偿，但是补偿收入并非由村民代表支配，而是根据地方政府意愿投入到其他领域，村民实际上并未享受到直接的利益分配。

要分析集体组织与地租的关系，就必须厘清“集体组织”和“集体土地资产权”两个概念。

首先，什么是集体组织？集体组织从生产属性角度来讲是指集体经济组织，是生产资料（土地或土地产品）归一部分人共同所有的一种公有制经济组织。从治理结构上看是合作经济，包括劳动联合和资本联合。在城市化发展中，集体组织拥有集体经营性建设用地的所有权，并代表集体组织成员与利益相关者进行交易，参与级差地租收益分配。作为组织成员的利益代表，集体组织的运营制度与管理能力往往比社会企业要求更高：一方面要有符合市场规律，但又公平、公正的分配模式；另一方面要有较强的经济管理水平，以及为组织代表争取利益的能力和决心。

其次，什么是集体土地资产权？集体土地资产权一般是指集体组织以土地使用权作为资产进行转让或者投资。资产转让一般是获取级差地租Ⅰ的收益，而以资产作为投资相对应的是级差地租Ⅱ的收益。比如上海、广州、杭州、重庆等地，村集体通过集体资产“留用地”项目进行投资开发，使土地资源向土地产品资源转化，从而获得更大的利润收益。例如集体土地开发的商贸城、写字楼、产业园区等，租金收益除去成本后，全归集体居民或农民分配。这些城市通过制度创新提高了集体组织的运营效率，如集体组织因为后期投入资金不足，可以选择与社会企业合作，政府专门出台政策保障参与合作企业的合法利益。

中国集体土地所有制经历了从私有制、合作社、家庭联产承包责任制到集中化经营四个阶段。1949年到1952年，为了提高农业生产效率，把土地所有权和使用权合二为一，这样解决了旧社会土地使用权和土地所有权分立带来的剥削问题。1953年到1977年，由于历史发展背景不同，又将土地所有权和使用权分离，即土地所有权属于集体，使用权属于个人，这主要是为了满足计划经济时期资源集中配置的需要，限制农村劳动力及生产要素的流动。1978年到2006年在市场经济效率的触动下又对集体土地所有制进行三权分离，即所有权、使用权、承包经营权分离，创造实施家庭联产承包责任制的条件。2007年以来，在高速发展的城市化背景下，国家鼓励对集体土地进行四权分离，在前面三权的基础上增加了土地集中化经营与土地使用权入股的模式，土地使用权以资本化特征创造了级差地租Ⅱ。集体组织随着土地制度的变革也发生变化，从集体所有制向居民股份制转变，根据人口数量与个人投入规模对集体资产进行股权化分配，集体企业股份制改革打破了过去平均分配且平均权利的传统模式，使用投入要素与股权挂钩的方式，并且通过股权与经营权分离的模式来提高公司运营效率。当然，其中也存在问题，过去居民或农民作为集体组织成员享受利益分配，现在居民或农民作为股东享受利益分配，但是公司化运营会增加风险系数，居民或农民作为小股东又无法参与公司决策，就会导致公司运营缺乏有效监督，股东就如上市企业的股民一样失去实际参与权，丧失主体地位。所以，无论是采取集体合作社模式还是股份制模式，必须明确居民或农民的主体地位，完善监管与收益分配制度，这样才能保证土地增值收益的合理分配。

产业发展与级差地租关系

城市地租收益表现为多维度、多阶段的特点。从地租获取方式来看，政府出让土地经营权为原始地租；投资主体经营土地获得级差地租；经营主体通过土地产品转化为生产利润，获得级差地租Ⅱ或级差地租Ⅲ等。从发展阶段来看，地租收益的高低与土地使用类别有密切关系：有些土地产品在第一阶段表现为高地租，但随着时间的推进，地租收益逐渐减少；而有些土地在第一阶段地租收益较低，但随着时间推进，地租收益会不断提高，并且形成不同的地租模式，实现乘数效应。（如图 10–3）

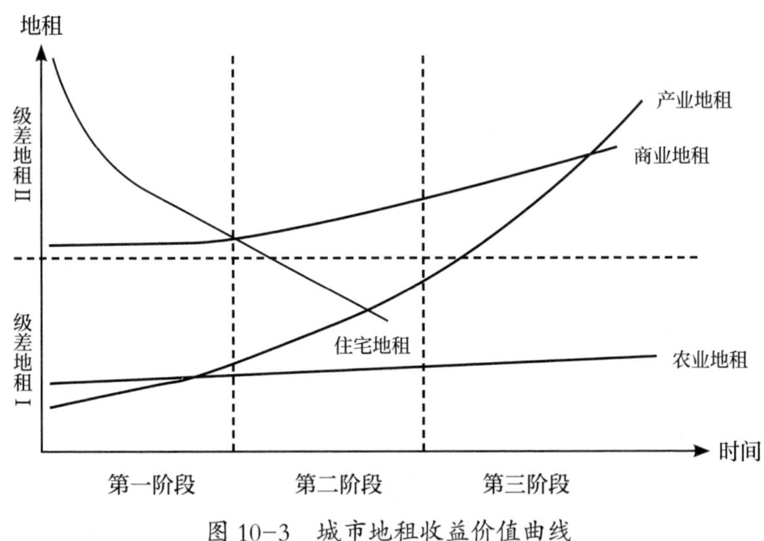

图 10–3　城市地租收益价值曲线

以住宅地租为例，政府通过土地招拍挂获得级差地租Ⅱ，实现一次性利益最大化，此后随着房产交付就会减少收益，但政府在配套和治理成本上还要不断投入，所以地租呈现边际效用递减的趋势；商业地租在第一阶段收益相对住宅地租来说会更少，但可以通过物业（土地产品）经营获得间接地租收益，比如经营者的税收等；产业地租在第一阶段收益较低，但通过产业培育，到了第二阶段就会逐步提升，政府通过税收与产业集群获得增值收入，并且能实现可持续发展；农业地租收益最低，这与城市的定位及土地规模有直接关系，所以一般来说城市农业地租收益更多是体现在社会价值上，对经济的贡献相对其他地租来说并不大。下文着重分析产业地租对城市的影响与贡献。

1.产业地租绩效分析

产业地租主要由土地出让金收入、土地交易税费收入、产业转化后产品交易税收等构成。当然，学界更多认为地租收入只体现在土地出让金收入方面，这种观点基于土地私有化的理论，也即资本主义级差地租理论。中国土地所有权、税收都归国家所有，换言之，政府拥有绝对地租收益，因而广义上税收收入也是地租收益的组成部分。那么，在评估产业地租绩效的时候就不能仅仅从土地出让金收入的角度来定义，而是要分析产业亩产税收及产值关系。也就是说：

产业地租＝土地出让金收入＋亩产税收收入＋产值规模系数

中国工业发展经历了三个阶段，20世纪80年代到90年代为初始阶段，21世纪的前10年为发展阶段，此后是高质量转型阶段。在21世纪前，中国工业刚刚起步，以规模化生产为主，所以呈现出无序化发展状态，导致出现大而不强的情况。政府在地租收益上多数体现为级差地租I，税收方面更是达不到预期。所以欠发达地区弱化了产业用地的作用，《中国城市建设统计年鉴》中的相关数据统计显示：工业用地占比高于30%的城市多集中于中国东部地区，以工业型城市为主，规模多为超大及特大城市；而工业用地占比低于15%的城市多集中在中国西部地区。东部地区在人才、港口、资本及外贸等作用的影响下，产业不断转型升级，地租收益和税收收益也呈逐年上升趋势。下面对长三角地区的产业绩效进行分析。

2020年长三角万亿级GDP城市有上海、苏州、杭州、南京、无锡、宁波、南通、合肥8城，选择其中的上海、苏州、杭州、南京、无锡、宁波6城进行对比分析。（如图10–4）从工业总产值来看上海位居第一，达到37 052亿元，单位工业总产值高达76.24亿元/平方公里，但上海工业增加值占GDP比重只有24.95%，这说明上海产业正向第三产业转移，工业产业地租向服务业地租转变，工业产业继续向周边区域转移。苏州工业总产值仅次于上海，达35 342亿元，苏州继续承接上海的产业转移，工业增加值占GDP的比重为42.2%，为长三角重点城市最高。另外苏州产业用地亩均税收在长三角重点城市中也是名列前茅，其中苏州工业园区A类企业亩均税收已经超过100万元。宁波在工业总产值上与苏州相差较大，只有18 152亿元，单位工业总产值为37亿元/平方公里，工业增加值占GDP的比重为40.66%。通过对比可见，宁波工业还在转型升级中，与苏州相比还有较大距离。另外三个城市工业总产值相差不大，单位工业总

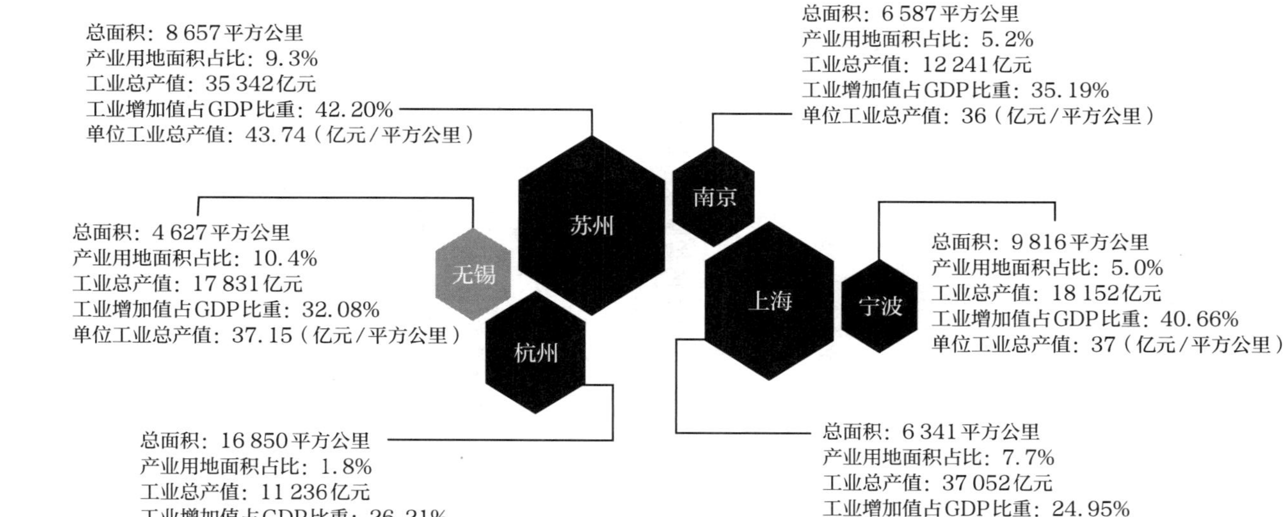

图 10-4　2020 年长三角重点城市产业用地绩效对比

产值也比较接近，在下一轮产业转型发展中资源竞争会比较激烈。新晋万亿级城市合肥的实力不能小觑，其产业定位比较明晰，尤其在芯片、显示屏、新能源等领域已经形成绝对的竞争力。

产业地租不仅体现在第二产业，也体现在第三产业，发展总部经济的地租收益比工业用地更高，上海正在从第二产业地租收益向第三产业地租收益转型，大力推进总部经济建设。当然，第三产业地租的形成并非一蹴而就，没有第二产业做支撑，第三产业就没有持续发展的动力，这一点无论是美国还是中国都一样。

以上绩效主要以发达城市作为样板，从全国的产业绩效来看，依然处于低位状态，与发达国家相比更是相去甚远。最为棘手的有两点。

一是存量产业用地亟须优化，提升产业用地边际效用价值是欠发达地区发展的重中之重。这里指的边际效用价值不是通过更改用地性质向房地产发展，而是加大产业升级：一方面通过“腾笼换鸟”替换高能耗、低效率的工业生产；另一方面通过区域产业园区整合，实现产业集群和土地集约化利用。根据数据统计，1990—2018年，中国建设用地规模由11 608平方千米增至55 156平方千米，增幅达到375%。在这之中，工业用地扮演着重要角色，其占国有建设用地比重长期保持在20%以上，东莞、深圳、唐山等工业重镇甚至突破30%。相应的工业用地配置规模也一直处于高位，2007—2018年的全国配置规模超过15 000平方千米，占国有建设用地配置总量的25%以上。[1]数据表明，中国产业用地存在严重的结构性失衡问题，

1 杨继东、杨其静：《保增长压力、刺激计划与工业用地出让》，《经济研究》，2016年第1期。

即发达地区紧缺，欠发达地区过剩。要解决这一问题，一方面需要欠发达地区自我提升，另一方面需要发达地区通过“飞地”形式进行跨区域合作，通过异地园区建设实现共赢的局面。

二是应降低发达地区产业地租，提升产业用地规模。土地问题是制约我国产业园区发展的主要瓶颈。土地政策是园区最希望得到的优惠政策，这一需求在沿海经济发达地区表现得尤为突出。调查表明，土地成本上升导致产业园区建设成本过大，经营成本增高。所以，这就要求政府正确理解级差地租，需要把产业可持续税收收益和社会效益一并计入级差地租收益，否则与房地产相比，产业地租收益无法给地方政府带来积极性。

2.从产业地租向产业税收转变

从广义上来理解，产业地租是利用土地资源发展第一、二、三产业，以此来实现地租收益，不同产业因为投资规模与投资技术的不同，会转化为级差地租Ⅰ或地租Ⅱ。以下对产业地租的论述主要针对第二产业和第三产业。一般来说，土地财政收入分为非税收入、税收收入和其他收入，学界一般把非税收入纳入地租收入，而税收收入和其他收入不计算进地租收入，这是狭义的级差地租理论。在科技与产业的变革中，随着经济增长模式的改变，级差地租收益也需要做出战略性调整，否则容易掉入显性地租陷阱，过度收割在第一阶段容易获得的级差地租或绝对地租，这样随着土地边际效用递减就会失去持续增长的能力。土地财政收入主要体现在土地使用权转让收入、土地交易税收收入、行政收费收入和土地产品溢出价值收入等方面，但是级差地租与土地财政存在一定的差异，级差地租包含土地财政收入部分，而土地财政收入不包括级差地租的全部。广义的城市级差地租一般包括非税收入、税收收入、产业收入三部分。（如表10–1）非税收入包括土地出让金收入、租金及相关收费，税收收入包含土地交易及土地产品交易各环节税收，产业收入是土地产品及产业形式创造的各种经营税收。

表 10–1　城市级差地租收入结构

<table>
<tr><td rowspan="2">1</td><td rowspan="2">非税收入
（级差地租）</td><td>土地使用权收益</td><td rowspan="2">土地出让金收入、土地租金及其他</td></tr>
<tr><td>土地相关收费</td></tr>
<tr><td>2</td><td>税收收入</td><td>土地税收
（地方部分）</td><td>流转环节征收、取得环节征收、持有环节征收、转让及各种交易征收</td></tr>
<tr><td rowspan="2">3</td><td rowspan="2">产业收入</td><td>第二产业</td><td rowspan="2">企业亩均税收、集聚消费环节税收、产品交易税收等各种溢出价值收益</td></tr>
<tr><td>第三产业</td></tr>
</table>

可以说，城市的各种经济活动最终都能转化为级差地租的形式。不同历史阶段存在不同形式的级差地租。农业时代，通过土地要素条件和生产投入进行转化实现级差地租；工业时代，通过土地使用权转让和企业生产要素投入实现闭环式地租收益；信息化时代，通过土地集约化利用与信息化效率实现最大化级差地租收益。土地作为生产要素之一，其价值或权重关系因产业形态而不同。比如信息产业、现代服务业或高端制造业，土地的权重虽然没有传统劳动密集型产业高，但这并不代表就难以形成级差地租Ⅱ，地租收益的高低取决于土地产品收益高低和土地稀缺性。

总而言之，现代地租收益的高低是由土地资源在各产业中的时空配置及生产效率形成的，高效的资源配置与高效的生产水平决定了企业的盈利能力，企业盈利能力越高，对地租的反馈就越大、越稳定。农业社会生产效率低，所以反馈的地租收益就不稳定，农业社会的冲突多数是由低效率生产与高地租之间不可调和的矛盾所导致的。在工业化和信息化时代，因为生产效率的提高和社会化分工的出现，避免了农业社会线性生产逻辑带来的直接冲突。但是房地产所带来的超级地租，引致了城市土地利用结构失衡等现象。

房地产由于具有居住和金融的双重属性，所以备受资本市场和个人的青睐。不断高涨的房价与快速周转的资本为超级地租创造了巨大动力，在此背景下，城市用地结构就会向房地产倾斜，而产业用地在供给不足的情况下也会水涨船高。制造业一方面因用地成本上升而利润减少，另一方面因房价上涨承担了员工住房带来的转移成本。所以在成本“双涨”的情况下，制造业就会向低成本区域流动。产业流出或衰退给城市持续增长带来被动性。因为房地产最终需要人口规模支撑，而人口规模需要产业规模支撑，产业规模需要合理的成本支撑。所以，城市土地利用结构是城市内部各种产业相互作用的投射，城市用地比例和空间规划是土地资源配置的结果。

在全球大变局环境下，国际贸易、产业革命、增长动力等发生了重大变化，地方政府需要尽快摆脱对超级地租的依赖，从过去向土地要钱转变为向产业要钱。因为在税率不提高的情况下，缴税越多说明产业利润就越高，产值就越大。所以，当下需要从产业地租收益模式向产业税收模式转变。

苏州市在产业用地政策上一直走在全国前列。

首先是产业用地与住宅用地的科学配比，既保证了产业发展的用地需求，又确保了刚性住宅需求的供给规模。尤其在住宅房价的控制上，苏州在发达城市中具有示范作用。苏州对住房价格的控制目标是：新建住房成交平均价格同比增幅必须低于全市地区生产总值和市区居民人均可支配收入增幅。众所周知，房产的销售价格决定了土地的供给价格，控制房价就相当于遏制土地供给价格，这从某种程度上讲也是摆脱级差地租依赖的发展理念。苏州周边的发达城市，在经济规模和人均可支配性收入上都不及苏州，但房价却是苏州的一倍之多，土地出让金收入占财政收入比例达80%以上。

其次是弱化产业地租收益，强化产业税收收益。苏州工业园区首创分段弹性年期（10+N）挂牌出让模式。在产业用地出让时，与企业签订《土地出让合同》和《产业发展协议》。根据《土地出让合同》的规定，政府前期出让10年的土地使用权，10年出让期满，受让人须按《产业发展协议》履约考核，经政府监管方考核通过的，可以继续获得N年期土地使用权。考核内容包括投资强度、达产时间、亩均税收等。

传统的级差地租收益与产业地租收益相比更为直接，在第一阶段可能获利最大，但会影响资本非理性流动。在超级地租的影响下会出现从众行为效应，社会资本与家庭资本都会向房地产领域流动，导致投资和消费出现结构性失衡，从而影响实体经济发展，阻碍非房地产领域的消费，给经济的生态体系带来极大破坏。

产城融合地租与成本分析

近20年来，“产城融合”一直是个颇受争议的话题，虽然多数人支持产城融合，但实际在城市化发展中，产城融合一直是政策性产物，极少数城市能做到真正的产城融合。2015年后，产城融合的速度突然放缓，原因有两点：其一是城市地租在2015年后受房地产影响呈高速增长状态，越是城市中心区域，地租增长就越快，产业地租因为在初始阶段与房产地租相比落差较大，所以被基本忽略；

其二是长期以来中国一直处于产业链低端加工组装的生产阶段，高能耗生产方式给城市环境带来一定污染，所以产业与生活的混合发展容易降低地租收益。在这样的背景下，各地政府往往会选择产城分离的城市规划。实际上这是一个认知误区，因为这里面忽视了两个因素。

一是城市地租计算方式。地方政府更多会去关注最高地租而忽略最低地租。其实作为区域政府，应该站在城市平均地租的视角来考虑问题，中心城区的最高地租虽然能让地方政府实现快速套现，但两极分化的地租收益阻断了城市统筹发展，更抑制了产业区域的地租价值。如何提高产业区域地租价值是实现城市平均地租的重要手段。虽然中心城区地租的增长能拉升城市平均地租，但这种平均并非有效增长。如果继续纵容中心城区地租高速增长，只会加剧产城分离，增加城市运营成本。这从财政收支平衡角度来讲是一种悖论。

二是产业进化的能力。说到“产业”一词，多数人会认为是传统的污染企业，是生活环境的阴暗面。这既是知识的盲点，也是自卑的表现。中国从20世纪70年代开始全面发展工业，在早期粗放式的工业发展进程中确实给生活环境带来极大的影响。到21世纪之后，中国政府对环境治理高度重视，高污染产业通过迁移和设备升级已经得到妥善安排。特别是2015年之后，中国一方面提出供给侧结构性改革，对传统劳动密集型产业进行重构、升级；另一方面通过政策红利支持规上企业进行设备改造，降低了传统产业能耗，提高了先进生产能力。2018年后，中国要求生产企业全面向世界高端价值链攀升，东部沿海城市的制造业生产环节基本上与国际接轨。在此背景下，中国产城融合迎来最好的发展时机。毫无疑问，未来产城融合是一条不可逆的发展道路。

从城市地租角度来看，产城分离发展不仅不利于城市平均地租的增长，还会加剧治理难度，增加社会治理成本与公共投入。“城市孤岛”的存在不仅影响城市的集聚能力，还会破坏城市的生态体系。这一点在很多城市已经出现，比如虽然城市新建交通里程数越来越多，但城市拥堵与投送成本却越来越高。在新基建发展中，成本不仅来自地面，还有很大一部分来自地下，比如城市管廊的建设。另外从城市运营效率来看，由于通勤成本增加和公共资源不完善，所以产业空心化越来越严重，产业流入速度低于产业流出速度，产业集聚能力下降将会传导到人才集聚能力上，最终经过一个周期或两个周期后，也会给中心区域造成影响。根据对地理经济和产业经济的研究，产城融合不仅能提高城市平均地租收益，还能创造级差地租Ⅱ。我们可以对产城分离与产城融合进行对比分析，假

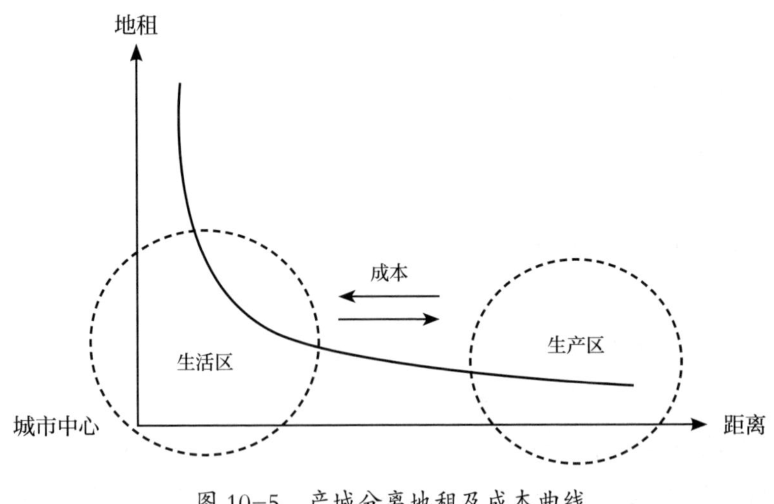

图 10-5　产城分离地租及成本曲线

设产城分离，就会存在两个明显的问题。（如图10–5）

首先，是地租收益问题。靠近城市中心生活区的地租收益最高，随着距离拉远，地租逐渐下降，邻近生产区的地租出现断崖式下降。这里面就会出现更为严重的问题，即生产区以低地租的标签成了城市价值的分界线，如果城市要扩张，如何绕开这个低地租区域（生产区）？答案是不可能的。既然不可能，那就必须进行融合，重新定义这个标签。当然，融合是一个复杂的问题，不是把生活区与生产区之间的衔接地带填满就叫融合，而是要站在生产区的内部来看问题。一方面要提高生产区的产业质量，通过技术改造坚决阻断污染企业的外溢风险，通过"腾笼换鸟"或"飞地"的形式疏解高能耗产业，创造良好的产业环境。德国的城镇化率已经达到96%，但与此同时，德国工业化水平也非常高。鲁尔区曾是世界上最重要的工业区，但是其发展却造成了环境污染、生态破坏，给人民的生活质量带来影响。面对这样的困境，为使鲁尔区的发展重新走向繁荣，德国政府开始对鲁尔工业区进行改造，如今该区已成为产城融合发展的典例。鲁尔工业区的具体操作是进行产业结构调整，实行科学的产业规划。对小型钢铁工厂进行兼并，对钢铁企业进行专业化分工。发展具有特色的机械设备工业、环保型工业。实际上，对生产区的改造，其核心是对经济结构的优化和对生活设施及配套的提升，要通过产业转型、升级来提升产业环保标准。另一方面要通过对生产区的重新规划来实现与之匹配的功能定位，通过由内而外的方式来打造生产区的功能配套，尤其要重视生产、生活、生态三者的关系，使其从内部产生自我认同感，来提高生产区的自信与价值。生产区自我认同感的直接表现是，让在生产区和生活区两地穿行的劳动者能就近落户。另外要注重传统城市中心区与产业融合区之间的代际关系，通过两端推进的方式进行融合。融合不仅仅体现在交通和服务领域，还体现在教育、文化、价值及公共品等领域，遵循共享、互补、平等原则。

其次，是接壤地区融合问题。前面分析了产业区由内向外实现自我融合、配置。现在来分析传统中心城区与产城融合区之间的接壤地区该如何打造的问题。分析这个问题之前，要先回答一个老问题：为什么产城融合能提升城市平均地租收益？原因有两点：一是过去高个子（中心城区）看不起矮个子（产业区），现在矮个子由于营养供给充足（内部产城融合）长高了，所以高个子对“矮个子”就不再歧视。二是高个子虽然不再歧视“矮个子”，但是由于高个子与“矮个子”的时空和文化价值的不同，两者之间存在代际差异，所以相互不来往，这样就出现了“城市副中心”的概念。打造城市副中心并非最佳方案，而是多数城市的无奈之举，城市要从“面—点”的副中心模式向多中心分布模式转变，就必须消除接壤地带的隔阂问题。所谓“面”主要是指中心城区的整体面，而所谓“点”主要是指生产区的点状存在，像是一个孤岛，两者之间通过一条狭长的线状道路来连接。规划专家出于自身专业的局限性，在接壤地区融合设计中往往采取架桥、修建快速路等方式来实现连接。（如图10–6）

无疑，这种规划模式是再次割裂了区域融合。无论是大通道连接还是产城面与点的连接都是对融合的破坏。面与点的连接虽然在交通上提高了两区的通勤效率，但对两区融合并没有产生实质性的促进作用。这相当于给传统中心城区砌了一个院子，院子的四周是传统中心城区的环城道路，环城道路的接壤处再与外部交通进行连接，形成中心城区的面与生产区的点相连接。这样给市民增加了一

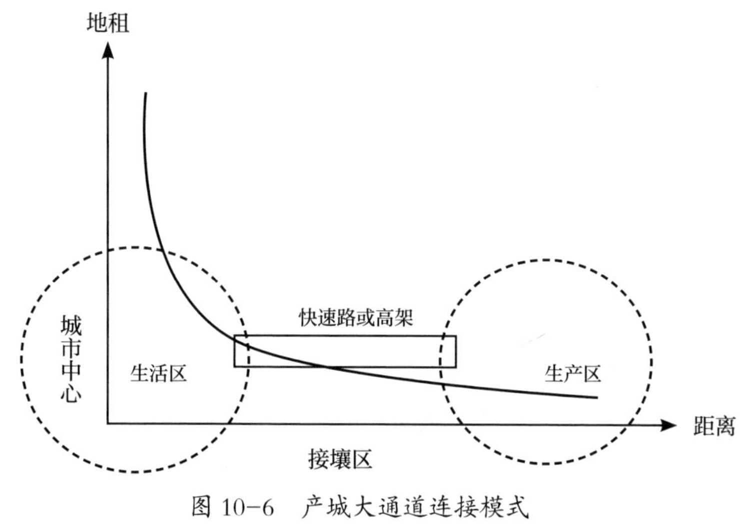

图 10-6　产城大通道连接模式

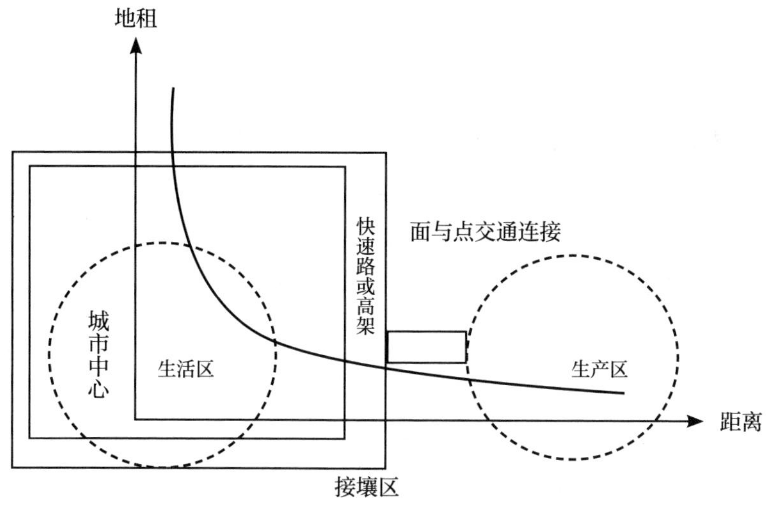

图 10-7　产城面与点连接模式

种心理暗示——路的外面就是别的地方。（如图10–7）

城市的融合更多是体现在心理因素与价值观念上，比如一条高架，从交通上无疑增加了通勤效率，是两片城区之间连接的纽带，但在心理上却造成了距离感。就比如一栋别墅，一楼和三楼之间平时通过木质楼梯上上下下觉得是一种愉悦体验，而自从装了电梯后，一楼和三楼就被人为区隔，在心理上就会产生空间的陌生化。所以，传统中心城区与生产区的接壤区域不能简单地被认为是一个通道。区域之间不应该只由通道连接，而应我中有你，你中有我，通过公共品共享、教育资源共享、文化共享、商业共享使其黏合融洽。因此，接壤地区内部交通组织与两个片区的内部交通要形成多维度连接，以密度为首选，要规避单线大交通的行为。城市交通组织在于维度上的科学性，而不在于一条单线交通的规模（长度或宽度）有多大，有时道路越宽给人的隔阂就越大，道路越长给人的距离感就越远。做好以上两点论证就能实现更好的产城融合，创造更高的地租收益。

从产城融合地租收益曲线来看（如图10–8），在产城分离的情况下，城市中心向外延伸的距离越远地租收益就越低，这就是产业的负面标签所导致的。如果是生产区内部的产城融合，就会改变产业标签的负面影响，为城市中心区向外延伸提供过渡条件，成为城市规模化的必要节点。正是因为这个节点，城市向外延伸才有支撑。

上海作为一座国际性大都市，就是通过不同节点上的产城融合来实现城市繁荣的。例如，从城市中心区到生产区的跨度长达数十公里，如果直接通过一条快速路来解决产城融合是不现实的，所以有两种解决办法。一种是在生产区内部构建产城融合区，并不断提

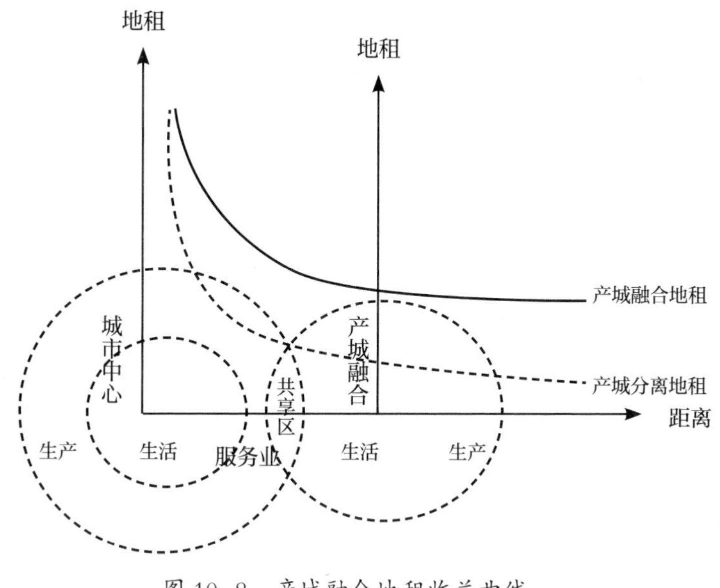

图 10-8　产城融合地租收益曲线

高配套条件与扩大区域规模，使其与城市中心的各种优势相接近，甚至在某些领域还优于城市中心，从而形成相互吸引，在两大片区向外溢出规模不断扩大的时候形成融合。但是，这种做法一般周期较长。因此，另一种方法更值得推广，就是在城市中心区与生产区之间多点部署融合区，通过不同的节点把城市中心区域与各生产区进行连接与融合。当然，这一过程很有可能出现重复建设现象，所以在规划过程中一定要利用地理条件发展共享区，以此节约成本，促进融合。

以上对产城融合的论述主要是基于既定现实的补救措施，或者说是修复性改造。而作为一个新城的规划，必须采取更高标准去论证，如何做到生产、生活、生态之间的协调发展最为关键，这部分内容在后续文章中会做详细剖析，在此只论证产城融合对城市平均地租的贡献及生成方法。

经济学家萨伊认为，资本创造利润、土地产生地租、劳动取得工资。从表面上看这似乎符合生产逻辑，表现出公平、高效的特征。但是当内部的关系发生错位，得出的结论就会有很大差异。比如土地成为资本逐利的产品，那么工资就未必需要劳动去获得了；又比如高地租产生不了高产量的时候，那只能说明有更多剩余价值被土地所有者占有。所以，当前必须重视产业凋敝与地租高涨之间的矛盾。地租与产业之间的关系是一个共生关系，这种关系需要政府有形之手去调节，因为当需求大于供给的时候，供给方是不会主动降低供给价格的，价格反而会在资本利益的推动下不断上升。同样，当投资低于产出并与土地产品相比呈现巨大利差的时候，产业就失去了升级与发展的积极性。尤其当地租给产业带来难以承受的负担时，私营业主就会不自觉地当起“小地主”，成为土地利益的分瓜者。马克思认为，在资本主义社会里，对剩余价值的不合理占有和分配反映了资本家对劳动者的剥削和阶级间的对立，是资本主义社会罪恶的表现之一。因此，级差地租作为剩余价值的一种具体形式，我们应该重视它在经济生态体系中的表现，比如效率、成本、弹性等问题直接关乎社会产业、经济的理性发展与高质量增长。

第十一章　城市级差地租的形成与革新

“土地权益”“土地经济”“可持续增长”这几个关键词一直是经济学家们讨论的焦点，我在《城市的兴衰——基于经济、社会、制度的逻辑》一书中也有较大篇幅讨论土地制度问题，主要是针对土地利益共享与土地利用坪效、规范等领域提出了自己的见解。所以，在本文中不再讨论土地制度问题，而主要分析马克思级差地租理论与城市土地利用的耦合关系，对冠以马克思级差地租理论的土地经济、土地财政提出建议，尤其对各城市普遍采用的XOD[1]增长模式进行具体分析，找出不足、补充建议。在土地经济发展的演变中，从野蛮到理性，从理性到规范，从规范到科学，那么这个“科学”究竟是什么？当前，人们最为推崇的莫过于以XOD模式为经营手段的城市运作体系。实践表明，在XOD模式下的各种基础设施建设，对城市集聚与经济增长起到了最为直接的作用。但是，该模式

1　XOD模式（X-Oriented Development）是以城市基础设施为导向的新型复合发展模式。其理念是推动交通、服务、文化、生态、产业等基础设施和用地的一体化发展，促进城市合理布局，提高整体效率。

还需要建立在人口规模增长与乡村向城市大规模流动的基础上，如果这两个条件发生改变，或发生倾斜，再加上外部经济下行趋势或产业革命等因素影响，传统的运营模式或许在一些城市就难以为继，或是产生边际效用递减。所以，我写这篇文章的目的是希望对级差地租与城市化发展之间的关系加以补充说明，通过对当前城市运营模式的分析，提出城市发展的有效供给，以及提出引力模型的建构路径。

XOD模式下城市经济理性或非理性增长

近年来XOD概念被广泛应用到城市化发展中，各地对XOD理念的应用似乎成为一种趋势。一些城市通过XOD概念的引入向外部表达一种理性、科学的城市发展观。从城市发展的现实情况来看，一些城市确实遵循了XOD“以人为本”“多规合一”的理念，在推进城市更新与经济增长。但也有一些城市是借XOD名义去粉饰土地经济的野蛮发展观。“土地经济”似乎被认为是一个敏感的词语，实际上大可不必如此，因为土地经济本身是一种以土地作为生产要素的投入产出关系，只要利用科学的规划，最终在剩余价值分配上合乎逻辑，便是一种积极的生产力表现。所以，无论是地租还是级差地租或是绝对地租，只要能遵循客观规律，实现公平、公正的分配模式，都是无可厚非的。

规模、结构、预期

城市地租收益不仅关系用地规模的大小，而且取决于土地利用结构的合理性和预期价值的人为表现。这涉及三个关键词："规模""结构""预期"。

首先从规模角度来看，规模是一个量变过程，土地规模越大其创造价值的机会就越多，承受沉没成本的能力就越强。如果在同等要素条件和决策环境下，土地规模越大创造的经济总量就越高。有媒体对江苏常州和徐州两个城市进行了评估，以此来讨论谁会是下一个万亿级城市。两个城市的经济总量在当时都是7000亿元左右，一个是老工业城市，一个是新工业城市，所以很多人就根据"新老"来推定常州会是下一个万亿级城市，认为常州的产业结构优于徐州。从产业条件或区域优势上来看，常州的产业禀赋确实优于徐州，但是别忘了，徐州的土地面积几乎是常州的3倍，这就意味着常州的土地利用效率必须高于徐州4倍以上才具有优势。那么要提高土地利用效率就必须集约化用地，必须以发展高新制造和先进服务业为主，这又意味着要与接壤的苏州和无锡竞争。所以，谁是下一个万亿级城市，关键取决于要素资源与利用要素资源的能力，但是土地规模越大，在同等条件下可能创造的机会就越多。

其次是土地利用结构问题。土地利用结构是一个深层次问题，涉及经济、社会、政治等多维度的表达。从经济视角来看，用地类型与地租收益直接挂钩，比如房地产开发用地、金融商业用地所获得的地租收益高于工业用地和服务用地，但是这种收益具有阶段性。以房地产开发用地为例，第一阶段具有高收益的特点，第二阶段之后收益递减。从社会体系来看，用地结构是社会资源配置的需要，是各种要素相互关系和相互组合的动态反应，其最终目的是实现人与城市的和谐共生。假如从政治学角度来看，土地利用结构和空间布局，关系到社会矛盾的调适和缓冲。法国巴黎大改造除了有经济目的，也与拿破仑三世的资本主义情怀有关：提高城市生活成本迫使工人迁到郊外；然后通过投资吸引资本家搬到城市中心，从而形成资本主义利益共同体；同时通过道路与街区的科学设计，为政治集团实现攻防自如的动线组织。

最后，土地或土地产品的预期收益关系到土地租赁价格。城市土地价值链由三个环节构成（如图11-1），即政府（绝对地租）、开

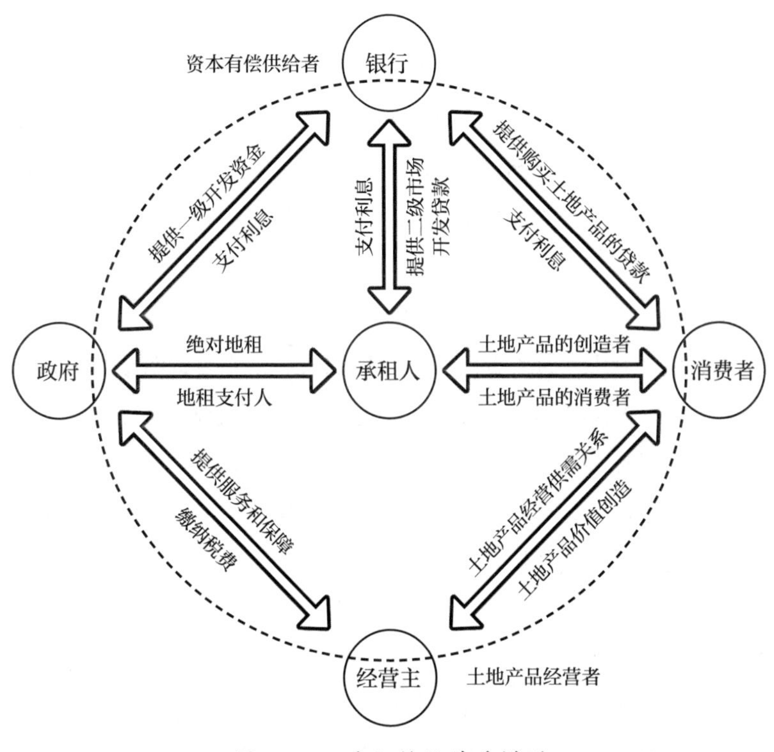

图 11-1　地租转化关系模型

发商（土地承租人）、消费者（土地产品投资者）。另外还有两个外部关系影响土地价值，一个是银行（级差地租分享者），一个是经营主（土地产品经营者）。他们各自在不同的价值环节相互支撑，相互作用，就像永不疲惫的传动系统，齿轮和链条彼此咬合在一起，虽有摩擦，但依然相互作用，因为心里都有一个共同的预期，那就是明天会比昨天更好，投入会比产出更高。

那么，这里面就有一个问题，什么是土地的预期收益？预期收益也叫期望收益，是指没有意外事件发生时，根据已知信息所预测的能得到的收益。好了，这样“已知信息”就显得非常关键。比如要想把一块在荒郊野外的土地卖出市场价的10倍以上，就需要创造“已知信息”去获得更多的预期判断。比如规划一个完善的交通组织，比如建一所重点学校，比如配套一个大型文化场所，等等，通过这些“已知信息”让人对目标片区有更为积极的预期判断。创造预期的行为和目的各有不同，有的是出于对城市发展的科学规划，也有的是出于对经济利益的诱导性交易的考虑。所以，我们有必要关注城市经济的理性或非理性增长，提出科学发展理念，防范地租诱导下的各种陷阱。

XOD的理性发展观

XOD模式是以城市基础设施为导向的新型复合型发展模式。其理念是推动交通、服务、文化、生态、产业等基础设施和用地的一体化发展，促进城市合理布局，提高整体效率。XOD模式是在TOD模式上的延伸与完善，从更大维度上阐释了人与经济、社会、生态之间的关系，并强调通过科学规划实现“以人为本”“多规合一”“绿色发展”等目标。简单来理解就是要对土地要素与空间要素进行合理布局，以此来满足经济社会的有序发展。当然这种科学发展观不是规划师能力所及的范围，而是要结合各领域的专业意见，并依据所在区域要素禀赋制定出精准的战略定位，力求实现与城市总体规划、土地利用规划、经济社会发展规划、环境保护规划和基础设施建设规划的“五规合一”。既要满足人类赖以生存的生态环境需要，又要符合经济社会的发展规划，以此提高城市整体效率和土地边际价值。

XOD模式是城市发展的宏观思维，具体落地的复杂程度可想而知。但是人类已在TOD模式上积累了丰富的经验，所以在TOD模式上扩大XOD模式的价值并非一件遥不可及的事情。我们先来看看TOD是怎么来提高城市效率的。TOD模式是以公共交通驱动的城市空间开发模式，对土地要素和交通要素进行空间上的组合或重构，以此来解决城市交通问题的同时提高土地的溢价能力。其优势有三点：一是可通过交通体系对土地资源进行系统化梳理，并根据交通节点规划土地的使用功能，以此作为定价标准；二是可通过交通组织将城市边界进行延伸，扩大用地规模，以此提高地租收益和城市集聚条件；三是可通过交通组织实现产业集群化发展，以此实现规模报酬递增优势。其关键词就是“通勤效率”“集约化用地”和“地租增值收益”。从日本、美国、法国等对TOD的实践效果来看，具有推广的价值。XOD模式突破了TOD以交通为导向的单一化路径，从交通设施领域扩展到了经济、社会、生态的综合设施建设。具体可大概分为五大形态，即TOD（公共交通导向，Transit-Oriented Development）、EOD（生态导向，Ecology-Oriented Development）、COD（文化导向，Cultural-Oriented Development）、IOD（产业导向，Industry-Oriented Development）、SOD（服务导向，Service-Oriented

Development）。这五大形态的指导思想是“紧凑开发”模式和“级差地租”创新。

那么，这里面有一个逻辑上的问题：究竟是先创造价值再实现级差地租收益，还是先实现级差地租收益再创造价值呢？这个问题没有答案，只能根据阶段性需要而确定。对于发达城市来说，已经积累了较高的地租收益，那么城市扩张中就必须先创造价值再实现新的地租收益；而对于欠发达地区，受财政支配能力影响，只能采用混合发展模式，比如先“卖”预期，然后努力去实现预期。预期到底有多长？这又是一个没有标准的事情。比如说你花了很高的代价来到一座城市生活，为的就是这座城市所展示或暗示的美好未来，如果在可承受的时间范围内这座城市或区域实现了你的期望，说明这是一次成功的抉择或投资，如果超过可承受的时长，这个城市或区域依然让你失望，说明你的选择或投资是错误的。同时对于城市本身来说，如果没有实现自己所规划的愿景，反而会加剧城市生态体系的瓦解，这说明这座城市是失败的。城市最终没有实现XOD模式并不是XOD模式的失灵，而是城市决策者片面追求功利化导致的，虽然采用了TOD、EOD、IOD等模式，但最终没有坚守“精明增长”的原则，要么急于用地租套现来实现经济规模的需要，要么没有遵循区域禀赋而生搬硬套极端化、片面化的措施。

城市化发展虽然因为集聚效应而促进经济增长，但是城市发展并不是越快就越好，规模越大就越有实力。推动城市化，本质是想改善人类生活质量，增强经济发展动力，归根结底是为人类服务，是社会合理分配的一种机制，如果偏离这一宗旨，将可能事与愿违，城市蔓延便是问题之一。[1]对于中国来说，在推进城市化进程中确实创造了增长，到了21世纪后开始发展TOD模式更是促进了经济与城市规模的双重增长。但是不得不正视TOD并没有给多数城市带来“紧凑型”发展价值，反而在TOD模式下加剧了城市扩张，导致城市蔓延，而后形成财政预算收入与城市运行支出难以平衡的矛盾这一事实。

所以，必须谨防城市发展戴的是XOD模式的光环，做的是创造级差地租的事情，而导致的后果则是需要高额成本来维系的“城市蔓延”。这种现象在美国、日本等发达国家的城市都出现过。比如美国城市蔓延是由点到面的发展路径，先在洛杉矶、拉斯维加斯、菲尼克斯等城市形成蔓延，逐步引发全国性城市蔓延。美国的城市蔓延经历了四个阶段：1950年到1970年，美国经历了由单点城市带动全国城市的蔓延，造成了社会矛盾加剧。1970年之后，美国开始不断出现“反城市蔓延”运动，为了控制城市蔓延提出了“新城市主义”。但是顾此失彼，“新城市主义”虽然在一定程度上缓解了城市压力，却并没有阻止新的城市蔓延爆发。到了2000年，美国被迫启动了“精明增长”计划，用系统化的组合政策控制了城市的蔓延。此后，美国在“精明增长”战略上不断优化政策的效用性，紧凑型城市发展成为美国城市的发展理念。可见，美国的城市发展并非一帆风顺，而是经历了不同的变革才实现了今天的科学性与严谨性。

1　郑荣华：《城市的兴衰——基于经济、社会、制度的逻辑》，广西师范大学出版社，2021年，第258页。

XOD 的五大场景与实践案例

我们对XOD模式下城市运营的五大场景进行分析，以此分析各种路径对城市地租的影响，以及实践中的科学性规划与城市协同关系是如何构建的。

1.TOD场景下城市交通引致的效率与增长

TOD（Transit-Oriented Development）虽然是以公共交通为导向的开发模式，但并非只是大家所理解的“大交通”模式，比如高铁、机场、轻轨等，除此之外还有小尺度的交通组织与人口密集区域的有效疏导。TOD的初衷是通过公共交通配置与科学规划实现人们通过使用公共交通来解决出行问题的目的，从而在实现绿色出行的同时缓解交通拥堵、提高效率。TOD概念的提出者彼得·卡尔索普认为：TOD是一种密度大、功能多的社区，集工作、商业、文化、教育、居住等为一体，拥有优良的步行环境和空间尺度，公共交通是社区居民的主要出行方式，从社区外围到商业设施和公交站点是以400—800米（5—10分钟步行路程）为半径，以实现各个城市组团紧凑型开发的有机协调模式。在20世纪50年代，哥本哈根就按“手指形态规划”（如图11-2），该规划采用了手形的概念，“五根手指”从哥本哈根中心分别向北面、西面和南面伸出。实践表明，“手指形态规划”取得了很大成功，尤其是放射形的轨道交通服务，与步行者和自行车优先的街道连接在一起，共同加强了哥本哈根中心城区的便捷性与环保性。

当然，每个城市都有不同的地理环境，也有不同的商业形态和人口分布特点，在具体规划中只要符合“放射形”交通特点，通过点与面的结合形成便捷交通组织即可，所以设计过程中可以是“四

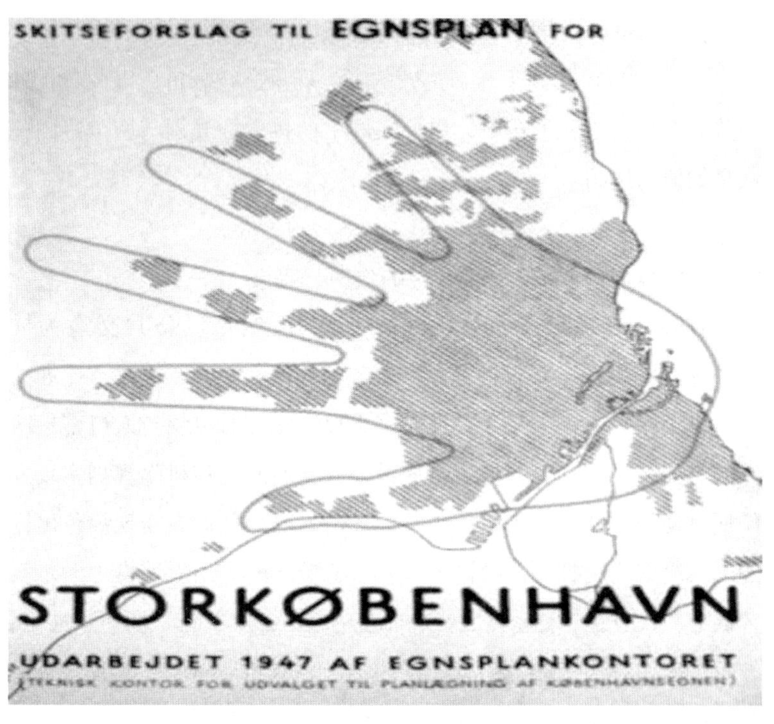

图 11–2 哥本哈根“手指形态规划”[1]

指”，也可以是“六指”，或是根据区域的融合性需要实行“十指”交错、纵深融合的交通网络。但最为关键的是点面结合（如图11–3），点面结合是最能实现小尺度交通转换的具有通达价值的方式。

哥本哈根的“手指形态规划”主要是基于交通便捷性考虑的，对于具体功能划分和土地价值转化没有提出要求。而美国和日本在

---

1 图片来源：Mobile Lives Forum, https://forumviesmobiles.org/en/arguings/3371/living-environments-and-leisure-mobility-challenging-compact-city, 2023 年 7 月 11 日。

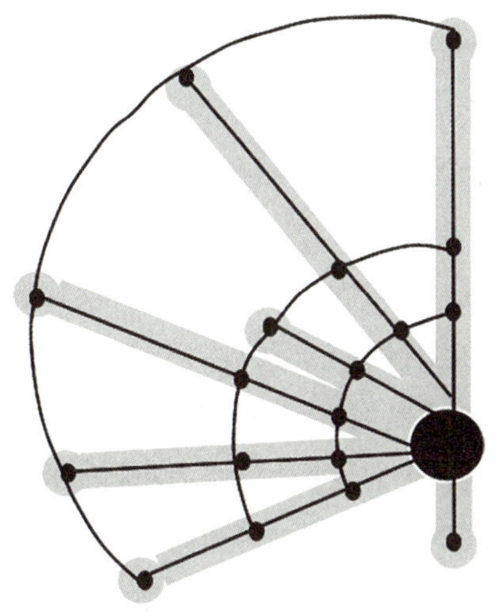

图 11-3　点面结合的“放射形”交通

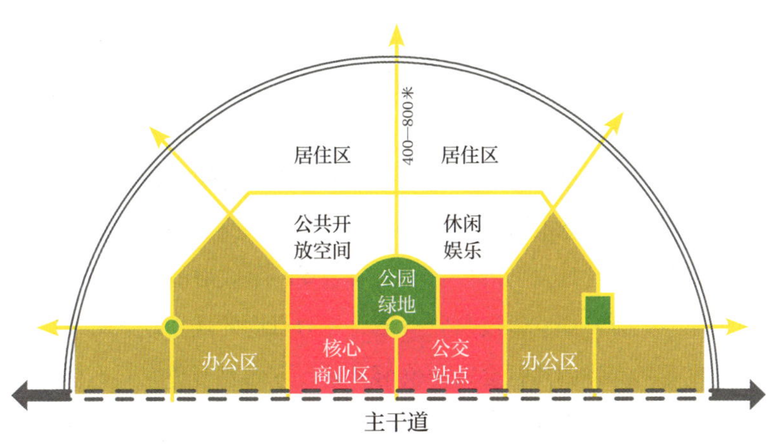

图 11-4　TOD 公共交通社区

TOD模式上则更为具体：首先是通过TOD公共交通模式作为城市向外扩张的边界，交通的延伸与城市规模相匹配。其次强调城市土地利用的混合度和生活空间的舒适度，比如日本的多摩新城利用铁路与市中心连接，新城火车站是新城的中心，围绕这个中心，政府布置了文化、商业、娱乐等公共设施，上下班的人员在这里可以得到良好的服务。再则在城市内部交通组织上，美国和日本都强调街区尺度与公共空间的融合性。（如图11–4）

随着公共交通不断完善，中国在城市规划上越来越具有主动条件，尤其是以高铁大通道和大网络为基础的城市规划已有长足进步。通过土地利用的混合度创造了更高的地租收益，然后反哺高规格的城市建设和配套。当然，这与制度和资源的配置有关。资源配置越强的区域，土地级差地租收益就越高。在TOD模式下，地租收入呈现三个维度：一是公共交通的延伸广度（城市边界），即公共交通延伸广度越大，土地转化利用的资源就越丰富，这是一个量化的概念；二是公共交通的便捷性（空间距离），即公共交通距离越近，地租的价格就越高；三是土地使用类别（用地规划），即土地的用途决定了地租的高低，住宅用地最高，商业其次，然后是产业用地等。当然这是一个共生关系：如果全是住宅用地，没有商业配套，那么住宅用地的价格也会下降；如果全是商业用地没有住宅支撑，那么商业就难以发展。当然最为重要的是政府的规划理念及科学性。一方面要规避以地租收益最大化为目标的规划理念，不然再先进的规划都将偏离社会效用价值；另一方面要避免大而不精，在外围交通组织上投入巨大，而在最后一公里交通上却陷入被动的局面。

2.EOD模式下的空间价值塑造

EOD（Ecology-Oriented Development）是一种以生态为导向的城市空间发展模式。该模式是由美国的生态学者霍纳蔡夫斯基（Honachefsky）在20世纪90年代末提出的。他认为：将土地潜在经济价值放在生态价值之前考虑，导致了美国城市的无序发展及生态破坏等问题。他倡导“生态优化”的城市发展理念，也就是将生态价值与土地开发利用政策进行统筹考虑。这一观点的提出引起了广泛的讨论，主要城市的管理者认为：过于强化城市生态环境会影响城市地租收益。但是实践表明，以生态为导向的城市空间塑造不仅没有减少城市地租收益，反而实现了更高的地租收益。因为通过生态环境修复及基础设施配套完善，能促使所在区域土地升值，并为产业集聚和人口流入提供竞争力。政府通过地租增值、产业税收、人口消费等促进区域经济发展，实现了生态、经济、生活协同发展。以新加坡为例，政府通过对多种生态绿地与城市绿地进行互相融合，为市民尽可能提供舒适宽敞的户外休闲空间。新加坡的绿化面积占国土面积的一半以上，是世界公认的“花园城市”，这为新加坡的旅游业和高端制造业创造了条件。另一个花园城市伦敦也备受世界关注，英国政治家约翰·伯恩斯曾说，泰晤士河是世界上最优美的河流，“因为它是一部流动的历史”。作为世界大都会之一的伦敦并没有过度开发房地产，而是把占据城市绝佳位置的泰晤士河及周边区域建成了休闲、商业、会展、博览等多种城市功能混合的生态公园，这些使得泰晤士河不仅成为城市的视线景观轴，也成为城市重要的空间发展轴。

对于EOD的构建或修复，各地应该因地制宜，利用不同的要素禀赋实现低成本、高价值的发展模式。成本是指投入的资本及其他代价，比如一个区域没有湖泊，却非要征用农田去挖一个湖泊，这就是代价。价值是指投入的回报产出，具有长期性且综合性的回报才具有最大的价值，相反，投入巨额资金为一个房地产项目修建一个湿地公园就不是高价值。如果能形成特色产业集，群同休闲、生活相得益彰，那将带来最好的回报。通常来说高价值的EOD模式是由三大价值链构成的。（如图 11–5）

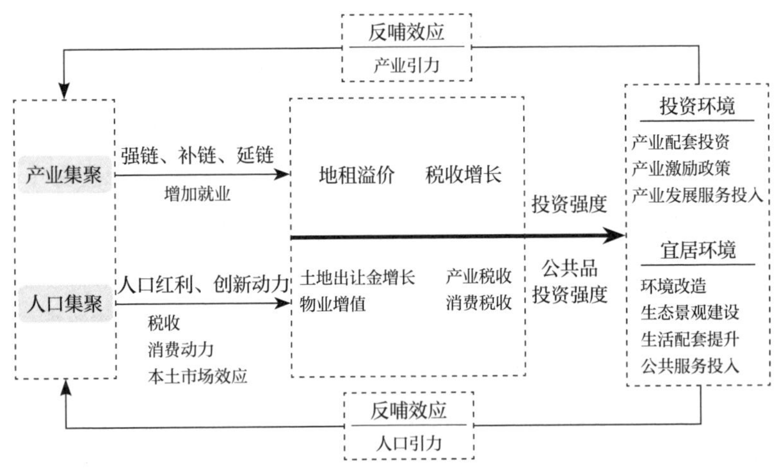

图 11–5　EOD 模式的价值链

第一大价值链是重塑生态网络，实现土地溢价。这里的生态并不完全特指自然生态，而是多指城市的基础环境。政府通过环境治理、生态系统修复和生态网络的构建为区域创造集聚优势和集聚品牌，从而带动土地升值，通过级差地租反哺投资主体。第二大价值链是完善城市功能，实现发展基础动力。政府通过对公共设施、通勤效率、产业布局、生活空间等的提升或优化，为经济、生活环境创造必要的条件。第三大价值链是完善制度环境，通过创新制度为产业导入和人才集聚创造条件，从而再反哺居民收入、政府税收等。所以，EOD并非狭义上通过生态环境的塑造提高土地租赁价格，而应结合城市的整体环境考虑，使其每个价值链环节都能发挥作用，并且相互支撑、协同发展。

3.COD模式与城市双重收益

COD（Cultural-Oriented Development）是以博物馆、歌舞剧院、艺术馆、图书馆、文化街区等文化设施为导向的新兴城市发展模式。该模式的利益诉求主要体现在以下三点。

其一，通过城市文化的挖掘实现城市品牌塑造。城市有不同的标签，但最让人印象深刻的是文化标签。文化是一座城市的灵魂、一座城市的骨骼。伊利尔·沙里宁说："让我看看你的城市，我就能说出这个城市居民在文化上追求的是什么。"所以城市某种意义上是一个区域文化的深层次表现，这种表现容易获得城市精英的共鸣，从而吸引优质资源向城市流入，为城市的投资、创业、商务、旅游等创造条件。

其二，通过文化设施建设及投入满足城市精神文明需要。国外学者把城市文化定义为广义上的具有生产意义的一切行为，具体包括城市文化遗产、文化实践和文化表述。其主要体现在对城市文化物质环境的修复、建设，以及对社会意识形态的引领上，最终实现高度的认同感与幸福感。从某种意义上而言，城市文化不仅是社会产物，也是政策工具。

其三，城市文化配套可以满足“新城主义”的需要，尤其在新开发的片区，通过文化设施的建设能提高地租价格，同时这种价值认同将转化为土地产品价格的一部分，最终实现级差地租收益。

美国在20世纪90年代为了解决城市蔓延带来的各种弊病而提出“新城主义”，通过塑造具有城镇生活氛围、紧凑的社区，取代城市蔓延的发展模式。文化作为城市生活的主体自然是不可或缺的，它是居住、创意、意识形态、休闲和商业活动的核心价值，更是土地产品溢价能力的表现。所以，文化给城市带来的是双重收益，兼顾社会效益和经济效益。近年来，中国各城市都在打造文化IP，以此提高城市魅力，吸引人才和产业集聚。同时，通过文化设施的建设来带动土地升值已经成为各大城市的普遍做法，比如在文化街区、艺术馆等附近的房地产销售价格会比同一区域没有文化配套的价格更高。

当然，其中也会存在很多问题，比如美国的城市美化运动中就出现了使用公共财政为城市精英阶层定制文化需求的做法，这一做法引起了美国社会大众的强烈反对，最终被停止。其实，在此之前就有英国专家通过对英国文化政策主导的多个城市更新项目的研究发现，城市文化政策导向发展会出现一个窘境，那就是打着文化型城市复兴旗号的客观结果是，常常会演变出一场“驱贫引富”的运动。其实，这不仅仅是英国存在的问题，法国早在拿破仑三世时期由奥斯曼所主导的巴黎大改造中，就出现了同样的“驱贫引富”现象：城市通过文化概念的植入给周边地价带来增值的空间；与此同时，城市精英通过高消费能力占据了文化资源，从而剥夺了普通大众的权益。

4.IOD模式向产业要红利

IOD（Industry-Oriented Development）是以产业和创新为导向的开发模式。城市的竞争是多维度的竞争，但是其突破口往往是聚焦在某一领域，有的城市是以资源优势为突破口，比如山西省的很多城市是以煤炭资源为突破口，东部沿海城市以港口资源为突破口，等等。资源往往是时代发展与工业革命的投射，不同时代会赋予不同资源以竞争优势。所以，随着工业革命或能源革命的变化，区域优势也随之变化。但是，无论是工业革命还是文化变迁，人类对科技的依赖将成为永恒的主题。科技在城市竞争中表现的权重越来越大，科技创新与产业转化背后是一个又一个产业集群，是有效供给的重要支撑，所以越来越多的城市把产业集聚和技术创新作为城市收益的主要来源。这就需要城市对土地经济做出重大调整，从对房地产（地租）的依赖向对产业红利的依赖转型。这不仅仅是理念的改变，更是对未来世界的理性判断，因为科技对城市中的一切经济形式都具有影响力，城市的未来需要科技赋能，科技的进步更需要城市的支撑，所以，以产业为导向的IOD发展模式是城市发展的最高智慧。

以产业为导向的城市化发展不是直接向产业索取地租收益，而是分享产业发展的红利。比如通过政府的投入，以“引进一家带动一批”的理念实现产业链整体发展，获得更多溢出价值和税费收入。在具体操作上，政府通过对产业规划、空间布局、招商策略、运营模式、创新机制等的整合战略来改变过去不成体系的碎片化战略，构建一个新型的创新体系，壮大产业规模。政府以土地为载体，实行内外兼顾的协同战略：对外要整合产业资源、创新资源、金融资源、服务资源和人才资源等；对内要通过产业合理布局，推动土地一级开发、二级建设和三级运营的闭环式发展，从而实现土地高效利用。比如苏州一直是中国IOD发展模式的典范，利用不同的地理环境创造了不同的产业模式，在土地利用效率和亩均税收上一直走在全国前列。

5.SOD模式带动土地溢价

SOD（Service-Oriented Development）是以服务为导向的城市开发模式。准确地说，学界对SOD模式有两种解读。一种是较为积极的解释：政府以医疗、教育、体育、文化等公共服务设施建设为先导，带动周边地区发展的运作模式。通过完善公共配套设施，提升城市整体功能，带动城市发展，从而对城市整体经济发展产生影响。另一种是相对消极的解释：政府通过社会服务设施建设引导的开发模式，是利用行政垄断权的优势，通过行政手段将城市中的各种资源进行空间转移，使目标地区的市政设施和配套设施同步形成，以此来减少“生熟”地价差，从而获得城市更新或发展所需资金保障。

实际上，无论哪种解读都不重要，重要的是政府对公共设施的投入是否存在无效供给问题，也就是说是否具备科学性。如果仅仅是依靠公共设施去牵引人口和产业的转移，那将会带来更多的叠加成本。如果是因为城市蔓延或城市扩张的地理局限而转移其资源，那转移将带来积极的作用。其实这与美国20世纪90年代发展的新城主义如出一辙，褒贬不一。中国SOD模式主要表现在行政机构的搬迁给新区带来发展预期上，而实际上SOD模式有更为广泛的概念，包含以体育运动、综合医疗、教育设施等为导向的发展模式。SOD模式之所以能获得成功，本质上还是由供给不足导致的。比如在教育资源不够充分的条件下，政府要打造一个新片区，只要对外宣布将在新片区建设一所重点学校，这个片区的住房即便离中心城区再远也有人去购买，因为他们购买的不仅是房子，还是稀缺的教育资源，购房是出于对预期收益的判断。正常逻辑下，土地是隐性需求，是由社会或经济需求决定土地分配与供给的。但当前却呈现一种倒置的状态，即通过土地分配与供给直接创造增长。

从以上五大模式来看，无论是供给方还是需求方，最关注的并非土地本身，而是土地产品是否能给自己带来预期收益。政府希望通过土地配套优化实现价值最大化，社会大众希望购买优质土地产品实现增值收益，所以XOD模式下的各种发展路径都是以产品价值作为支撑的，即便是以产业发展为导向的IOD模式，如果没有落实产业孵化，或是产业发展环境不佳，那么土地作为企业资产也会失去评估的价值，政府地租收益也难以得到更高的溢出价值。所以XOD模式的本质就是“精明增长”。

土地财政的因循与革新

土地财政发展至今已经超出级差地租的边界，从某种意义上可以解释为土地商品化的异化行为。“异化”，是指在资本主义经济制度下，剩余价值被粉饰为经营利润。土地财政被统计为增长数据，甚至与货币挂钩，这实际上也是一种被粉饰过的经营利润，是虚假繁荣。随着土地财政规模不断扩大，住房沉淀资金越来越多，土地便成了货币基准，为货币自主提供了基石，这个基石就是以土地收益为导向的货币之锚。所以，有必要去分析土地财政的因循，以及当下的革新与未来的出路。

过去与现状

土地财政是以土地作为生产要素进行投资，并通过土地产品的转化实现地租或级差地租收益。从生产逻辑来看，这似乎符合经济发展规律；但是，如果土地财政被异化之后就有可能出现过度商品化或泡沫化现象。“土地过度商品化”指的是利用土地垄断优势进行土地已有价值的溢价出售，并以此形成长期的路径依赖，导致其他经济活动或生产组织萎缩或萧条。而“土地泡沫化”是指土地的权属方与土地的经营方通过对土地的价值进行包装，制造未来增值的预期，最终使土地偏离了生产成本与消费成本的真实价值，从而抑制了传统生产的积极性和其他消费能力。

自古以来，无论是封建社会还是现代社会都一样，土地财政一直是政府获取财政收入的主要来源。当然，封建社会土地财政的收入主要是通过土地租赁获取地租收益，或通过土地租赁和投资获取生产剩余，创造级差地租收益。土地财政不是中国特有的，纵观西方发达国家的历史，其发展也是建立在土地财政的基础上的。美国从1783年独立战争结束后就开始了近百年的土地财政扩张，美国殖民者在美洲大陆上进行了疯狂的掠夺，并通过立法规定美国十三州境内的所有土地都必须归联邦政府所有、管理和支配。当时，美国联邦政府的财政收入有接近50%是通过出售土地获得的。

被冠以现代文明发源地的欧洲也经历了多次“圈地运动”，其土地财政不仅展现了剥削阶级对剩余价值的掠夺，更出现了血淋淋的屠杀与驱逐。从16世纪开始，英国因为一台蒸汽机引发了工业革命，日益崛起的资本家在资本与先进工业的驱动下开始了第一轮圈地运动。当然这里的圈地运动是指针对本国土地资源进行掠夺或侵占，不包括海外殖民地。当时英国是农业生产大国，工业只是刚刚起步，所以就形成了两种势力：一种是以国王为代表的农业派支持者，一种是以工业生产为代表的资本家势力。最后出于平衡双方利益的考虑，英国政府限定了圈地的大小和年限。但是随着工业化的推进与纺织业的崛起，英国政府尝到了经济高速增长的甜头，便颠覆了过去的价值认同，废除了斯图亚特王朝和都铎王朝的反圈地政策，资本家开始名正言顺地进行大规模圈地。

从17世纪开始，英国资本家和贵族们为了通过羊毛供给来获得纺织业的垄断地位，便开始了大规模“拆迁”，他们把农民从祖祖辈辈赖以生存的农村赶走，然后把土地围起来养羊。为了尽快实现资本家的目的，他们不惜通过暴力驱逐手段，把农民居住的家园烧毁，对村民进行关押、毒打，甚至杀戮。数以万计的农民像流浪的动物一样，在哀嚎中进入城市寻找活路。他们为了住房和粮食不得不再次向资本家妥协，通过出卖劳动力获得生存机会，而资本家又从中再次赚取千万劳动者的剩余价值。资本家和贵族们通过“圈地运动”赚取了两次剩余：第一次是通过剥削农民的土地生产羊毛获得盈利，第二次是通过把农民赶到城市为其从事工业生产获取劳动剩余价值。

到了18世纪之后，德国、法国、荷兰等老牌资本主义国家发现把土地租给佃农获取地租的效益不如养殖业赚钱，尤其是先进造船业发展后，大航海让羊毛的价格成倍上涨更刺激了资本家，所以欧洲各国开始纷纷效仿英国的圈地运动，把农民赶到城市去从事工业生产，把农地围起来养羊。

后来在欧洲工业化进程中又出现了新的“圈地运动”。城市资本家利用土地的稀缺性进行工业化扩张，获得级差地租收益；同时通过城市改造与产业外迁，迫使工人阶级向郊区转移，政府通过房地产开发引导资产阶级向中心集聚。无论是工人阶级边缘化，还是资产阶级中心化，都存在居住的现实需要，所以房地产应运而生。

中国现代土地财政实际是从1994年分税制改革开始的。1994年以前，中国的财政制度属于税收分配包干制，即地方财政每年按包干比例与中央财政进行分配。中央和地方的分配比例一般是三七分成。（如表11-1）中央财政在分配偏少的情况下，还要承担地方重点项目建设拨款，所以导致中央财政陷入被动局面，无法实现宏观调控目的。在此背景下，中央实行了分税制改革，调整了中央和地方的税收事权和财权。比如，消费税、车辆购置税、关税、进口增值税、船舶吨税等全部归中央，国内增值税、企业所得税、个人所得税等中央要从中抽大部分。从此，地方政府的财政收入就被大幅度削减。另外，公共服务设施、基础服务设施等还需要地方政府自掏腰包。这样一来，地方财政一时陷入被动局面，甚至有些地方工资都难以支付。或许纯属巧合，在同一年的7月18日，国务院颁布《关于深化城镇住房制度改革的决定》，明确城镇住房制度改革的基本内容，其中包括将住房实物分配的方式改变为以按劳分配为主体的货币工资分配方式，建立住房公积金制度等，中国城镇住房商品化的大门便由此开启。

表 11-1　中央财政与地方财政占总收入比重对比

年份	中央财政占财政总收入的比重	地方财政占财政总收入的比重
1978	175.77亿元（16%）	956.49亿元（84%）
1981	311.07亿元（26%）	864.72亿元（64%）
1984	655.47亿元（41%）	977.39亿元（59%）
1987	736.29亿元（33%）	1463.06亿元（67%）
1900	992.42亿元（34%）	1944.68亿元（66%）
1993	957.51亿元（22%）	3391.44亿元（78%）

（数据来源于国家统计局、中国统计年鉴）

分税制是发达国家普遍采用的一种财税管理政策，发达国家通过行政手段把税收分为中央税与地方税两类进行有效管理，建立中央政府与地方政府之间的事权与财权的平衡关系。这种分配模式的最大优点是能有效调动地方政府创造税收的积极性，避免地方政府坐享其成的懒政行为。实际上，中国唐代实行的“三分制”就是分税制的萌芽。在清朝末年也推行了分税制改革，但因当时国力衰退，内忧外患，分税制改革并没有改变国家日趋颓败的命运。

住房商品化改革提出三大准则。其一，房地产建设的收益分配权留给地方政府。1996年《国务院办公厅关于转发国务院住房制度改革领导小组关于加强国有住房出售收入管理意见的通知》，明确了售房收入全部留归售房单位用于住房建设和住房改革。其二，运用市场机制鼓励居民购房。中央将住房建设投资规划从国家指令性计划中剥离出来，确立以地方政府为主体的指导性计划管理体制，并积极推动住房公积金制度的发展。其三，确立住房金融贷款的政策支持。对住房开发企业与购房者双向提供金融贷款支持，鼓励金融杠杆支持房地产发展。住房商品化为改革开放做出了巨大贡献，但是在利益分配上也造成一系列问题。住房商品化改革的推行在当时的背景下是符合社会、经济、民生发展需要的逻辑的。因为在住房商品化改革之前，享受到国家福利分房就意味着获得了一笔巨大的收入，造成了城乡居民收入分配的巨大差距。而在国家实行住房分配、补贴货币化后，单位补贴款与城中村拆迁补偿款流入市场，促使房价上涨，不断刷新纪录。住房商品化改革的三大准则也许在当时并不引人注意，但正是这三项政策为此后20年的房地产业繁荣奠定了基础。如果说分税制改革是给地方政府“断奶”，那么住房商品化改革就是给地方政府提供了新的“奶源”，在两项政策的共同作用下，土地的价值被无限放大，以至于超越了生产要素本身的价值。[1]

在城市化扩张与全球性“量化宽松”等多种因素推动下，以房地产带动的土地经济成为中国经济增长的重要渠道，2020年全国300座城市的土地出让金总额为59 827亿元，同比增加16%。住宅类用地出让金占比78%，同比上升6%，商办类及工业用地合计占比21%。同样，房地产也成为国民经济第一大支柱产业。泽平宏观数据显示，在数十个相关产业的共同作用下，2020年房地产产业链占中国GDP的17.2%（完全贡献），其中房地产业增加值占GDP的7.3%（直接贡献），房地产带动的产业链占GDP的9.9%（间接贡献），其

1　郑荣华：《城市的兴衰——基于经济、社会、制度的逻辑》，广西师范大学出版社，2021年，第19页。

中房地产对金融、批发、建材的带动最为明显。从投资渠道看，2020年房地产完全拉动的投资占全社会固定资产投资的51.5%，其中，房地产开发投资占固定资产投资的27.3%。从财政收入渠道看，地方政府对土地财政较为依赖。2020年土地出让收入和房地产专项税合计占地方财政收入的37.6%，中西部地区土地出让和房地产收入占地方可支配财力的一半。另根据2020年相关数据统计，2020年土地依赖度（土地财政依赖度=土地出让金/一般公共预算收入×100%）超过40%的省份共有19个，其中超过50%的省份有11个，分别为浙江61%、湖北56%、江苏56%、江西55%、重庆54%，贵州、广西、四川、湖南、福建、山东为53%，这些区域以经济发达地区为主。2021年土地出让金出现大幅下降的省份有4个，包括云南（–73%）、广西（–42%）、甘肃（–36%）、吉林（–28%）；江苏、湖南和重庆的土地依赖度和债务率虽高，但土地出让金仍为小幅正增长或小幅下降状态，江苏（8%）、湖南（–1%）、重庆（–5%）。如何摆脱对土地经济的过度依赖成为改革的新挑战。

财政、杠杆、挑战

坦白地说，中国的土地财政在一定时期成为抵消美元霸权的有力工具。布雷顿森林体系瓦解后，美元脱离了金本位原则，转向与石油挂钩，石油成了美元的锚。也就是说只要与美元有结算往来的国家都必须跟着美国走，美国控制了石油资源就意味控制了货币价值与流动。美元量化宽松会导致全球性通胀，美元要是紧缩或加息就会导致新兴市场国家资本外流、汇率波动。尤其作为世界第二大经济体的中国，如果本国货币以美元为锚就会陷入被动局面，所以在城市化的发展中人民币找了自己的锚，避免了资本外流或高通胀等问题。房地产作为中国货币之锚，数十年来为资本投资创造巨额收益的同时，也为货币超发创造了“消化”条件，可以说这是土地财政带来的外部优势。但是随着规模不断扩大，以及长期的路径依赖，土地经济已经透支了自身的“免疫”能力，逐渐出现边际效用递减的趋势。

土地财政主要是依赖增量土地创造地租收益，我们通常把地租收益与卖地收益混为一谈，那说明给人直观感觉就是一次性收益，所以便产生“卖”这一理解。而实际上官方标准用语是“土地出让金收益”，“出让”更多指的是使用权在规定的年限内进行有偿转让，也可以理解为土地使用权70年或40年一次性租赁。地方政府从20世纪90年代开始，就是以这种形式的土地“出让”获得地租收益来维持财政支出的。2010年以后，随着城市化率的不断提高与工业规模不断扩大，土地经济出现了爆发式增长，无论是交易规模还是交易单价都出现了里程碑式的增长。根据财政部数据统计分析，2015年后地方政府对土地财政的依赖度持续上升，土地财政为一些地方政府贡献了一半以上的财力，有些地方甚至超过90%。从全国的平均值来看，2015年地方政府对土地的依赖度为32.28%，到了2020年，依赖度高达47.31%，当然地方公共预算收入也随之增长。（如图11–6）

需要关注的还有另外一个数字，那就是地方公共预算支出。中国财政部公布的数据显示：2021年，全国一般公共预算收入为20.25万亿元，同比增长10.7%；全国一般公共预算支出为24.63万亿元，同比增长0.3%。高增长的财政预算收入依然赶不上高增长的财政预算支出。

这说明高额土地财政收入需要高额的公共预算支出“兑换”来

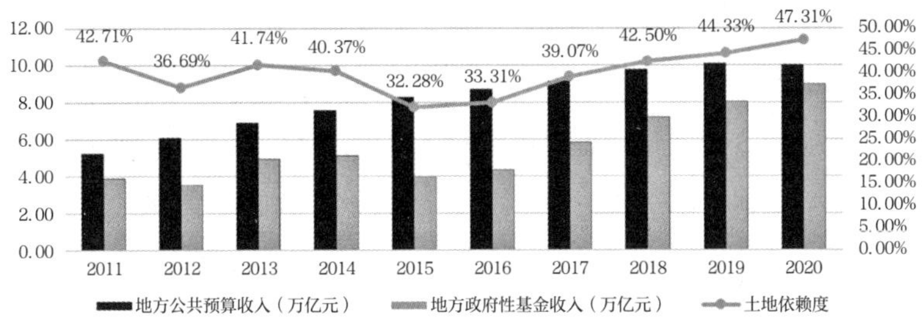

图 11-6　地方政府土地财政依赖度测算[1]

（数据来源：中国财政部）

实现。这个兑换过程是赚了还是亏了我们不好说，但可以肯定，“兑换”的过程是有折损的。比如把一块生铁拿去打一把菜刀再卖给厨师，首先需要加温到1500摄氏度以上，这个过程消耗了煤炭等（成本）；煤炭又导致了二氧化碳排放，需要治理（成本）；然后打出一把菜刀还要淬火开刃，这个过程中生铁本身会产生损耗（成本）；最后变成成品菜刀需要经过包装、批发、销售，这个过程需要投入更多人力和其他生产要素（成本）。假如把这种成本转化为政府供地成本，那就是把“生地”转化为“熟地”，“熟地”转化为“优地”所投入的成本。等土地产品交付后，政府还要持续投入维护成本和治理成本。如果说供地成本可以通过卖地收入来维持，那么维护成本和治理成本通过什么来维持呢？显然不可能通过无限土地销售来维持，只能通过税费收入来支撑城市的维护和治理成本。

这里面有两个定律：一是供地规模越大，城市就越大，所需维

1　图片来源：搜狐网，https://www.sohu.com/a/559052860_121218602，2022年6月20日。

护和治理的成本就越大，对税费收入需求就越大；二是供地规模越大，土地及土地产品对资本的集中度要求就越高，这意味着资本向其他产业的流动性就越差，从而影响其他产业发展，政府获得产业税费的预期就越小。搞清楚这两个定律就会明白一个道理：用高预算支出去“兑换”土地经济带来的高预算收入，从阶段性来看是利大于弊，并且能保持较长时间的循环发展，但是放在更长远的时间轴上来看，这种模式带来的各种“折损”难以维持长期的繁荣。历史经验表明，从萧条到繁荣要经历发展、增长、聚变等过程，而从繁荣到萧条往往连个过渡期都没有。

政府对土地的整理、包装及配套需要借助一个平台进行运营，这个平台就是各地政府全资的城投公司。城投公司是一种广义的叫法，包括地方政府旗下所有支持城市建设的国资公司，他们扮演着为各级政府投融资的角色，是一种特殊的市场经营体，通过政府补贴、财政担保的方式实现盈利。目前大部分地方政府都是通过城投公司来承担土地整理和基建的任务，在土地使用权出让前，城投公司要垫付大量资金，所以这里面就存在投入、产出、回报周期问题。投入越大，周期越长，对城投公司造成的压力就越大。如果土地市场出现下行拐点，土地价格就会下降，地方财政就会收紧，城投的现金流就会出现中断。为了扩大土地经济的收益，地方政府就会采用大规模的城市扩张和城市改造，这就意味着需要大量的投入，城投的负债率就会不断升高。

鲲鹏资本发布的《城投债市场的2021回顾和2022展望》数据显示，截至2022年2月，全国城投债总存量13.28万亿元，城投债存续只数17 839只，存续城投公司数量3065家。2008年以来，城投债每年新发行规模波动上行，2021年，全国城投债券共发行8038只，发行规模5.79万亿元，净融资规模2.37亿元，较上年分别增长36%、26%和10%。各城投品种中，私募公司债和短期融资券仍是城投债主要发行券种，发行规模分别为1.58万亿元、1.47万亿元，分别占总发行规模的27%和25%。2021年，净融资方面，私募公司债和中期票据是城投增量融资主要券种，净融资规模分别为9890.53亿元、5110.69亿元，分别占城投总净融资规模的42%和22%。2021年，江苏、浙江、山东等地城投债发行规模仍然较大。其中，江苏发行规模1.48万亿元、浙江发行规模7536.77亿元、山东发行4062.50亿元，以上三地合计发行规模占城投债总发行规模的45.5%。目前城投债到期规模由2015年之前不足1万亿元，上升至2021年近3万亿元，大部分城投债募资用于“借新还旧”；地方债到期规模，从2017年的0.2万亿元，抬升至2021年的2.7万亿元，随着债务持续累积，财政利息支出压力逐步上升。“十四五”期间，大约1/4的省级财政将会把50%以上的财政收入用于债务的还本付息。这明显是在高杠杆率下的城市开发，随着政府预算收入增长放缓和房地产市场的降温，城投债的风险也在加剧。

过去城投公司的运营模式是通过一级开发和二级开发托市的模式创造土地增值收益。所谓“一级开发”，是完善土地的配套投入，把“生地”做成“熟地”来“卖”个好价钱。而所谓“二级开发”，是在“熟地”的基础上通过下属控股企业来竞拍自己的土地，以此来提高土地溢价，然后经过房地产开发、出售，为市场确立一个基准价格。但是，无论是一级开发还是二级开发，都需要充裕的资金去支撑，否则就连一级开发都无法完成，土地市场将会全面下滑。当前，中国欠发达地区的土地市场已经出现了这种趋势，这给地方债带来了不确定性风险。截至2022年3月，中国内地债券市场总存量为133.39万亿元，利率债存量为75.17万亿元，信用债存量为43.9万亿元，同业存单存量为14.32万亿元，地方债务为44.43万亿元。所以，2021年以来中央政府严格要求压降地方债务，尤其是地方隐性债务，城投融资政策不断收紧，城投公司资金流动性进一步趋紧。

2022年，城投债偿付规模预计超过3.6万亿元，较2021年的3.42万亿元增长了5.5%，其中到期规模2.44万亿元，提前兑付规模2130.94亿元。2022年进入回售期的城投债存量规模为1.25万亿元，按照2021年30.9%的回售率计算，2022年城投债回售规模会达到约3868亿元，预计2022年新发行且年内到期债券将超过2021年的5656亿元。（以上数据来自鲲鹏资本）土地财政的核心价值是土地价格，所以通过持续投入让土地增值就可以用来偿还不断循环膨胀的债务。但如果土地失去预期价值，就会导致城投公司抵押融资的工具失灵，将会面临回款、经营和再融资的能力不足。当前摆在政府面前的有三个棘手的问题：一是如何化解城投债与土地价格预期收入萎缩的问题；二是如何摆脱地方政府对土地财政的依赖比重，使其走向更为合理的发展模式；三是如何平衡日益增长的城市生活成本与对土地经济路径的依赖。

樊笼与革新

每个人心中都有一座樊笼，有时候是来自外部的力量使自己难以逾越，有时候是来自内在的枷锁使自己不甘于挣脱，也不敢于挣脱，但那些获得涅槃重生的人往往都是敢于挣脱与革新的人。一座城市也有一座城市的樊笼，有时候是来自历史存续与资源禀赋的限制，在潜在压力下往往使后来者不敢面对，不愿突破；有时候是来自对增长模式的长期依赖；有时候是来自利益固化下的决策干预，使其不想放弃，更不愿挣扎。如何打破樊笼，实现自我革新，不仅是个人命运的重大命题，更是一座城市走向未来必须思考和解决的问题。

前文分析过传统土地经济的维系将面临重大挑战，那么后面我们要想想如何摆脱樊笼，如何去实现自我革新这一重要命题。要解决这个问题首先还是需要回归樊笼，从问题中找到突破口。假设城市的樊笼由多个面组成，那么对土地财政的过度依赖导致收支难以平衡就是这个樊笼的其中一面。所以化解这个问题必须从融资模式和投资模式两个方面着手。

有人说，土地财政的本质就是出售土地的已有价值与未来增值折现的总和，是为城市公共服务一次性的投融资。基于这一观点，我们来看看融资模式。既然土地财政是靠出售已有价值加未来增值折现来实现利益最大化的，那么就意味着土地本身已经变成一款金融产品。政府平台公司通过银行低息贷款来实现土地的整理与配套，再通过未来收益的预期将其转化为金融产品卖给金融机构，金融机构再对金融产品进行细分和包装后卖给更多的投资者，最终形成依靠银行信贷、债券、非标三大再融资渠道实现的债务滚续。假设市场对土地产品（房地产）的投资期望值下降，那么就会影响到土地供给价格，土地供给价格下降就难以支撑政府平台公司所发行的金融产品收益率。在收益率下降或难以为继的情况下，债券发行就会遇到瓶颈，当债券无法发行的时候，就会传导给银行信贷，从而形成逆向循环的现象。再加上国家在2021年出台了《银行保险机构进一步做好地方政府隐性债务风险防范化解工作的指导意见》（银保监发〔2021〕15号，以下简称“15号文”），要求银行保险机构要打消财政兜底的幻想，严禁新增或虚假化解地方政府隐性债务，妥善化解存量地方政府隐性债务。这更加堵死了地方政府平台公司的融资通道。

自2014年“43号文”与新预算法实施后，地方政府借助城投融资平台与PPP项目等举债扩张。当然，PPP项目并非完全不能做，但是要进行业务拆分，不能试图蒙混过关。PPP（Public-Private Partnership）是政府和社会资本合作，针对大型公共基础设施建设的一种项目运作模式，该模式鼓励私营企业、民营资本与政府进行合作，参与公共基础设施的建设。如果项目夹带了房地产开发、招商引资项目支持等利益输出，就得不到支持。所以地方政府要通过PPP融资就必须对项目进行拆分，把公共基础设施建设划为PPP项目类，把房地产开发项目划为银行融资类，把产业发展划为产业投资类。分开融资的最大好处是能实现利益最大化，标准的PPP项目能得到国家的全面支持，可以缓解公共基础设施投资的资金压力。而房地产开发融资本身就是资产化抵押，目前土地融资还不存在问题，可以实现利润最大化。产业投资，如开发区、产业园区等投资可以借用社会融资模式进行股权投资和风险投资（Venture Capital），这就需要地方平台公司对运营模式做出调整，从传统的“坐地”赚钱向新型的“做地”赚钱转变。

地方平台公司要摆脱过去对“坐地”“卖地”的依赖，就必须寻找到新的土地运营模式，以此来满足地方财政可持续的平衡能力。所以一种“土地+产业投融资”的模式逐渐成为区域增长的主流。所谓“土地+产业投融资”模式，是以产业用地作为载体，政府发挥平台公司资本引领作用，通过国有资本投入，带动社会资本进入，共同培育发展产业项目，待项目成熟后，国有资本以市场化方式安全退出，转投其他产业项目，不断延伸拓展地方产业链条。比如合肥产投集团及合肥其他平台公司，放弃了过去“坐地”“卖地”的发展模式，转向以“产业投资”为核心业务的模式，以促进区域产业发展为引领，聚焦产业投资领域。例如合肥产投，以旗下产投资本公司、创新投资公司、国正公司为载体，依托市天使投资、市科创基金、市创业投资引导基金、市场化基金，不断衍生迭代子基金和专项基金，构建了涵盖天使投资、风险投资、产业基金、并购基金、引导基金等全周期的股权投资基金体系；围绕合肥“芯屏汽合”“集终生智”的产业主线，贯彻“龙头企业–大项目–产业链–产业集聚–产业基地”的发展思路，形成了“引进专业团队—国有资本投资引领—项目落地—通过上市通道退出—循环支持新项目发展”的产业运作模式。这种模式将是政府平台公司的唯一出路，否则众多平台公司就没有生存能力，也没有存在的价值。

我们再回到土地经济和房地产的思路上来。如果房价下跌，地方政府就会完全失去对土地经济的依赖了吗？房地产就不能成为中国的支柱产业了吗？错，一个产业的发展与销售价格变化并没有绝对关联，因为决定产业发展的关键是成本与创新，或者说是有效供给。如果房价真的全面下跌，那一定是之前出现了无效供给。所谓“无效供给”，是指社会总供给与有效供给的差额部分。这个差额部分也许就是价格失真导致的消费能力下降、产品垄断导致的供需结构失衡、贫富差距导致的产品结构失衡等问题造成的。所以，政府应该从有效供给落实政策，降低供给价格，提高供给规模，以此来提高土地产品规模收入与产业链关联收入。另外，还可以借鉴新加坡的“组屋”制。

我们要明白一个逻辑，政府财政收入是一个宏观性、全面性的收入体系，如果眼里只盯着直接收入或“收割”性收入，那就无法实现全面收入的提升。土地供给创造了土地产品（房地产），土地产品创造了50多项关联经济。只要保证50多项关联产业的维系，就能实现最大化收入，这也可以看作是政府地租收益下沉或延伸的发展理念。既然地租收入减少了，那么就向产业方向延伸，除了上文讲到的合肥“土地+产业投融资”模式，新加坡“组屋”制也是一条可资借鉴的关键出路。

假定房地产的衰退是由价格失真导致的无效供给造成的，或者说是由于价格上涨，房地产成为富人定制产品，最终因为失去了大众市场而走向了衰退，那么就干脆做低价格来满足大众市场的刚性需求。中国土地供给是双轨制的，即挂牌出让和土地划拨两种模式。可以考虑在政府平台公司内部成立“组屋”开发公司，低价或无偿把土地出让给国有平台公司，平台公司按刚需产品的建设标准完成房屋建设，然后计算好建设成本、资金成本、管理成本及合理的土地成本后，再卖给无房用户或改善型住房用户。比如杭州当前的房价是每平方米5万元左右，一般家庭要用20年以上的全部收入才能买得起一套房，如果把房价降到每平方米1.5万元，那么老百姓就可以有更多的资金在其他领域消费，比如装修、购物等。那么，问题是能不能做到每平方米1.5万元的价格呢？答案是肯定的。按照2022年的建设成本计算，每平方米的建安成本大概在5000元，加上1000元的利息成本，再加上刚需标准每平方米2000元的装修成本，那么每平方米精装修住房在不计土地成本的情况下，价格是在8000元左右。政府如果按2万的价格出售，还有1.2万元的利润，再把1.2万元的利润反哺给土地及配套成本，也能基本满足支出的缺口。如此可以实现赚很少的钱，但赚很多人的钱，从规模经济和产业链经济来讲对政府都是利大于弊，更重要的是能形成集聚效应，创造增长。

纵观现有的房地产调控政策，更多的红利是向富人倾斜。比如杭州限价不限面积，这无疑是收割穷人的剩余向富人撒钱的做法。政府通过限定价格降低了富人的购房成本，同时纵容开发商设计大面积户型来过滤穷人的购买力。所以，现在发达城市的户型设计越来越大，穷人只能望而却步，最终把限价房的购买资格留给了富人。假如拟定一个政策，100平方米以下的房子限价为每平方米25 000元，100—120平方米的房子限价为每平方米30 000元，130平方米以上的房子不限价，富人如果愿意可以花更多的钱去购买住房，这是他们的权利，这样既保护了穷人的基本需求，又保证了富人的品质化住房或投资性需求。

新加坡从1964年开始推行“居者有其屋”计划，鼓励中等收入和低收入阶层购买政府建设的组屋。这种模式与中国的商品房模式相比有着更广泛的意义和价值，不仅能解决贫富差距带来的社会分配问题，又能实现房地产规模化和持续化发展的红利。同时组屋制与西方发达国家的公共租赁或房租补贴制度相比，兼顾了市场化和保障性的优势。所谓“政府组屋”，即新加坡的公共住房由新加坡政府机构建屋发展局（Housing and Development Board，简称建屋局、HDB）规划兴建，以优惠价格出售（少量租赁），让居民分期付款购买。同时，政府会给符合条件者提供各种购房津贴。截至2020

年，新加坡政府已推出超过100万套政府组屋，分布在20多个市镇，覆盖了80%的居民，这些居民中住房自有率高达90%，人均居住面积达30平方米。组屋周边配套齐全，有医院、商场、体育馆、图书馆、学校和幼儿园，可以满足居民日常基本生活需求。中国人口规模与国土面积都有着不可比拟的优势，如果各地方政府全面转向组屋制，不仅能扩大地租收益，还能带动更为庞大的产业体系，实现地租、房产、产业及社会保障等一揽子红利。

在具体操作上，新加坡实行的是组屋+CPF模式。CPF指的是中央公积金，与中国的公积金一样可以用来购房，但是CPF更具有灵活性。中央公积金是新加坡特有的社会保障制度，也是一个完全积累的强制储蓄计划。按照规定，参与缴纳的居民可以将一部分积累额用在购买住房、股票和支付教育及住院医疗费用上。对于不同行业的雇员和公司，CPF分担额度和分配比例也不同。

除了组屋，新加坡住房市场也为未居住组屋的居民提供各类私人住宅选择，如排屋、私人公寓和别墅等，这些高端住房是为了满足富人的生活追求和投资需求，价格不受保护，市场能涨到多少就多少，因为这与穷人无关。事实证明，房地产缺少了穷人的剩余贡献就缺乏了增长动力，数据显示，新加坡私人住宅价格从1996年到2020年这24年间累计只上涨了15%，平均每年只上涨0.59%。所以，房地产价格暴涨，一方面是由资源垄断导致的，另一方面是由供给结构失衡导致的，还有一方面是因为逐富的预期心理而缴的“智商税”。

第十二章　城市增长弹性与全要素生产率

现在我们来思考三个问题。首先，不断叠加的公共投入对城市价值的影响是否存在边际效用递减的可能？在公共品投入过程中有没有可能存在结构性过剩？如果这两者都存在，就会导致资本产出效用递减，在财政紧张的情况下出现的“双折”现象会削弱区域发展的效能。其次，政府在财政预算收入增速放缓及土地财政收入陷入被动的状态下，财政预算支出是扩大还是收缩？如果是继续扩张，就会导致收支平衡的缺口越来越大；如果收缩，就会出现投资动力不足，经济再度放缓。所以，我们要寻找到一条既能减少投入环节收支失衡的压力，又能不影响社会现实需求的发展道路。最后，在各高成本的影响下是否还能维持城市的增长？城市所能承受的成本弹性究竟有多大？

公共投入边际效用递减与结构性过剩

公共投入也称“公共投资”，是由政府或公共组织为实现公共利益而进行的投资行为，主要体现在政府通过财政收入或贷款，新建或修复基础设施，以满足发展或保障性需求。

政府投资产生的基础设施通常被称为公共品。但是要注意，政府对公共品的投入不仅仅是为了现有居民的生活保障，其动机主要还有两个方面。一是为了发展性或促增长需要进行投资，这种投资被称为引致性公共品，或是生产型公共品。比如道路设施、生态环境设施、电力及信息化设施、教育文化设施等，其建设目的是通过改善目标区域的相关配套来提高目标区域的土地价值，以此吸引外部投资及相关集聚。这种模式可以通过生产外部性的方式进入生产函数，扩大收益。二是为了保障性需求而投资的公共品，其目的是保障民生基本需求或提高现有公共品质量，以实现和谐的社会环境与政治美誉度。以上两种动机在不计算投资效益的情况下，无论哪一种对地方政府都有利无弊。所以，数十年来在城市化发展中，公共品投资规模越来越大，基础建设占固定资产的投资比例也随之攀升。从社会基本面来看这是好事，但从经济学角度而言，更要关注公共品投资的边际成本。

虽然生产型公共品投入和民生型公共品投入都具有重要的意义，但从区域政府的溢出价值来看，生产型公共品投入更能获得

“政治美誉度”，这将为地方执政者带来额外的溢出价值，成为主政者的“晋升”工具。所以，地方主政者或许出于现实的需要，会把财政资金全面投向生产型公共品领域，这种现象在各地方政府是普遍存在的，从而导致了重基建轻服务的供给扭曲。下面我们从城市公共品投入边际效用价值和有效供给两个维度分析城市增长的瓶颈。

城市公共品投入边际效用递减

中国从2007年到2021年基建累计投资超过160万亿。从投资规模来看，中国对基础设施的投资位居世界主要经济体之首，是美国和欧洲的总和。进入21世纪后，中国基建投资占GDP的比重年均值超过15%，相比美国、日本等发达国家平均不足4%的比重来说，中国是当之无愧的基建大国。根据数据统计，近15年来全球基建投资占GDP的比重平均为3.5%，所以我国高速增长的背后离不开基建投资。从投资逻辑上来看，城市公共品投资是基建的主要构成，而生产型公共品投资又占据全部公共品投资的绝对比重。

究竟是商品房价格上涨带动了土地财政，还是土地财政推动了商品房价格？在这里我们暂且不讨论，我们把讨论的焦点放在公共投入对土地价格的作用关系上。首先从地方政府财政收支结构来看，土地与财政收支有着交互作用，共同影响城市增长。政府要获得高地租收益就必须进行公共品投资，而公共品投资又需要以土地资产作为融资担保，所以土地、公共品、财政收入形成了交互作用关系。不断通过公共品投入才能实现土地增值、产业集聚等优势已经成为各地政府的基本理念，但是公共品投资规模一旦超出财政所能承受的极限，就会出现负面影响。很多人会反对我这一观点，认为数十年来预算投资规模一直是超过预算收入规模的这一现象，就足以证明地方财政具有承受高负荷的弹性。这种观点过于线性化，实际上地方财政之所以在数十年里能承受高负荷压力，主要是转移了支付成本。政府投入成本通过土地出让金收入来稀释，而土地出让金又通过土地产品（房地产）来消化。过去一直高速增长的商品房价格在某种程度上是在承接和分解政府投入的压力。

那么，这种闭环模式是不是就意味着可以不断循环？答案是否定的。这种循环能力是具有周期效应的，原因主要有两点：首先，消费市场对价格的承受能力是有限度的，受可支配性收入和规模市场影响；其次，政府即便转移了大部分财政压力，但不代表能形成良性循环，更不代表能实现收支平衡。从2007年到2020年，中国商品房销售面积大约为157亿平方米，加上保障性住房70亿平方米，合计约227亿平方米，在这期间共投入基建成本160万亿元，按此计算，每平方米住房均摊了基建投资约7000元。如果把这13年的基建成本全部算入城市住房总面积350亿平方米中，那城市住房每平方米分摊的基建投资约为4500元，所以按此成本，房价还要大幅度上升才能满足政府通过地价收益对基建投资的平衡。但是，市场消费能力是有限的，当前房价已经透支了社会大众的支付水平，这一路径难以为继。所以，只能回过头来考虑基建投资边际效率递减的问题。

根据凯恩斯的观点，资本边际效率递减由两个方面构成：一方面是随着投资的增加，对资本品的需求规模在增加，这样会使资本价格上升；另一方面随着投资的增加，必然会带来产品供给的增加，在短期产品需求不变的情况下产品价格会呈现下降趋势，预期收益也呈下降趋势。以上这两个因素都会导致资本边际效率递减。从地方政府财政收入模型来看，凯恩斯提出的这两大观点都符合当前土地财政收入与公共品投资出现的收支不平衡现象。政府大规模的公共品投资（在这里可以理解为城市基建）对人力、材料、资本有巨大的需求，这种集中且规模化的需求拉动了生产价格，使资本价格大幅度上升；另外，当土地产品（商品房）价格增长赶不上公共品成本增长速度时，就会导致土地价格（土地出让金）低于预期，甚至出现亏损。所以控制城市公共品的投资规模、投资速度、投资结构，关系到政府财政投资的资本边际效率。

供给结构过剩或无效供给

不断追求规模化、利益化的公共品投入对于社会大众来说也会出现效用价值递减的现象。如果把公共品投入根据城市化率分为三个阶段或更多阶段，就会出现随着城市化规模越来越大，城市现代化水平越来越高，政府对公共品的投入强度和效用价值会出现双重递减的现象。

在城市化发展初始阶段或新片区开发阶段，政府对公共品的投资强度越大，效用价值就越高，在第一阶段甚至会出现效用价值曲线高于投资强度曲线的情况。比如在一个新片区修一条地铁或建一所学校，这个时候土地价格就有可能出现爆发式增长，这说明政府投资效用价值发挥了作用。到了第二个阶段，政府需要加大投资强度才能与第一阶段的投资相互衔接，这个过程由于投资规模过大，土地收益增长趋于稳定，所以就会出现效用价值低于投资强度的现象，但总体上效用价值还是处于增长的状态。到了第三阶段，城市已基本趋于成熟，可用土地资源逐渐减少，倘若政府还需要不断完善城市的公共品投入，比如地铁、旧城改造、新基建等，这个时

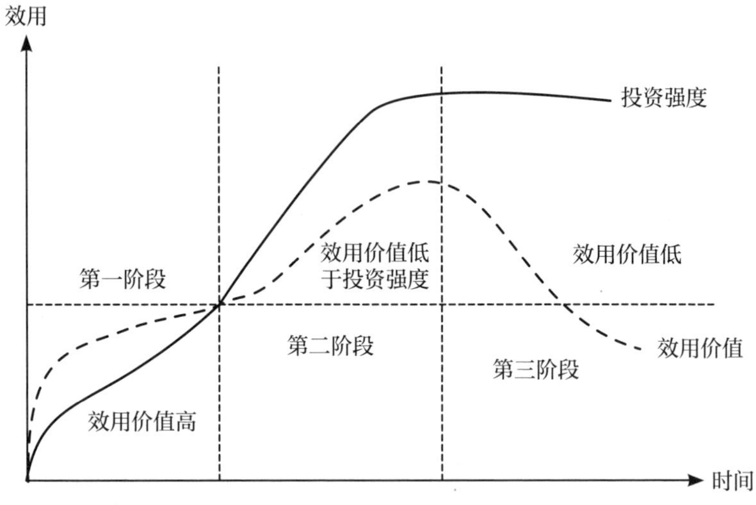

图 12-1　公共品投入的效用价值

候政府投资的边际效用就会递减，同时也反映了效用价值走低的现象。比如旧城改造、推倒重来就是效用价值不高的项目。不断重复叠加的投资到了一定程度的时候，对需求方来说反而会成为负担，或者需求降低。（如图 12-1）

“无效供给”指的是社会总供给与有效供给的差额部分。本文指的“无效供给”并非绝对的无效供给，而是包含低端供给和超高成本供给等行为。随着城市化不断完善，政府对公共品投资容易出现相对过剩或结构性过剩等现象。我们通常把这种现象称为无效供给或低端供给。因为受“城市精英化”[1]的干预及各种利益的驱动，在评判供给的有效性时很难分清供给失灵是由需求不足造成的还是

1　城市精英化：少数人以知识、财富、权力的优势获得为多数人代言的权力，以此获得价值传递的通道和支持。

由供给过多造成的。“供给失灵”的出现原因有很多，总结起来大概有三类。

第一，价格过高形成无效供给。城市公共品供给与商品供给一样，价格过高会导致需求市场难以接受，从而传达到生产部门，再由生产部门反馈到上游供给。比如土地供给价格过高会传导给住房价格，住房价格过高会给消费者带来生存压力，这种压力最终会转嫁给用工单位或供应链环节，以此转移成本，缓解压力。房价过高、公共品投资过大这两个问题一直是很难调和的矛盾，所以需要根据区域具体财政实力与消费能力去制定与之匹配的公共品供给。当然，这里指的不是基础保障，而是改善型或高端型公共品。

第二，供给不合理导致的结构性问题。一边是供给过剩，一边是供给紧缺，最终导致紧缺区域向过剩区域集中，但过剩区域在地理空间上又满足不了转移人口的流入，一味加大公共品规模只会降低其他要素的效用价值，这从本质上还是没有解决有效需求。比如某某片区由于政府对教育、生态、休闲、文化的持续投入，成为城市公共品最为集中的区域，而在其他片区由于政府投入不足，所以公共品严重紧缺，这样一来其他区域需求会全部向该片区集中，这样便又导致该区域供给不足。在这种情况下，政府理应加大其他区域的供给使各区域平衡发展，但是政府看到的依然是该片区供给不足，所以又加大了该区域的供给，再次撕裂了城市的平衡发展。即便不断加大该区域的公共品投入，但由于受空间及其他资源的限制，该区域会出现低效供给。所以政府在公共品供给结构和供给区域分布上必须依据人口密度、产业规划等条件进行科学系统的论证。

第三，供给质量不高导致需求下降。公共品供给不是一个量变过程，而是质变过程。道路并非越多越好，而是由规划的科学性来决定道路的通勤效率。教育网点也不是越多越好，而是优质教育资源的平均化决定生源的合理布局，比如学区房就是由公共资源分配不均导致的扭曲现象。另外在产业配套资源方面更是体现了供给质量的问题，比如产城融合政府对公共品的投入除了生活配套，还有产业功能配套，以及城市管廊、信息资源、能源供给等配套，这些都是不可或缺的投入。

供给的复杂性与需求的多样性

城市公共品供给的复杂性和需求的多样性，决定了政府部门必须放弃逐利性和随意性。社会对公共品的需求信号并不像商品市场由价格形式来反馈。在商品市场，私人品的生产与消费、供给与需求，都是通过市场价格机制调节来实现平衡的，个人需求可以通过个人购买偏好和支付行为直接进行表达，市场价格是个人消费者对私人品需求的量化反应，市场价格的变动体现出消费者对不同种类私人品的需求量和需求程度，从而在利益上直接诱导私人品生产企业增加供给或减少生产。而公共品一般都是由政府单向供给，是具有强迫性质的一种供给方式，这就有可能导致供给失灵。

目前，地方政府对公共品的供给一般都采用市场经济的调节模式，土地财政收入高或土地预期收入高就增加公共品的投入。这种投入往往带有诱导性，即吸引消费者购买房产来保证土地的预期收入。当然也有地方政府是依据人口集聚的动力与土地产品（商品房）的销售价格来判断公共品的投资规模与投资层级，这种看上去是按需求逻辑定制的供给，实际上还是没有摆脱市场经济的逻辑。公共品需求与公共品供给之间始终存在一道难以逾越的鸿沟，使双方都存在损失，供给方出现资本边际效率递减，而需求方存在边际效用价值递减。由于城市公共品需求信号不是以个体性和价格性出现的，所以政府对公共品的投资必须要摆脱私人品市场的投资逻辑，建立特定的信息渠道和公共需求表达机制。这里面还要注意一个更为严重的问题，那就是要规避城市利益集团或少数精英阶层对大众需求的绝对代言，避免让公共品成为少数利益集团和精英阶层逐利的工具。

公共品的需求市场具有复合性，这个复合性主要体现在两个维度。一是公共品的类别具有复合型，如交易、交通、文化、健康等与区域人口的实际需求比例关系。二是公共品与社会阶层的融合关系，社会阶层由个体、社会及特定阶层构成，他们对城市公共品的类型、规模、质量要求存在较大差异。同时各阶层之间对公共品需求还有一定的重叠性，所以在投资公共品的时候要充分进行调查分析，通过数据算法得出最优供给。其中又要注意一个严重的问题，因为公共品供给政策的制定者或执行者同时具有居民的属性，他们在出台公共品供给政策或执行政策时会有意识向自我倾斜，形成利益输送现象。假设一个叫“南北西岸”的小区，业委会主任个人喜欢打乒乓球，或者说业委会主任有利益诉求，便单方面以增加小区福利的名义购买若干台乒乓球桌放置在小区架空层，从表面上看这是一种提高小区福利的举措，但事实上是利益输送。小区绝大部分居民没有打乒乓球的意愿，同时把乒乓球台强制性安置在居民楼下还可能导致扰民现象，激化小区业主之间的矛盾。这种现象小到社区，大到片区，甚至是整座城市都会存在。不仅导致公共品的无效供给，还导致了社会矛盾的产生。

城市公共品投资要绝对避免功利化思想，更要避免政治化倾向。一些地方政府的决策者为了追求政绩，不顾社会大众的现实利益，不顾需求的轻重缓急，按其个人意愿行使公共品投入，最终将出现无效供给，带来资本投资效率和公共品效用价值递减的同时，增加社会矛盾。

全要素生产率与城市增长关系

全要素生产率（Total Factor Productivity，TFP）是指在各种生产要素的投入水平既定的条件下，所达到的额外生产效率。具体可以用“索洛余值”来解释。索洛认为：全要素生产率是总产出增长率中无法用资本、劳动和技术三种要素增长率解释的“余值”。比如一个地区或一个企业，资本、劳动力和技术等要素投入的增长率分别是8%，如果没有促进地区或企业的生产率增长，那么所带来的GDP增长应该是停留在8%，如果GDP出现了10%的增长，那么多出的2%的增长便是全要素生产率的贡献，在统计学中把增长部分称为“残差”。虽然“残差”的名字不怎么好听，但一直是企业和区域政府所追求的目标。

在区域经济和企业发展中，“全要素生产率是怎么产生的”一直是学界的研究重点，基本的共识是：由技术进步、基础设施或设备的投入、要素资源的有效配置形成的“余值”。从逻辑上看似乎顺理成章，但是发展过程受边际效用递减的影响，也会出现“失灵”的情况。比如无限投入基础设施能在前面几个阶段促进全要素生产率的提升，但此举在全要素生产率中的贡献并非占有绝对的权重，随着科技革命与其他要素的调整，人类的生产模式和消费模式也产生了重要变化，基础设施投资在全要素生产率中如果没有发生动态调整就会降低效用价值，从而对“残差”的贡献也越来越低。

数据表明，改革开放的前30年，在劳动红利与基础设施投入的相互作用下，中国实现了高速工业化进程，全要素生产率平均保持了4%的增长。但是进入2010年后，中国全要素生产的增速突然放缓，此后的增长速度基本保持在2%以内。这一方面说明基础设施的投入并非TFP的绝对权重；另一方面说明支持全要素生产率的要素是一个动态要素，与产业机制、技术变革、制度创新等有关。目前，中国全要素生产率水平只有美国、德国的45%左右，日本的65%左右，即使是与新兴经济体的平均水平相比，也不足50%。这是一个需要严肃思考的问题。假如你还认为“只要GDP规模增长就可以了，管全要素生产率干什么”，就会陷入认知的盲区，因为国内外的现状已经不容许我们按过去的驱动模式发展经济，而是要寻找新的途径解决经济增长问题，全要素生产率正是检验经济增长有效性和高效性的重要工具。

当前逆全球化已经成为普遍现象，各国为了自身利益加大了自我保护力度，世界经济在未来的数十年里已经不太可能回到2001年到2008年的黄金时代。在2001年到2008年间，中国加入WTO，开启了全球化分工模式，世界经济增长几乎翻了一倍。而现在世界各国都在探索新的经济增长模式，加上第四次工业革命带来的不确定因素，各国加强了技术封锁，从而使得靠溢出价值支持全要素生产率已经变得越来越不现实。从国内角度来看，经过数十年基础设施建设，中国已经初步完成现代化城市建设，城市化率截至2022年已经接近65%，其中沿海地区城市化率已经超过75%，一线城市更是超过80%，所以传统基建投资的增量将会放缓，对全要素生产率的贡献也会减少。另外受地方债压力，国家从2019年开始已经大幅度缩减地方发债搞城建的路径，因此只能依靠土地经济来填补资金缺口。同时，近年来的基建投入对全要素生产率提升并没有产生多大的影响，这种“失灵”现象在加剧地方财政负担的同时，也带来了资源的错配。那么，为何不把修公园的资金投入到科研院所，把一部分修地铁的资金投入到文化、教育等领域？蛋糕是有限的，在一个领域比重大了，在其他领域就减少了，所以就会导致资源错配，影响全要素生产率。

城市全要素生产率

城市全要素生产率与广义上的全要素生产率相比更聚焦在知识、技术、服务、制度、资本、环境及交通组织和数字化等领域，是各种要素相互交集所产生的乘数效应。城市全要素生产率与技术革命和生产要素的集聚能力有着密切关系，所以凡是技术创新能力强、集聚条件好的城市，全要素生产率增长就相对较快。

中国城市全要素生产率表现出区域的差异性，东部沿海城市比中部城市高，中部城市比西部和北部高，其增长速度也呈现东高西低的局面。这一方面是由历史文化与资源禀赋存续影响的，另一方面是欠发达地区过度模仿发达地区长期的“无限供给”模式导致的。当发达城市正在努力摆脱“无限供给”的阶段时，欠发达地区由于集聚能力不足而无法继续模仿，出现了“恶性循环”。当然这种“恶性循环”也是有周期性的，只不过周期的跨度比较大，在很长的时间里欠发达地区都会陷入全要素低增长的状态。

这里的“无限供给”主要指的是依托人口红利和土地红利优势进行廉价生产、粗放生产等。土地、劳动力形成经济发展的两条轴线：一条是以土地为导向的房地产和粗放型的加工产业园区发展，以及房地产创造土地经济反哺城市基础建设；另一条是以土地为导向的产业园区吸引粗放式的生产集聚，以此创造规模经济，实现就业和GDP增长。这两条轴线都是依托低成本且无限供给的土地资源来维系的。另外，无限供给的还有人口红利，人口规模创造了低成本的劳动力，使粗放型的加工产业得以生存。但是，进入2010年后，这两种无限供给都出现了明显的转折，也就是说红利的优势逐步丧失。从土地来看，一方面，受房地产利益的驱动，政府加大了住房用地的供给而挤压了农业用地和产业用地的供给；另一方面，过去粗放式的产业用地不仅没有创造高效的经济价值，还给生态环境带来严重破坏，所以国家对产业用地的规模和生产质量也进行了严格的管控，无限供给土地的做法将逐步退出历史舞台。从人口红利来看，一些区域出现了“双减”现象：一方面是新生儿出生率放缓，人口老年化减少了有效劳动力的供给，增加了人力成本；另一方面受虹吸效应影响，人口向城市增长极区域流动，在高铁时代的助推下一些优势不明显的城市出现了严重的人口外流。所以，城市增长必须从传统“要素驱动”向“全要素生产率驱动”转变，否则将会进入长周期的萧条。

前面说过，城市全要素生产率聚焦在知识、技术、服务、制度、资本、环境及交通组织和数字化等领域，但是多数城市在土地经济长期的作用下失去了整合要素、发掘要素、创造要素的动力，认为城市全要素生产率不是显性的表达，短期内对地方主政者的个人“红利”影响并不大，所以常常被忽略。多数城市依然处于土地

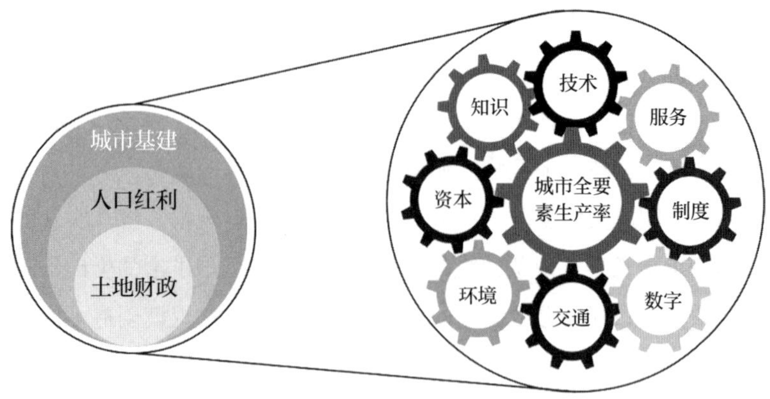

图 12–2 城市要素生产率向全要素生产转换机制

红利、人口红利、基建红利的发展模式中，所以亟须向全要素生产率转变，创造城市发展的新动力。（如图 12–2）

从城市经济学的角度来看，各种活动因素在区域内大规模集中才能形成增长动力及竞争优势。知识、技术、服务、制度、资本、环境及交通组织和数字化等要素的集聚正是全要素生产率增长的支撑条件。作为长期依赖土地财政、人口红利和城市基建的区域，要摆脱传统增长模式的束缚就必须创造全要素生产率的条件，这个过程是一个循序渐进的迭代过程，要通过已有的优势要素与新创造的潜力要素相互融合。比如，土地财政还有一定的维系时间，如何利用这个窗口期把土地财政收益转化为新的资本驱动，对环境、技术、服务及数字化等进行提升？如何利用城市基建的预算支出向新基建覆盖，为城市高效运营和产业发展创造效率优势？如何通过制度优势提升对现有人口红利的有效转化？

全要素生产率对城市的作用

全要素生产率对城市增长的作用主要通过资源配置效率来体现，通过对各大要素的整合形成传统劳动、资本、人力等要素无法解释的经济增长。影响城市全要素生产率的因素有很多，绝非几个关键词就能概括，所以在分析全要素生产率的形成条件时，既要肯定传统投入对要素形成的贡献，又要加强对新要素的重视与投入。传统要素条件我们前面说过，主要是以基建投入为核心的要素配置对要素资源的形成有引致作用，所以我们并不是推翻传统基建的投入，而是建议传统基建投入要向新基建投入转变，并通过科学规划实现投资边际效用最大化。我们可以对新要素进行梳理，根据权重关系与普遍采用的要素进行归类，一般来说，影响全要素效率的有五大维度。

1.技术创新

党的十八大报告强调要实施创新驱动发展战略，强调科技创新是提高社会生产力和综合国力的战略支撑，必须摆在国家发展全局的核心位置。对社会生产力的影响主要体现在技术创新的过程中。根据工业4.0的表现形式看，技术创新分为产品创新、技术工艺创新、服务创新和组织创新四种模式。这四种模式实际上是四个环节，每一个环节的创新对社会生产力都起到重大影响，最直接的是创造有效供给、实现利润增值。如果与以往利润相比，多出来的部分利润就是全要素生产率。

创新是一个渐进式的活动过程，是多个技术多个领域的系统性变革，当一项技术得以突破后就会引发产业链上相互关联的“技术体系”的变革，这种变革是大规模的，并向上下游延伸。同时，技术创新具有溢出价值。溢出价值以多维度的方式进行扩散，最终形成整个经济体系的变革。从溢出的类型来看主要分为知识性溢出和技术性溢出，知识性溢出是根据人才的流动所产生的共享价值。比如一个技术总监在外资企业工作多年，等他跳槽去了另外一个公司的时候，就会把先进的管理理念带到另外一个公司，当另外一个公司的技术主管又去了其他公司，就会再次将知识进行传播。技术溢出是一种外部性技术转移的过程。技术溢出分为外部溢出和内部溢出两种。外部溢出是通过市场交易获得，尤其是国际贸易加剧了技术的流动，可以通过模仿或改造实现技术升级，所以加强外向型经济发展对国家技术水平提高有积极作用。内部溢出是通过市场内部相互学习、模仿、购买专利获得，或者通过产业倒逼创新驱动。比如下游产业因为技术创新对上游产业的融合提出了新的要求，在此背景下，上游企业如果不进行技术创新就会失去下游产业的需求市场，这种倒逼机制将传导在整个产业体系中。政府如果通过投入、引导构建一个创新生态体系，就能激活整个区域的创新活力。目前，中国在技术转化领域还需要加强，数据显示，中国科技成果转化率仅为20%左右，技术进步对经济增长的贡献率为60%，低于发达国家60%—80%的水平。随着社会不断发展，技术进步对经济增长的贡献率将越来越高。

2.产业集聚

产业集聚绝对不是规模报酬递增这么简单，现代高新制造业对产业的配套要求不仅仅体现在供应链上，还体现在集体创新生态体系上。根据迈克尔·波特的观点：产业集群是一组在地缘上接近的相关企业和相关机构，由共同性和互补性联系在一起。政府通过产业园区的调整规划，依据要素禀赋进行分类集聚，有助于产业整体发展。一般来说根据地理要素和行业要素进行划分。地理要素是指把关联度较高的产业统一规划在特定的地域上，并给予相匹配的政策支持；行业要素是把相关联的企业进行有序组合，使其形成产业集群，整合的关键原则是既要有依附性又要有竞争性，既要有同质化又要有异质化。当然，产业集聚的最大作用还是产业关联的溢出价值。产业关联的溢出价值是使不同产业之间存在关联活动，先进生产要素基于经济联系而进行传递，通过产业关联使相对滞后的企业逐步融入先进的技术创新网络体系中，提升其自主创新能力。当然，政府除了推进产业集聚，还要加强内部的产业转型升级，因为产业集聚也是建立在传统产业配套上的，如果传统产业配套落后，就很难形成产业集聚。

3.制度改革

“制度是经济增长的决定性因素”这一观点已经得到广泛认可，实践表明，经济发达的地区一定是制度创新力最强的地区。有效的制度不仅表现在对产权的保护和资产配置效率方面，还表现在经济增长所需要的创新领域方面。

早期的新古典理论认为：经济增长的关键在于要素投入和技术进步。后来诺斯在《制度、制度变迁与经济绩效》一书中，将制度定义为：“制度是一个社会的游戏规则，更规范地说，它们是为决定人们的相互关系而人为设定的一些制约。”中国改革开放取得的成就表明，制度构造了人们在政治、社会或经济方面发生交换的激励结构，制度的变迁则决定了社会演进的方式。

制度对全要素生产率的影响主要表现在两个方面。

一是政府干预提高了经济效率。这里排除过度干预的负面影响，如果只从正面影响的角度来看，政府干预可以为市场提高信心，这种信心是来自权利的保障与交易的公平性，同时也是来自制度内部的自我监管给市场带来的公平性。比如浙江省通过推进“大综合、一体化”行政执法改革，构建全覆盖的整体政府监管体系和全闭环的行政执法体系来保障生产组织的公平性。所谓“大综合、一体化”行政执法，是指政府通过行政手段剥离各政府机构的执法权，避免既当裁判又当执法人的徇私舞弊现象发生，把执法权从各局级单位剥离出来交给城管局来执行，城管局根据各主管部门递交的材料进行审核执法，并承担执法责任，这样就可以规避一个部门主导的裁定权和执法权带来的不公平现象。

二是制度对市场要素配置的干预关系到全要素生产率。比如浙江省把产业、学术、科研、成果转化、金融、人才、政策、中介、环境、服务十方面因素融合提升，打造了一个创新创业的生态系统；推动项目、基地、人才、资金一体化高效配置；改进科技项目组织管理方式，实行“揭榜挂帅”等制度，完善科技评价机制，扩大科研院所科研自主权；健全政府投入为主与社会多渠道投入相结合的机制……这些对市场要素配置起到了引导作用，提高了效率。此外还有对集体生产组织和新经济模式的制度创新，也能促进当地的经济增长和全要素生产率的提升。

4.数字化变革

过去认为数字化只体现在互联网及软件工程领域，也就是说表现在数字产业化领域。但是随着数字化程度不断提高，突然发现数字化已经不是一个产业了，而是社会与生产之间融会贯通的“血液”，任何产业、任何场景对数字化的依赖程度都越来越高，可以理解为数字化是人类生产、生活、消费、学习、娱乐等各种活动的纽带。从20世纪40年代第一台计算机诞生，到90年代互联网的出现，就注定了这个世界已经进入数字“孪生”时代，即虚拟与现实相互融合、促进。这一过程不仅促进了许多产业的变革，还提高了人类生产、生活的效率和质量。从杭州G20峰会后，全球基本达成了发展数字经济的共识，大数据、算力等领域得到世界各国的高度重视。中国从2022年开始部署“东数西算”工程，以此来解决未来生活、生产等领域的海量数据分析及应用问题。数字化应用对全要素生产率有着决定性作用，这与技术创新的权重几乎有着同等意义。

根据西北大学吕春慧博士的观点：从生产的角度来看，数字化对全要素生产率的提升主要体现在要素投入和要素效率方面。[1]第一，通过技术进步推动全要素生产率提高。随着高端技术的不断涌现，很多复杂的算法、智能识别、智能生产、智能服务等都可以利用数据挖掘、云计算、机器学习等高级数据处理技术实现，技术的进步和资本深化，成为经济内生增长的主动力。第二，通过ICT（信息通信技术）资本对劳动力和资本的替代作用，提高全要素生产率。根据摩尔定律，每18—24个月集成电路上可容纳的元器件的数量会翻倍，价格以半数下降，随着ICT产品的相对价格持续降低，ICT资本对劳动力、资本等其他生产要素的替代作用将越来越强。一方面通过替代劳动力来提高生产效率；另一方面通过取代传统资本实现资本深化，降低生产成本，提高产出。云计算、工业机器人、数

1 吕春慧：《数字经济推动中国经济新动能培育的研究》，西北大学博士论文，2020年。

据挖掘等技术的广泛应用，替代了简单的人力劳动，优化了要素配置，提高了投入质量和生产效率，使得生产点尽可能向生产可能性曲线靠拢；同时技术创新所带来的商业创新，可以对技术进步和要素投入产生溢出作用，推动生产可能性曲线向外移动，从而提高全要素生产率。

5.金融集聚

金融集聚能力在现代经济发展中起到了关键作用。金融是产业发展和技术创新的基础动力，一个区域的金融越是集聚，其创新能力就越强，同样经济的活力就越强。金融集聚是经济规模和质量的支撑、保障。金融集聚为经济产业的壮大和发展提供了支持和保障，进而对区域整体经济发展起到促进作用。在经济全球化日益发展的当下，金融集聚现象日益显现，成为现代金融业发展的基本形式。金融集聚对促进区域经济的增长有重要作用，它有利于拉近产业与产业间的集中交易，提高经济增长效率，对打造区域品牌、促进区域经济进一步发展甚至走向国际都有重要意义。比如，合肥市采用了一系列金融集聚措施来促进合肥的产业创新及孵化。合肥根据当地经济发展状况，充分利用各项优质金融资源，通过金融集聚效应为合肥及合肥经济圈经济的协调、可持续发展提供强有力保障。

1974年，美国经济学家金德尔伯格（Kindleberger）最早提出了“金融产业集聚”这一概念，他通过研究金融现象发现，在金融产业逐渐发展的过程中，大量经济活动参与者会逐渐向某一地理区域集中，并且会在某一产业集中区域内统一进行交易与经济活动，一定程度上形成经济规模。当金融机构、金融企业、金融监管部门等金融行业要素和资源大量向某一地区集中的时候，便产生了金融产业集聚的现象。当然，金融集聚不是自然形成的，而是通过产业引致和政府制度化改革形成的，从某种程度上讲，是利益和信用保障的共同作用。金融资源具有流动性特征，其中包括金融机构、金融产品、相关制度、工具、创新、人才等等，会根据区域经济的不同条件，如产业环境、制度环境、资本收益预期等因素，随着条件的变化在区域之间流动。所以，在区域经济发展过程中，金融资源成了提升全要素生产率的重要因素。政府如何利用区域产业禀赋去吸引金融的集聚成为区域增长的重要工作。尤其是创新型城市对金融集聚的要求会更迫切。

资本是科技创新、转化的第一要素。在创新和转化这一阶段，由于没有产出效益，所以需要大规模的资本支持。仅靠企业从银行信用贷款所获得的资金是有限的，这时候就需要政府来干预，以制度作为保障，通过政府平台公司参股、技术合作等形式建立多种金融模式，吸引外部资本流入。比如，合肥市抢抓综合性国家科学中心建设的过程中，需要加大财政在科技领域的投入，促进大批科技成果转化，实现跨越式发展。但是依靠现有的财政收入和区域内的金融规模带动不了产业高质量发展，所以合肥把吸引外部金融作为产业转化的重要战略。在政府的努力下，合肥金融产业集聚规模不断扩大。比如，为了实现金融与科技的深度融合，合肥市政府打造了“合肥滨湖金融小镇”，按照“政府引导、社会参与、市场化运作”的方式进行运营。虽然各地的金融小镇有很多，但能通过自身产业禀赋与金融融合的不多。合肥滨湖金融小镇聚焦“金融+科技”高端特色产业，打造金融科技研发中心、金融资本集聚中心、投资基金集聚中心、资本市场服务中心、金融人才服务中心“五大中心”，可以说是为全面嵌入合肥科技产业而打造的金融孵化中心，这对技术的研发和产业转化有着重要的推动作用，并且能形成金融与科技黏合的生态体系，提高区域发展的全要素生产率。

城市全要素生产率与增长弹性分析

城市全要素生产率是衡量城市经济高质量增长的重要指标。从宏观经济学原理来看，土地、劳动力、资本等生产资源的持续投入能促进经济的高速增长。但是，持续投入并不代表可以无限供给，资源本身并没有循环能力，当产出利润无法满足持续投入需要时，规模经济就会“失灵”。在这种情况下要想再次驱动经济增长，途径只有两个：一是把生产资源与消费市场向全球化延伸，这一途径往往会伴随各种摩擦，甚至是通过战争来实现，某种意义上与霸权主义相关联；二是通过提高全要素生产率来降低资源投入，提高产出价值。降低资源投入就意味着失去了宏观经济学中规模化生产的能力，所以需要通过技术创新、金融工具、产业结构、数字化效率等来调节投入和产出的矛盾。自诺奖经济学得主罗伯特·默顿·索洛于20世纪60年代提出全要素生产率以后，大家才明白靠资源持续投入创造的增长并不一定是有效增长，如果在投入不变的情况下仍能维持增长，才是高质量增长。下文我们对城市全要素生产率测算及全要素生产率的阻力进行分析，提出城市引力假设，主张理性增长、有效增长、高质量增长。

城市全要素生产率测算及建议

前面说过，全要素生产率与生产资源投入效率有关，土地、劳动力、资本等能促进产出规模，但不一定能长期维持全要素生产率的提升。根据中国人民银行调查统计司课题组（2021）的测算结果，1978—2020年，资本、劳动和全要素生产率对中国经济增长的拉动作用及其贡献率如下。（见表12-1）

表12-1　1978—2020年资本、劳动和全要素生产率对中国经济增长的拉动作用及其贡献率

时期	实际GDP增长率（%）	拉动经济增长（%）			贡献率（%）		
		资本	劳动	TFP	资本	劳动	TFP
1978—1990	9.3	3.5	2.7	3.0	37.6	29.0	32.4
1991—2001	10.3	3.9	2.3	4.1	37.9	22.4	39.7
2002—2007	11.3	4.8	1.4	5.1	42.5	12.4	45.1
2008—2012	9.4	5.4	0.9	3.1	57.4	9.5	33.1
2013—2020	6.4	4.3	0.5	1.6	67.2	7.8	25.0

［数据来源：中国人民银行调查统计司课题组（2021）］[1]

资本、劳动的投入与GDP、TFP（全要素生产率）之间是一个周期性、曲线型的关系。在1978年到1990年间，资本、劳动投入与GDP、TFP的增长极贡献基本成比例增长，也就是说投入带来的TFP贡献呈线性关系，不算低也不算高，这主要是在工业发展初期，

1　陈维宣、熊巧琴等：《效率变革：寻找数字时代全要素生产率提升的核心引擎》，腾讯研究院，https：//www.tisi.org/?p=22169，2022年10月1日。

受技术与知识等要素的限制，生产关系没有出现乘数效应。1991年到2001年，投入基本与上一个时期差不多，但是GDP增长和TFP的贡献明显上升，这与技术和知识的外溢价值有关，效率明显提高。2002年到2007年资本投入增加，但劳动力规模明显减少，这是因为生产模式发生了改变，工业发展逐渐进入现代化模式，机器替代人力的生产理念得以推广，在此背景下TFP的贡献率为45.1%，当然这与适当的投资规模有关。2008年到2012年，由于亚洲金融危机，中国经济增长适度放缓，但资本的投入大规模增加，以此换来经济的稳定性，TFP的数据反映出基建投资对经济的促进有明显作用，但对TFP的贡献并不是最佳的。2013年到2020年，中国经济增速明显放缓，同时劳动红利也逐渐减少，在同等投资规模下，TFP对经济的拉动与2008年相比几乎降低了1.5%，这一拐点是从2008年开始出现的。这说明两个问题：第一是在工业经济发展初期，经济的增长主要依赖资本和劳动投入，到了工业发展中期以后，经济的增长对全要素生产率的需求越来越大，而资本的边际效用价值也逐步递减；第二是TFP的增长不仅依赖于先进技术的赋能，还依赖于生产要素的配置能力，单一的规模化发展降低了生产要素的有效配置，导致产业发展失衡。

当前，各种数据表明，中国全要素生产率远低于美国、日本、欧洲等发达国家，甚至低于部分新兴工业化国家及印度。对于这一结论，应该从两个层面来解读。与美国、日本、欧洲等国家相比，中国全要素生产率不高主要是由技术转化率低导致的；而相对部分新兴工业国家及印度，主要是中国基建投资规模过大降低了TFP的贡献率，所以并不完全代表中国的科技水平就不如印度及其他新兴工业国。

由于中国城市化率已经达到65%左右，工业及其他产业部署主要依附于城市区域，因此以城市全要素生产率来评估经济质量更为科学。城市全要素生产率的测算是一个复杂且系统的工程，目前对城市全要素生产率的统计与分析，主要借鉴国内学者的随机前沿模型设定方法，将中国城市经济生产函数设定为柯布—道格拉斯形式。式中：Y_{it}表示i地区t时期的实际产出；L_{it}表示i地区t时期的劳动投入；K_{it}表示i地区t时期的资本投入；t表示时期变量，用以消除时间趋势所导致的各地区产出变化；T为研究时间范围的基期年度；V_{it}为随机扰动项，服从标准正态分布；U_{it}为技术无效率项，假定它服从零点截断的半正态分布；η 为非截断正态分布下的期望值；μ 为技术效率水平随时间变动而变化的未知参数。具体生产函数设定如下：

$$\ln Y_{it}=\beta_0+\beta_1\ln K_{it}+\beta_2\ln L_{it}+\beta_3 t+V_{it}-U_{it}$$

$$\mathrm{i}u_{it}=\{u_i\exp[\eta(t+T)]\}\sim\mathrm{iid}N^{+}(\mu,\delta_u{}^2)$$

基于以上生产函数形式，各城市的全要素生产率为：

$$\mathrm{TFP}_{it}=\exp(\beta_0+\beta_3 t)\times TE_{it}$$

式中$\exp(\beta_0+\beta_3 t)$为t时期的前沿面技术水平，TE_{it}为i地区t时期的技术效率。

这种测算方法主要是基于技术、资本对生产效率的影响，虽然能测算出平均的全要素生产率，但忽略了其他的要素条件，容易导致区域化的差异，也就是失真现象。另外，城市全要素生产率与全国平均全要素生产率存在差异性，因为全国平均全要素生产率包含了农业全要素生产率，这无疑会拉低城市全要素生产率的贡献。所以，中国全要素生产率与西方发达国家相比很大程度上是被第一产业拉低了。这反映了中国全要素生产率存在结构性问题，行业间全要素生产率的异质性突出，农业和传统工业的全要素生产率增速降低，而高科技产业和服务业全要素生产率增长相对较快。所以，要解决全要素生产率的问题，一方面要加大技术研发及转化，另一方面要通过政府干预进行产业融合，让高新技术产业及服务业向传统工业赋能，避免各自为战的割裂式发展。

技术创新与技术转化对全要素生产率具有作用已经是一种公认的观点，在此不再做赘述。根据对近年来一些城市的高速增长进行分析，发现其增长途径有三点。

第一，是通过持续资本投入，以基建推动城市经济增长。这种模式几乎是绝大部分城市的通用手段。这种模式其实就是通过地方公共债务来影响经济增长。政府通过交通、环境改造等项目融资，使土地增值，从而获得各种地租收益。但这种模式的折损率也很明显：一方面是通胀导致私人储蓄下降，阻碍经济增长；另一方面是社会生活成本上升，会降低全要素生产率。数据显示，一个城市的地方公共债务余额占GDP的比重（负债率）每提高1%，企业全要素生产率就会平均下降约0.06%。[1]所以，各地政府这一常规手段将逐渐失灵，区域增长还需要回归有效生产。

第二，是通过数字化赋能提高经济增长。数字化所表现的形

1 吴敏、曹婧等：《地方公共债务与企业全要素生产率：效应与机制》，《经济研究》2022年第1期。

式有三个维度。一是数字产业化，通过互联网交易替代传统物理空间交易，这种增长的特点就是打破地域边界，实现规模经济，创造“长尾”效应，但弊端是收割了传统线下经济，功过相抵，获利不大。当然数字产业化还包括软件工程、信息产业等，但从目前经济贡献来看并没有形成国际竞争优势。二是产业数字化，利用数字技术对传统生产方式进行赋能，推动传统产业深层次变革，实现效率、质量、产能的多项增长。这种增长模式对全要素生产率的贡献最大，或者说是全要素生产率对这种增长模式的贡献最大。三是通过数字化的全面应用提高资源配置效率，当然目前还有一定的距离，但也是未来的趋势。

第三，是通过先进制造技术实现高速增长。先进制造技术最终是靠产品的市场占有率来说话，在高技术环境下，产品的市场占有率越高说明技术的价值就越高。当然，其中的市场占有率不仅限于区域消费市场，而是要形成国际市场竞争力。

基于以上三种增长方式，可以明确全要素生产率对数字技术和金融的依附程度最高。数字解决效率、金融解决研发资本。而传统基建对全要素生产率的贡献率最低，如果必须通过基建来推动增长，那需要切换到新基建领域，不然无效供给和低效供给都会降低全要素生产率。在党的十九大报告中，习近平总书记提出：“必须坚持质量第一、效益优先，以供给侧结构性改革为主线，推动经济发展质量变革、效率变革、动力变革，提高全要素生产率。”[1]

---

1 《习近平同志〈论把握新发展阶段、贯彻新发展理念、构建新发展格局〉主要篇目介绍》，人民网，http://dangjian.people.com.cn/n1/2021/0817/c117092-32195542.html，2021年8月17日。

全要素生产率的反作用力

人集聚到一座城市无非就是为了追求更好的生产环境和更优越的生活环境。所以从成本角度来看，无论是生活还是生产，对成本的敏感度几乎是一致的，分别是地租成本、税费成本、机会成本、通勤成本，当然相对生产来说，生活增加了健康成本及教育成本等。从两者的共性来看，地租成本是生活和生产交叉的一种成本。地租可以转化为居住成本，而居住成本又能转化为生产成本。所以，影响全要素生产率的因素有很多，但那些都是技术层面的，随着国家综合实力提升，将逐步得以解决。而居住成本是制度和意识形态层面的问题，如果不加以纠正就会形成长期的阻力，即便技术进步再快也赶不上成本的增长。居住成本、地租收益、产业发展、城市集聚似乎形成一种闭环式的逻辑，看上去是在增长，但实际却是在折损。（如图12–3）

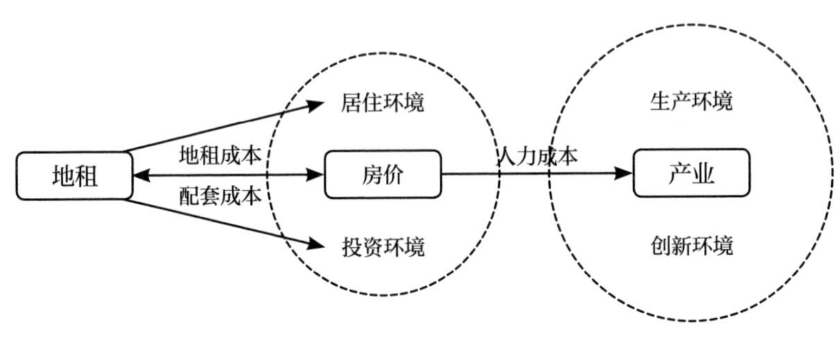

图 12–3 城市运行成本的闭环逻辑

居住成本是以房价的形式对地租反哺，地租以完善居住配套的形式提高房产的价值。这个逻辑没有错，其实就是价值变现，但是其中要考虑消费者对价格的敏感度，就好比去商场买衣服，衣服虽好但也要买得起。当然，很多人会说供需关系是否合理是通过市场反应来证明的，需求市场大于供给市场说明供给关系是合理的。这一观点不适用于住房市场，因为忽略了住房的多重属性，商品房既有居住的属性，也有金融的属性，当居住属性掺和着金融属性的时候就会扭曲供给的价值，更多向资本逐利方向倾斜。更何况中国房产还有一层“权利”的属性，即与户籍、学籍等关联，所以某种程度上对于社会大众来说是一种“被迫”交易。就好比把一件名牌衣服与就业、社会等级挂钩一样，穿上名牌衣服就可以获得面试的印象分，穿上名牌衣服就可以出入高端场所来提高机会收益，如果这一逻辑得以成立，那么衣服再贵也有人去贷款购买。当然，贷款是要还的，偿还贷款能力的基本证明就是工资收入。所以，产品价格上涨就会通过间接途径倒逼人力成本上涨。如果企业因为房价上涨而受益，那么提高人力成本就变得顺理成章了。企业人力成本上涨后，如果没有创造更高的劳动剩余价值或生产效率，那么就会出现收益率下降，甚至是亏损，从而抑制企业创新、扩张的积极性，导致就业率下降。

假设企业创新是影响全要素生产率的重要因素，那么人力成本提高会影响企业的创新动力，企业通过减少人力成本来维持生存，这种现象会减少创新成果，从而影响全要素生产率。因此，合理的人力成本是创新向全要素生产率转化的基本保障。

假设居住成本是影响人力成本的重要因素，那么居住成本的提高会转化为工资收益，如果企业能支付居住成本转化而来的工资成本，那么说明居住成本具有一定的增长弹性，如果企业无力支付居住成本所转化的工资成本，那么就会出现两种结果：一种是维持现状，坚持不涨工资，通过减少或替换优质劳动力来应对成本上升问题，这将导致人才流失、创新动力不足等结果；另一种就是提高企业风险系数，面对人力成本的大幅度上升，企业只有通过创新去提高产品价格，带来溢价收入，如果产品带来的溢价没有实现预期收入，就会导致企业破产。事实证明，高房价背景下消费能力和消费动力被抑制是一种普遍的现象。这两种结果对于一座城市来说，最大的损失就是失去了集聚的条件，如果不改变最终会陷入衰退。

假设地租是影响居住成本的重要因素，那么高地租会以土地财政的形式过渡，占有土地产品（商品房）价值的剩余；而土地产品价值的剩余又会以土地产品增值的形式让消费者来承受；消费者又会以人力成本的形式让企业来分摊土地产品增值部分的支出。所以就形成了闭环式成本链，最终影响人力要素的发挥，导致全要素生产率下降。

透过这个规律我们就可以发现，虽然地方政府通过基建投入创造了更高的地租收益，但是推高的房价影响了人力要素发挥，给个人消费能力和企业的成本支出带来了压力，影响了以创新为核心的有效供给和以消费能力为基础的消费规模。虽然政府地租收益是以公共品配套形式反哺社会，但是相对于居住成本过高与企业创新动力衰竭来说，这些供给的边际效用价值依然是递减。所以，居住成本大幅度上升是阻碍全要素生产率增长的重要原因。

城市增长弹性分析

这一部分内容主要分析城市增长弹性问题。针对这一问题，笔者将基于动态变化做出解读，其中既有总结性分析，也有探索性研究。“城市增长弹性”概念是建立在弹性系数上的一种延展，用于分析城市增长潜力，是一个变量相对另一个变量发生的一定比例的改变。“弹性”概念最早是由阿尔弗莱德·马歇尔提出的，后来众多经济学家对这一理论进行了深化，主要用于“供给”与“需求”两个变量之间的关系。一般认为两个变量关系越接近，相应的弹性值就越大；两个变量关系差异越大，相应的弹性值就越小。本文对弹性系数不做具体验证分析，主要对现有数据进行陈述，以反映弹性压力的存在。

城市增长因素有很多，无论是支持城市增长的因素还是削弱城市增长的因素都无法用简单的指标去衡量，这里主要对给城市造成直接影响的三大因素进行分析。

1. 土地供给能力下降

一直以来土地供给是地方财政的最大资金来源，根据官方数据，1998年地方土地出让收入为507亿元，而2020年这一收入规模已高达8.4万亿元，增长约165倍。政府通过土地财政（地租收益）来维持基础设施建设，并且形成滚动发展模式。但是当前地租收益面临两大成本问题。

首先是土地开发成本急速上升，地方财政压力增大。粤开证券研究院数据显示，土地出让收入中约52%用于征地和拆迁补偿，约23%用于土地整理支出，约11%用于城市建设支出，约1%用于农村基础设施建设，实际可完全支配的财力占比不大。所以地方政府要维持土地财政的增长模式就必须通过大力举债，并且不惜一切代价推动城市更新或扩张。但是随着国家对地方融资平台的收紧，发债或其他融资模式很难为土地开发提供资金来源，所以一些过于依赖土地财政的城市将陷入被动局面。数据显示，2019年土地依赖度位居前列的省份分别是浙江、安徽、江苏、山东、江西、贵州、湖北等地，这些地方的土地财政依赖度在90%—120%，要想降下来就必须找到新的财政来源。

其次是土地供给价格走低，土地开发成本再次上升。以2021年的数据为例，全国300座城市土地出让金总额为56 199亿元，同比下滑9%。虽然一线城市土地价格还在上升，但是土地供给的规模受限，以及土地产品（商品房）的价格下滑等因素导致土地财政收缩已成为预期。2022年3月份的数据显示，大中城市商品房销售套数和面积同比下降48.5%，几乎是断崖式的下降。当然，其中不排除有周期性价格波动，但全国非一线城市土地产品开发规模和销售价格下滑已成为趋势：一方面受虹吸效应影响，人口外流导致区域消费市场萎缩；另一方面供给过剩导致无效供给。泽平宏观数据显示：2022年70城广义库存达到10亿平方米，新房入住率低，近3年70城商品住宅年均供应近5亿平方米；从重点25城来看，广义库存总量为3.3亿平方米，按照销售面积测算需要1.26年消化，其余45个城市则需要5年消化。另外，有数据显示，2022—2023年上半年，房地产投资同比下降了约20%。

综合上述原因可见，依靠土地财政来维持城市增长的弹性不足。

2.需求能力下降

抛开资本投资因素，从刚性需求角度来看，消费者对住房的需求因为价格因素被抑制了。房价与家庭收入比是衡量消费弹性的重要因素，当前中国一线城市房价占家庭收入比已经高到20—30倍以上，远远脱离了实际消费能力。虽然有银行为其提供资金来源，但高房价带来的贷款额度增大与高利息带来的还款能力减弱，成为不可调和的矛盾。

当家庭月收入无力支付贷款的时候，银行就有可能出现次贷风险。泽平宏观《全球一线城市房价比较》报告显示，中国一线城市的绝对房价、相对房价依然位居全球前列。从房价收入比看，以使用面积算，北京房价收入比为41、上海为32、广州为28、深圳为32，远高于纽约的7，伦敦的10，东京的10。截至2023年，全国房价收入比均在10以上。从绝对房价看，全球前十大高房价城市，中国已占一半，这是由深层次的住房制度决定的。中国房地产市场最根本的问题是人地错配（一、二线高房价，三、四线高库存），人口流入地区建设用地供给不足、优质公共资源富集、金融高杠杆、流动性过剩等。长期的高房价导致在过去的10年里，居民杠杆率上涨了6.68倍，个人住房贷款余额超过38万亿，部分城市杠杆率涨幅加大，甚至有些城市杠杆率超过200%。这一状况在日本等国家，以及中国香港等地均出现过，并为此付出了惨痛代价。所以需求不可能再次通过货币供给来维持，只有通过调整供给来解决这一问题。

从以上数据分析可知，城市增长要依靠货币供给维持房产消费的持续性已经不可能，房产需求对城市增长的弹性不足。

3.城市蔓延导致发展弹性不足

城市蔓延，简单理解是城市用地规模远超城市人口与经济增长的规模，从而导致城市发展的生态系统遭到破坏。主要的特征表现为农地减少、环境危机、交通拥堵、社会矛盾、经济风险、文化流失、信任危机等。工业革命以来，城市蔓延成为世界上较为普遍的现象。伦敦市区在1880—1937年间，由26.9平方公里扩展到1580

平方公里，1920年以后的10年间，建成区扩大了4倍，出现大规模郊区化现象；巴黎在19世纪末至20世纪60年代，从只有2.7平方公里的古城增长到11 914平方公里，空间蔓延增长4412.6倍；美国6个100万以上人口的大城市城区人口减少了140万，郊区却扩展了33%；人多地少的日本同样面临城市蔓延问题。从国外的经验总结来看，城市蔓延最后须通过“新城市主义”“精明增长”“紧凑城市”等理念进行修正。当然“新城市主义”只是缓解了交通拥堵等现象，并没有真正解决城市无限扩张带来的问题，直到20世纪70年代后，美国提出“精明增长”才有效遏制了蔓延的趋势。从理性的角度分析，城市扩张的速度与人口集聚的速度、经济增长的速度是相匹配的，如果打破了这种平衡就会造成城市蔓延。国际上对城市建设规模采用了弹性系数进行计算，用地增长速度与城市人口增长速度保持在1.2：1是比较合理的，但目前中国平均系数已经超过1.8：1，反映了中国城市扩张带来的蔓延已是普遍的现象。

所以，一边是对城市边界的控制，一边是城市治理成本上升，城市空间规模对城市经济增长的弹性减弱。

从现实角度出发，现有城市的增长模式存在边际效用价值递减的现象，资本投资效率也在降低，城市增长弹性减弱。所以必须高度重视城市全要素生产率的提高，理由很简单。

首先，提高城市全要素生产率是现代城市发展的需要，是技术进步和生产效率提升的结果，只有不断提高城市全要素生产率，城市才有持续发展动力。

其次，提高城市全要素生产率是提高城市竞争力的重要支撑，因为城市全要素生产率的提升有利于降低生活、生产及城市运营成本，从而形成引力条件，创造城市集聚能力。

最后，提高城市全要素生产率是解决地方财政收入对土地依赖的重要途径，只有提高全要素生产率，才能促进产业经济高质量发展，然后反哺地方财政，以此满足城市各种治理成本与发展性支出。虽然凯恩斯认为，资本边际效率随投资增加而递减，但是这并不代表不需要增加投资，而是要实现有效投资，创造可持续增长的环境。

第四部分
产业转型方法与路径

第十三章　本土市场效应与产业集聚意义

本土市场也叫本地市场，简单来说就是离自己最近的市场，因为各种要素的集聚为企业生产创造规模报酬递增优势，从而提高企业的外部竞争力，创造更多发展机会。本土市场效应是在20世纪80年代由诺贝尔奖得主克鲁格曼（Krugman）首次提出的，他认为：在不完全竞争、存在贸易成本的前提下，由于规模经济的存在，企业更倾向把生产集中在拥有较大国内市场需求的国家，从而获得生产成本和贸易成本的优势；同时，国内市场规模较大的国家会逐渐成为净出口国。克鲁格曼是基于产业集聚的理论对本土市场效应进行分析的，而现实中，本土市场效应远不只规模报酬递增带来的集聚优势，更不局限于贸易成本的优势。其对产业、人口、创新、金融等要素都有促进作用，同时对消费市场的信息反馈也有及时捕捉、分析的优势，为产品从规模化生产向规模化定制生产转变创造条件。美国和中国都是拥有巨大国内消费市场的国家，两国在本土市场效应上一直发挥着各自优势。

美国是全球第一大消费国，其本土市场效应先是将美国打造成全球第一大出口国，后来在技术转型升级中又将美国打造成全球第一大服务贸易出口国。至今，美国仍是唯一一个本土市场规模指数突破2.0的国家。中国从改革开放开始，国内消费市场逐年攀升，目前在货物贸易领域是全球第一顺差国，这得益于国内本土市场发挥的作用。当然，中国在服务贸易领域长期处于逆差的状态，这反映了国内市场结构与生产供给关系亟须优化提升。本章着重从本土市场对全球价值链的影响，产业集聚[1]与生产成本，以及本土市场对技术创新等领域进行分析，以揭示本土市场效应的重要性与必要性。

本土市场对全球价值链的影响

全球经济活动不再像20世纪前那样由区域贸易或双边贸易组成，各自为战的经济活动不利于全球生产要素的流动，也阻碍了世界经济、技术、文化的融合与进步。几百年来西方国家推动了人类历史上三次工业革命，加剧了全球贸易活动，但依然没有形成稳定的全球化分工，其本质依然是转口贸易或霸权主义下货物倾销的逻辑。

1 产业集聚：指同一产业在特定地理范围内高度集中，该集中包括产业要素的集聚。产业集聚到一定规模后就会形成产业集群。产业集群是在产业集聚的基础上更为专业的细分，通过专业化分工与交易的便利性相结合，形成一种高效的生产组织方式，以便提高效率、降低成本。

从“黄金时代”到产能过剩

每一次工业革命似乎都确定了一个不变的逻辑，那就是掌握先进技术的国家可以成为全球贸易规则的制定者。其中原因有两个：一是先进技术不仅能创造生活物资产品，还能促进国家军事力量的强大，西方霸权主义国家几百年来就是一次次用坚船利炮进行殖民掠夺等活动，其背后的工业生产能力为其侵略行径提供了源源不断的物质供给；二是掌握先进技术的国家有强大且积极的商品创新能力，源源不断的创新商品为消费市场创造了潜在需求，活跃的供需市场扩大了本土市场规模，形成了本土市场效应，为其出口创造了竞争优势。

进入21世纪后，随着第三世界国家的不断崛起，一般工业产品不再是西方发达国家的贸易优势。以中国为代表的第三世界国家因为人口规模优势及传统工业制造能力的提升，逐渐成为工业生产强国；同时人口规模优势逐渐形成了本土市场效应，为长远发展提供了“内循环”与集聚的能力。2001年，中国加入TWO，全球化分工正式拉开帷幕。消费拉着供给跑的现象使中国成为“世界工厂”。2001年到2008年，世界经济出现前所未有的高速增长，8年时间全球经济增速几乎翻了一倍，而此前每10年全球经济增长不过是50%左右。经济界把中国加入WTO后的8年时间称为“黄金时代”。但2008年后，由于美国次贷危机引致的全球金融危机，再加上工业革命的不断进化，供需市场出现了严重分化，传统工业商品出现了产能过剩，科技创新产品供不应求，中国制造面临重大的挑战。中国制造虽然在货物贸易上能保持增长优势，但利润却不断下滑，而以美国为首的西方发达国家虽然在货物贸易上一直处于逆差，但在服务贸易上一直保持顺差，并呈现高速增长态势。这就相当于西方发达国家把不赚钱的产业丢给了第三世界国家，把高技术、高利润的产业牢牢地掌握在自己的手上。这种现象加剧了全球生产力布局的固化。

再看重构，由于生产要素向产业集群方向流动，所以逐渐形成了固化模式，劳动密集型产业所需的生产要素向中国及发展中国家流动，而高新技术产业所需的生产要素向发达国家流动。两极化的流动导致了“微笑曲线”的形成（如图13-1），即“微笑”两端是产品研发、售后服务，微笑底部是加工组装产业。这样一来全球价值链的规则便由发达国家把控，发达国家只要一改变规则，就有可能引起发展中国家的恐慌，这不仅带来巨大的经济损失，也会给生产带来较长的调适期。

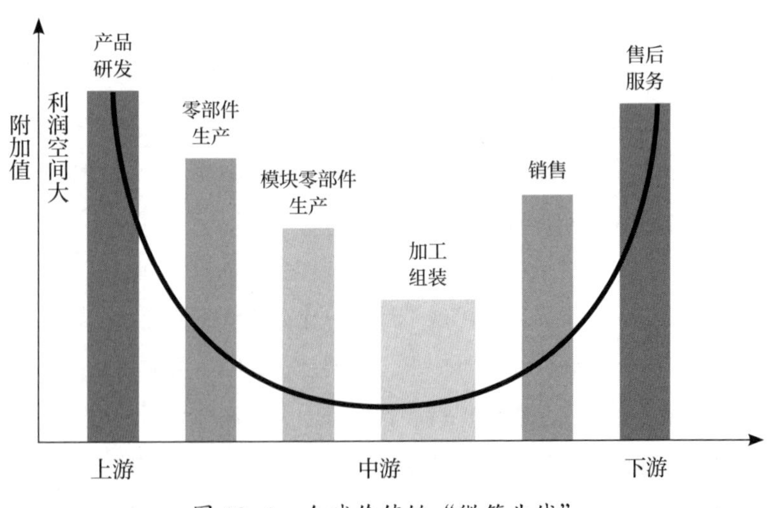

图13-1　全球价值链“微笑曲线”

这也从侧面反映了，本土市场效应的形成并非先有市场再有发展，而是市场与技术发展的相互融合、同步促进的结果。否则，一味“低端嵌入”不仅难以融入全球价值链，还容易使自身成为霸权主义国家收割的目标，陷入“低端锁定”的困境而难以自拔。

关于如何融入全球价值链并不断向全球价值链顶端攀升的讨论一直是学界争论的焦点。其实2020年中国提出“加快构建以国内大循环为主体，国内国际双循环相互促进的新发展格局”，已清晰地梳理出国家发展与世界价值链的逻辑关系。所以无论是主张供给优先还是主张需求优先，都是片面的。主张供给优先的观点认为，要通过产品创新和过程创新提高制造业向全球价值链顶端攀升；而主张需求优先的观点则认为，必须培育本土市场消费能力与规模，才能促进供给能力及质量的提升。这些都是基于方法论的观点，而“加快构建以国内大循环为主体，国内国际双循环相互促进的新发展格局”的提出正好满足系统性战略的需要。

首先，来看看以国内大循环为主体。以国内大循环为主体就是确定了国内市场的作用，肯定了本土市场效应的价值。那么如何实现国内大循环呢？当然不是技术创新与人力资源的培养那么简单，而是要从生产、分配、流通、消费等各个环节发力，打通障碍，填补短板，延长价值，比如制造业服务化等模式。通过对各个环节采取“外科手术”式的改革，才能彻底解决创新生态体系问题，才能发挥中国超大规模市场优势。

其次，来看看“双循环”相互促进的理念。任何事物倘若是孤立地存在，不仅难以获得进步，而且还会陷入衰退的境地。国内国际相互促进的发展格局本质上就是通过更大范围、更宽领域的合作促进要素流动。中国改革开放所取得的成就举世瞩目，其背后不仅是中国消费市场的崛起，更重要的是各种生产要素的流入为本土市场创造了“溢出”价值。比如先进的技术、管理、人才及资本等要素的流入提升了本土供需市场的价值。另外，引入竞争后必将促进本土市场的创新能力，全面提升产业链的供给水平，刺激消费市场的购买欲望。当前对于中国来说，必须深化双边、多边、区域合作，提高与欧盟、东盟的高质量合作水平，加强与中国第一大贸易国美国的合作，维持求同存异互惠互利的发展模式。

一根油条的本土市场效应

本土市场效应的价值究竟体现在哪里？我们不妨先来讲一个故事。某村有一大户人家，村里有10%的人口是其三代内的直系亲属，有60%的人口与其是五代内的宗亲关系，再加上邻村三代内的表侄关系，可谓大户人家。有一天，这大户人家的一个孩子想做油条生意，对于从来未有过油条制作经验的他来说无疑会面对激烈的竞争，因为小镇上做油条的店铺有五六家。但是他还是决定去尝试一番，这种底气主要来自家族为他提供的规模市场。他第一次做出来的油条是小镇里最差的，路过的行人驻足观望后便离开了，只有几个亲戚慷慨购买。后来他干脆把卖不出去的油条一一送给了村里的宗亲食用，并表示自己刚刚开始，以后会越做越好。第二次做出来的油条比第一次好，吃过赠送油条的宗亲为了支持他的生意也纷纷购买，反正自己人消费的是一份心意。第三次做出来的油条比第二次更好，但水平还是达不到同行竞争者，他便选择了低价销售，那些想吃油条又倾向于价廉的人开始接受了，而宗亲们在油条质量差距不大的情况下也会选择照顾自己亲人的生意。所以在油条质量不如竞争对手的情况下，他依然成为小镇里油条销售最好的商家。

此后，第四、第五次油条质量越来越好，他的生意也越来越好。随着销售规模的扩大，小镇里其他卖油条的商铺扛不下去了。他选择了一家油条质量最好的商户进行谈判，你们以后就到我这里做油条，我给你们开工资，营业额超过设定目标还可以享受业绩分红。那家即将倒闭的商铺感恩戴德，于是就跟他一起干起了油条事业。在外力的支援下，他的油条品质得到巨大提升，宗亲们购买油条不再为情感关系而买单，时间一久，他的油条便垄断了整个小镇，不仅质量最好，而且价格最优。后来他又整合了小镇上一家濒临倒闭的小吃店，以油条作为流量，整合各种小食做成一个特色美食品牌。这可以理解为产业升级，由于整合了产业链优势，小吃店生意在当地异常火爆。在市场饱和的情况下，他进行了标准化建设，向更大的城市进军，并作为区域特色美食被引入高端商场，品牌价值得到进一步提升后，零售价格也随之提升，最终成为特色美食领域的标杆。

这个故事告诉我们三个关键点。

其一，在产业发展过程中本土市场的重要性。如果这家做油条的商户一开始没有家族宗亲的支持，可能就被扼杀在发展的萌芽之中了。消费虽然是一种理性的决策行为，但在不承担较大代价的情况下，往往会掺杂错综复杂的情感元素。比如一种青春的记忆、一种爱国情绪、一种归属感等，有了这些因素，就可以建立起一种潜在的包容性。正是因为这种包容性的存在，为企业或产业发展争取了向上攀升的机会和时间。纵观中国众多品牌，一开始与国外同等产品相比存在一定的差距，但因为情感元素与价格敏感度等因素，依然拥有较高的本土市场规模，这为企业向更高的价值链攀升创造了时间。但是情感不是永恒不变的，在一定的时间内能发挥作用，如果超过了情感带来的感性时间和信任周期，那么就会失效。

其二，对本土市场要素整合的能力。如果这家做油条的商户因为宗亲支持而止步不前，那就会失去对要素整合的动力。所幸他抓住了每一次发展窗口期，让市场优势与技术优势相互融合，避免了衰退的周期效应。

其三，为了扩大市场规模，提高附加值，他整合了产业链资源，使单一的油条生产向餐饮服务转变，最终向“微笑曲线”研发、设计端和品牌、销售端攀升，创造了更大利润，为其产业输出创造了条件。同时因为本土市场规模报酬递增优势及特色小食的资源集聚优势，使其在外部竞争中保持了领先地位。

本土市场逻辑、意义、价值

一根油条的故事折射出诸多理论，这与区域经济发展，国家贸易竞争力的理论模型是非常接近的。下面我们可以分析一下如何利用本土市场效应创造竞争优势的理论。从理论框架层面来看，本土市场效应的构成主要分为“诱致创新效应”和“外部引力效应”两部分，这与“双循环”发展模式基本是吻合的。下面着重来分析一下诱致创新效应与本土市场的关系。

首先，由于本土市场规模的扩大，倒逼企业进行创新。企业的创新分为主动创新和被动创新。无论是主动创新还是被动创新，都是源于受到了外部环境对内部环境的冲击。本土市场不是代表某一企业或某一行业的单一市场，而是相关产业的市场总和。由于本土市场规模不断扩大，产业集聚度在利益的诱致下将会不断提高。这就意味着企业在获得丰富的要素资源的同时，也增加了竞争压力。企业要改变这一现状一般有两种方法：一是通过提高生产效率降低生产成本，所以必须对生产技术、生产工艺、销售流程等进行创新；二是通过对产品的创新来打破同质化市场边际效率用递减的危机。在同质化市场的压力下，企业会加大对产品设计和研发的投入，通过对产品的研发转化来实现差异化竞争，提高产品附加值。根据市场需求理论，消费者对异质性商品的购买冲动更加强烈，所以企业的产品创新与异质性需求市场会形成一种不断迭代的进阶关系，从而推动产业链不断向高端环节攀升。同时，需要注意的是：根据市场规律，市场规模越大其开放程度就越高；相反，市场规模越小，其开放程度就越低，不仅如此，还会导致创新动力衰退，垄断现象加剧。

其次，本土市场规模越大，供需市场的信息传递就越快，从而为企业商品的有效供给创造条件。供给市场错配往往都是因为信息传播路径的闭塞，消费市场的变化是一个量变到质变的过程。从一个消费者到一批消费者，从一批消费者到一个市场的变化需要借助时间周期和传播媒介来完成。在不成规模的供需市场里要得到有效的信息反馈，往往是借助各级销售渠道或是有限的售后反馈。这种反馈具有滞后性与失真性。比如传统需求市场，消费者对产品的质量有着严格的要求，所以生产企业就严格按产品质量进行生产，但产品生产出来后发现消费者依然不买单，经过一个周期企业才发现原来消费者不仅对产品质量有要求，还对产品的体验感有强烈需求。于是企业又不断提高产品的体验感，等产品推上市场后发现依然不怎么好卖，又经过一段时间后，发现消费者不仅对产品质量、体验感有要求，还对产品的附加值有强烈需求。企业与消费者似乎隔着千山万水无法直接沟通。这主要是信息媒介不通畅导致的。信息孤岛的形成很大程度上是因为市场参与度不够，或者说由于市场环境的缺失减少了企业参与机会。本土市场因为离消费市场最近，在空间、文化上具有得天独厚的优势，所以本土市场规模越大，企业接近消费市场的机会就越多，这样一来企业就能高效且准确地通过产品创新来满足消费市场的变化。

再则，本土市场规模引致集聚效应和竞争效应。本土市场的规模扩大必然会吸引生产要素向区域内部流动，最终形成竞争的优势。市场规模越大意味着生产配套能力就越强。也就是说在不完全竞争、存在贸易成本的前提下，由于规模经济的存在，厂商更倾向将生产集中在拥有较大国内市场需求的国家（或地区），从而节约生产成本和贸易成本。集聚将为本土市场带来三大优势：第一，集聚能创造技术溢出效应，为本土企业的转型升级提供条件，企业集聚规模越大，则溢出价值就越高。随着人才流动，这种溢出价值会形成蝴蝶效应触发整个产业的升级换代。第二，集聚将激发创新活力，产业集聚会形成人才集聚，人才集聚就会形成创新优势，这一优势将被本土企业吸收并转化为产业规模，再次形成集聚。第三，集聚将有效降低生产成本，产业集聚后会创造规模效应，为企业降低各项生产成本，甚至是流动成本，比如商品高度集聚在商贸城，其物流成本一定会比分散的贸易更低，同时流通效率也会比非集聚区更高。本土市场规模的扩大也能吸引国外先进制造业进入，国外产品进入必然会掀起新一轮竞争，为了抢夺市场份额，企业必须加大技术创新的力度，这一过程有利于本土产业的全面提升，从而为本土产业融入全球价值链提供条件。可见，本土市场效应与国际贸易竞争优势有着必然的联系。内需市场的扩大带来内部规模经济效应，降低企业生产成本和交易成本，提高企业生产效率和产品出口竞争力。所以，本土市场效应是决定国际贸易竞争优势的一个重要因素。

此外，本土市场的包容性为企业向价值链高端环节攀升创造了过渡时间。正如前面列举的油条案例，本土市场在一定程度上受情感的支配，所以为企业向高端环节攀升争取了时间。本土市场因为基于情感因素的包容度和规模化特点，为企业商品销售与资本循环提供了支撑。企业在本土市场的包容性增长下会形成资本积累，从而扩大生产规模，加大研发投入，这将进一步降低单位资本消耗，提高产品在全球价值链中的地位，获得产品出口竞争力，拉动出口贸易。根据数据统计，本土市场规模每扩大一个单位，将会刺激该国全球价值链地位指数提升约9%。当前，发展中国家已经从本土市场效应的价值转换中得以提升，逐渐向全球产业链高端环节进阶。当然这只是融入世界高端价值链的必要条件，而要想以“链主”的角色来参与或主导全球价值链，还需要走很长的一段路。从国家层面上看，只有重新整合国内产业循环供给体系，合理调整区域产业配置结构，才能有效整合资源、提高效率。从企业的层面来看，必须加大“微笑曲线”设计研发端和渠道品牌端的投入才能创造更高价值，才能让企业形成可持续发展能力。

产业集聚的条件与方式

前文分析了本土市场对产业集聚的影响，以及产业集聚对企业进阶全球价值链的促进作用等。下文着重分析产业集聚的特点及形成过程，同时在全球贸易引力作用下，如何利用要素条件创造区域经济的“引力场”。这是一个非常棘手但非常有意义的话题，虽然学界对产业集聚理论有诸多研究，但理论与现实还是存在较大差异，一是理论形成的历史背景不一样，二是区域之间的差异性较大，所以在分析产业集聚条件及贸易引力的过程中，必须考虑区域差异，关注区域要素禀赋与全球价值链之间的耦合与冲突等问题。下文将尽可能摆脱传统理论的束缚，基于产业发展现状来分析这几个问题。

产业集聚与本土市场效应的关系

产业集聚与本土市场效应之间有没有关系？答案是肯定的。但是这不代表产业集聚就必须依靠本土市场效应。“没有本土市场效应产业就无法集聚”这一观点不成立。因为本土市场效应只是产业集聚的催化剂，降低集聚成本，提高集聚收益。假设有一种产业不受空间及线性关系影响，那么集聚的条件就会发生改变，不再受狭义的本土市场影响。比如第三产业与高新技术产业就是如此。以合肥市为例，合肥市拥有全球最大的显示屏产业集群，但是合肥并非最大的本土市场；同样，合肥是拥有全国最具规模的新能源汽车产业链的城市之一，但是合肥在新能源汽车消费领域也不是最大的市场。这说明高新技术领域和服务领域并不完全受本土市场效应影响，但是在同等竞争条件下，拥有本土市场效应的地区一定会优于没有本土市场效应的地区。所以，本土市场效应只是一个外部条件，是促进产业集聚与提高贸易竞争力的重要因素。要分析产业集聚的形成逻辑，还需要从区域要素禀赋的视角来梳理。

本土市场效应创造规模经济，规模经济创造溢出价值，进而推动企业发展。在溢出价值的作用下，企业倾向于把生产或生产的某一环节集中在拥有本土市场的地区，以此获得生产、流通、贸易等成本的节约。这从某种意义上来说还是规模经济的作用，所谓“规模经济”，就是指当企业产量增加的比例大于生产要素增加的比例时，则规模报酬递增。比如一家企业在某滩涂种了一百亩蔬菜，要把蔬菜运出去就必须投入资金去修路，如果有十家企业集中在一起，这家企业只要承担十分之一的修路费用即可。再比如制造业对物流成本的要求较高，如果制造企业所在的地区没有形成产业集聚，政府就不会投入较高的配套服务，比如高铁、高速公路等，而服务企业也会把运营成本转嫁给制造企业，这就增加了制造企业的生产成本。企业由于生产成本增加而利润减少，就会失去竞争力。最关键的是低利润的企业在设计研发领域的投入也会相应减少，从而形成恶性循环。说白了，企业向产业集聚地区转移，一方面是窥视本土市场的保底收益，另一方面就是为了分摊成本、共享资源。

所以产业集聚程度越高或本土市场越大的地区就越有向心力，越能吸引同类企业或产业链关联企业在空间上集聚。在这里必须强调一点：货物贸易型企业更注重本土市场规模，以此减少销售风险，创造利润；而服务贸易型企业更注重共享成本，也就是产业集聚带来的各环节的溢出价值。这主要是因为货物贸易与服务贸易对要素资源的需求存在差异。传统货物贸易型企业需要的核心要素是土地、人力、物流、环境、材料、交易等成本优势的支撑，而服务型贸易企业则更需要知识、技术、资本、人才、制度支撑，所以就导致产业集聚的侧重点不一致（如图13–2），其战略思维也有着较大差异。

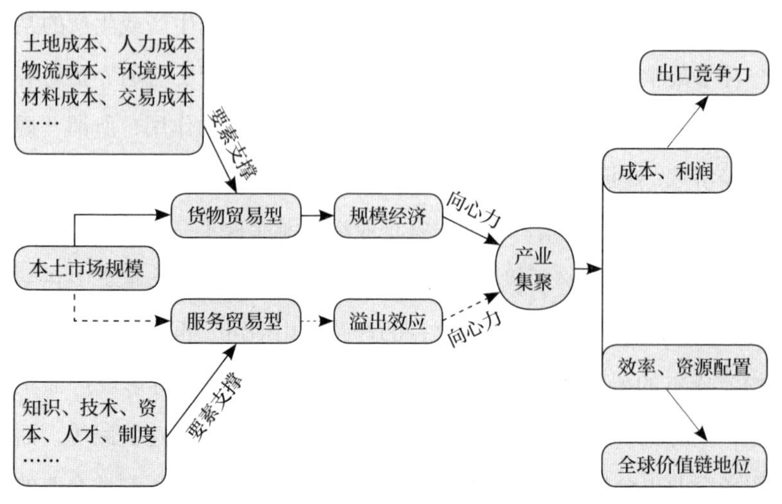

图 13-2 产业集聚的动力模型与产出机制

一般来说，区域产业集聚的形成一般有三种情况：一是随着生产力的空间流动自发形成产业集聚，在产业规模不断壮大的情况下形成产业细分，并根据产业细分的市场导向形成不同的产业集群。一般来说，自发形成的产业集聚需要外部干预才能转化为产业集群。二是依托低端产业基础或高端产业规模的扩大形成牵引式的产业集聚，其动力是围绕核心产业配套形成的集聚，并且在高端产业的升级过程中实现细分市场的集群。三是在政府的干预下形成新的生产力布局，政府通过引致性招商，以产业孵化器的角色引入重点产业，实现引进一家带动一批的循环机制。当然政府干预也是建立在科学决策的机制上，比如依托区域要素禀赋引入产业。尤其要区分货物贸易型产业与服务贸易型产业同区域发展的匹配性，否则将导致资源错配，错失转型的窗口期。

产业集聚是一种时空关系，首先需要时间的积累，通过对目标产业不断强化、积累，最终实现从量变到质变，从规模化向高端化进阶，以此形成蝴蝶效应，激活整个创新生态体系。产业的空间变迁主要是基于地理环境与经济、制度的演变。刚开始，产业从中国东南沿海和粤港澳大湾区向周边衔接区域进行梯队转移，当周边区域与核心区域深度融合，并形成产业配套时，就会再度向外部转移。（如图13–3）刚开始转移的时候一般都是产业饱和式的外溢，或者说是核心区域有意对饱和产业进行疏解。但是转移出去的产业由于技术水平的提高和外部价值链的变化，最终形成独立的创新链，并通过创新链转变为“链主型”产业，带动新的产业发展。

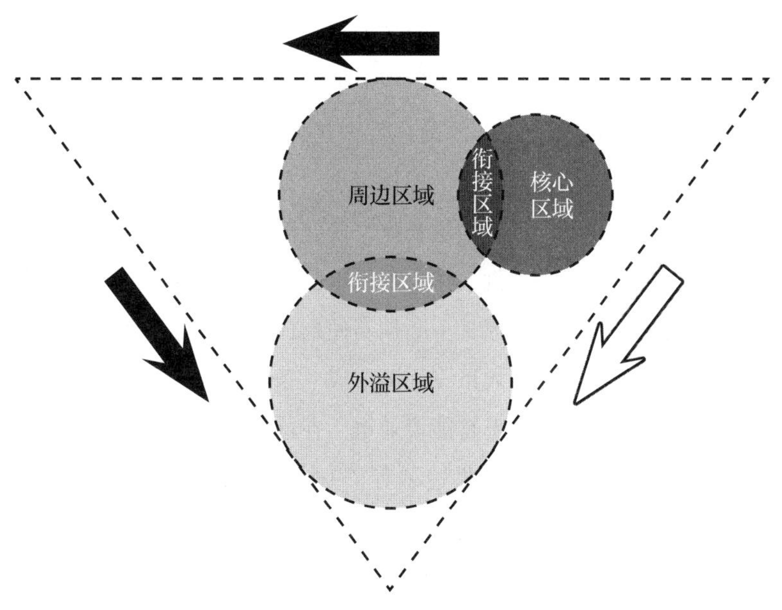

图 13–3　产业集聚的梯度转移机制

与产业核心区域接壤的城市可以获得产业外溢的优先机会，但没有与产业核心区域接壤的城市要想获得产业外溢的机会相对难度会更大。通常情况下要获得产业外溢机会有三种可能：一是创造条件，等待其他区域产业疏解形成的二次流动，这显然是被动的；二是点对点地引入重点产业，重塑区域价值链，通过“以投带引”的模式从核心区域直接引入“链主”企业，这种情况对区域政府的投融资能力要求很高，仅靠地方财政肯定无力承担，同时也要有专业的战略眼光，引入的企业是否能形成新的生产力布局完全取决于其与区域禀赋的契合度；三是通过区域政府之间的战略合作，通过“飞地模式”进行跨区域合作，这种“抱大腿”的成功案例并不多，关键要看自身条件是否能满足合作区域的短板需求。

产业集聚与产业集中（聚集）存在一定的差别，产业集中（聚集）只是数量上的堆砌，而产业集聚是一种在目的行为下复杂、有序、科学的地理集中，在特定空间上形成多维度、多层次的关联布局。这种布局依据产业链的前、后做延伸，并通过双向流动形成“链条”，从而拉动产业经济的整体发展。如果在产业链的某一个环节因为技术创新出现了新的增长点，便有可能出现裂变，形成新的产业链。以科大讯飞为例，作为翻译工具，本身是嵌入产业链的某一环节的配套产品，但因其不断创新便形成了独立的产业体系。在人工智能的背景下，科大讯飞逐渐形成一条从基础研究、技术研发到平台支撑的语音及人工智能产业链。在这条产业链上，科大讯飞是“链主”企业，并以此打造了有“中国声谷”之称的产业集群，目前在该产业链上有一千多家企业，实现年营收超过一千多亿元。纵观“中国声谷”产业链，各企业分工协作，聚指成拳，创造了国际竞争力。

政府在产业集聚中的作用

产业集聚是在怎样的条件下形成的呢？站在区域政府角度看，产业集聚是在外因和内因的共同作用下形成的。外因是生产环节倒逼企业集群化发展，比如资源、人力、资本、环境、市场等要素引致企业向集聚化区域流动。内因是政府通过“筑巢引凤”为企业发展创造了优于其他区域的环境，从而吸引产业链上的企业不断会聚。所以政府在产业集聚过程中将起到重要的作用。

政府在产业集聚过程中应该扮演什么角色呢？产业集聚过程需要一个怎样的体系才能起到催化作用？下面针对这几个问题进行分析。

一个区域的财政支出基本上可以分为保障性支出和发展性支出两大类。保障性支出是城市人口生活、学习、工作的基本保障。另一个是发展性支出，是为区域产业发展、转型，以及“诱导性”的公共品进行投入的支出。区域政府在创造产业集聚条件上一般需要从五个维度着手，即基础设施、市场秩序、服务体系、创新环境、资本市场。（如图13–4）

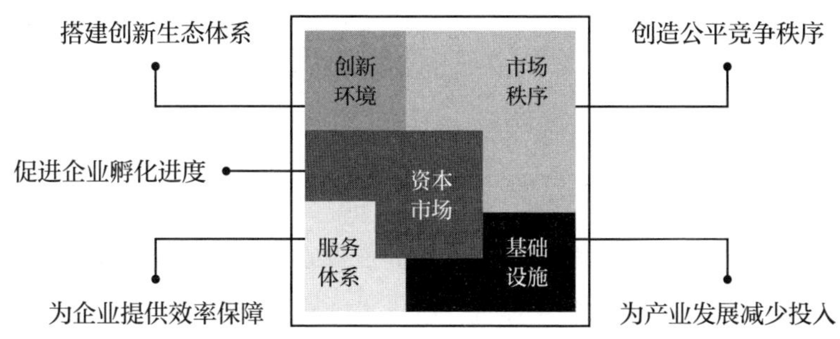

图 13–4 区域集聚条件的五大维度

1.基础设施

首先从基础设施来看，基础设施是产业发展的基础条件，也是维系产业发展的基本保障。比如交通、电力、产业用地、交易市场、数据中心、物联网等。这些公共品的投入决定了区域对外承接产业转移的能力和优势，也是企业生产效率的保障。所以，区域政府在基础设施方面的投入必须理性，一般来说要考虑两个方面。

其一，公共品的有效供给。“公共品”是西方经济学用语，指的是政府或社会团体，组织为社会绝大多数人共同消费或享用的产品或服务。在本文中，“公共品”更多指的是政府为了经济或产业发展投入的基础设施或有利于经济活动的相关配套。“有效供给”是指消费需求和消费能力相适应的供给，即供需平衡。在本文中，“有效供给”更多是指需求与供给之间的效用价值，即实际需求与供给之间的匹配性。匹配性越高，效用价值就越大，反之则越小。政府作为经济活动中公共品的供给者，所提供的产品或服务能否满足经济生产活动的实际所需，不仅关系到有效供给，还关系到财政支出的边际价值与要素配置的公平性。那么，作为经济生产活动应该投入怎样的公共品呢？这没有绝对的答案，应该说不同的产业对应不同的公共品。所以政府应该分析共性与差异，针对经济活动的共性问题投入相应的基础设施，比如公共交通、信息工程、能源配套、生活配套等；另外针对区域产业集群进行分类投入，比如高新技术产业政府需要投入共享实验室、大数据中心、云服务、金融孵化器等配套。总而言之，政府投入怎样的公共品将决定拥有怎样的产业体系。政府与区域产业之间看似是服务主体之间的关系，但实际上是双方意志力的集中体现。所以，区域政府应该重视财政支出的每一分钱，只有创造有效供给才能反映出政府对人民劳动所得的敬畏之心，才能体现政府对社会治理与经济发展的执政水平。不要以为搞点灯光秀、建几栋高楼或修几条道路摆几盆鲜花就是有效供给，这种样板式的做法不仅不能吸引产业集聚，还会导致资源错配。所以有效供给不仅是市场经济的重大命题，更是政府治理与区域发展的重大命题。

其二，产城融合的成本与效率问题。产城融合提出已经很多年了，但很多城市依然存在城市向左、产业向右的现象，这给生产、生活带来了不可调和的矛盾，造成通勤成本、居住成本、物流成本等居高不下。所以，城市不应该是摊大饼式发展。一个高品质或能体现出执政水平的城市一定是一个可使居民适应于生活并满足于工作的城市。政府在城市建设配套中要更多考虑市民的切身感受，服务于多场景、多层次的城市发展理念，才能实现人才集聚与产业集聚。尤其是一座城市的规划将可能关乎一个区域的未来。从产业与生活两个维度来看，在规划中不应该是“哑铃式”的两极表现，也不应该是“方块式”的平铺行为，而应该是“圆形”分布。人居住在不同圆圈的核心区，产业按不同类别集群分布在相应圆圈外，圆圈外部通过交通组织把生产、生活两大维度串联在一起，形成一张巨大且能快速响应的网络。生产区和生活区的基础设施也应该相互融合，形成云、网、端、平台及交通组织一体化的立体城市框架。

2. 市场秩序

市场秩序是企业赖以生存的环境，是企业发展信心的保障。良好的市场秩序不仅体现出对法律的敬畏，还体现出政府管理的科学性。政府与市场的关系几百年来一直争论不休，以亚当·斯密为代表的自由经济学派主张“小政府”，不干预市场经济。而以凯恩斯为代表的新经济学派则主张政府应积极干预。直到今天，学界依然对这两种观点争论不休。事实上在一些地区的实践案例中，也存在非左即右的现象。对于市场秩序，要么政府管理职能缺位，要么过度干预导致市场缺乏活力。所以，必须厘清政府与市场的职能边界。政府对法制维护的决心是企业安全的保障，同时政府对市场主体的服务态度也是企业投资的基本动力。

一个良好的市场秩序主要体现在法制与服务两个维度，这也是引致产业集聚的基本条件。法律在每个人心中是公平与正义的天平，一旦出现了执法不公或执法不严就会颠覆人们心中的信念，破坏社会生态秩序。从经济角度来理解，执法不公或执法不严就会助长利益集团对弱势群体的剥削与欺诈，比如伪劣产品，以及利益集团的各种垄断、噪声交易、关联交易等行为，都是监管体系的漏洞导致的。所以一个好的创业环境一定是一个公平、公正的法治环境。除此之外，政府还需要灵活运用经济杠杆与制度手段去调节市场失灵带来的各种矛盾与风险。

另外，服务是最能考验政府执政水平的。如何厘清服务与管理之间的关系需要官本位思想的重大转变。政府对服务与管理边界的把控，除了要转变思想认知，还要提升专业水平，其中有三大因素至关重要：第一，政府对需求的了解；第二，政府对产业的了解；第三，政府对职能范围与自身条件的了解。对需求、产业、职能范围的了解就是对市场、经济、组织的了解，这一方面需要政府提高经济知识的水平和对外部环境的判断，另一方面则需要政府对自身职能的高度认知与对纪律的恪守。在法制与服务边界的把握上，浙江各地政府相对做得比较好，比如杭州、金华等市政府推进“大综合、一体化”行政执法改革，构建全覆盖的整体政府监管体系和全闭环的行政执法体系，统筹市、县行政执法管理，加强和规范事中事后监管，推行“综合查一次”。这些制度创新都是维护市场公平，保证企业经营信心的基本要求。

3.服务体系

构建一个科学、完善、实效的公共服务体系无疑是产业集聚的牵引力。当然，服务型政府并不是包揽一切的全能政府，而是一方面要简政放权，另一方面要理解市场配置与资源关系，积极主动为企业创造内外环境，保障企业在经营过程中享有便捷、高效、公平等权益。

一般来说，服务型政府有三个层级：第一层级是高效、便捷、规范的服务活动；第二层级是科学、完善的公共品配套，尤其是为产业发展订制的配套更能满足产业集聚的需要，比如能源、信息、物流等配套可以减少企业的直接投入，提高企业运营效率；第三层级是多维度的战略服务体系，为企业搭建供需市场平台，完善产业链配套，最终实现区域创新的生态体系建设。目前多数区域政府还在努力实现第一个层级，发达地区在完善第二个层级，也有个别地区采取倒置策略，直接强化第三个层级，这种倒置策略在短时间内见效快，但从中长期发展来看，三个层级的存在都有其合理性，要根据区域要素、区域产业的特点来决定配置服务内容。作为区域政府，必须多管齐下，各层级必须同步落实才能形成有效、高效的投资环境。

当前，中国经济发展模式已经走过粗放型的发展阶段，没有更多资源，也没有更多人口红利为经济发展留有探索期。中国在这一轮产业转型中就如“鲤鱼跃龙门”，从低向高攀升，跃过去了便是涅槃重生，占据全球价值链的高端地位，要是没跃过去就会陷入进退两难的尴尬境地。技术革命、能源革命、人口拐点、结构性矛盾等问题都会成为前所未有的挑战。尤其是能源革命将倒逼社会生产力全面变革，2030年中国要实现碳达峰就必先要实现能源应用革命，因此就会触发一系列产业变革，一环扣一环，只有一鼓作气才能摆脱大变局下的被动局面。

这些年来各地政府在产业集聚上可谓煞费苦心，尤其在产业政策、人才政策方面不惜血本，有些地方效果显著，有些地方却收效甚微。究其原因是工作不科学、不扎实，浮于表面的财政补贴只会助长浮于表面的企业入驻。而一些收效显著的区域有一个共同特点，那就是科学规划、精准匹配、平台思维。比如苏州、深圳等城市在产业布局上通过创新土地、劳动力、资本、技术、数据、能源、环境容量等要素的市场化配置方式，完善并优化要素交易市场规则和服务体系，来提高产业发展效率。在产业用地上，以“亩产论英雄”的改革决心提高了土地利用效率。一些区域充分利用数字化优势来深化数字政府的服务理念，实现了“一件事”集成改革，高质量建成“掌上办事之省”“掌上办公之省”，全面实现政务服务一网通办、全域通办、就近可办，更好地服务企业、服务基层、服务群众。

4.创新环境

创新环境是一个围绕生产、生活、生态展开的系统工程，可以说一个城市的活力与魅力是决定创新条件的基础。如果聚焦在经济和产业领域则更为具体。一般来说有三个维度是创新环境的必备条件。

首先，本土市场效应与产业集聚效应。本土市场效应为企业创造需求市场，为企业发展提供了资本循环条件与规模报酬递增优势。而产业集聚不仅能创造规模经济，优化资源配置，还能获得技术溢出效应，提高企业的创新能力。

其次，产业配套。这一点前文已经讲过，产业配套是针对产业集聚发展而定制的公共品投入，科学有效的产业配套能提高企业的生产效率，降低企业运营成本，从而帮助企业实现竞争力的提升。

再则，创新生态体系建设。创新生态体系是以企业为核心，以市场价值为导向，以政府战略规划为引导，以大学、院所、中介、金融为支撑，以创新和谐的社会环境为依托，相互支撑构成的一个创新共同体，从而推动一个地区实现高质量、高效益、可持续发展。美国是最早从政策层面提出“创新生态”理念的国家。近年来，随着全球科技革命和产业革命的不断推进，创新范式由最初的孤立、单一、线性的创新摸索转变为系统、交互、协同、共生的创新生态系统。美国硅谷、纽约波士顿等地的崛起主要就是依托创新生态体系的建设。

习近平总书记在两院院士大会上曾指出：“要优化和强化技术创新体系顶层设计，明确企业、高校、科研院所创新主体在创新链不同环节的功能定位，激发各类主体创新激情和活力。”[1]创新过程是一个多元参与、多维组合的复杂系统，需要各种企业、众多高校和科研院所及各种科技服务机构的多维组合、多维联动，才可能实现创新的目标。以安徽合肥为例，2011年合肥引进长鑫半导体，迈出

1 《习近平在中国科学院第十九次院士大会、中国工程院第十四次院士大会上的讲话》，习近平系列重要讲话数据库，http://jhsjk.people.cn/article/30019426，2018年5月29日。

踏上集成电路“风口”的关键一步；次年，合肥与中科大签订全面合作战略协议，根据协议内容，中科大与合肥市政府将共建中科大先进技术研究院，聚焦微电子、健康医疗、新能源、新材料、量子信息等领域的技术研发与成果转化。最终，合肥的一系列操作使其实现了五大世界级产业的集群。创新生态体系必须依托政府的整合能力，调动区域内一切有利的资源并形成合作转化，才能最终为企业提供发展动力。

5.资本市场

区域政府吸引产业集聚的传统做法一般有两种：一是坐地招商，为企业提供较好的营商环境，比如低价出让的土地，在企业和金融机构之间帮忙牵线搭桥，帮助企业购地投资建厂，实现投产目标。这种做法一般很难实现优质产业集聚，最多只能形成工业规模效应。二是上门招商，针对大型企业、优质企业设计出一套优惠或服务政策，以降低企业建厂成本和提高办事效率为导向，吸引企业投资建厂，这种模式的结果便是进驻企业良莠不齐。通常来说一家健康发展的企业不会因为土地价格便宜而增加机会成本转移他处。所以，促进产业集聚最直接的诱因就是本土市场规模或资本化招商。近年来，各地政府围绕资本化招商做了很多工作，最为突出的做法有三种。

其一是区域政府协同银行针对产业集群项目进行信用贷款。政府通过产业发展文件或会议纪要为企业信用背书，扮演企业与金融机构之间的纽带，解决信息不对称导致的银企隔阂。但是这种做法收效甚微，因为银行对金融贷款有自己的规则，更何况依托区域银行来完成产业链部署是比较困难的，因为区域银行的资金规模与授信权力难以支撑区域发展的资本现实需要。政府在其中只能扮演中间人的角色，不能起到实质性的主导作用。

其二是设立专项引导资金。为战略性新兴产业集聚发展基地设立专项引导资金，支持重大项目建设、新产品研发和关键技术产业化、重大技术装备和关键零部件及新工艺示范应用、关键共性技术研发平台和第三方检验检测平台建设等。同时，区域政府相关专项资金优先向基地倾斜。其中的资金来源一般是财政注资、银团贷款、社会资本，从理论上这是成立的，但取决于区域政府的投融资能力及区域资源的匹配性。

其三是以股权投资或风险投资的思维做产业导入，以投行的方式做产业培育。成立市场化运作的产业投资基金，服务于拟引进的战略性产业。这种资本化招商的做法最早是在苏州、深圳等地尝试，后来被合肥市政府采用，并在此基础上做了整合升级，形成特有的“合肥模式”。区域政府运用资本招商，先是大手笔投资基金拉拢企业落户，后期再将投资所获股份转让，翻倍获利，继续扩充投资基金，以“引进一家带动一批”的理念推动循环发展。比如锚定一家“链主”企业，区域政府就会通过股权投资或VC投资的模式与企业洽谈，以帮助企业扩大产能，提高研发水平，吸引企业入驻。而政府的资金来源一方面是借助资本市场，另一方面是利用国资平台认购流动性较强的上市企业股权，上市企业拿到定向投资后再落地项目，这样一来既避免了区域政府投资风险，又解决了投资企业的资金需求。比如2010年到2014年，合肥支持京东方8代线和10.5代线项目建设，合肥融科和建翔先后投资20亿元人民币、60亿元人民币参与京东方定增。2020年，合肥市政府对蔚来汽车70亿元股权投资，合肥国资最终持有蔚来中国24.1%的股份，合肥市政府因该笔投资盈利超过1000亿元（根据股票最高市值）。目前，合肥建立了“引导性股权投资+社会化投资+天使投资+投资基金+基金管理”的多元化科技投融资体系，形成了创新资本集聚能力。

当然，通过资本化招商吸引产业集聚不再是合肥的专利，很多区域政府都开始采用“合肥模式”进行投资。比如，重庆产业引导基金已推动6家企业成功上市，帮助20家企业进入上市辅导期，其中不乏宇海精密、中科超容这样的高新技术产业；苏州市政府产业引导基金投资的博瑞医药、江苏北人机器人已经完成科创板上市。各地政府都在学习合肥的“引导性股权投资”模式，这既是发展动力的觉醒，也是风险的凝聚与叠加，因为投资本身就充斥着各种不可预见的风险，如果区域政府在大格局、大战略上出现失误，就会导致产业的萧条或失败，从而引发投资危机，甚至是把政府拉入“泥潭”。当年的光伏领军企业赛维LDK就把新余政府拉入了债务的泥潭。所以，区域政府要通过“以投带引”的模式实现产业集聚，必须做好三大准备。

其一是对产业发展前景与区域禀赋关系进行科学论证，做到万无一失。在投资的前期阶段要做好尽职调查、理性决策，降低投资风险。比如锚定一个项目或一个产业必须明确产业刚需、市场规模、发展前景，评估投资的可行性。

其二是落实“慢进快出”的投资理念。所谓“慢”就是科学论证，谨慎决策。所谓“快”，一方面是变现快，资本投入最好选择已上市企业，通过定向增发的形式持股，这样可以随时在二级市场抛售股票来规避风险；另一方面是退出快，政府股权投入的目的是“以投带引”，见好就收，及时退出企业的股权，通过套现形式回笼资金用于下一个企业的投资，做到资本高效循环。

其三是政府对外投资的资本来源尽可能避免财政资金投入。财政资金投入有三大弊端：一是财政资金投入产业股权将削弱区域保障性支出的能力，破坏创新生态体系；二是财政资金投入产业股权在某种程度上是打破市场的公平性，用其他产业的纳税收入去支持另一个产业的发展，对市场来说会存在一定的扭曲；三是财政收入投入产业股权，一旦出现重大风险，就会引发政府财政危机，降低政府公信力的同时也可能引发系统性金融风险。所以，政府投入产业股权，最好发挥资本市场作用，通过优质项目与政府的公信力吸引社会资本进入，政府扮演投资管理方的角色更为妥当。当然，也可以拥有股东和投资管理方的双重角色，总而言之必须降低直接投入比例，发挥社会资本价值及市场作用。

第十四章　产业转型、路径与干预

产业转型是一个重大的命题，也是一个宏观且宽泛的话题，至于为什么要转，如何转，并没有标准的答案，因为每个企业或区域都有自己的特点或难点，所以无法用统一的答案来解释产业转型的路径及政府干预的策略。当然，事物发展虽各有不同，但从现状与逻辑关系中依然能找到一些共性，通过对共性的分析找出焦点，然后针对焦点问题去制定策略，也许通过这种抽丝剥茧的方法能为产业转型这一重大命题提供帮助。前面几章分析了中国经济发展的宏观环境及内部增长动力等问题，这从某种意义上也是为产业转型这部分内容做铺垫。

马克思主义经济学认为，以生产方式和生产关系为核心的产业结构体系变革，是社会进步的本质。这一过程既包括产业内部生产方式向高级化转变的过程，也包括不同产业部门间资本要素不断向高利润部门流动的过程。英国经济学家威廉·配第通过调查研究发现，随着经济发展，不同产业间结构发生变化，生产总量、劳动力、资本发生转移。[1]这些观点都体现了产业转型的重要性，以及表现了社会、经济、产业的内在关联性。所以，对产业转型、路径及政府干预策略研究有着重要意义。

为什么要产业转型升级

产业转型升级不是一个阶段性的话题，而是伴随着国家战略或区域发展目标变化的来自企业内部的动态升级过程，是持续性且有针对性的协同战略。其目的只有一个，那就是通过对生产动力的提升与要素价值的优化，使区域产业或企业融入更高层次的价值链，以此获得竞争优势。从价值链本身来看，区域有区域的价值链，国家有国家的价值链，全球有全球的价值链，不同主体根据自身所处的等级不断向更高环节攀升才不会陷入被动的局面。中国在“十四五”规划中对产业领域做出了重大调整，比如对于科技创新，强化了国家战略科技力量，瞄准人工智能、量子信息、集成电路、生命健康、生物育种等前沿领域做出了战略部署。各区域政府也依托自身的要素禀赋进行了强链、补链、延链的战略计划。企业作为区域产业链上的重要环节，在环境倒逼下也进行了要素条件提升与生产模式的改变，努力让自己融入区域价值链，创造有效供给。这一点无论是以美国为代表的发达国家，还是以中国为代表的新兴经

1　参见［英］威廉·配第：《政治算术》，北京：中国社会科学出版社，2010年。

济体，都是一致的。美国自2008年次贷危机爆发后，进行了深刻反思，之前过度依赖金融杠杆和互联网经济的模式得以纠正，奥巴马政府提出了“再工业化”战略，其目的就是通过美国全球化金融优势和信息技术水平实现工业化转型升级。后来特朗普政府在奥巴马政府的基础上对“再工业化”进行了强化，试图通过美国的影响力进行全球性工业整合，通过引致性策略使曾经的“外溢价值”回流美国。这一政策被称为“制造业回归”，通过对回归企业的税收优惠、补贴政策及对他国的经济制裁，让“美国制造业再次伟大”。

对于中国来说，从目前的情况来看，虽然在规模经济的红利下实现了绝对的贸易顺差，但随着全球价值链的不断提高，生产组织产生了重大的变化，这对于企业和区域政府来说存在被动性。中国在信息和金融领域，与美、英还有一定差距；在工业技术领域，与德国、日本等国相比也存在差距。另外在逆全球化与新冠疫情蔓延的双重压力下，中国生产型企业面临巨大压力。2022年制造业PMI数据对此有所反映：2022年5月份，PMI产出指数为49.6%，低于荣枯线，表明中国经济总体景气水平偏低。从企业规模看，大型企业PMI为51%，高于临界点；中型企业PMI为49.4%，低于临界点；小型企业PMI为46.7%，低于临界点。从2021年11月份开始，PMI指数一直围绕荣枯线上下摆动。尽管社融规模不断扩大，但企业生产活力一直没得到有效恢复。最为突出的是，PMI指数结构存在较大的失衡状态，大型企业的PMI指数高于中型企业，中型企业的PMI指数高于小型企业，这种分化状态从2021年开始持续扩大，这反映了中小企业的压力高于大型企业，并且呈现持续叠加的风险。中小企业承担了中国70%以上就业指标，其兴衰与否决定了中国经济的稳定性。对于中国中小企业来讲，压力主要来自生产成本、生产环节和市场竞争等方面。

劳动成本压力增大

目前，中国企业的生产成本主要体现在原材料价格上涨和劳动成本上升方面。当然，这只是一种笼统的表述，要真正理解这一问题必须厘清成本上升的原因，这是一个复杂且系统的研究，我们只能从企业最为直观、最为直接的成本上进行分析。

一般来说劳动力成本是指企业（单位）因劳动力、劳动对象、劳动手段、雇佣社会劳动力而支付的费用及资金等。企业（单位）在生产率或利润没有得到提高的情况下，所支付的劳动费用越高，意味着劳动成本就越高。那么在怎样的情况下会出现劳动成本增长速度高于劳动生产率呢？直接的原因有两点。第一，是刘易斯拐点，即劳动力过剩向短缺的转折点。在高速城市化中，农村富余劳动力向非农产业的转移提供了富余的劳动力，为生产型企业提供了劳动红利。但是当城市化到了一定比例后，就会随着富余劳动力的减少而逐渐出现劳动力短缺，企业雇佣社会劳动力所支付的费用增长。如果企业（单位）可以通过先进技术或知识来提高生产效率，那么这种人力成本就会因为生产效率提高而被抵消；反之，这种成本将会成为企业的负担，降低企业的收益。这一点我们后面再加以分析。第二，生产效率不高导致生产成本增加。生产效率是生产成本的间接反映，生产效率越高，企业的劳动成本就越低。比如在传统劳动力时代，5个工人一天挖一亩地，每人成本150元，5个工人支付750元劳动费用；如果雇一台现代先进设备，一人操作每小时750元，从劳动报酬来看单元劳动成本增加，但从效率来看一小时就能挖一亩地。所以直接成本是相等的，但是以一天8小时的工作时间来看，节省下来的7小时就是效率收益。企业通过这7个小时可以创造更多的生产和机会，实现规模经济和机会收益。好，那么我们现在对劳动红利和生产效率进行分析。

从刘易斯拐点到老龄化危机

目前，中国城市化率已经超过65%，离国际高城市化率70%已经不远，说明未来不可能出现更大规模的人口转移，城市进入规模化向高质量发展的通道。

中国城市化率从1978年的17.9%（城市人口1.72亿）提高到2020年的64.72%（城市人口9.14亿人），城市和城镇人口增加7.42亿。当然如果按户籍计算，当前的户籍人口城市化率只有45.4%左右，也就是说只有2.6亿城市户籍人口。所以，很多学者认为城市户籍人口还将大规模增加，实际上这是一种误区。其一是非城市户籍并不代表非城市化。在城市中有很大一部分人身居城市并拥有稳定的工作和住房，但户籍依然在农村，这些人实际上已经是城市居民一样的存在，所以就不存在向城市转移之说。其二是自从大学升学与户籍关系脱钩之后，户籍的迁移就属于自愿流动状态，更多人愿意考虑夫妻一方保留农村户籍，以此获得预期红利，所以农村户籍大规模向城市流动的可能性不大，关键是要以城市就业率来确定劳动规模，而并非户籍。当前城市已经贡献了80%的社会生产力，这足以证明城市有效劳动力已经到达高峰。回到刘易斯拐点理论，农业人口向城市转移的峰值已过去，生产型企业不仅享受不到低廉的劳动成本，也难享受到充足的劳动力，这就意味着规模优势逐渐失去，生产成本上升。

除了刘易斯拐点，生育率下降导致的人口老龄化这一现象更值得关注，因为刘易斯拐点几乎是每个国家的普遍规律，最后都必须通过高质量增长来抵消劳动力不足的问题。但是出生率下降背后却隐藏着更深层次的问题。泽平宏观数据显示：中国出生率持续大幅下降，2019、2020、2021年出生人口分别为1465万、1200万、1062万，2021年中国出生人口创下1949年以来新低。2021年中国生育率降至1.15，低于世界上几乎所有国家，甚至比严重少子老龄化的日本还低0.19，比欧美低50%以上。1962—1976年的婴儿潮人口正在退出劳动力市场，步入老龄化。2021年60岁及以上、65岁及以上人口占全国人口的18.9%和14.2%，分别比2020年上升0.2%和0.7%。一边是减少，一边是退出，在此背景下，生产型企业的人口红利将逐渐丧失，加剧了企业发展压力。从国外发展经验来看，刘易斯拐点与人口老年化呈阶梯式发展趋势：先是不断扩大的非农劳动力；到了一定规模后就进入第二阶梯，即人口转移规模下降；到了第三个阶梯的时候便出现生育率下降，随之而来的是人口老龄化。根据我的研究分析，从刘易斯拐点到人口老龄化这一过程的速度取决于经济增长的质量，也就是前一章所说的全要素生产率。如果经济增长与个人可支配性收入、通胀指数相匹配，那么市民所获得的幸福感就强；反之个人压力会增大，生育的观念也会受影响。从数据来看，日本的刘易斯拐点出现在1960年代初期，人口抚养比的拐点出现在1990年代初，两者相隔30年。韩国的这两个拐点分别在1970年代初和2010年前后，相隔40多年。而中国的两个拐点大约出现在2005年和2010年，相隔仅5年，这意味着中国人口红利的消退更迅速。这一问题值得思考，可以结合上一章关于全要素生产率来做分析，更容易理解。

劳动生产效率不高引致成本上升

中国从2010年超过日本后就稳居世界第二大经济体，2021年生产总值已经接近美国的75%，按此逻辑在此后的10年内中国GDP总量超过美国的可能性非常大。但是中国的劳动生产率与美国相比依然存在较大差距。2018年中国劳动生产率水平为1.4万美元，美国为11.3万美元，中国约为美国的12%，此后几年中国劳动生产率虽有提升，但依然不足美国的15%。即便与世界劳动生产率水平相比，中国劳动生产率水平依然低于平均线。在一般情况下，劳动生产率水平是同一劳动在单位时间内生产某种产品的数量，单位时间内生产的产品数量越多，劳动生产率就越高。假设美国一个工人一天生产100部手机，如果中国工人一天只能生产20部，即便美国工人比中国工人的工资高出3倍，但由于劳动生产效率的差距，中国企业所承受的生产成本依然会更高。

中国生产型企业对全球制造业的贡献率高达35%，对国内的GDP也是贡献最大的，拉动经济增长1.6%。中国也是世界上唯一拥有联合国产业分类中39个大类、191个中类和525个小类全部产品的完整工业体系的国家，钢铁、汽车、手机等220多种制成品产量世界第一，进出口额连续多年位居世界第一。从规模经济的角度看，中国制造业已经引领全球，是世界货物供给的中流砥柱；但是从自身的利润来看，仍不容乐观。根据2019年的数据，中国制造业企业的平均利润仅为2.59%，低于中国500强企业的4.37%，更远低于世界500强企业的6.57%，这说明生产要素及生产效率对制造业的支撑还存在不足。这样便形成一个闭环：由于劳动生产率不高，所以生产效率不高，生产效率不高导致成本上升，成本上升导致企业利润下降，企业利润下降导致企业投入研发的资金减少，企业投入研发的资金减少导致生产率不高……由此循环。

所以，要解决这一问题必须从两个方面着手：一是提高劳动力的知识和技能水平，加大对职业教育的投入，使全民掌握一技之长。当然要实现职业教育的提升就必须打破制度壁垒，把职业教育与高等教育同等化，消除歧视和待遇偏见，让职业教育与高等教育拥有同等权益。二是加强技术创新支持力度，提高企业自主创新能力，实现企业效率提升。以美国为例，过去几十年时间，美国制造业也出现了因劳动力不足而萎缩的现象，但是这没有影响美国制造业利润与竞争优势，原因就是美国重视研发投入，大力发展高新技术产业，从而推动制造业劳动生产率大幅提高，以此抵消了因劳动力不足导致的产能收缩。根据美国劳工部数据统计，从1987年开始，美国制造业部门（生产型企业）的劳动生产效率增长了3倍以上。如果把劳动效率的增长速度与劳动力较少的速度相比，几乎是可以抵消掉劳动不足的压力。中国也高度重视创新驱动在制造业发展中的作用，加强制造业研发投入和队伍建设，但由于总体仍以劳动密集型和加工组装环节为主，因此中国制造业劳动生产率偏低，在全球分工体系中的竞争力有待提升。[1]所以，中国如果不跻身全球产业链分工体系的高端环节，就会在全球产业链分工体系中被低端“锁定”，长期处于低端及低利润循环。

原材料价格上涨

原材料价格上涨是企业普遍面临的问题，正常情况下与需求市

1　黄汉权：《建设支撑高质量发展的现代产业体系》，《经济日报》2018年5月10日，第14版。

场规模及消费力的变化有一定关系。但是从2020年开始，原材料价格出现爆发式增长，与此同时PMI指数却在下滑，原材料价格上涨不能被工业产品价格分解，就会加剧生产型企业的压力。从产业链角度来看，供应链所对应的是需求链，两者之间呈现一种供需平衡关系，如果平衡关系被打破就会引发产业链危机。原材料作为所有产品最基础的生产资料，价格上涨就意味着供应链源头成本上升，如果需求链不能消化供应链成本，就会转化为企业的生产成本，当生产成本高于产品销售价格时，企业就会面临亏损或破产。以新能源汽车为例，2021年全年电池级碳酸锂价格涨幅超过了400%，所以在2022年2月份各大新能源汽车企业纷纷宣布涨价。如果消费市场对涨价的敏感度不高，那说明消费市场依然存在价格弹性。但从长周期来看，新能源汽车如果不通过科技创新来提高增值收益，是无法承受长时间价格上涨的，这对于汽车制造企业来说充满不确定因素。同样，家电领域也面临此种问题。2022年海尔宣布从3月16日起上调空调等产品的价格，涨幅为8%—10%。美的发布通知从3月16日开始陆续上调各品类价格，价格调整幅度为家用空调8%、冰箱5%、洗衣机5%以上、小家电20%。其中美的空调在2022年1—3月份已经涨价三次，加起来已有约15%的涨幅。家电企业涨价也是无奈之举，因为多年来原材料价格一直持续上涨。家电产业上游原材料主要是铜、铝、钢材、塑料等大宗原材料，其中LME铜价格在2021年就同比增长近100%。此外，钢材价格同比增长约50%。原材料价格上涨使得家电行业成本增长约10%。

从短期来看，原材料上涨是因为全球化疫情带来债务叠加，尤其是美国从2020年开始货币量化宽松导致大量资本流入大宗商品市场，成本推动价格暴涨是重要原因。在各国相对宽松的货币政策下，出现了全球性通胀，很多国家的通胀率高达100%以上，欧盟各国及美国等发达国家一直保持在5.0以上的通胀，这促进了原材料上涨的预期。随着钢材、原油、化工材料、铜、铁、铝、煤炭等各类原材料轮番涨价，生产型企业利润日趋微薄，甚至出现亏损、破产等现象。从产业角度来看，在中低端产品领域，由于产品价格提升没有得到市场广泛接受，因此需求市场萎缩，消费者对产品的需求欲望降低，形成一种低效供给的局面。

资源与环境压力加大

企业一方面要面临外部资源供给的短缺或延时；另一方面在“双碳”大背景下，国家对环保要求的提升，使得企业不仅需要调适生产模式，还需要投入经费或技术设备，对环境进行治理。从整体上来看，企业需要面对供应链与生产环保两大问题。

首先，企业供应链风险。供应链是包括供应商、生产商、经销商再到消费者的整个产销链条。由于商业存在逐利的本能，所以每一个环节为了保障自身的利益都会采取动态调整策略，这增加了不确定性因素。同时供应链具有交互性、绞合性等特点，使得“牵一发而动全身”。有数据统计显示，中国供应链生产成本占GDP的20%，所以供应链一旦发生重大变化就会传导到生产成本上，影响经济的健康发展。对于中国来说，当前供应链存在内部环境与外部环境的双重压力。从内部环境来看，因为渠道垄断引发的道德风险、信息风险及技术风险较为明显，所以对于传统生产型企业而言，如果没有在产业链流通环节掌握有效及时的信息资源和流通资源，就会陷入被动性。从外部环境来看，当前地缘政治、金融风险等因素成为企业供应链的重要屏障。中美贸易战、俄乌冲突等因素加剧了供应链的脆弱性，世界各国出于对自身的保护及竞争开始纷纷构建内向型产业体系，改变过去全球化分工的格局，通过断供、技术封锁，甚至是控制海运资源等来控制供应链体系。此外，疫情导致了供需市场错配，使企业生产面临诸多不确定性因素。同时在全球高通胀、高杠杆的背景下，系统性金融风险也将成为企业的重大压力，尤其是外向型企业或全球化企业面对传导性快、隐蔽性强的金融风险缺少经验，容易成为国外资本势力收割的目标。

其次，企业生产环境压力加大。未来碳税不可避免，高碳产业如不尽快转型，用不了多少年就会出现赚的钱还不够交“碳税”的局面。目前全球已经有50多个国家碳排放实现达峰。2020年，排名前15位的碳排放国家中，美国、俄罗斯、日本、巴西、印度尼西亚、德国、加拿大、韩国、英国和法国已经实现碳排放达峰。中国、马绍尔群岛、墨西哥、新加坡等国家承诺在2030年以前实现二氧化碳排放达峰。中国和美国是目前全球最大的两个碳排放国家，但两国碳排放走势有所不同。美国已逐渐调整能源结构，早在2007年便实现碳达峰，碳排放量已进入下降通道。中国碳排放截至2021年前依然处于上升趋势，2020年中国碳排放量达到98.99亿吨，同比增长0.6%，再创历史新高，占全球碳排放量的比重也提升至30.7%。所以，接下来中国将会积极落实碳排放配额制度，可能会学习欧洲的碳交易模式，对八大行业进行全面碳配额。欧洲碳排放配额分为多种模式，比如有偿分配，国家从配额总量中预留出部分或全部配额进行拍卖或定价出售，前者由购买者竞标决定配额价格，后者由出售者决定配额价格。如果是低碳企业，就可以通过转让碳积分获利，比如特斯拉在欧洲的利润只有7亿多美元，但是特斯拉靠出售碳积分赚了15.8亿美元。中国目前针对碳排放规模最大的发电行业进行了配额制，2021年7月18日，酝酿了近10年的全国碳交易市场在上海开启。首日碳配额最新价格为51.23元/吨，涨幅为6.73%，均价为51.23元/吨，成交量410.4万吨，成交总额2.1亿元。在“十四五”期间，碳排放权交易将有可能扩大到八大行业，这对于高能耗的生产企业来说无疑是一次重大的转型，如果不转型升级就会面临碳排放的缩减，然后通过交易市场去购买配额，如果生产利润支撑不了配额价格就会出现亏损。同时，国家对生产企业的环境指标要求越来越高，过去靠材料加工的粗放型企业要么通过技术创新实现效率的转化，要么完善环保要求实现绿色生产，这两种模式都需要大量投入，所以在一定周期内会面临较大压力。

需求市场变化过快带来的压力

当前生产型企业的竞争压力除了技术因素和渠道、品牌等因素，主要是来自产品多样化和用户需求变化的压力。用户需求变化过快导致产品迭代速度加剧。1943年美国心理学家马斯洛在《人类动机理论》中提出，人类需求像阶梯一样从低到高按层次分为五种需求系统，分别是：生理需求、安全需求、社交需求（归属与爱的需要）、尊重需求和自我实现需求。马斯洛的观点实际上是把人的需要分为两种类型：“匮乏性需求”和“成长性需求”。“匮乏性需求”实际上是由缺失性需求导致的，在某种意义上是一种刚性需求，其中包括基本的物质需求和情感及生理需求；“成长性需求”是在满足“匮乏性需求”之后的一种更高级别的需求，包括精神、权利、尊重等。这五种需求像阶梯一样，按层次逐级递升，一般情况下，当某种低层次的需求得到满足之后，就会向高层次的需求发展。马斯洛提出这一观点基本符合人类对外需求的精神本能，但随着物质文明基本充裕，以及意识形态的不断变化，人类的需求日趋复杂，有来自现实的刚性需求，也有来自意识形态的潜在需求，还有来自环境变化的炫耀式及个性化需求等。各种需求呈现出交叉性、延续性、探索性等特点，所以对于商品供给来说，就必须通过加快迭代速度来满足用户需求变化。

在此背景下，生产型企业除了做好市场细分，还需要丰富自身的产品线，不断拓展产品种类，满足产品迭代速度的需要。产品迭代速度的加快看上去是科技进步的结果，但从市场角度来看更多是需求心理的变化，是大社会环境的映射。事情总是有两面性的，需求市场变化过快一方面加快了创新的动力，另一方面也导致了要素资源浪费。一种要素资源被开发出来后还没有完成产品的生命周期就被淘汰，从某种角度上解释，这是社会生产力的浪费。很多人认为这才是有效供给。如果仅仅从产品的供需关系来看，这是有效供给的体现，但如果从理性需求来看，实际上是无效供给。比如世界各国都在倡导全民健身，塑胶跑道便成为时尚运动的标签，各地政府大力投入塑胶跑道建设，在财政预算支出中塑胶跑道占比很高，那么这算不算有效供给？在供需关系上当然算有效供给，因为满足了城市的功能配套，也满足了一部分市民的时尚需求。但是一年后发现塑胶跑道的使用率远远低于林间小路的使用率，此后政府又逐渐恢复了沥青跑道，这便造成了损失，如果把日均跑步人数及跑步时间与塑胶跑道成本及生命周期进行计算，你会发现一个市民在塑胶跑道上每运动一小时就会分摊掉高于自身每小时工资的费用。还比如我们购买衣服，以为几百元的衣服不算什么，所以就不断购买，最后会发现购买的衣服实际上没穿过几次就闲置了，如果把购买衣服的成本与穿着次数进行换算就会发现每穿一次的成本很高，甚至高于那些大品牌的服装。产品的生命周期在不断缩短，不是因为质量问题，也不是因为技术进步，而仅仅是由用户需求变化速度过快导致的。所以我们把这种生命周期短暂的产品称为“易逝品”。“易逝品”的价值存在两个特点，一是迭代速度要快，二是定价要精准，否则就会存在库存、过期等各种损耗。

企业若想做好这种“易逝品”或迭代速度较快的商品，除了产品创新，就是商业模式创新，比如针对不同的消费场景做改造，针对消费者炫耀心理做包装设计，针对消费者意识形态的变化做增值服务。总而言之，在快速迭代的商品环境下，生产型企业要想提高生存能力，就必须做好技术创新、整合资源等工作。

从技术创新的角度看，一般小微公司要实现不断迭代的技术创新非常困难，除非创始人自身就是技术出身，并且有强大的创新能力，在不考虑市场销售的情况下不断完善创新研究，实现持续的创新产品供给。但对于一般企业来说，创新周期较长，并且很难保障持续创新，所以这无疑给小微企业带来发展难度，产品竞争优势将逐步向头部企业倾斜。在此背景下，企业唯一能做的似乎只有不断拓宽自身的知识结构，在销售渠道和消费场景上做足文章。另外就是加强资源整合能力，通过对技术、产品、供应链的整合来丰富自己的产品线。比如国内某科技公司涉及的产品线多达数十条，几乎涵盖所有的生活应用产品，如果仅靠公司自己的研究成果是满足不了产品线需要，更满足不了产品迭代速度的，所以就通过资源整合，把别人的技术、产品及生产线进行整合，然后贴上自己的品牌标签进行销售。这种模式的本质就是品牌运营商，而不是一家严格意义上的生产型企业。所以，传统生产型企业在面对产品多样化、用户需求多样化的环境时，要生存就必须破茧重生。

制造业发展趋势

自2008年国际金融危机之后，世界各国就开始不断探索产业发展趋势，从过去的金融、互联网、规模化等单一的发展模式逐渐明确了以制造业为核心的科技创新道路。尤其是发达国家先后制定了自己的发展计划，美国国家科学技术委员会在2012年发布了《先进制造业国家战略》，德国政府在2013年确定了《德国2020高技术战略》，同年英国政府科技办公室也发布了《英国工业2050》。同时，欧盟各成员国也针对制造业科技创新出台了不同的扶持政策。中国最终也确定了《国家中长期科学和技术发展规划纲要（2021—2035）》。世界各国都围绕工业技术领域做出了部署，对于中国制造业来说将会面临重大挑战，发展动力、生产模式、要素支撑、组织关系等领域将产生变革。

发展动力的改变

改革开放数十年里，中国利用国际技术溢出的外部带动向自主创新提供了内生驱动转变。这一逻辑也是发达国家几百年来的成长逻辑。在前面几章里对技术溢出价值做过解析，技术溢出对自主创新的转变主要是通过模仿效应、人员流动效应、产业关联和竞争效应等渠道形成的。

模仿效应主要是在别人商品或技术的基础上进行拆解、模仿，使自己的商品或技术尽可能接近别人的水平或优势，从而赢得更多市场优势。当然，这一模式必须符合三个条件：一是制度保障，对模仿与抄袭的界定不能一刀切，不能过度打击技术改进及二次创新，也不能过度纵容超越知识产权的模仿；二是本土市场效应，没有本土市场，一切模仿创新都将失去规模化的消费支撑，也就失去了模仿创新的基础动力；三是成本优势，模仿创新必须建立在相对较低的成本上，这样才能使产品价格低于前沿产品价格，通过高性价比来抵消感知度较低的技术差异。所以，不是每一个国家都具备模仿效应条件。

人员流动效应是因劳动力纵向或横向流动带来的技术溢出，人员的纵向流动可以提高同行业的技术水平，人员流动范围越大，技术溢出的广度就越大。人员要是横向流动，就有可能形成新的创新链，通过技术跨界流动创造新产品，实现再次创新。人员流动效应也是有条件的，首先是人口规模，因为企业劳动力是由不同层次的劳动分工构成的，不同层次的劳动力流动能为不同领域带来技术溢出，最后形成聚合效应，但这些都必须建立在人员规模上，是在一定的质变基础上形成的量变，然后又通过量变形成新的质变。其次是人员知识程度、知识水平决定了技术吸收能力，知识水平越高对技术的吸收能力就越强，同时对技术传播的影响力就越大。进入21世纪后，中国劳动力知识水平得以全面提高，同时在知识转化过程中价值不断得到体现，激发了人们学习的欲望和动力。

产业关联性是指先进技术或高端产业链因为产业分工或利益最大化等因素，对上下游产业链形成绞合关系，在这一过程中就会产生各种溢出，对于提高产业链企业的技术水平能起到关键作用。这从某种程度上也是一种倒逼机制，无论是上游企业还是下游企业都会形成倒逼机制，比如通过高价引进国外先进芯片就会倒逼中国企业加大产品研发来满足国外技术的最大效能，创造最大的商品价值。如果处于上游企业，因为国外的质量标准较高，技术创新较快，所以对合作商的要求也会不断提高，企业要满足需求方的各种标准就必须加大创新力度来适应不断变化的分工与合作体系。这一过程就会在不同环节形成各种溢出价值。

虽然各种模式为制造业发展带来积极的动力，但也存在一些负面的作用。从内部来看，如果企业长期依赖溢出价值就会出现过度模仿，抑制了自主创新能力。另外，先进技术或制造企业会产生抵触，从而对技术或生产合作进行封锁。从目前外部环境看，发达国家对中国先进制造业已经展开了遏制和打压，通过产品断供、技术封锁等手段将中国锁定在产业链、价值链的中低端。比如针对中国进行35项核心技术的全面封锁，俗称“卡脖子”项目。所以，中国制造业的发展动力已经从利用国际技术溢出的外部带动向自主创新的内生驱动转变。换句话说，以后想获得国外的技术溢出是越来越难了，中国企业只有撸起袖子自己干。当然，撸起袖子自己干并非闭门造车，一方面要加大“外循环”力度，通过制度优势吸引国际企业在华生产与合作；另一方面要坚持自主开发原则，增加科技创新投入。这一理念是自上而下的，不仅是国家意志力的表现，也倚赖企业价值观的转变。

生产模式的改变

在全球化背景下，未来制造业生产模式将发生全面改变，由传统的生产模式向智能化、绿色化、服务化模式转变。在新一轮科技革命和产业变革中，传统生产模式将被逐渐颠覆，如果传统生产模式不尽快自我调适，就有可能被淘汰或陷入增产不增利的被动局面。下面我们对智能化、绿色化、服务化这三大趋势逐一解释。

1.智能化

智能化是全球大势所趋，只有智能化才能解决效率、产能、质量等问题。智能化主要体现在智能化技术、智能化制造、智能化产品三个维度。智能化技术指的是新一代信息技术，以及上文说的35项卡脖子技术，这些技术将决定智能化生产、智能化产品的底层技术。比如光刻机、芯片、触觉传感器、真空蒸镀机、手机射频器件、激光雷达、核心工业软件等，每一项技术都关系到生产效率、生产质量等问题，没有这些技术就难以支撑整个产业链的运行。就拿光刻机来说，高精度芯片制造需要高端光刻机来完成。2021年数据显示，中国高端光刻机加工精度大概在90纳米，对应到芯片的处理能力上，相当于2004年上市的奔腾4处理器（CPU）的水平，而国外已经可以做到10纳米左右的程度，技术水平遥遥领先。

智能制造是效率和质量的保障，智能制造（Intelligent Manufacturing，IM）是一种由智能机器和人类专家共同组成的人机一体化智能系统，它在制造过程中能进行智能活动，诸如分析、推理、判断、构思和决策等。通过人与智能机器的合作共事，去扩大、延伸和部分取代人类专家在制造过程中的脑力劳动。它把制造自动化概念更新、扩展到柔性化、智能化和高度集成化领域。根据美国机器人工业协会估计，全美有大约23万台机器人投入工厂生产，尤其是依托大数据、物联网等新一代信息技术的智能系统平台已相继不断推出。显然中国与发达国家相比还有较大距离。在智能产品领域，无论是规模还是质量都有待提高，未来智能产品将全面渗透到生产、生活领域，是信息化技术与物质产品的融合表现形式。比如智能化家居将彻底改变过去的物质形式，产生新一轮的消费革命。美国市场调查与咨询公司Markets and Markets预测报告显示，全球智能家居市场规模预计将从2021年的845亿美元增长到2026年的1389亿美元，从2021年到2026年，智能家居市场预计将以10.4%的复合年增长率（CAGR）增长。未来出口经济将由传统货物贸易转向智能化产品贸易，一个国家制造业的实力将表现在智能化产品贸易顺差上。

2.绿色化

资源与环境问题受到世界各国的普遍关注，清洁、高效、低碳、循环等绿色理念深入人心，推动绿色增长、实现绿色生产已成为制造业可持续发展的重要手段。以往高耗能、高污染的生产方式将逐步被限制和淘汰。在价值链环节中，将会引入发达国家普遍使用的ESG模式（环境、社会责任和公司治理）体系和评价工具。也就是说，把绿色环保纳入企业的评价体系中，与企业的社会责任与公司内部治理能力并列构成企业的价值内涵。这对企业的评级、信用、估值、溢价等会带来重要影响。比如银行要给企业授信贷款，通过ESG工具进行分析，让银行能够在投资决策、授信审批、利率定价、贷后管理环节中精准量化评估碳减排给项目带来的收益或风险影响。环境因素将成为银行全面审核和评估客户及项目的重要参数。

3.服务化

企业未来提供的产品方向主要表现形式是“有形产品+增值服

务”，以此来满足用户的个性化、多样化需求。一般来说分为产品服务化和制造业服务化两种模式。产品服务化主要聚焦在产品附加值层面，以此来提高产品附加值和用户体验感等。而制造业服务化主要是指基于制造的服务和面向服务的制造，是基于生产的产品经济和基于消费的服务经济的融合，是一种新的制造模式。一般来说是产品的延伸和补充，最终实现一站式解决方案或闭环式发展。比如IBM长期以来一直定位为“硬件制造商”，但是进入20世纪90年代，IBM陷入了前所未有的困境，公司濒临破产。在郭士纳的率领下，IBM成功由制造业企业转型为信息技术和业务解决方案公司，现已成为全球最大的咨询服务组织，在160多个国家拥有专业的咨询顾问。中国长安汽车的制造业服务化也是典型案例。长安汽车基于汽车配送物流成本问题成立了长安民生物流公司，一方面完成长安汽车自身的零部件及整车仓储配送业务，降低企业经营成本；另一方面发展全国汽车专项配送业务，成为全国最大的汽车零部件集并运输、供应商仓储管理、生产配送、模块化分装、商品车仓储管理和发运、售后件仓储及发运等领域的物流公司。这样一来便解决了汽车生产、销售、物流的闭环发展模式。

所以，制造业只有把握变革的大趋势，推动制造业加速向智能化、绿色化、服务化方向升级，才能在未来竞争中具有发展优势。

要素支撑的改变

在经济学中，生产要素是指生产输入，是人们对投入与产出必要条件的认定，一般认为土地、劳动、资本构成生产要素的基本条件。但是实践表明生产要素会根据历史与科技的进程发生改变，当然这里的改变并非否定传统三要素，而是在不同时代，生产要素会根据生产方式与产品结构的变化而发生权重比例的改变。

生产要素权重比例的改变形式有两种：一是三要素之间权重比例产生改变，二是由于生产的需要延伸出新的生产要素，并且在全部要素中占有绝对的优势。在农业社会，土地和劳动是核心生产要素，正如威廉·配第所说，“土地为财富之母，而劳动则为财富之父和能动的要素”。工业革命启动之后，机器代替了人力，从此实现了规模化生产，资本成了推动工业发展的第一要素，所以便有了“土地、人力、资本”三要素。19世纪后，随着电气化革命全面到来，工业生产实现了自动化模式，企业进入更为高级的竞争模式，企业家的才能成为企业发展的重要因素，所以经济学家又把“企业家才能”纳入继土地、人力、资本三要素之后的第四大要素。

当下面临两个问题。一是传统要素成本不断上升，资源的稀缺性或者说承载经济的能力逼近极限，人们从要素资源规模的扩大换取生产效率的能力已经减弱，资本投入边际效益和要素资源的边际效用都在降低。二是在科技革命的推动下，生产方式和价值链发生改变，所以必须从初级生产要素投入为主向依托高层次生产要素为主转变。简单来理解就是全面实现新旧动能的转化，这个动能就是生产要素。

那么新的生产要素是什么？知识、技术、投融资能力等说法不一，但从目前的生产模式来看，新一代信息技术更为贴切。因为知识、技术、投融资能力等都是支撑技术的底层逻辑，而生产中最为直接的体现是技术能力。新一代信息技术主要是由三个维度构成的。第一是互联网技术，云计算、大数据、移动互联网、物联网等成为推动产业发展乃至产业革命的底层技术。比如大数据和云计算构成了强大算力，这不仅决定了高难度的运算方式，也决定了消费市场和潜在消费市场的捕捉能力。通过对大数据的分析，算法最终找到事物的规律，并通过规律得到想要的结果，这种突破地理空间边界，把看得到的和看不到的“一网打尽”是智能化决策的基本保障。物联网和移动互联即是数据的采集供给和使用供给，与云计算构成了所有生产组织的运行体系。第二是信息技术，智能传感器、人工智能、虚拟现实这三者的关系是实现“数字孪生”的重要支撑，是物理产品或物理属性与信息空间的重要纽带，未来一切智能化产品都是基于虚拟和现实的链接，为人类提供不同场景的使用体验。第三是智能制造技术，3D打印、智能机器人等是无人化车间的必备，更是安全、效率、质量的保障。所以，我们就明白在生产要素中知识、技术的权重越来越高于其他要素。

作为生产型企业，必须加大人才储备、技术创新、信息应用才能适应要素变化带来的危机。在人才储备方面要增加投入，通过激励制度让人才转化为技术动能，实现增长。这更多是企业对组织管理的认知。另外在技术创新方面除了激励制度，更要重视要素资源的有效配置，让知识向技术转化，技术向产品转化，产品向市场转化为利润。当然，最重要的是对信息工具的应用水平，如何激活信息、数据、知识等新生产要素的活力是企业发展的关键。

组织关系的变化

组织化变革也是制造业发展的必然趋势。随着生产型企业内外环境的变化，对组织中的要素调整成为企业发展的战略手段之一。这个过程涉及组织管理理念、组织结构、组织文化及技术的调整。这里从企业生产组织关系和区域产业发展组织关系两个维度阐述组织关系的变化。

首先是企业生产组织关系的变化。未来产业分工越来越细、产品迭代速度越来越快，要求企业必须在较短时间内完成产业链上多个合作伙伴的整合。目前通过人际网络、固有合作关系等建立起来的供应链，不仅抗打击能力弱，对市场需求也无法做出快速反应。所以，企业对供应链和产业链的整合能力不仅关系到产品的创新价值，也关系到成本和效率等方面。比如苹果手机几乎所有的生产程序都是通过全球化的整合能力来实现的，这大大提高了企业的机动性。企业从过去由总部发布指令的组织关系向合作分工的组织关系转变。尤其在互联网的大背景下，企业之间的资源共享和信息交流使企业不再仅仅依靠面对面交流拓展业务，而是大幅扩展了企业寻找新合作伙伴的范围。所以，生产型企业一方面要建立全球化、区域化的组织关系；另一方面要通过工业互联网来打破现有组织关系的局限性。工业互联网是通过硬件组织、网络结构和服务方式的一次大变革，从而在工业运行效率、数据共享、人员协同等方面有量级化的提升。在疫情期间，工业互联网发挥了重要作用，有效减少了企业断链及信息孤岛等问题。

其次，区域产业组织关系。中国的产业集群多数是自发形成的，前期缺乏统一规划，企业布局散乱，缺乏“链主”企业的带动，行业集中度低。很多产业园区在地理空间上集中，但相互间的关联度较小，技术和信息等资源无法实现共享，“集而不群”的现象比较突出。所以，政府重构产业组织关系是区域产业转型的重要举措。政府不仅要对产业集群进行科学布局，还要促进现有产业交叉融合，深化固有产业的伙伴关系，展开与其他领域企业、高校院所、咨询机构等的合作。

产业转型升级路径与精准干预

产业转型一般是与产业升级捆绑在一起的，这主要基于宏观与微观的双向渠道，从严格意义上来说，产业转型与产业升级是不同程度的产业变革，产业转型偏向产业结构的调整，产业升级是聚焦产业内部技术、模式的提升。同时产业转型又有宏观与微观的两种解释。从宏观层面讲，产业转型更偏向政府的职能，是指一个国家或地区在特定时期，依据内外环境变化及自身的要素禀赋对产业发展模式或结构做出引致性调整，使其能满足国家或区域竞争力，实现整体效率提升。政府一般情况下通过资源存量在产业间的再配置和财政金融等措施引导产业向目标方向转变，这个转变过程不仅仅是产业结构的变化，也是产业组织、产业规模、产业技术及装备等领域的动态演变。所以，对产业转型升级的形成条件及干预手段进行分析，关系到产业转型升级的效率与质量。

产业环境、结构及特点

“中国制造”遍布世界，全球各地区都有中国生产的商品。但是“中国制造”是对商品的广义命名，而不是具体品牌的定义。所以，“中国制造”更多是高性价比的商品标签，并不是品牌价值的体现，在商品销售过程中并没有获得品牌溢价。

1.产业现状及环境

中国产业发展经历了三个阶段：从改革开放到2009年属于生产要素整合加工阶段，奠定了工业生产基础；2010年到2015年属于规模化生产阶段，确立了“世界工厂”的地位；2011年至今经历了供给侧结构性改革与数字化转型的发展过程，经济质量得以大幅提升。在这三个阶段中，中国产业发展呈现水平式的“橄榄型”增长，也就是第一阶段在积累、整合生产要素的过程中，产能与贸易呈现缓慢增长演变，到了2009年后受人口红利与本土市场等多方面影响，中国产业得以大规模发展，2010年中国经济总量超过日本位居世界第二。从生产结构来看，2010年中国制造业有200多种产品产量居世界第一位，粗钢、煤、水泥产量稳居世界第一，其中水泥产量在2009年占世界总产量的60%，2010年粗钢产量占世界钢产量的44.3%，煤炭产量占世界总产量的45%。低成本发展是“中国制造”在国际竞争中的一大特点。然后，随着2008年后爆发的全球金融危机，以及产能过大导致的供给过剩和中国人口红利下降等因素影响，中国产业规模在供给侧结构性改革的牵引下逐渐收缩，但是经济规模却在不断放大。按正常逻辑，产业规模在收缩，经济规模却在放大应该是技术转化成产品价格创造的收益，但事实并非如此，而是在产能过剩及供给侧结构性改革的背景下，传统产业受产业利差影响，资本向房地产领域流动，加速了土地经济的规模，创造了经济总量。当然，其中还有互联网的贡献，在电商高速增长的环境下“长尾效应”得以释放，刺激了消费经济，形成了增量消费。

无论互联网促进的增量还是土地经济引致的增量，都不是产业转型升级的结果，从制造业角度来看，依然处于“橄榄型”发展模式中。通常我们衡量一个国家的社会稳定会用“橄榄型”观点来诠释，也就是富人和穷人在橄榄的两端，中产阶级在橄榄的中间，中间规模越大社会就越稳定。但是产业发展并非如此，如果用“橄榄型”来表达，产业价值应该体现在两端，两端越大意味着掌握的核心资源就越多，中间是加工生产环节，虽然能创造规模经济，但影响不了全球价值链的地位，反而易被技术、贸易所牵制。当前中国产业水平依然处于水平式的“橄榄型”发展模式，即中间大，两端小，整体利润不高。（如图14–1）

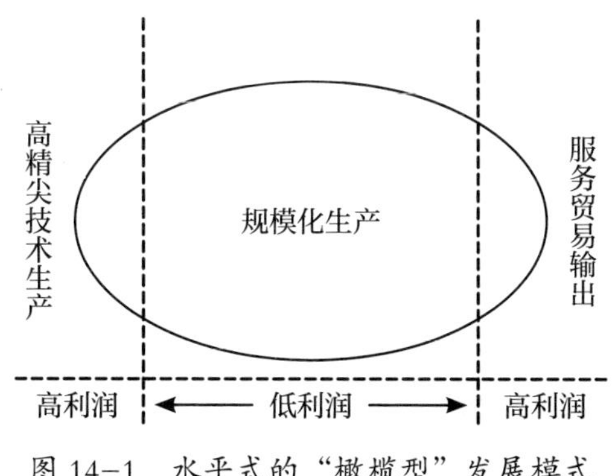

图 14−1　水平式的“橄榄型”发展模式

所以，最好的产业模式是既要保留规模经济的优势，又要扩大两端的规模，形成扁平式的“橄榄型”发展模式。（如图14–2）或者说可以适当偏向哑铃式的产业结构，即中间低利润的加工组装环节规模减小，两端高利润环节加大。

“中国制造”的产业升级之路很明确，在保持一定规模产能的

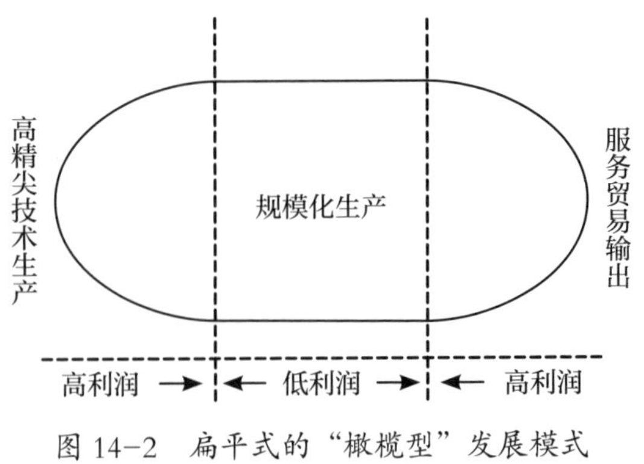

图 14-2 扁平式的"橄榄型"发展模式

基础上提高单位产品利润。为什么说要控制在一定的规模呢？因为规模需要消耗大量生产成本，在单位利润没有提高的情况下，折损率过大不有利于经济的长期发展。所以，需要从总量收益最大化向质量利润最大化转型。

对于中国产业转型升级影响最大的主要有两个层面：一是企业生产在全球价值链中处于低端嵌入困境，从"微笑曲线"中就可以看出转型升级需要面临巨大的挑战；二是区域产业分布质量与结构不平衡，严重影响了产业集群发展的溢出价值。从低端嵌入的角度来看，虽然中国制造业的规模和增长速度位居世界第一，但在全球价值链中依然属于生产、组装等外围价值链嵌入，尤其在2017年之前这种现象更为突出。被动性"跟随"的发展模式导致中国的企业生产在全球价值链中被低端锁定，使得经济发展"增量不增利"。从"微笑曲线"来看，处于利润最高点的是微笑曲线的两端，一端是产品设计、研发，另一端是售后服务和品牌。（如图 14–3）

但是，中国的企业生产目前在微笑曲线的两端都不具备明显

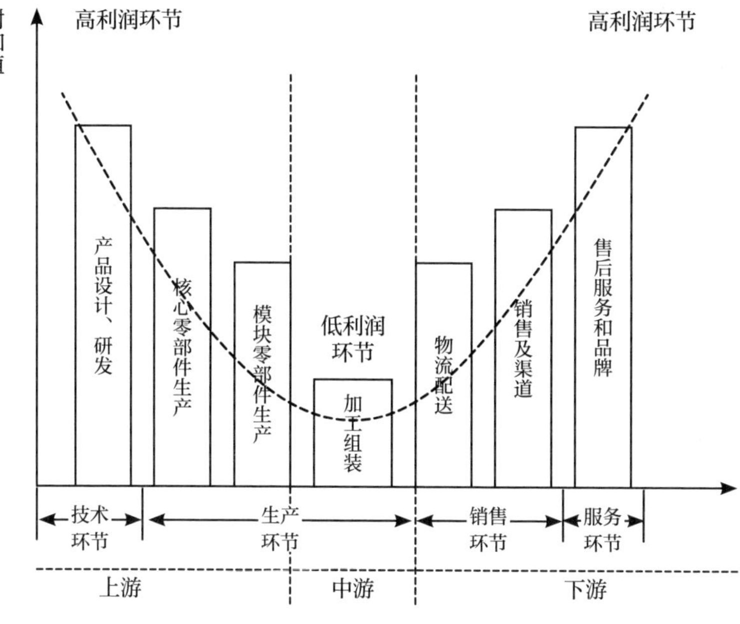

图 14-3　传统产业的微笑曲线模型

的优势，在微笑曲线底端的加工、组装虽然出口规模不断加大，但消耗了大量生产要素，使得产业结构因为要素资源错配更加失衡。2017年后，在数字技术和政策的推动下，中国产业转型升级加速，逐渐从加工、组装的底部向两端发力。在微笑曲线的上游端，即技术环节，通过加大技术的研发，以及对传统行业的融合，产品研发、核心零部件及模块零部件有了明显的提升，这在2020年到2022年的出口贸易中有体现。在微笑曲线的下游，中国通过信息化的应用提高了物流配送能力，解决了商品流通的壁垒。在销售环节，依赖本土市场效应的作用实现了低端增长向高端增长的过渡。到2022年，中国产业微笑曲线逐渐拉伸，虽然与发达国家相比，微笑曲线

的上游和下游依然处于劣势，但总体还是在上扬，中部加工、组装环节在两端的拉动下呈现上升趋势。（如图 14-4）

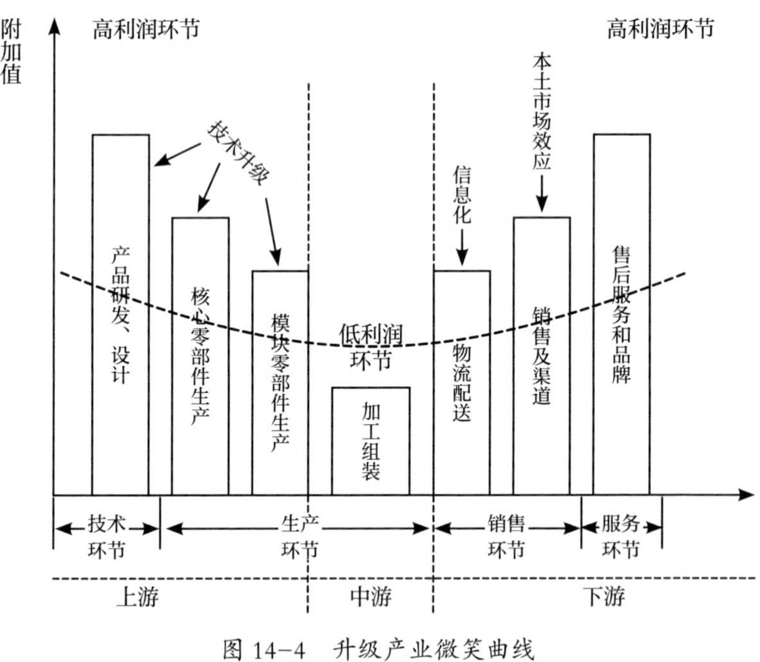

图 14-4 升级产业微笑曲线

升级后的产业微笑曲线表现出“直线水平”形态，这种现象在国际上并不多见，如果再加大两端的提升，那么就会出现世界独一无二的产业模式——既保持规模经济，又实现高附加值增长。世界上大部分国家在价值链中一般都表现出单一优势，比如美国的服务业和先进技术，日本的核心零部件，德国的模块零部件等，中国能呈现整体增长，更符合自身的国情。

2.产业转型升级的类型和认知

对于“产业转型升级”，人们一般都认为只是一个概念，但实际上里面包含了两大命题，“产业转型”与“产业升级”。这两大命题是宏观与微观的关系，也是战略目标与战略手段的关系。

首先从产业转型来看，更多是表达产业结构的变化，比如“一、二、三”转变为“三、二、一”。产业结构的转变并没有标准的版本，不具备统一性，如果你要求黑龙江水稻主产区从第一产业向第二产业转型，那就扭曲了资源要素配置，不仅对产业没有促进作用，反而加剧了核心产业的衰退。所以，产业转型的根本目的不是减弱一个产业，增强另一个产业；而是依托区域要素禀赋，使产业布局更为合理。

现在普遍有一种观点，认为发达国家第三产业占比高于70%，所以中国第三产业必须向发达国家靠拢。做强第三产业本身没有错，但前提是其他产业是否足够支撑第三产的发展。美国、日本、德国等发达国家都是在其他产业强盛的时候，生产要素自然向第三产业流动而实现的转型。所以，产业转型需要坚持三大原则：一是依托区域要素禀赋进行产业合理布局，以促进产业互补和效率提升为目的；二是通过产业集聚实现劳动密集型向技术密集型、资本密集型方向转变，以此提高区域产业质量；三是从要素投资驱动型发展向创新驱动型发展转变，实现高效、绿色发展模式。

一般来说，产业转型主要包括行业结构转型、要素结构转型、贸易结构转型和发展方式转型四种类型。行业结构转型主要是指三大产业之间的结构转变，这种转变一般是在三种情况下形成的：一是政府干预使过剩、低端产业淘汰出局，促进生产要素向其他产业流动；二是产业内部因需求市场的变化向其他行业转变，以跨界或融合的形式发生转变；三是受利差影响，企业改变原有的经营业务，向其他行业转型。要素结构转型主要是指区域市场在政府干预或市场价格的推动下，成本或权重发生变化，然后倒逼产业发生转型，比如人力资本、土地价格等因素倒逼企业从劳动密集型和资源密集型产业为主转变为技术或资本密集型产业。贸易结构转型主要是因为比较优势发生变化，从过去货物贸易优势向服务贸易优势转变，从而带动产业转型。发展方式转型主要是指在宏观背景下，经济的驱动方式发生改变，产业因外部环境变化做出调整，如“双碳”环境倒逼高能耗产业向低碳、绿色产业转变。

其次是产业升级，产业升级是对技术、流通、销售等环节的创新，以此来提高产品的附加值和行业竞争力。从管理学的视角来看，产业升级包含产品、流程、服务、品牌等环节。从产品自身竞争力来看，主要由质量、成本、创新等要素构成，所以产品如果在降低成本的同时要提高质量，就需要加大技术研发，引进先进的生产设备，推动产品从规模化生产向定制化生产转变。从产品的生产流程来看，一方面要引进智能制造和柔性制造可以实现产出效率的转化，另一方面要通过跨界思维对要素资源进行整合，打造新业态，推出新产品、新服务等。

3.产业转型升级的问题和特点

产业转型升级很容易陷入认知和急功近利的误区，这些年来一些区域对产业转型升级的理解往往建立在“推倒重来”或“招新弃旧”的基础上，把“转型”与“转行”的概念相混淆。目前有两种思想误区：一是认为淘汰传统产业发展新兴产业便是区域产业转型；二是认为推动第二产业向第三产业转变就是产业升级的主要路径。

这两个误区都违背了产业发展逻辑，是一种狭隘的价值观。

首先传统产业并非落后的产业，传统产业具备规模优势，规模优势最大的作用就是能实现规模报酬递增。因为传统产业一般都是建立在区域要素禀赋基础上，经过长时间发展已经形成一定的产能优势、规模优势、配套优势、市场优势等，这些条件都是产业发展的竞争优势，如果放弃这些优势条件去重新发展新兴产业就会面临更多的未知风险。

其次，第二产业向第三产业转移虽然能实现更高的产业利润，但是从生产体系与社会效益来看未必是更好的选择。第三产业发展有几个特定条件：其一，第三产业必须立足于第一、二产业，这是推动第一、二产业发展的技术或服务保障，是产业运行效率、质量与服务的保障，脱离传统产业支撑的第三产业将会失去运行的动力；其二，第三产业是传统产业的溢出价值，美国第三产业虽然占国内GDP的80%以上，但是美国的第一和第二产业也不弱，美国不仅是全球第一农产品出口国，也是世界第一工业强国，工业规模虽然没有中国大，但技术却是绝对领先，尤其在精密仪器、半导体、航空航天工业等领域更是全球领先。既然美国有这么好的工业条件，为什么还要大力发展第三产业呢？答案很简单，在全球化分工中，美国找到了为其代工的生产国，以此把国内高昂的劳动成本向国外转移，实现利润最大化。比如一架波音飞机，除发动机等核心部件，其他部件由全球10个国家43家一级供应商为其生产。飞机尚且如此，其他低端产品就更不用说了。所以，美国第三产业是在强大的制造业基础上发展起来的。很多国家或地区只看到美国第三产业比重之高，而忽略了其他产业对第三产业的溢出价值，所以脱离第一、二产业发展第三产业的结果注定是事与愿违的，比如南美国家巴西、阿根廷等都付出了急功近利带来的代价。

那么，很多人会有疑问，难道中国必须要回到过去美、英、法等国的工业时代吗？第三产业的崛起非要经过制造业的逐步升级吗？如此岂不是永远处于价值链的低端，任人宰割？实际上这是一种线性思维，传统产业与服务业本身就是融合发展、齐头并进的增长模式。前面说过，第三产业是传统产业的溢出价值，那么这就意味着只要传统产业规模足够大、质量足够好，发展第三产业的能力就会比较强。所以，传统产业转型并非转行，而是通过政策工具对传统产业要素重新配置，使其向高新技术产业攀升，最终实现溢出价值，推动第三产业的长效发展。当然这个过程是相互的，在传统产业向高新技术产业攀升过程中，服务业（第三产业）是传统产业转型升级的催化剂和牵引力。

因此，区域政府要根据产业特点与要素资源处理好增量调整和存量优化（升级）的关系，既要发展新兴产业实现增量结构调整，又要促进传统产业发展实现存量升级。区域政府要遵循产业发展的客观规律，基于地区的资源禀赋、比较优势、发展阶段和已有的产业发展基础，引导企业逐步向“微笑曲线”两端升级，逐步实现产业“腾笼换鸟”。

产业转型升级的集聚效应

1776年亚当·斯密在《国富论》中针对产业分工提出了“集群”这一观点，他认为“企业集群”是由一群具有分工性质的企业为了完成某种产品的生产联合而成的群体。[1]韦伯（Weber）在1909年《工业区位论》一书中再次把“集群”定义为在某一区域内相互联系的企业的聚集体，强调集群是企业的一种空间组织形式。他把“集聚因素”引入企业集群的定义，认为集聚因素可分为两个阶段：通过企业自身的扩大而产生集聚优势，和各个企业通过相互联系的组织而实现地方工业化。[2]可见，在工业文明的初期，经济学家就关注到了产业集聚与产业发展的作用关系。这也是区域政府继要素配置、制度激励后的第三大重点工作，根据区域禀赋特点引入产业链相关企业集聚，是发展动力的基本保障。下面对产业集聚与产业转型升级的影响机制，以及产业集聚的条件与逻辑进行分析，梳理出集聚与产业转型升级的关系和方法。

1.产业集聚与产业转型升级的影响机制

“产业集聚”这一理论经过几百年的深化、完善与验证，已经形成一个庞大且多元化的理论体系。因为从18世纪开始不同领域的学者针对“产业集聚”这一概念做了延展与补充，所以逐渐形成了经济地理学、区域经济学、产业经济学、社会学、管理学等诸多学科相融合的研究体系。地理学家认为产业集聚应该理解为“产业区”（industrial district）或“区域集群”（regional cluster）等概念，管理学界称之为“产业集群”（industrial cluster）或“产业簇群”等，而“产业集聚”是区域经济学家的界定。虽然叫法不一，

---

1 参见［英］亚当·斯密：《国民财富的性质和原因的研究》，北京：商务印书馆，2014年。

2 ［德］阿尔弗雷德·韦伯：《工业区位论》，李刚剑、陈志人、张英保译，北京：商务印书馆，2010年，第9页。

但基本概念是统一的，只是在不同时期因技术革命与生产要素的变化，产业集聚对产业转型升级有不同程度的影响。但这并不代表先进理论对落后理论的迭代，而是相互补充、不断延展的过程。从亚当·斯密，到韦伯、马歇尔、波特等，他们不断提出新的观点，越到后面越是接近现实反映。比如波特认为："产业集群"（industrial cluster）一词对集群现象进行了分析，产业集群是某一特定产业的中小企业和机构大量聚集于一定的地域范围内而形成的稳定的、具有持续竞争优势的集合体。同时，他给出了垂直企业集群与水平企业集群的定义：垂直的企业集群是通过买卖关系来联结的众多企业所形成的企业集群；水平的企业集群是由包括共享终端产品市场，使用共同技术、技巧及相似的自然资源的企业所组成的集群。[1]当然，在信息化不断向制造业渗透的时代，工业互联网、物联网、智能化生产、反向定制等新的模式出现后，产业集聚对产业转型升级的影响机制也发生了一定的改变。从生产要素及资源共享优势变为技术互补优势，从规模报酬效应变为信息协同优势等。

针对产业集聚对产业转型升级的影响机制，我们可以通过一个故事来体现最原始的集群概念。在封建社会早期，人类的生产活动更多是群集行为，是群众因利益或情感等因素自发形成的一种生产、生活关系。其实这种关系在早期的原始人类社会就已经形成，弱者攀附强者，强者联合智者，各有所需，算是物竞天择，适者生存。假设在人类早期社会有两个部落，一个部落掌握了原始的织布技术，但由于生产技术落后，织一件衣服往往会耗费较长的劳

1 ［美］迈克尔·波特：《国家竞争优势》（上），李明轩、邱如美译，北京：中信出版社，2012年，第136页。

动时间，从而影响农业生产，如果投入过多劳动力去织布就会关系到部落的生存问题，所以只有安排少量劳动力去织布，织出来的布也只能由部落首领或对部落有贡献的人使用。那么从社会生产力来看，织布对社会及经济的效用价值就非常低了，既不能改善人们的生活，也创造不了经济价值。如果有一天，织布部落首领发现住在山上的另一支部落善木器手作，于是就邀请这支部落木器作业者帮忙设计织布工具，条件是可以拿出一部分谷物给予奖励，同时划出一片土地给该部落用于生产、生活。这个木器部落一看条件不错，于是就搬来与织布部落一起发展。当织布工具发明出来后，生产效率大幅度提高，不仅部落每一个人都有衣服穿，而且可以把剩余的衣服拿到更远的部落去交换其他物资。假设还有更远的部落掌握了彩绘技术，他们由此想到制作彩绘布料来提高衣服的价值，于是这支彩绘部落与织布部落再次融合。以此类推，他们的产业集群规模就越来越大，对生产率、经济效益、社会效用价值的作用也随之增大。

波特通过对10个工业化国家的考察发现，产业集群是工业化过程中的普遍现象，在所有发达经济体中，都可以明显看到各种产业集群。产业集群就像一个紧密联系的系统，可以促进企业在纵向和横向之间通过积极的互动和交流来推动和鼓励对方进行持续的产业升级和创新，集群区域的竞争力对企业的竞争力有很大的影响。产业集聚对区域产业转型升级的影响机制主要体现在三个层面。

首先是知识溢出机制。知识溢出机制一般表现在两个维度：一是通过对外部知识的引入对现有知识（技术）形成互补优势，创造更高价值；二是外部知识融入后经过内部分工的重叠与融合形成有效传播，提升整体知识水平（技术）。

其次是集体学习机制。随着产业集聚不断扩大，外部学习行为和内部学习行为相继出现、密切配合，外部知识逐步有序地流入区域创新系统并被系统主体开发利用，最终形成一种集体学习机制。

再则是竞争合作机制。产业集聚能通过促进竞争合作推动区域创新系统发展，当然这里指的竞争是良性竞争，如果是恶性竞争就会形成产业垄断，抑制创新能力。

其实，无论哪个层面都有利弊两面，就比如知识扩散过快会损害知识部门的创新积极性。所以区域政府在产业集聚政策上必须在保障知识产权的前提下鼓励学习、创新，以此来保障知识外溢机制的良性传导，建立相应的知识外溢补偿机制，维持区域整体的持续创新能力和积极性。

2.产业集聚的条件与结构

产业集聚的形成有要素条件、政策条件及地理环境条件等。要素条件包括土地、劳动力、资本、技术等诸多因素。政策条件是制度比较优势，适合于某一行业或某一特定产业发展的制度保障。地理环境条件是指与产业属性相关联的地理空间。比如太阳能光伏需要阳光充足、土地资源充沛的地理空间，适合分布在我国西部地区；比如机械装备需要运输条件，适合分布在航运港口或沿海码头区域。不同的地理空间分布不同的产业，是基于成本与效率的需要。当然也有混合式的分布，但前提是这一区域有比地理空间更重要的生产要素，更能满足企业发展。所以，区域政府在引致性招商过程中要依据要素条件、政策条件、地理环境条件进行目标性产业导入。违背自身禀赋条件的产业导入不仅对产业发展没有促进作用，而且也发挥不了区域产业集群的溢出价值。

此外，产业集群还必须根据区域产业发展水平进行布局。假设区域产业分为初级阶段、中级阶段、高级阶段，那么对产业的导入也要考虑匹配性，过于保守或过于激进都起不到聚变的作用。Schmitz（施密茨，1995）基于马歇尔的外部经济分析，从集体效率的角度解释了产业集群升级的机制，他认为集群中偶然的、无意识的外部经济与集群中的成员有意识追求的联合行动（纵向、横向的联系）可以产生"集体效率"，该效率高低决定着集群的升级潜力。他认为集群有两种差异明显的发展道路，形成两类集群。

第一类是低端道路和低成本型集群（low-road, low cost based），这也就是我上面说的初级或中级阶段。其参与竞争的基础是低成本、廉价的原料和大量的廉价劳动力。[1]在欠发达地区，如果先进的生产要素无法满足高端产业的需要，可以通过低成本的资源禀赋来实现对目标产业的引入。只要抓住要素资源与产业需求关系这一逻辑，就可以创造区域竞争力。比如山西省是我国煤炭资源较为丰富的产区之一，因此就可以把煤炭资源的价值发挥到最大。假设针对那些依赖动能、热能的产业可以免费或低价供给动能和热能，那么只要要素资源配置科学，就不会增加过多的孵化成本。比如山西煤炭资源主要用于发电，而发电产生的热能和动能多数是浪费的，如果能够通过技术转化用于工业生产，就可以吸引更多产业集聚。当然，前面讲过，企业对要素资源的依赖也是来自生产成本与机会的博弈，如果一家企业的主要生产成本是热能或动能，那么这家企业就有可能放弃在沿海的发展，选择向可以提供低成本的热能或动能

1 Schmitz, H.Small. "Shoemakers and Fordist Giants: Tale of a Supercluster", *World Development*, 1995, 23(1).

的区域集聚。McCormick（麦考密克，1999）认为发展中国家的大企业数量有限，通过集聚中小企业形成产业集群是实现工业化的一条现实途径。产业集群可整合利用有限的资源，产生集体效率，解决中小企业发展的障碍，从而促进企业的成长。[1]

第二类是高端道路和创新型集群（high-road，innovation based），这是我上面说的高级阶段。产业发展到一定高度后，对资源供给边际效用递减。比如像华为这样的企业，如果内蒙古说只要华为搬到内蒙古来就可以提供免费土地，5年内免征税收，3年内电力补贴，另外政府还帮助提供1000套人才住房。你觉得华为总部会因此搬过去吗？答案是不会的。因为对于大企业来说，已经走过了创业期和壮大期，更多看重的是创新环境、文化背景及相对完善的地方性法规制度等。目前来说，东部沿海地区已经进入了产业集聚的高级阶段，政府能做的是帮助企业出台相关产业政策，通过行政力量维护企业的合法权益，不断优化生产、生活、生态环境，让企业价值得以最大程度的放大。产业集群对资源的依赖更多是政策红利。那么欠发达地区是不是就没有希望引入这些高端产业？这并不绝对。前面说过，只要抓住企业对资源需求的焦点，就可以形成新的竞争优势。以京东方入驻合肥市为例，京东方从北京迁到合肥市的动机是什么？我认为有三点：其一，有来自企业内部增长的衰退，京东方在迁入合肥市之前面临发展衰退的危机，亟须寻找新的驱动力；其二，合肥市是全国电视机生产线最为集中的区域之一，京东方是生产显示屏的企业，这意味着该区域具有相匹配的产业体系；

1 McCormick, D. “African Enterprise Clusters and Industrialization: Theory and Reality”, *World Development*, 1999, 9:1531-1551.

其三，合肥市政府愿意向京东方提供数十亿的资金，以此作为其生产驱动，这就是资本要素。所以基于以上条件，合肥市才能成功把京东方引入，从而实现“引进一家带动一批”的目标。

3.产业集聚的逻辑关系

产业集聚从要素角度来看没有绝对的逻辑，因为不同区域的要素条件与要素需求有着较大差异，所以从要素视角来看没有统一的逻辑，但是我们从区域集聚理论的大格局来看依然能找到一些规律。

集聚的演化过程一般分为区域集聚的形成阶段、集聚的提升阶段、集聚的调整阶段。下文主要针对集聚的形成条件分析关联产业聚合的关系。

任何事物的发展都有本我、自我、超我的演变过程，产业集聚在区域“本我”的基础上如何形成最终的“超我”就是一个逻辑关系。每个区域都有自己的“欲望”和“目标”，如果把这个“欲望”替换成产业集聚和经济增长的话，那么就会出现行为策略。产业集聚的行为策略分为主体和资源两大因素。产业主体有存量主体，比如区域自发形成的“传统产业”基础，这些产业以企业单位的形式成为区域的原始主体，当原始主体出现“疲劳期”的时候，就需要引进外来主体来激发原始主体的动力，我们经常把新引进的主体称为“链主”企业。所以区域产业发展既要保持原始主体的优势，又要引入外来主体的力量。主体的集聚是产业集群的骨骼，也是区域产业的价值使命。

资源因素是产业主体集聚的基础条件，也是区域经济发展的血肉，没有资源因素的供给，产业主体就难以存续。资源集聚与主体集聚一样存在原始资源和外来资源，原始资源是区域基于传统要素条件形成的各种生产要素，原始资源越突出，对吸引主体集聚的能力就越强。但是仅靠原始资源来满足日益变化的产业需求是不够的，区域政府必须采取动态策略引入外来资源，满足区域主体的现实需求，比如信息技术、金融资本、科研院所、中介机构等。

我们来分析一下主体集聚与资源集聚对产业集聚的影响。（如图14–5）一个地区要实现产业集聚，首要目标就是盘点区域内产业主体的规模和质量，分析产业与外部环境的关系，以及在全国乃至全球价值链中的地位，找出自身的短板与产业发展的逻辑，然后根据产业发展逻辑来整合区域内部要素资源，尽可能利用区域原始资源来满足产业主体的现实需要，这是一种资源的有效配置。如果区域原始资源不能满足或不够满足区域内产业主体的需要，就必须从

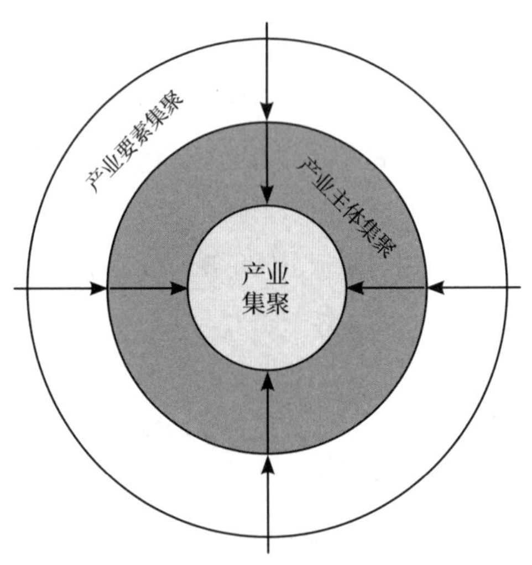

图 14–5　产业集聚的两大维度

外部引入，比如发布人才引进计划，政府通过人才补贴及其他待遇来吸引外部人才要素的集聚。如果区域主体缺少产业配套资源，那么区域政府就需要加大要素投入，通过持续投入形成有效且充足的资源供给。

从主体集聚来看，当前多数区域存在的原始主体都是单元规模小、总体规模大，这种平均主义将会消耗更多资源要素，并且形成低端竞争，阻碍产业转型升级。所以区域政府一方面要加大区域主体的整合，使其总体规模向单元规模、质量转变；另一方面要通过引入外部主体来带动原始主体的发展，形成产业互补、技术溢出等优势。比如某一区域的产业以汽车零部件生产集群为主，在区域内有生产汽车核心部件的产业主体，也有低端组装汽车的产业主体，但是整个产业链总体都处于价值链的低端环节，对区域产业转型与经济贡献并不大。区域政府该整合的资源也整合过了，区域产业就是得不到提升。这说明依托区域内的原始主体力量是不够的，这时候就需要政府从外部引进更为成熟或高端的主体来带动原始主体的发展。比如合肥引入蔚来汽车，就形成了全国最大的新能源整车生产基地。在引入蔚来汽车之前，合肥本土有江淮汽车、大众汽车的组装加工基地，有汽车零部件生产企业等主体，但是由于主体优势不明显，对区域产业链形成不了溢出价值，所以投入数十亿引进了蔚来汽车，并且围绕汽车工业成立了相关的基金、实验室等，这样通过蔚来汽车拉动了合肥整个汽车工业的发展。

从资源集聚来看，具有充足的原始资源条件的地区并不多，一般具有先天资源条件的地区，其主要优势集中在能源要素和地理要素上，而其他要素都是通过后期不断积累形成的。这个积累的过程我们可以理解为产业发展的创新生态体系，包括地理资源、技术和知识资源、资本资源、制度资源等。一个地区并非一定要具备全部资源条件，只要有几个核心的资源条件能满足目标产业的主要需求，就可以形成集聚的能力。随着产业革命的变化，产业集聚对资源的需求逐渐出现一种新的共性。过去土地、劳动、资本等是产业集聚的共性，现在知识、技术、信息、资本、人才是产业集聚的共性。所以在满足普遍共性的基础上突出异质性更为重要。比如中部某省的科研水平相对较差，无法满足区域产业转型升级的需要，如果依靠企业自建实验室或购买专利去实现区域整体产业提升，周期会较长，所以政府就需要搭建跨区域合作平台，通过对外部资源的整合，为区域发展所用。例如成立跨区域实验室，基础研究放在省外重点大学或研究机构，技术转化研究放在本地，研究经费由政府平台基金投入和企业专项研究经费等构成。项目成果转化收益可以根据股权或协议分配，其目的是帮助区域内企业实现技术转化，从而实现区域产业转型升级。

产业转型升级的路径与干预

产业转型、升级的主体一般为政府和企业，这两大主体的关系是改变产业路径的外因与内因的关系。政府的宏观决策效率、方法与科学性，政府在决策过程中从哪些维度去考虑产业集聚的作用与效率，如何规避产业集聚的反作用因素，以及企业在转型升级中采取怎样的途径与方法等，决定了产业转型升级的内在动力。下面通过宏观与微观，政府与企业两个层面来分析。

1.宏观决策、效率与科学性

产业集聚是推动产业转型升级的重要路径，在产业发展的初级阶段，因为原始要素资源存在，产业具有自发集聚的能力。但是在产业壮大的阶段，政府如果不加以干预，很难形成更高层次的集聚。那么，政府干预的方法与手段是什么？如何规避在干预过程中可能出现的反作用因素呢？我们通过产业经济干预模型（如图14–6）可以发现产业正向干预分为横向和纵向两条主线，可通过对两条主线的把控实现集聚价值。

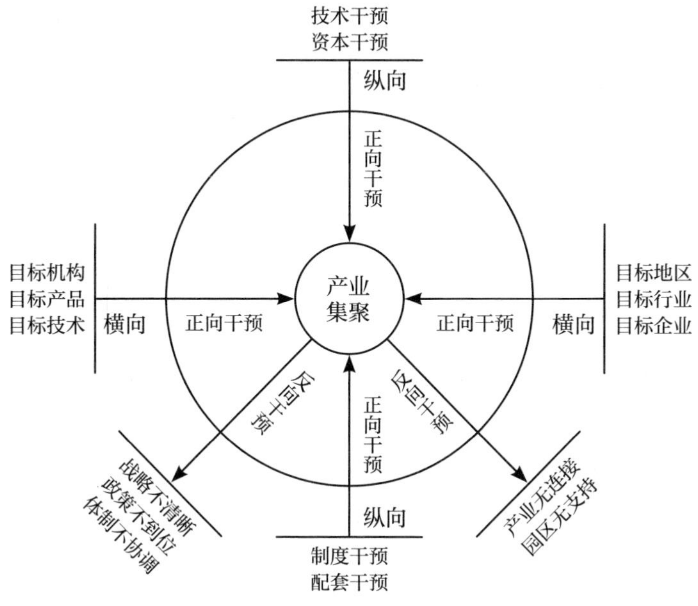

图 14–6　产业集聚干预模型

如果在战略政策上执行不到位或者发生决策失误，就会出现反作用，这种反作用可以称为“反向干预”。所以，区域政府在产业转型中应该注重决策的方法、效率及科学性，这三个因素将直接影响区域产业发展水平。

（1）政府干预方法与手段

如果把一个区域产业划为纵向干预和横向干预两条线，那么就要从制度与要素两个方向对产业进行干预。

首先，纵向干预的关键是政策的精准度，避免一刀切行为。既然是干预就会出现产业导向问题，如果目标不明确就会加剧资源错配，形成利益输送与不公平的现象。纵向干预要从两个方面着手：一方面通过对区域要素资源进行分析，确定要素供给的质量与短板，针对性投入或引入新要素，形成有效供给，避免要素资源结构性失衡。要素供给的标准必须根据目标行业、目标企业的特点与现状进行分析，然后恰当投入相应规模和质量，把要素资源的边际效用价值发挥到最大。另一方面，当确定目标行业、目标企业后，需要寻找与之匹配的资源，包括目标机构、目标产业（产品）、目标技术。实际上这是一种供需关系，区域产业是需求端，外部技术、产品及服务机构是供给端，通过对供给端的投入或引进来满足区域需求端的产业转型升级。

其次，是横向干预。横向干预分为两个方面：一方面是制度决策，制度决策可以理解为政府通过资本运作和协同创新机制帮助区域产业进行定制化提升，如果政策失误，不仅会带来投资损失，还会扭曲配置要素，破坏区域产业生态体系，所以必须慎重决策、科学决策，结合纵向干预会更为精确。另一方面是平台支撑，指的是区域产业发展平台，如工业园区、高新技术开发区等，平台的配套能力与管理水平将关系到区域产业发展潜力或增长弹性。

（2）产业集聚的反作用力

纵观区域产业现状，存在的问题各有不同，但总结起来基本有两个方面。

首先，是执行层面的问题，这一问题主要表现在战略不清晰、政策不到位、体制不协调三个方面。从战略层面看，区域政府发展无论是因为思路不清晰，对产业部署存在盲目跟风，还是存在懈怠罔顾等问题，都会导致区域产业萧条或失去持续增长动力。此外从政策的执行力上，也有一些地方对中央的产业政策存在层层懈怠、逐级减弱的问题，导致国家战略难以落地。从政策层面看，一些地方出台了很多产业政策，但往往是浮于表面的粗放式规划，脱离了区域要素禀赋，这些没有针对性、可行性、持续性的政策难以落地，自然就无法实现产业转型升级的目标，更不能实现产业集聚的条件。从体制层面看，存在体制不协调导致的组织内部“梗阻现象”，多重管理又什么都管不好，导致资源投入效率不高，产业发展动力不足。所以，区域产业发展是建立在制度改革和制度创新基础上的，这一点从发达城市的产业与制度关系中就可以验证。

其次，从具体区域产业平台来看，工业园区、产业园区、特色小镇等基本上都是以地租收益形式获利，而真正能起到“孵化器”作用的并不多。作为一个产业园区，政府给企业应该提供什么，这一点必须清楚。如果连这一点都是模糊的，那产业园区的本质还是工业地产模式。很多产业园区站位很高，但往往呈现空心化、空壳化、虚拟化，没有真正起到产业孵化作用。这种情况往往都是形式主义导致的，当然也有对产业平台存在认知的问题，没有充分认清产业孵化与平台要素关系的作用，更没有从纵向干预和横向干预两点入手。还有一种情况是，费了九牛二虎之力引进的产业却无法实现转化，更没有带动区域产业链的提升，无法实现“补链”“强链”“延链”的目标，最终区域产业还是停留在大而不强、散而不聚的状态。这种结果的形成主要有两大原因：第一，区域产业平台没有形成创新生态体系，甚至连最基本的产业配套都没有；第二，区域产业与新进产业之间没有关联，在产业链或价值链上并不能形成互补优势，更不存在引领优势，反而因为要素配置的扭曲成为产业集聚、转型升级的反作用力。

（3）产业集聚的宏观布局

对于产业集聚的宏观布局，可以参考美国经济学家波特的观点，波特把区域发展分为四个阶段，即要素驱动阶段、投资驱动阶段、创新驱动阶段、财富推动阶段。中国绝大部分地区已经历了要素驱动阶段，在改革开放初期，不同地区的要素资源在政策红利下得以释放，然而经过几十年发展，资源消耗影响了要素供给能力，所以到了2015年之后，中国区域产业基本形成了两种局面：一是继续加大投资驱动力度，推动基础建设与城市化发展，带动经济增长；二是开启创新驱动，以技术、制度、资本红利实现产业全面转型，创造新的经济增长点。以浙江省为例，在区域经济发展过程中，浙江省各地区经济排名一般是杭州、宁波、温州、绍兴、台州、嘉兴等城市，并且保持了数十年历史，但是2015年以后，嘉兴市利用区位优势和传统产业的积累，开始重新部署产业体系，形成现代纺织、新能源、化工新材料、汽车制造和智能家居五大优势产业集群，其中有原始产业主体（企业）也有新进产业主体，既没有放弃传统资源禀赋，也没有失去新兴产业资源。值得一提的是纺织产业，很多区域对纺织产业并不看好，在要素资源配置上几乎忽略了纺织业的存在，所以导致纺织产业的萧条。但是从产业链角度来看，一根细细的化纤纺丝，从生产到出货，涉及的关联供应商超过1000家。产业链环环相扣、彼此依存，形成一个庞大的运转体系。一个产业的衰退将意味着一个运作体系的瓦解。所以，产业转型升级的宗旨不是淘汰传统的产业去发展新兴产业，而是要把新兴产业及先进的生产技术引入传统产业，使其创造更高的价值。通常我们把这一行为称为“强链”。再回到嘉兴市的案例，嘉兴市通过产业部署取得了高速增长。2021年嘉兴市规模以上工业增加值2594.48亿元，比上年增长14.0%，增速分别高于全国4.4个百分点和全省1.1个百分点；两年工业增加值平均增长9.4%，两年平均增速分别高于全国3.3个百分点和全省0.3个百分点。超八成行业实现增长，11个行业增加值超百亿。2021年，嘉兴市财政一般预算收入674.8亿元，高于温州657.6亿元，位居全省第三。同时嘉兴市财政总收入占GDP的比值高于19%，仅次于杭州和宁波。一般来说，财政收入占GDP的比重越大，说明这个地区的财力越充沛。换个角度来说，这个数字越大，该地区的经济运行质量就越高，新兴行业及高附加值行业比重也会占比更大。嘉兴在短短几年时间就超越了其他“明星城市”，这说明宏观布局对于产业集聚、转型来说非常重要。而同样一些“明星城市”因为产业布局失误或落实不到位也会失去“明星”的光环，走向衰退。

从产业布局的宏观视野来看，美国匹茨堡的发展就是一个典型的案例，不同时期政府的决策关系到一座城市的不同命运。1958年，匹茨堡政府鼓励低密度和郊区化发展，引导工业外迁。但与此同时也导致中心区出现了大量废弃工业用地，区域产业出现了严重的衰退。到了1990年代，匹茨堡新一届政府响应“精明增长”理念，对区域发展提出了新思路，通过区划法修编确立了废弃的工业用地再利用以及TOD模式，再次让区域回归理性发展。通过规划，匹茨堡将中心区作为企业总部经济区，引导商务、金融、信息咨询等生产性服务业的集聚。同时，匹茨堡将高校资源作为高新产业孵化器，以此吸引科研型产业集聚发展。为了产业集聚，匹茨堡政府通过规划让分散的制造业从城市的各个角落集中到特定区域，从传统工业分布走入工业园区。匹茨堡的10个县市范围发展了20多个工业园，通过工业集聚带动区域整体发展。

2.微观视野下的转型动机与方法

从微观视野来看，产业转型升级不仅是区域产业发展的需要，也是来自生产内部的现实需要，传统产业对原始资源禀赋（即人口红利、生产资料等）的依赖过大，随着原始资源的消失或削弱，劳动密集型产业成本将急速上升。当产品销售价格增长速度低于商品生产成本增长的速度时，企业就会面临亏损，或施行降低品质的无奈之举，从而形成产业链低端循环，甚至是倒闭。另外，再加上资本对传统产业投资的边际价值下降，传统产业发展显得更为窘迫。所以，分析产业转型动机与转型路径有利于企业找准转型的突破口。

（1）传统产业转型的路径

随着劳动力成本上升和资本价值下降，企业首选不应该是淘汰劳动密集型产业，而是在劳动密集型产业内部尽可能用机器取代人工，通过装备升级和技术改造来应对劳动力成本上升。随着经济、技术的发展和要素价格的变化，产业会逐渐从劳动密集型向资本和技术密集型产业转变。资本和技术密集型产业也不是凭空而生，而是在劳动密集型产业基础上培育和发展起来的。所以，传统产业不能全盘否定自己，必须从自身的优势和劣势两个维度寻找突破。在优势领域，不仅要继续保持优势，还要不断强化，称为“强链”；而在劣势领域，要寻找到自己最容易突破的环节，通过对技术、渠道、品牌等的提高来改变不利于发展的现状，称为“补链”。

经过调研分析，从劳动密集型产业向技术密集型或资本密集型产业转型的突破路径主要有装备升级、技术创新、商业创新、渠道变革四个方向。（如图14–7）装备升级主要是针对生产效率不高导致的成本上升。比如服装制造是典型的劳动密集型产业，过去因为生产设备落后导致生产效率极低，很多服装企业在一轮轮的竞争中陷入经营危机。

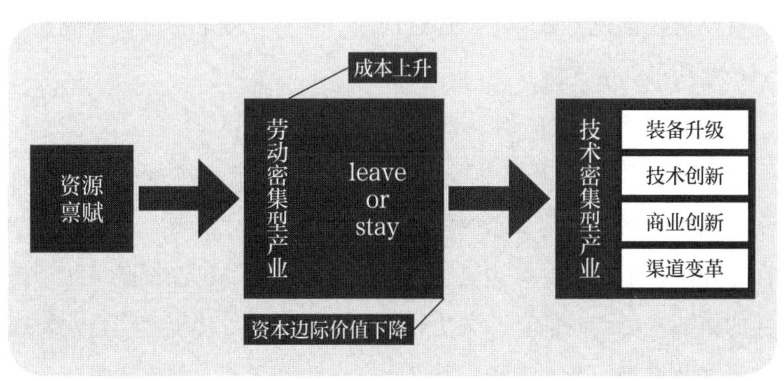

图 14–7　产业转型路径

以宁波某服饰为例，在生产成本居高不下，产品价格又持续下滑的情况下，宁波某服饰几次面临经营危机，直到2015年在浙江省“智能制造”政策的推动下，某服饰投入3亿多元引进了吊挂系统，为此提升了30%的生产效率。高效率的生产模式有效降低了经营成本，提高了生产利润。所以从企业内部来看，装备升级是提高效率的首要选择，也是最直接的选择。当然每个行业都有自己的特点与属性，根据自身的特点与属性去制定策略是关键。比如以技术为驱动的企业就需要通过加强技术创新来实现转型升级，而快消品企业，商业模式创新和销售渠道变革也许最为关键。比如公牛插座的成功主要在于其在商业模式和渠道变革上建立了自己的战略体系：商业模式定位“安全插座”概念，抢占了中高端细分市场；销售上通过自建渠道，在保证了产品利润的同时避免了被造假带来的品牌贬值。

在四大路径中选择哪一条路径取决于企业的特点与市场机会。虽然企业内部转型升级是企业自己的事情，但政府积极的外部环境也是对企业转型升级的重要支撑，比如装备升级需要金融支持，政府可以搭建创新金融体系，通过信用“背书”或平台融资等模式帮助企业获得资金支持。

（2）消费市场倒逼传统产业转型

企业转型升级多数是被动性的，因为需求市场每一天都在改变。消费者对产品越来越挑剔，既要满足品质化需要，又要满足个性化需求，最好还要有体验感。这就意味着商品已经摆脱了物理属性的束缚，更多向信息、文化与精神属性融合。传统生产企业要想满足如此挑剔的消费市场，就必须通过生产效率、技术含量、产品附加值来实现。而这三大手段必须建立在技术创新、产品创新、模式创新的层面上。并且这些创新必须相互融合，比如产品创新除了要在产品的形状、功能上突破，还需要在使用场景上发生改变，形成跨界模式才能开创新的消费市场。技术创新除了产品硬件上具有明显的突破，还需要在应用软件上提升体验感和整合力，使产品具有“孪生”特点，硬件与软件、产品与服务、购物与体验等形态组合构成“孪生”。如今，产品对产业链的依赖越来越紧密，过去的产品可以通过内部组织实现闭环式生产，现在的产品需要产业链上更多资源的支持，甚至需要“跨链”支持，所以这就是产业集聚的重要意义所在。如果一个区域的产业过于分散，产业水平不高，就会导致企业的经营成本上升，创新能力受限，从而无法提供有效供给。

所谓“有效供给”，是指与消费需求和消费能力相适应的供给，即产品的供需平衡。任何一种产品的市场均衡，即产量和价格，都是由该产品的供给曲线和需求曲线的交点决定的。产业本身没有高端与低端之分，关键要看技术含量、附加价值、市场需求等。因此，我们不能简单地把传统产业视为低端产业，而应重点考虑其就业贡献、技术水平等，不断推进传统企业向产业价值链高端环节攀升。只要企业持续推进技术创新、产品创新和模式创新，不断提高企业生产效率、技术含量和产品附加值，引领满足品质化、多样化的消费需求，就有发展前景。

3.精准干预、方向与手段

多数地区的产业集群都是自发形成的，所以单靠内在动力实现产业转型升级难度很大。因为前期缺乏规划，企业散乱布局现象弱化了区域产业联系，企业与企业之间形成不了优势互补，无论是在纵向供应链，还是在横向要素整合上都难以起到对产业链的提升和促进作用。从产业发展过程来看，一般要经历委托组装（OEA）、委托加工（OEM）、自主设计和加工（ODM）到自主品牌生产（OBM）的升级过程，中国多数地区的产业已经走过了委托组装（OEA）、委托加工（OEM）两个阶段，现在正向自主设计和加工（ODM）方向全面转变。过去委托组装和委托加工为中国产业发展积累了丰富的经验，某种程度上已经具备产业转型升级的基础，在这个时候，政府要能实现精准干预，将会起到关键的作用。从实践经验来看，政府对产业转型的干预主要有五个方向。

（1）做减法，引导产业转移

区域产业转型升级首先需要做减法，一味增量只会降低生产要素的边际效用价值。平均化不利于重点产业的集中投入，这对地方财政来说也是巨大的压力，只有通过淘汰低端、低效及高能耗产业，才能释放更多生产要素。比如土地资源，过去产业园区单位产出价值不高，但占用土地资源却很多，导致产业土地成本增加，失去集聚的吸引力。所以区域政府一方面要通过“腾笼换鸟”的方法把占地不经营的企业请出去，另一方面培育本土有一定规模并且持续投入的企业，与战略性产业链融合，通过政府引导和市场运作相结合的模式提升产业集群价值。在条件允许的情况下，政府可以对所在区域的产业园区进行整合，重新分类，推进“并链”“多链”的细分化模式，这样更能保证产业园区的专业化水平，使要素资源向目标产业精准供给。政府通过组织内部选派“链长”负责产业园区的经营管理，同时从产业园区内部企业选出“链主”企业承担产业引领作用。如果区域政府对那些低效企业出清存在压力，也可以通过“飞地”模式把原来的企业转移到其他地区，这样既解决了现实的用地资源压力，又满足了其他地区的增长需要。

（2）做加法，培育高端产业

高端产业具有高技术集成、高附加值、高劳动生产率的“三高”特征。培育高端产业通常有三种做法。一是立足现有产业基础，加快结构调整，选择区域主导产业、代表企业，通过要素配置和政策扶持，使其向价值链高端环节攀升。同时通过区域代表企业的引领作用，带动关联产业协同发展，形成各具特色的产业生态。二是通过加大招商引资力度，引进“链主”企业，充分发挥“链主”企业的引领支撑、技术支持、产业配套等作用，形成区域产业闭环发展能力。以湖南省为例，2021年湖南省出台了《湖南省先进制造业促进条例》，对“链主”企业提出“牵头组建产业链上下游企业共同体，协同开展技术创新和产业化协作”等要求。其中三一集团充分发挥“链主”企业作用，通过组织工程机械行业技术展会，联合供应商研发打造样板机型，重点帮扶100家供应商实现体系能力升级等行动，加强与供应商在技术创新、资源协调、数字化协同等方面的合作，助力提升湖南招商引资质量和产业链发展水平。三是对有发展前景或符合战略规划目标的产业进行技术改造升级，延伸产业链，提升智能化、信息化水平，在此基础上发展高端智能制造和现代生产性服务业。

（3）做提升，发展总部经济

前面说过，产业发展一般经历委托组装（OEA）、委托加工（OEM）、自主设计和加工（ODM）到自主品牌生产（OBM）的升级过程。不同区域的产业存在发展周期的差异，对于发达地区或省会城市而言，需要加强对总部经济的培育。总部经济在中国北、上、广、深等城市发挥了重要作用，是“微笑曲线”高价值端的表现形式，区域总部经济规模越大，其发展的动力就越强，产业集聚的引致性就越强。总部经济是在经济全球化和信息化大背景下产生的，是企业基于区域资源优势的一种空间布局，比如一家大型科技企业，把总部设立在金融集聚中心上海，把科研机构设立在技术集聚的深圳，把生产制造基地设立在土地、劳动力等要素成本相对较低的安徽，这种基于价值链要素分配的空间布局是大型企业惯用的手段。如果一个地区长期依赖低价要素供给带来的规模经济，就很难实现产业转型升级，区域全要素生产率就很难得到增长。所以，在条件允许的情况下要重点发展总部经济。总部经济与产业集聚的意义相似，当企业的核心价值向同一区域高度集聚的时候，就会产生与总部经济相联系的外部规模经济。因为总部经济是企业对一个地区的核心价值布局，所以对人才、资金、信息、技术等具有引致性作用，最终形成人才集聚、金融集聚、产业集聚等优势，然后向周边区域辐射。

（4）做支撑，加大创新产业扶持

产业扶持虽然是一个具有争议的话题，但对产业的促进意义却不能小觑。这一点不需要怀疑，因为美国、德国、日本在不同的历史和经济转型阶段也常常采用产业扶持政策来实现政府对经济发展的战略意图。比如德国的“工业4.0”也是通过财政补贴或专项制度保障等手段来促进技术创新和产业升级的。比如韩国在1962年开始实施“一五”计划后，也采用产业扶持政策促进国内机械工业的发展，先后针对电子、造船、汽车等工业出台了不同的扶持计划，最终韩国经济增速达到了9.3%。产业扶持是政府为了发展区域经济或战略性产业，通过政策导向、财政补贴、要素支持等来促进目标产业和资本运行效率的政策。其本质是政府通过有形之手来干预生产要素向政府引导的产业或区域流动，从而实现政府既定的目标。这种行为往往是建立在市场失灵的状况下，由于受产业利差、外部干预、行业垄断或要素扭曲等现象影响，某一产业在特定时期失去了自我调节的能力，政府通过财政补助和制度创新来提升市场的运作效率，以此解决市场失灵的问题。但是，产业扶持具有时效性、导向性和专业性等特点，所以在出台产业扶持政策的时候一定要基于特殊产业的背景，通过大数据分析模拟产业扶持的产出周期，设定扶持规模和扶持时间，要做到快进快出的高效运作。否则，就会适得其反。因为从市场经济的角度来看，政府干预要素的流动在一定程度上破坏了市场的政策运行规律，如果操作不当就可能给社会带来负面绩效，造成市场的不公平竞争，降低市场经济运转的效率。

（5）做资本，强化资本引领作用

合肥是继深圳、苏州后的又一大奇迹，从一个欠发达甚至是落后的城市一举进入GDP“万亿俱乐部”，合肥靠的是什么？答案有很多，但最重要的是资本化运作。过去，政府与资本化运作似乎是完全不搭边的，但是随着工业革命的进程不断推进，产业投资门槛越来越高，技术、资本、市场等给企业带来了重重壁垒，发展中的企业往往因为资本或关键技术问题被价值链排挤在门外。这个时候，区域政府要是能帮助企业垫上一块资本基石，就有可能帮助企业攀上屋顶，仰望星空，而区域政府也能因此实现更多的价值回报，形成一个更具活力的创新体系。这些年来，合肥市政府就是靠“以投带引”“国资领投”模式撬动了显示屏产业、半导体产业和新能源汽车产业，“合肥模式”渐渐变成了政府资本运营的“专有名词”。合肥市政府在产业集聚方面的理念是“以需定招”，也就是说根据区域产业现状来决定招商目标。以合肥引入京东方为例，2008年，青岛、佛山、合肥、武汉等城市是中国家电产业的集聚区，但是都面临同样尴尬的局面，那就是行业重要部件液晶显示器只能依赖进口，“缺屏”现象导致家电产业发展陷入困境。换言之，这些家电产业集聚区的竞争砝码就在于一块显示屏。于是合肥市政府抓住了机会，果断斥巨资参与京东方定增，落地6代线项目，打造国内领先的平板显示产业，带动产业链上成百上千家企业协同发展。8年后，随着数字产品的普及，家电、平板产业又遇到新的发展瓶颈——缺少芯片，合肥市政府选择与兆易创新合作并成立合肥长鑫，从DRAM型存储芯片切入，攻克了层层技术难关，如今合肥已成为国内集成电路的重要产业聚集地。2020年合肥再斥巨资30亿元引进蔚来汽车项目来充实企业产业链，蔚来汽车项目落地后，不仅带动了当地汽车产业链的发展，还扩大了芯片、显示屏和人工智能等产品的本土市场需求，为产业链上游的零部件企业找到了可靠的应用场景，形成产业链的相互融合。那么，多数人会问，合肥财政靠什么来支撑“以投带引”的策略呢？当然靠的不是财政，而是政府的资本运作能力。合肥通过四大国有投资平台，以政府引导基金为主，搭建创投基金、产业基金、专项基金等组合，相继投出近200个项目，多是科技成果转换类。通过基金赋能，实现科技成果向产业规模转化。2022年3月，在经济因疫情而陷入低迷状态的时候，合肥市政府再次发挥基金引导作用，设立总规模达200亿元的市政府引导母基金，引导社会资本合作设立各类专项基金，着重支持合肥重点产业和科创企业发展。

当然，合肥金融集聚的条件还是建立在产业集聚的基础上，政府只是更为巧妙地使用了金融工具，让资金的有效配置带动其他资源的合理配置。金融与产业具有“孪生”性，产业越是集聚，对金融的引致性就越强，金融随着产业集聚而集聚。金融集聚能帮助产业集聚解决生产融资问题，以及技术交易和创新活动的资金支持问题。产业发展在不同阶段因为技术迭代、产品革新等因素导致企业对资本的需求存在变化，如果区域内部无法解决产业发展的资金需求，区域政府就必须及时干预，通过市场化运作来设立不同规模的“资金池”来满足产业发展需要。

第十五章　区域产业转型、增长及孵化

英国古典政治经济学家大卫·李嘉图（David Ricardo）认为，为了使自然资源使用效率实现最大化，各国往往会优先选择在自然资源禀赋较好的区域内开展相关产业的生产经营活动，以使其在区域或者国际竞争中占据较为有利的地位，实现经济的快速发展。在经济学里，自然资源禀赋被称为第一自然优势，主要指区域内的地理位置、气候条件、自然资源蕴藏等是区域经济运行的物质基础。然而随着科技革命与物质文明的高速发展，企业的经营模式和内部组织形态也发生了改变，第一自然优势在产业发展过程中并不是绝对的优势。产业发展优势与制度红利、产业集聚、本土市场等紧密结合，所以在生产技术等条件不变的情况下，自然资源的边际收益就会递减。在这种情况下，区域发展就会打破原有的发展格局，甚至出现产业重构现象，对于一个区域来说可能面临两种情况：一是通过制度改革实现产业集聚，为区域繁荣带来希望；二是受“虹吸效应”影响加剧产业跨区域流动，失去竞争优势。所以，能否建立一套具有稳定、促进与孵化作用的产业发展机制，关系到一个地区能否实现长效发展。

区域产业形成过程及规律

区域产业的形成主要与制度、生产要素有关，经济学家威廉姆森（Williamson）在他的“倒U”型理论中指出：在各国经济发展初期，为追求经济效益，不可能同时发展所有的区域，这就使得区域间差距的产生是不可避免的。中国改革开放以东南沿海作为试点，通过制度化改革与要素配置促进区域经济繁荣，这也是区域间产生差距的基本原因。从改革开放40多年的实践来看，在市场经济要素资源自由流动的情况下，相对第一自然优势来说，制度优势更能促进区域发展。曾经遍布各地的老工业区如今却已衰退与萧条，从表面上看是生产率低下与消费市场变化导致的，但实际并非如此，而是制度倾斜导致了生产要素向制度红利地区流动，比如人才、原材料、产业配套等，这些要素或资源的流出让老工业区失去了发展支撑。相对那些站在改革开放前沿的发达地区，老工业区经历了快速衰退、长期萧条、产业变革、工业增长等过程。尤其在衰退期和萧条期两个阶段，老工业区耽误了将近20年时间，直到2010年后在出口贸易对生产规模的引致下，老工业区利用土地、人口等优势恢复了工业生产能力。但是到了2015年后，面对低端产出与产能过剩的状况，老工业区再次走到了十字路口，有的区域在这一轮调整中实现了产业转型升级，有的却继续萧条、迷茫或挣扎。罗格纳·纳克斯（Ragnar Nurkse）在“贫穷恶性循环论”的产业均衡理论中提出：要实现区域经济的协调发展，必须在区域内对产业进行大规模投资，才能实现各产业在该区域内齐头并进。几乎所有的经济学家都肯定了区域产业优势与政府的投入、干预有关。所以，分析产业变迁与政府的影响关系就显得非常有意义。

产业变迁的维度与政府干预的尺度

产业变迁一般由两个维度构成：一是时序特征下的产业结构转型与产业技术升级；二是地理特征下的产业转移与产业集聚。产业变迁是由要素禀赋的变化、要素在不同产业或部门间的流动及重新配置形成的，从时序和地理两个特征来看表现形式各有不同。时序特征的表现形式是：区域产业在时间维度下，随着生产要素在产业之间的流动、优化或弱化而形成竞争格局，其本质是从量变到质变的过程。而地理特征是地理经济学的概念，指的是：要素跨区域流动导致产业结构空间变迁。这两个维度是一种内外关系，即产业内部或行业之间的要素流动，以及产业外部跨区域之间的要素流动影响产业变迁。

时序特征下的产业变迁关键因素在于产业结构调整，地理特征下的产业变迁关键因素在于产业集聚能力。所以区域之间的竞争便形成了产业结构和产业集聚两个维度的竞争，如果把产业等级分为低、中、高三个层级，那么在不同层级上对要素资源的目标就存在差异。（如图 15-1）

首先从产业结构上来看，产业结构在低级别的时候，依赖于劳动密集型产业和区域自然资源禀赋。产业转型之后，进入中级阶段，对技术的要求越来越高，技术密集型产业替代劳动密集型产

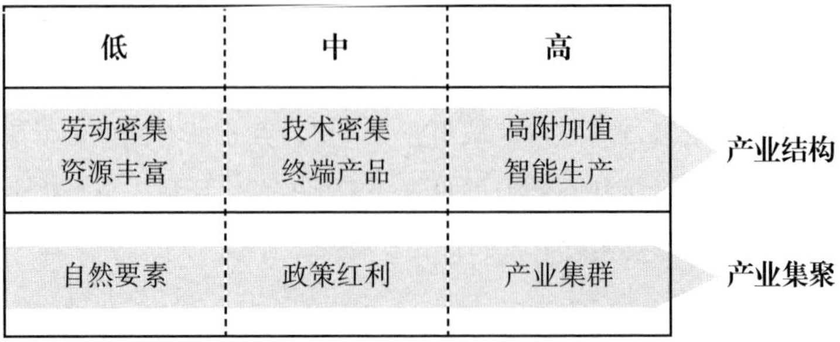

低	中	高	
劳动密集 资源丰富	技术密集 终端产品	高附加值 智能生产	**产业结构**
自然要素	政策红利	产业集群	**产业集聚**

图 15-1 产业变迁结构与条件

业。同时，企业生产模式也从加工组装模式向终端产品模式转变。

其次从产业集聚角度来看，产业集聚相对较低的阶段主要依托自然要素，比如山西省的煤炭资源，自然要素引致焦炭产业的集聚。但是对自然要素过度依赖会出现产业单一、结构失衡等现象，随着要素资源的改变或消失可能引发各种危机。产业集聚的中级阶段主要依靠政府的政策红利推动，比如对目标产业的财政支持、制度保障和利益输出等，这一过程属于产业集聚的爆发式增长过程，但不完全代表高质量集聚。高质量集聚是进入第三阶段，即产业集群阶段。产业集聚的动机从政策红利向集群优势转变，这是来自产业自身价值思想的表达，是产业融入价值链，寻找自我价值与合作分工的主观意愿。比如合肥的“中国声谷”，以科大讯飞为核心的“语音”产业集聚了1000多家企业，在这一领域形成了新的世界级产业集群。因此，凡是从事这一领域的产业都会主动向这一区域集聚，目标是得到更多的要素供给和创新机会，而不完全是看重政府的产业补贴。

对产业质量的判断主要依据两个方面。首先是全要素生产率，即生产活动在一定时间内的效率。当这种效率高于其他地区的时候，说明这一地区生产要素对产业支撑的能力更强，产业之间相互作用关系更紧密，一般情况下这种产业结构更具竞争力。其次是产业技术水平向更高层次转变，从生产方式的技术提升到产品本身的技术含量都处于价值链的高端环节，这种产业比重越高，产业质量就越好。

产业集聚的演进与工业革命有密切的关系，比如第一次工业革命后诞生了纽约湾，第二次工业革命后诞生了东京湾，第三次工业革命后诞生了旧金山湾，每一次工业革命都会在地理上形成产业空间，产业链上相关联的产品或企业、机构向特定区域集聚，使生产要素也跟着转移，在同一地理空间上发挥各种溢出价值。一个国家或一个地区要能把握产业结构与产业集聚两大优势，就能实现高质量增长。

政府对产业发展的干预通常有三种形式：一是通过制度创新为产业发展提供法律与制度支撑，使产业突破现有制度束缚，获得更大的发展机会和市场优势；二是通过财政补贴或税费改革支持产业发展，以此来降低产业发展成本，提高产业市场竞争力；三是完善产业发展的基础配套，即政府为特定产业投入硬件或软件设施来满足产业发展的现实需要，降低企业投入成本，提高企业生产效率。这三种方式是推动产业空间变迁的惯用手段，也是追赶型经济体实现弯道超车，避免中等收入陷阱的重要支撑。政府因素对产业发展的影响或者说干预，主要集中在产业要素阶段和产业市场阶段。在这一过程中，会存在合理干预和过度干预两种情况，下面我们通过进一步分析来厘清合理干预与过度干预之间的影响与边界。

政府对产业要素阶段的干预有很多种方式，最具代表性的是改善基础设施、完善制度保障、提供财税支持等方式。基础设施是影响区域内生产效率的重要因素，传统的基础设施主要有路桥、能源、共享设备等，随着产业发展的需要，基础设施逐渐从硬性基础设施向柔性基础设施或者说智能化基础设施转变，比如云技术、大型存储器、5G、充电桩、物联网、工业互联网平台等，“新基建”越来越成为产业集聚的重要条件。基础设施属于公共品投入，所以投入基础设施的时候要注意排他性导致的要素配置扭曲。如何评价基础设施投入的科学性与公平性，我在《城市的兴衰》一书中有详细的阐述，主要是要符合广泛受益和共同受益两个标准：就是投入的公共品要符合目标产业的广泛受益，这是广度的概念，基础设施的覆盖面越大，效用价值就越高；共同受益是指具有跨界、普遍性的应用价值，比如5G覆盖几乎对所有产业都有应用价值。制度保障是在特定时期、特定范围内对产业的激励机制，一方面可为特定产业集聚、创新、竞争提供制度保障，另一方面可为区域产业发展构建一个共同的制度保障，主要体现在公平、透明、和谐的产业发展环境等方面。财税支持是世界各国为支持特定产业发展做出的财政性支持，一般包括专项资金补贴、科研补贴、税收减免等。政府会针对目标产业存在的经费投入不足、产业基础薄弱等现象，通过财政资金介入来提高目标产业的技术水平与产出效率。当然，政府财政资金对产业的推动仅仅起到抛砖引玉的作用，最终还是需要政府搭建全方位的资本运作体系，通过财政资金的杠杆作用，引导社会资本进入产业集聚区，形成多元化、多渠道的投融资体系。

政府对要素阶段的干预必须符合三个条件：其一是针对特定产业，或者说是战略性产业，有培育一批可以带动一片的效果，在此逻辑下政府对政策的倾斜实质上是为了更广泛的利益；其二是在特定区域，政府对要素的干预不宜盲目，应该在特定的空间范围内进行，如果广撒网，就会降低投入的边际效用价值，发挥不了集中优势；其三要在特定的时间或阶段内进行，政府对要素干预是一把双刃剑，虽然有利于战略性产业，但也伤害了非战略性产业的发展，会限制有效竞争，造成要素配置的制度障碍，所以“扭曲”的要素配置必须在特定时间内进行，达到效果后及时退出，采取动态性战略。政府干预产业要素阶段和产业市场阶段必须基于产业的特性与市场化的特点展开，恰到好处的干预有利于地区发挥比较优势，促进要素重置与结构转型。一般来说政府干预是建立在市场化程度较低、产业集聚能力较弱的地区，对于市场化程度较高的发达地区，政府对产业要素的过度干预会加剧要素市场扭曲，尤其是对市场阶段的干预更会打破竞争的公平性，反而会限制结构转型和产业集聚。

产业结构调整对经济增长的影响

“产业结构”被世界各国广泛关注是在20世纪40年代。美国经历了经济大萧条后，经济学家们逐渐开始关注政府干预对经济稳定与促进的作用。经过研究分析，普遍认为产业结构与时代背景形成紧密的联系，在不同的时代背景下产业部门之间的规模与质量在经济发展过程中会形成一种特殊的分工，分工的权重比例与工业革命、全球贸易、资源禀赋等特殊条件形成动态演变，这一演变过程是通过资源配置和生产要素增量来实现的。所以，产业结构调整的本质是自然资源与创新资源在经济活动中的有效配置和阶段性的扭曲配置形成的。

自然资源主要是指区域原始要素条件，比如土地、环境、矿产、能源、人力、企业家等；创新资源主要指科学技术、人才引进、知识传播、信息化程度等。一般来说，比较理想的区域产业结构具备以下几大特点：一是区域产业所创造的增加值高于区域投入的增加值，也就使全要素生产率得以明显或大幅度提高；二是产业部门之间的相互依存度越来越高，产业之间形成一种高效率的合作分工机制，在技术的牵引下不断向价值链的高端环节提升；三是产业的集聚能力越来越强，产业集聚反映了产业结构所释放的引致力，产业出于集群效应会向更合理的空间流动，人才会寻找更好的产业环境发展，金融会依据人才的创新成果流动，如果产业、人才、金融等要素都向一个地区流动，那说明这一地区具有良好的产业结构和产业发展机会。

中国自改革开放以来，经历了高速经济增长期，尤其是在加入WTO以后的8年时间里，中国在全球化分工过程中承担了“世界工厂”的角色，经济得以大幅度增长，从2001年到2008年，中国经济年均增长高于10%，这主要得益于土地要素与劳动红利的作用。但是到了2010年以后，随着原始生产要素的收缩与人口红利的逐渐消失，中国经济增长速度放缓。另外在投资规模减少、全要素生产率下降的情况下，中国经济从劳动密集型向技术密集型全面转型。从2010年到2018年，中国通过供给侧结构性改革和外溢型技术改进再次获得经济增长。但是随着逆全球化的发展和世界价值链不断提高，中国依靠外溢型创新的道路已经堵死，所以内外相结合的技术创新和产业转型迫在眉睫。中国当前的产业结构调整正处于当年欧美国家的“再工业化时期”，其根本目标是加入全球新的产业分工，争夺全球产业链、价值链高端环节。

根据全球发展趋势，以及中国的产业发展现状和资源禀赋等关系进行分析，未来的产业结构发展方向主要会围绕高新技术、绿色发展、制造业服务化三大理念转型，这也是中国“十三五”提出的战略部署，在《中国制造2025》中明确提出，优化产业结构，促进制造业朝高端、智能、绿色、服务方向发展，培育制造业竞争新优势。

产业结构高端化是指产业结构从低端的生产、组装、改装向高新技术的运用和高新技术的产品转型。这里面关系到两个层面：一是高新技术的运用，也就是通过高新技术的装备升级和使用来提高生产效率，降低传统要素对利润的吞噬比例；二是高新技术产品，通过产品的设计、研发创造有效需求。随着技术创新速度加快，产品的迭代速度也在不断加快，落后的产品在本土市场或许还能抢占一席之地，但要获得国际市场份额会越来越难。消费市场越来越挑剔，对产业不仅有品质化需求，还有个性化、服务化的需求，如果生产端无法满足消费市场的需求就会出现无效供给、低效供给现象。有数据显示，2015年，中国出国人数达1.2亿，在国外产生的消费额度高达1.5万亿人民币，其中有1/3的消费产生在高端产品及奢侈品牌。另外，中美服务出口逆差就可以反映出美国对中国出口的服务产品规模在不断扩大，这部分利润几乎可以与中国对美国出口的货物贸易顺差相平衡。

作为区域政府，必须明白高新技术对产业发展的重要价值。一是高新技术具有强大的溢出效应，能有效推动区域内工业技术的进步、劳动结构优化和金融集聚，进而推动传统产业转型升级；二是高新技术所形成的生产效率和质量保障能降低生产对环境带来的破坏和对能源的消耗，降低环境治理所支付的成本；三是高新技术产业可以抵消传统产业带来的低利润价值，提高区域财政收入。此外，产业结构绿色化是必然趋势，中国目前是全球碳排放大国，要在2030年实现碳达峰，产业就必然会向清洁能源领域、高新技术制造领域转变，会逐渐通过限制机制对高能耗、高污染的产业进行淘汰。随着2021年中国碳排放交易市场在上海启动，企业的单位GDP能耗、单位GDP排污及碳排放强度就可直接转为成本，如果不转型就会陷入被动，企业利润下滑，区域产业凋敝等现象会逐渐出现。所以，区域产业转型越早就越不会陷入被动。还有，产业结构服务化也是区域产业调整的重点。随着技术不断升级和信息化向制造业的融合应用，产业结构向服务化转变或融合将成为一种趋势。这里指的产业结构服务化不仅仅表现在第三产业的比重不断加大，还表现在制造业服务化领域，企业不再是单一的产品供给者，而是集成服务供应商，产品从物质属性向服务属性不断转变，形成向下延伸的增值收益。简单来理解，是从销售产品向销售服务体系兼容的运营模式转变，这也是“微笑曲线”的两端之一，高附加值收益可以填补物质产品利润不足的短板。

政府行为下产业集聚的动力

从产业集聚的规律来看，一般分为产业集聚初始阶段、产业集聚发展阶段和产业集聚转型阶段，每个阶段都存在一种“时空”关系，即时序与空间顺序的分布关系。分析产业集聚在不同阶段形成的动机有利于政府精准干预。

1.产业集聚初始阶段

在产业集聚的初始阶段，因为原始要素（传统要素资源）的存在，企业及生产部门会向要素集中区域流动，因此便形成了产业集聚的初始阶段。当然，从严格意义上来说这种产业流动还不能完全等同于“集聚”概念，更多是数量扩张层面上的“聚集”概念，其价值是由区域内流通降低，以及产业运输成本及本土市场带来的规模报酬递增带来的，也即缪尔达尔说的“循环与因果累积理论”，即一个动态的社会过程中，社会经济各因素之间存在着循环累积的因果关系。通常情况下，一地区形成的产业集聚优势都要经历产业聚集的初始阶段，这一点生产型企业更为突出。

那么，这里有一个疑问，产业集聚都必须经历产业聚集的阶段吗？显然这不是绝对的。在新经济发展的逻辑下，很多产业打破了对传统生产要素的依赖而独立发展。比如智能化家居是可以摆脱传统家居生产基地而独立存在的产业。虽然新经济可以摆脱过去的进阶式发展，但是如果在同等条件下，拥有产业聚集基础与没有产业聚集基础的区域最终结果是不一样的。有产业聚集基础的区域在同等要素条件下形成的产业规模会高于没有聚集基础的区域，产业链的延展与创新链的支撑优势也会高于没有产业聚集基础的区域。同时，在价值链领域，有产业聚集基础的区域在同等条件下可以锁定价值链的核心优势，形成定价权与行业标准权。比如广东佛山是国内家居生产规模最大的基地，如果佛山的智能化水平与其他地区一致，那么佛山的竞争优势就会明显高于其他区域，因为这是由本土市场效应决定的。在产业发展过程中，那些试图弯道超车的区域都是因为原始要素条件不足，无奈为之。所以在原始要素条件具备的情况下没有必要排斥或否定产业集聚的初始阶段，不仅如此，还要把原始产业做强、做大、做精，为产业进阶打下扎实的基础。

一般情况下，产业集聚的初始阶段主要体现在区域比较优势上，就好比一个人天生就比别人长得高，篮球比赛中在技能相当的情况下高个子肯定比矮个子更有优势。区域比较优势主要体现在要素资源、区位地理、本土市场规模等方面。

从要素资源来看，一个地区拥有某个产业所需的充足且低廉的生产要素就可以形成竞争力，比如相对廉价、充足的劳动力；优质、充足、价廉的原材料供给；低成本的土地及土地产品供给等都是传统生产力的价值体现。在这种背景下，产业就会形成自发聚集的趋势。

区位地理要素实际上是“增长极”形成的初始阶段，利用区位地理要素与产业禀赋相结合就能形成增长极。所谓增长极（growth pole）是指把发生支配效应的经济空间看作力场，那么位于这个力场中的推进性单元就可以被描述为增长极。简单理解，就是一个特定区域因为具有某种可以支配或主导经济活动的能力，并且通过这种能力形成一种放大效应，以渐进式的速度向周边延伸，就可最终通过乘数效应推动其他地区增长。顾名思义，区域地理要素对地理环境的要求自然是最为核心的，比如转口贸易自然对沿海港口的地理要素需求最大，生产型产业自然要依附于创新能力较强的区域，等等。通勤效率、运输成本、技术或知识溢出的有效半径都将决定一个区域的发展能力，所以区位地理优势在产业集聚的初始阶段将起到关键作用。有区位地理要素资源的要尽可能把价值发挥到最大，例如嘉兴利用与上海接壤的优势大力发展高新产业；没有区位地理优势的地区要尽量创造区位地理条件，降低产业地理因素带来的各种成本，提高产业发展效率，例如合肥在“十三五”规划期间新建高铁里程数达1500公里以上，“十四五”期间还在加大境内高铁的覆盖与跨区域连接能力，以此来提高区域地理优势。

另外从本土市场规模来看，人口规模越大，市场的需求就越大，市场需求是产品供给的最终目的，也是产业发展的利益驱动，更是降低成本的规模作用，所以产业集聚的初始阶段会向本土市场规模较大的地区流动。这里说的本土市场并不只是终端消费市场，还包括了交易市场。比如义乌小商品城并非终端消费市场，但它是最大的交易市场之一，所以会有更多关联产业向义乌聚集，以此来降低成本和提高交易效率。同样，佛山市也不是全国最大的终端消费市场，但却是全国最大的产品交易市场，所以也能吸引相关产业向这一地区聚集。所以，区域政府要充分发挥本土市场优势，有终端消费市场尽量发挥终端消费市场的优势，以此来吸引产业集聚，没有终端消费市场优势的地区就要通过大力发展交易市场来吸引产业集聚。当然，交易市场必须与区域要素禀赋相结合，比如原材料、交通优势、地域文化等，背离了自身要素禀赋的交易市场会面临各种经营压力。

2.产业集聚发展阶段

产业集聚进入发展阶段就会从“聚集”向“集聚”的路径演变，其背后的各种要素也随着集聚的需求发生更迭，原始资源要素在产业转型升级的背景下，边际效用价值会逐渐减弱，取而代之的是新的要素条件。区域产业经历规模化发展之后，在需求市场变化与技术变革的倒逼下就会进行产业转型升级，在这一阶段，传统意义上的成本优势就很难发挥市场的竞争优势。比如过去建厂房，区域政府给的土地成本非常低，所以企业在规模化发展过程中就把低成本的土地要素转化为商品价格竞争力。但随着时间的推移，土地成本会被逐渐稀释或者分摊，所以不能持续转化为产品价格创造竞争力。另外在消费市场与技术的作用下，产品价值焦点已经发生转变，原本物优价廉的产品被技术、服务、体验型的产品所替代。所以，生产要素也随之发生改变，土地、劳动力、原材料等优势被技术、资本、渠道等优势替代。这种替代实际上是内部优势与外部优势的更替或融合。对于区域政府来说，不再是发挥区域内部优势那么简单，需要通过引入外部优势来填补内部优势的不足。在经济学中，外部优势通常指的是外部经济优势，是指产业集聚过程中需要引入外部生产条件，并通过外部流入条件与内部初始条件相结合创造优于过去的生产优势。通常情况下，创造外部优势的途径有以下几种。

（1）人才流入规模与产业的匹配性

产业集聚从初始阶段向发展阶段进阶的关键条件是知识和技术的溢出价值。人才是知识、技术的创造者，也是知识、技术的传播者和转化者，在产业转型升级过程中起到决定性作用。在过去劳动密集型产业中，生产价值更多集中在加工、组装环节的熟练操作中，通过相对低廉且具有丰富经验的劳动力来创造剩余价值。但是在智能化生产背景下，这种传统的优势资源被打破，企业如果适应不了被智能化生产和技术创新改变的经营模式，就会失去竞争优势。所以，区域政府需要通过柔性投入和人才引进政策，吸引更多的专业人才。当然，这里必须注意人才与产业的匹配性，切忌一刀切的人才制度，比如认为只要是高学历、高收入人群就是人才。一个区域的人才必须与区域发展的现实需要相契合，不然会加剧人才垄断或扭曲要素配置。

（2）融资渠道宽泛与产业孵化作用关系

产业转型升级的本质是从相对低端产业向相对高端产业环节攀升，这个攀升过程需要各要素支撑，其中资本的力量是要素中的重中之重。任何一种产业都离不开资本的赋能，所以发挥资本的力量为区域产业服务是政府干预的重要手段。这里提到政府干预的重要性并非否定市场经济的自我调节能力，而是肯定政府干预在产业转型升级与产业集聚中的作用。区域发展要实现融资渠道多元化，需要构建多重平台。

首先，是区域信用环境与产业发展的信心、潜力、预期。区域信用环境的构建由两个维度构成。一是产业增长和利润的预期。过剩产业或低端产业无法吸引资本市场的关注与投资，所以需要头部产业来作为引致条件，增强区域产业信心。二是政府信用背书。政府需要通过法律、制度等保障区域产业的安全性，避免政府通过行政手段干预资本市场公平性，尤其要规避地方保护主义行为对资本市场构成的伤害。比如2020年“永煤事件”给区域资本市场带来重大的负面影响，导致某一区域经济生态体系的严重破坏。

其次，是政府通过财政干预拓宽融资渠道。政府通过平台公司设立产业基金，用少量的母基金吸引大量的社会资本注入，然后对区域产业进行投资，利润所得根据资本市场的运营模式进行分配。这一过程中，政府扮演基金管理方的角色，这样既能对产业孵化起到推动作用，又能增加资本市场对区域的信心，以及合作的积极性。

（3）外部市场的繁荣与有效需求

外部市场的繁荣对区域产业集聚的影响分为不可控性与可控性两种。不可控性是外部市场因为消费动力不足或产业迭代速度过快等因素产生的。一方面是因为消费结构性失衡导致消费比重沉淀在某一特定产品或市场领域，造成在其他领域消费能力下降，比如消费比例过多沉淀在高房价领域而使其他领域的消费能力下降；另一方面是因为消费市场购买兴趣的转移，对区域产品失去了购买欲望等，这种情况往往是因为区域产业水平较低，无法满足有效需求。所以积极融入全球价值链不仅仅是迫于供应链的压力，更多是迫于有效供给的压力。外部市场的可控性是建立在有效供给的基础上，是供需市场平衡的结果。区域内部产业因为产业规模、技术创新、产品创新等优势形成较为明显的比较优势，从而对外部市场产生较大的诱惑力，这种诱惑力不仅表现在消费市场上，更表现在产业集聚上。

3.产业集聚转型阶段

产业集聚转型阶段的主要表现是从整体规模、整体质量向细分规模、细分质量全面提升。换言之，是从集聚向集群转变，通过产业细分后形成新的产业集群，其表现是专业化程度更高。比如智能语音产业，从智能化的大产业中分支出来后形成自己的产业体系，并在产业体系的运营中通过“强链”“补链”“延链”等手段打破产业边界，形成更为专业的产业体系。产业集群与产业集聚的最大区别在于规模与质量，当然规模与质量都是相对的，在同等规模下质量越高的产业其竞争力就越强，同样，在同等质量下产业规模越大其利润就越高。产业集群的最佳发展条件是建立在产业集聚的规模效应上进行分类，没有产业集聚规模而要形成集群，则对政府投入能力与投入规模要求更高。目前，一些地区正在推进产业集群优势，以此来锁定价值链的重要环节，主导产业发展趋势与集聚优势。

产业集群一般是通过“两条腿走路”来实现的。一是做大做强细分产业的规模，通过各种要素条件引致相关产业向特定区域集群。之所以称之为“集群”，是因为产业内部成员的合作分工更为密切，相互依存度更高，所以对全要素生产率的贡献就会越大。二是做大做强创新链。创新链是在产业链基础上通过要素持续投入培育出来的技术创新。这就像一粒种子脱离母本之后经过人工栽培、孵化，逐渐成为一株小苗，然后找一块好的土地，在阳光、雨露、土壤及技术辅助的作用下逐渐成长，最终成为一棵独立的大树，然后围绕大树再进行新的繁殖、栽培，最后变成一片新的森林。这片森林就是新的产业体系。所以产业集聚最终的目的不是做强做大某一项产业，而是通过某一产业的精细化培育形成更多的创新链，然后通过创新链孵化出更多的产业链，如此循环来实现区域产业的整体竞争力。

当然，创新链的形成难度很大，是对要素资源整合利用能力的极致要求，不仅要发挥企业的力量，还要发挥政府及科研单位与创新中介的力量，其本质是一个创新生态体系的建设，忽略了任何一方都可能导致创新链难以形成。那么，产业集群就失去了最为关键的意义。下文我们对创新生态体系进行论述。

如何构建创新生态体系

产业发展源于创新，创新动力源于生态体系的支撑。经济的活动过程同人类的活动过程一样，不是单一、孤立的存在，而是多种要素及价值相互促进形成的进化过程。创新生态体系有两个维度：

一是以人才、知识、技术、基础设施等核心要素作为支撑；二是以政府、企业、研究机构、中介等部门的价值定位及互动关系作为创新主体。下文对创新主体定位及互动关系进行分析，从要素与主体关系、主体与主体之间的相互作用等视角来分析创新生态体系的构建逻辑。

创新生态体系主体及相互关系

在创新生态体系中，政府扮演的角色具有多重性，既是创新生态体系建设的管理者，也是创新生态体系的直接参与者。（如图15–2）在创新生态体系的构建过程中，政府与企业、高校/科研机构、中介之间形成相互作用的关系。企业作为创新行为主体，在区域发展规划中承担产业先进技术开发和应用的作用，同时也是创新成果市场化的执行主体与受益主体。高校与科研机构是知识创新、

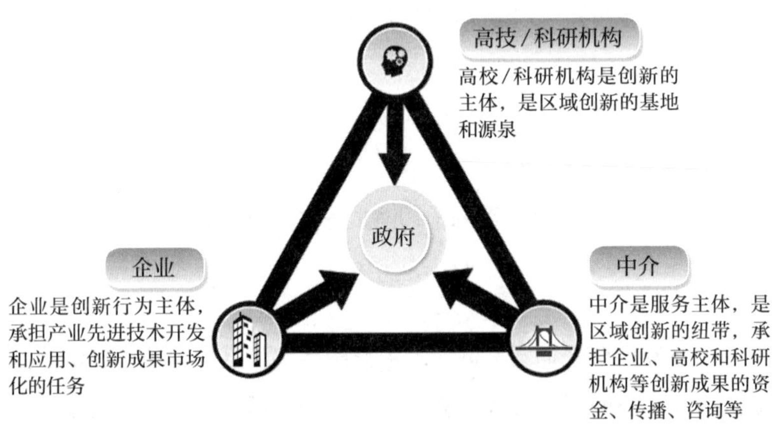

图 15–2　创新主体关系的相互作用

技术创新的主体，是区域产业创新的基地与驱动者。中介机构是一个较为广义的概念，包含推动产业发展的所有服务主体，是区域创新的纽带，承担了企业、高校及科研机构等创新过程中与资金、咨询、传播、战略等相关的任务，其价值回报通过利息、佣金、利润分成等模式来实现。创新过程是一个多元参与、多维组合的复杂系统，需要各种企业、众多高校和科研院所及各种科技服务机构的多维组合、多维联动，才可能实现创新目标。

1.政府在创新中的定位与主体间的乘数效应

关于政府在市场经济中的角色定位一直争论不休，主要有两种声音：一种是主张由政府干预来提高经济质量与分配的公平性，另一种是反对政府干预对市场要素资源的扭曲。这两种声音争论了几百年，直到今天还颇为激烈。这从另一个角度说明了经济形成过程是一项极为复杂的活动，无论是土地、资源、人力、资本等生产要素的整合，还是设计、研发、生产、流通、销售、服务等运行过程都充满挑战，既涉及伦理道德的尺度，也是法律制度的体现，同时还有社会、文化、信仰等交集在一起。所以经济的本质是不同区域之间要素整合与合作交易的价值表现，也是同一区域内部合作分工与竞争的溢出价值。政府作为经济运行的管理者和参与者，既要履行公平正义的裁定权力，又要实现财政收入来维持对公共品的投入支出，所以有时候在决策上会存在一定的矛盾，这需要保持长期理性与动态平衡。

创新作为经济运行的驱动力，政府在创新中扮演什么角色关系到区域产业发展的质量与规模，也是区域产业集聚的主要诱因之一。很多学者对政府干预区域产业创新提出了反对意见，认为政府参与区域产业创新会导致要素结构的扭曲，进而形成垄断与权力寻租，对区域经济规模虽有促进作用，但也会抑制创新生态体系的构建。提出这种观点不无道理，因为前面说过，政府既是经济运行的管理者也是经济运行的参与者，虽然政府没有盈利属性，但人民对公共品的现实需求又需要政府无偿提供，所以政府要以非营利为目的去实现合理收益就需要把握好弹性。

一些人反对政府干预经济发展，这是比较极端的行为。首先从经济的运行规律来看，资本为了逐利就会想尽一切办法获得更多要素支持，靠市场自我调节只会加剧垄断，抑制创新能力，这一现象在传统工业时代已经广泛体现。在新经济时代，受非线性产业经营模式影响，产业链上下游的垄断优势更为明显，如果政府不加以干预，将会形成利益固化，中小企业的生存与发展能力将进一步减弱。所以，政府需要通过财政政策、产业政策、货币政策来对宏观经济进行调控。另外，政府在市场中的作用不能小觑，仅靠市场中的供需调节，经济的外部性无法被内在化，只有站在国家或区域的经济生态体系层面上进行干预才能把外部性优势转化为内部优势。我们对政府干预的组织模式进行分析，发现区域创新生态体系的组织关系是由政府和企业、中介机构、高校/科研机构等构成的，通过“1×N”的模式放大要素价值，形成一个相对完整且高效率的创新体系。“1”指的是政府，“N”指的是企业、高校/科研机构、中介等，通过政府对各大创新主体的联系与干预形成一种集中化的要素供给，强化了目标价值，形成乘数效应。

2.企业在创新中的定位及运行机制

企业是创新成果转化的受益主体，承担创新投入及成果市场化的执行任务，是创新行为的核心主体。企业的创新一般分为“内生型”和“外引型”两种模式。

“内生型”创新一般是企业针对某一项技术投入研发资金，然后集合各种要素资源进行重点突破。“内生型”创新对企业的要求较高，一般情况下要求具备以下条件之一：第一是企业原创团队具有核心技术储备，比如高管团队中有从事技术研究的人才，并且对前沿技术有一定的研究基础，通过企业内部转化形成产品或服务优势，提高企业竞争力；第二是规上企业通过长时间的要素积累，形成较强的创新能力，通过创新团队不断向前沿技术探索、研究，实现转化；第三是资本驱动，在不考虑资本的条件下企业部门可以整合顶尖人才，新建高端实验室，形成行业一流的创新团队。这三种条件都有各自的门槛：第一种要求创业团队自身具备科研能力和技术储备；第二种是针对规模化企业，要求其具备资本积累和成熟的研究团队；第三种是大资本推动下的高起点发展。所以，对于小微企业来说“内生型”创新的门槛很高。当然，对于规上企业的研究能力也会存在资本要素以外的瓶颈，比如面对技术封锁和跨界研究等，这时候就需要借助政府的力量来干预，实现整合发展的优势。

企业的“外引型”创新是通过外部技术的引进或溢出来实现企业创新发展能力。一般有两种情况：一是通过政府牵头搭建创新合作平台，重点突破“卡脖子”技术瓶颈；二是通过政府引进高新技术产业来实现配套生产，提高产品的整体技术水平。当年合肥市政府引入京东方显示屏生产线，帮助合肥本土家电产业实现了视频显示领域的升级，提高了家电产业的整体技术水平。这两种情况都是建立在政府干预下的产业集群效应，缩短了空间联系成本和主体与主体之间的沟通成本。

3. 高校在创新中的定位与合作机制

长期以来，受经济模式的影响，高校与科研机构的资源一直没有被有效发掘，导致技术转化率不高，高校/科研机构对区域产业创新驱动力不足。随着生产要素权重的改变，劳动密集型产业已经全面向技术密集型产业过渡，企业发展优势聚焦于知识、技术等领域，高校/科研机构资源得到广泛关注，并成为企业和区域政府实现产业转型升级的孵化器。

高校/科研机构是知识创新、技术创新的主体，是区域产业创新的基地和驱动力，这一点已经成为不争的事实。比如，近年来合肥市产业集聚能力越来越强，生产型企业在全国价值链环节中优势越来越突出，这与合肥市的高校/科研机构资源有着密切的关系。数据显示，安徽省有国家重点实验室22个，其中合肥就占17个，包括3所211大学和1所985大学，位居全国前列。举个例子，合肥市是国内集成电路产业发展最快、成效最显著的城市之一。合肥市为什么能在短短几年内就成为该领域的后起之秀？这与高校科研对产业的赋能有关。2012年合肥市与中科大签订全面合作战略协议，根据协议内容，中科大与合肥市政府将共建中科大先进技术研究院，聚焦微电子、健康医疗、新能源、新材料、量子信息等领域的技术研发与成果转化。在中科大先进技术研究院“能量”作用之下，英特尔研发中心、英伟达联合实验室、思科演示实验室、美满电子科技联合实验室、德州仪器联合实验室等创新联合体亦纷纷落地合肥。2021年4月，在合肥市政府的牵引下，中科大再次与蔚来汽车签订两份合作协议，共建“中国科大—蔚来智能电动汽车联合实验室”，开展智能电动汽车相关的基础研究，以及前瞻性技术和关键共性技术研究。同样以苏州为例，苏州为什么能引领中国高端产业发展？其关键是在区域产业发展的背后，暗藏了一条与科研齐头并进、与产业相互赋能的暗线，那就是以高校/科研机构资源为核心的技术孵化器。苏州集聚了104家大院大所、7052家国家高新技术企业、262名国家级重大人才，建成了34家自主品牌大企业和领军企业先进技术研究院，万人有效发明专利拥有量达58.3件（全国平均水平21.66件）。苏州的模式就是围绕产业链布局创新链，在这一点上，苏州的"学生"合肥也是这么做的。习近平总书记在两院院士大会上的重要讲话中指出："要优化和强化技术创新体系顶层设计，明确企业、高校、科研院所创新主体在创新链不同环节的功能定位，激发各类主体的创新激情和活力。"[1]

4. 中介在创新中的定位与作用关系

产业发展的中介机构分为广义与狭义两个层面：广义的中介包括信用评估、工商税务代理咨询、专利和商标代理、人力资源和劳动服务、商贸信息咨询、营销策划、金融服务、企业管理服务、科技中介服务等领域；在狭义层面上，产业创新来自资本的支持、技术专利的供给、营销战略服务和信息化建设等。中介对创新的支持主要是通过知识、金融、销售等模式为政府和企业提供服务。中介机构的发展需建立在一定规模的产业集群基础之上。随着产业集聚规模不断扩大，中介机构的种类和数量不断增加，最终将形成一个多层次的中介服务体系。

中介的价值导入分为两条渠道：一条是中介帮助政府衔接外部

1 《习近平在中国科学院第十九次院士大会、中国工程院第十四次院士大会上的讲话》，习近平系列重要讲话数据库，http://jhsjk.people.cn/article/30019426，2018年5月29日。

资源通道，政府通过行业协会、商会、咨询公司和其他服务中介来收集信息、建立合作，合作的模式包含产业、人才、金融等资源的引进，最终形成各种集群，为区域产业提供服务；另一条通道是中介直接向区域产业渗透，为区域产业提供技术、资本及品牌传播的支持，以达到增强产业技术水平，扩大产业集聚规模，提高产业区域竞争力等目的。近年来，金融、资本已成为推动产业创新的重要工具，围绕产业链配置资金链几乎是每一个区域政府的共识，因为资金链是产业孵化与发展的动态反应。一些产业发达的地区会通过资金投入链（筹措）、资金运营链、资金回笼链来实现产业技术创新与投资回报的闭环式发展。

从“三螺旋”向“四螺旋”创新体系转变

20世纪90年代，亨利·埃茨科威兹（Henry Etzkowitz）与罗伊特·雷德斯多夫（Loet Leydesdorff）共同提出了“三螺旋”（triple helix）理论，该理论主要是为产业集聚的形成与聚变提供系统性解决方案，即以政府干预为手段，整合企业和科研院所的要素资源，建立一个三方合作和互动的创新体系，利用区位优势、资源优势、技术和知识优势等比较优势，为区域内的企业提供创新动力，并通过政府干预促进企业之间的相互合作，形成资源和劳动力的合理流动，最终为区域发展提供产业集聚的优势。

三螺旋创新模型经历20年的讨论、实践与完善，逐渐呈现出相对成熟的理论架构。2013年亨利·埃茨科威兹再次从创新体系的“要素”“关系”与“功能”三个层面完善了三螺旋创新体系的分析框架。

首先从三螺旋创新体系的要素来看，大学、政府、产业是创新体系的主体，在每一个主体下面又有不同的要素资源作为支撑，比如高校/科研机构的要素支撑是技术发明、高端实验室、科研资金、创新团队等；企业的要素支撑是资本、商品市场、盈利能力及其他生产要素等；政府的要素支撑是政策法规、财政收入、决策理念等。不同的要素支撑不同的创新主体，最终形成高校/科研机构—政府—企业的“三螺旋”创新体系。（如图 15-3）

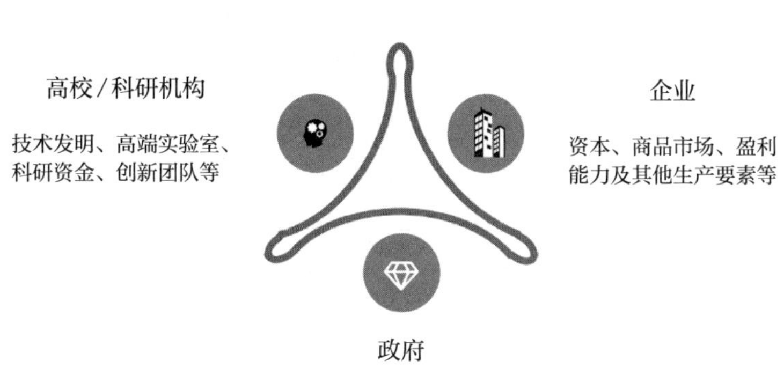

图 15-3　三螺旋创新体系

其次从三螺旋创新关系来看，三螺旋创新体系是多元要素的相互作用，主要形成五种形态：技术转移、合作与冲突协调、合作、替代、网络。从表面上看，政府与企业、高校/科研机构之间只要提供要素支持就能形成合作关系，但实际上这是一个非常复杂的运行关系，其中包含技术合作与转让，也包含良性合作与价值冲突等问题。所以政府在其中的作用不仅仅是要素供给者，也是平衡冲突、促进合作的润滑剂与纽带。政府与企业、高校/科研机构三者的关系正如一张多结构多层次的网络，既有向外延伸承受压力的张力和弹性，又有结构化配置的能力与效率，这是衡量三螺旋创新效果的重要指标。

再则是三螺旋创新体系的功能，一些学者认为“三螺旋创新体系的功能通过三个空间体现出来，即知识空间、创新空间和趋同空间”，而实际上随着价值链与生产要素权重的变化，三螺旋创新体系的空间应该体现在“创新空间、要素配置空间、资本空间”。创新空间由企业内生、企业与高校/科研机构、政府协调三个维度构成。要素配置空间一方面由区域内要素根据市场条件自我配置形成，另一方面由政府干预、纠正配置扭曲和创造阶段性扭曲构成。要素配置空间的科学性是由制度、市场、价值链决定的，所以政府、企业、高校的价值认同与信息流通对要素配置起到关键作用。资本空间由政府引导性股权投资、社会化投资、投资基金等多元化投融资体系构成，可形成创新资本能力。

三螺旋创新体系通过世界各国及地区的长期实践已经积累了丰富的经验。以日本为例，在20世纪90年代日本经历了经济泡沫带来的长期衰退，尤其是1985年与美国签订《广场协议》后，日本的出口优势逐渐消失，国内产业因为消费市场的萎缩逐渐出现空心化，失业率持续上升，进而引发大量企业破产，因为经济与就业的压力在一定程度上抑制了生育的动力，加剧了人口老龄化。在此背景下，日本政府一方面要提升消费动力，扩大内需市场；另一方面要解决有效供给，培育新兴产业发展。但是，对于任何一个国家或地区来说，换道发展不仅关系到技术和劳动力，更重要的是关系到区域内要素整合的能力。日本政府一方面出台资助政策鼓励企业创新，并对专业技术人员给予激励政策；另一方面推动区域产业和高校/科研机构、公共部门进行联合、协调发展。这一模式正是三螺旋创新体系的构建路径。

到了21世纪初，日本开始全面布局产业集聚、集群战略，所以三螺旋创新体系成了日本产业转型升级的底层逻辑。比如日本通商产业省在2002年宣布实施“新战略和技术创新促进”计划，重点扶植高新技术产业发展。紧接着又实施了“促进产业集聚形成”计划，旨在创建新兴产业来增加就业，并投入了294亿日元用于产业集聚发展规划。除了协调各个区域创新，还协调各区域主管部门结合当地的实际情况，瞄准生物技术、信息通信技术、电子、新兴制造业、新能源、生态和循环产业进行研发活动。这一过程正好发生在中国加入世贸组织后发展的初期，中国以人口红利和产业规模优势承接了美国、日本先进技术的加工和组装环节。对于中国来说，虽然在经济规模上获得了前所未有的增长速度，但对产业技术提升并没有很大的帮助，反而为日本、美国解决了劳动力和其他资源不足的问题。所以，中国产业转型和技术创新的演进过程在历史上与发达国家正好形成错位。这无疑是为发达国家的产业升级提供了服务。

2010年后，在国内产能过剩和全球金融危机的影响下，中国意识到了产业转型的迫切性。经过十多年的奋起直追，中国产业水平已是今非昔比，但从全国各区域来看，其发展依然良莠不齐，有些区域政府在产业发展路径和模式上存在诸多误区，尤其是在创新体系的构建上依然沿用过去规模经济的理念，所以全要素生产率不增反降。再次回顾20年前的日本，为了促进高新技术项目发展，日本区域政府的工作几乎渗透到了产业内部，每发展一个产业或一个重点项目都是围绕着促进技术突破、高校资源利用、技术企业孵化器和风险投资等问题展开。有数据显示，仅2002年日本通商产业省内就有3000多家中小企业参与到三螺旋创新体系中，政府除了补贴，还制定了“知识集群创建计划”，确定了10个区域作为产、学、研合作的基地。

当然，随着科技进步与要素的流动变化，三螺旋创新体系也需要不断升级来满足区域发展的现实需求。仅靠政府、企业、高校/科研机构来构筑未来产业发展显然压力会越来越大，因为技术与产品的迭代速度越来越快，技术门槛也越来越高，技术研发与产品转化所需要的资金规模越来越大，人才对技术转化的收益模式越来越呈现多元化趋势，市场进入一个高投高产的发展逻辑。所以从资本角度来看，仅靠区域政府的财政和企业内部现金流来支撑产业技术创新和产品转化越来越显得捉襟见肘，所以需要引入中介机构进行资本化运作，实现多渠道融资模式，才能把产业做大、做强。从技术与企业组织等角度来看，高端技术的研发周期较长，迭代速度较快，所以靠企业内部员工的技术沉淀和积累来实现产业变革的难度很大。企业需要从外部引入资源型人才，资源型人才因为掌握了核心技术或资源要素，因此对权益诉求不断提高，这就要求企业打破传统的组织模式，建立更为灵活的合作机制。所以，在区域产业创新体系中需要加入“中介”主体，建立一个“四螺旋”创新体系，以满足不断变化且高速发展的技术和产业需求。关于“中介”主体的定义在上文中已做阐述，这里不再赘述。

构建创新体系的政府行为

美国虽然是一个市场经济高度发达的国家，但是其对于宏观经济的干预从来都是走在世界前列的，比如从政府层面推进“创新生态体系”的建设，它让美国产业发展再次领先于世界。比如，美国硅谷、纽约、波士顿等区域的崛起，这些都得益于创新生态体系的推动作用。虽然新兴工业化国家也在不断尝试创新生态体系的建设，但随着全球科技革命和产业转型的不断进步，创新生态体系的要素资源与整合策略也在发生变化，过去线性、单一的创新范式被系统、交互、协同、融合的创新体系替代。同时，创新生态体系中的主体要求也在发生改变，主要体现在两个方面：其一是主体结构更为复杂，从过去“三螺旋”变成“四螺旋”，甚至是更多螺旋的创新体系；二是主体质量要求更高，过去认为只要有一定规模的企业、有一定的技术支撑，再加上政府的支持，就能形成一个创新体系，但是随着全球价值链的不断提高，对高校、科研机构、中介等自身的实力要求越来越高，若只能形成“加法效应”，不能形成“乘数效应”，就难以推动一个地区实现高质量、高效益发展。

由于区域要素禀赋存在较大差异，一些区域在构建创新生态体系过程中必然会面对诸多问题，从问题的根源来看，主要体现在三个方面。

第一，政府决策水平存在差异，除了与区域政府是否积极参与创新生态体系建设有关，还与决策水平的高低有关。决策水平体现在区域政府对产业集聚要素的认知、制度创新的魄力、资源整合的能力、对区域信用体系维护的意识，以及在公平、科学的理念下敢做、敢当、敢为的决心等方面。当然，其中有区域主政领导的主观原因，也有被区域文化束缚的客观原因。所以，政府作为创新生态体系的主体之一，其本身就需要学习与创新。否则不仅不能为区域产业发展带来正向提升，还会出现公权失灵现象，影响区域产业集聚与发展。

第二，区域产业缺乏“链主”企业支撑。零散型的产业分布难以形成资源互补、技术溢出的价值，从而陷入低端循环、恶性竞争的局面，加剧了政府的治理投入，降低了公共品的效用价值。所以，一个产业链必须要有一个引领的企业。政府一方面要从区域产业内部培育，另一方面要通过外部引进来打破低端循环的现状。

第三，区域产业缺少技术资源。技术资源来自三个途径。一是大规模的人才流入，形成自发的创新生态体系，比如韩国的大德科技园，在2003年就集聚1.2万多科技人员，其中博士就有4853人，如此强大的科研团队，政府所能做的只有为他们创造更好的生活环境。二是集聚顶尖的高校资源和研究机构。比如世界第三大湾区“旧金山湾区”，是当之无愧的全球第一大“科技湾”，据统计，全球独角兽公司总部，新加坡有2家，印度有5家，欧洲有13家，美国纽约有23家，而在旧金山湾区所在的加利福尼亚州有101家，在信息技术、新材料、新能源、生物制药等领域独霸全球，仅旧金山的生物技术公司就有300多家。硅谷的GDP占美国总GDP的5%，而人口却不到全美的1%，人均GDP全美第一。旧金山湾能这么强大，与区域技术资源有着密不可分的关系。数据显示，旧金山湾的独角兽企业多数投资人是本区域的大学教授或实验室负责人。旧金山湾区内汇聚了多所世界一流大学，高校是硅谷登顶世界级科创中心的重要推手。其中有斯坦福大学、加利福尼亚大学伯克利分校、加利福尼亚大学戴维斯分校、加利福尼亚大学旧金山分校和加利福尼亚大学圣克鲁兹分校5所世界级研究型大学，这些大学中，有一部分开放校区专门进行产业研发和成果转化，知名跨国公司如谷歌、苹果、惠普、基因泰克等均在此设立企业研究实验室，专注于实用型研究。中国产业集聚区同样存在对技术资源依附的现象，比如苏州、合肥、西安，以及粤港澳大湾区的部分城市，其创新能力和产业发展很大程度上依赖于密集的高校资源和科研院所。那么，如果区域条件中不具备高校资源或科研院所怎么办？这就需要走第三条路径，那就是成立创投基金去引进技术，说直接点就是去购买技术，比如西安是全国高等教育和国家级实验室分布最为集中的区域之一，但是西安的产业因为种种原因不能充分承接研究机构的创新转化，很多技术专利就会形成外流，没有研究资源的区域就可以通过资本驱动模式实现“异地技术转化”。遗憾的是，目前的趋势并不是中西部地区在吸引东部地区的技术溢出，而是东部地区一直在吸收中西部地区的先进技术。所以，这又回到了前面的第一点，政府的决策水平问题。

接下来我们讨论一下政府对创新发展的决策水平问题。一般情况下政府对创新发展的干预主要通过产业布局政策、产业结构政策、产业组织政策来影响区域产业集聚与创新。

首先，从产业布局来看，区域产业形成一般分为要素引致性的自发集聚和政府规划导入式的集聚。这两种模式都是建立在要素集中供给与科学定位的基础上。产业布局并非无中生有的增量或扩容，而是要根据区域特点与要素储备进行规划并制定目标，通过对产业空间的分布进行梳理与补充，依据产业集群的关联性进行规划或调整，以形成有序、协同的产业布局。产业布局要考虑地理空间因素和产业关联因素，地理空间的关键点在于依托交通枢纽优势和要素集聚优势，使产业布局在这两大优势区就能形成效率和成本的优势。同时，因为成本与效率的优势，就能吸引更多关联产业的集聚。另外，产业布局的地理空间还要具备以点带面向外围扩散的能力，为区域产业整体发展创造条件。产业关联因素是基于区域政府对优势产业的深层次认知，也是产业集聚、集群的意义所在。关联因素是做强区域产业链的要素补充，是要素与要素之间的聚变效应，所以必须对产业结构、要素关系、技术水平有清晰的认知，根据产业发展的底层逻辑来规划产业布局。当产业布局的思维形成后，区域政府就要着手要素整合，通过对要素资源的集中利用来创造效益最大化。要素整合是产业集聚和产业创新的原始动力，把优势力量集中在核心环节进行释放，通过核心环节“爆破”来影响整体的发展，打破僵局。一般情况下，区域要素主要体现在区位优势的放大效应，自然资源的储备条件，智力资源的丰富性，资本的流动性等方面。

我们对这几个要素进行简单分析。一，区位优势放大效应主要是指位于增长极附近的区域要充分利用地理空间的优势与增长极深度融合，尽最大的努力攫取增长极内部资源来实现自身的发展。当年苏州定位就很清晰，依托上海增长极优势，通过扩大交通组织来实现通勤效率，最终与上海形成了最为密切的产业化分工，实现了产业集聚与经济增长目标。二，自然资源的储备条件表现在土地、能源、矿产等方面。土地是区域产业发展的承载平台，越是发达地区土地资源就越是稀缺，所以如何发挥土地资源的效用价值关系一个地区的长远发展；能源方面已经颠覆了传统的认知，过去是对化石能源，现在是新能源，后者将对前者形成迭代的预期，所以打破了传统能源格局，东部和西部的优势将可能对调，这为中国西部地区带来无限的想象空间；矿产资源具有稀缺性，但是随着科技的发展，矿产资源也将被新材料替代，区域政府如果不及时调整资源的利用价值就会丧失资源的优势条件。三，智力资源主要是指区域对人才集聚的能力，比如上海、深圳等地就具有强大的人才吸引能力，因为人才是跟着创新要素集聚的，一个区域创新要素越集中，人才的发展机会就越大。当然，人才也会根据区域生态环境、生活环境等因素集聚，所以政府必须创造一个良好的生产、生活、生态“三生”空间，否则就难以实现人才的集聚条件。归根结底，还是对要素资源的集中利用与合理分布的问题。四，资本的流动性主要表现在两个方面：一是资本由区域外向区域内流动；二是资本在区域内部的流动速度和流动规模。由于区域生产环境的不同，存在资本要素收益率的差异，这种差异会影响资本的双向流动。一般来说，创造良好的生产环境有利于资本向内流动，推动经济的发展，实现区域繁荣。资本在区域内部流动的速度越快，说明交易越活跃；同样，资本在区域内部流动规模越大，说明投资活力越强。无论是资本由外向内流动，还是资本内部循环流动，都是由投资环境决定的。

其次，从产业结构政策来看，政府通过对要素资源的重新配置或优化配置来实现区域产业结构的合理化和高级化。从经济学的角度看，生产效率与质量的提高需要资源配置来实现，市场失灵的情况下，政府针对某一特定的环节出台相应政策有助于结构优化。所以，政府的产业结构政策不能一刀切或按部就班，需要依据产业结构“合理化”和“高级化”两个维度去制定不同的政策。产业结构合理化就是前文所阐述的产业之间的关联性，主要表现在产业之间相互协调、相互促进的共生体系，在不同产业的相互作用下区域产业形成一种不断进取的创新链，并且通过供需市场的均衡性得以体现，其目的是实现有效供给和相互促进。产业结构“高级化”主要是针对产业规模达到一定程度，为了适应外部价值链的变化及扩大区域竞争优势，政府通过政策与产业引导等手段促进产业结构不断向高级形态转化。针对“合理化”和“高级化”两种形态要采取不同的政策，“合理化”更多倾向于区域内部的要素配置，而“高级化”需要面对外部要素配置。就比如20世纪90年代的日本，虽然产业结构与研究投入都趋于合理化，但是忽略了外部价值链的变化，没有捕捉到信息化革命带来的产业机会，所以在通信技术、信息产业等领域被美国领导的全球价值链钳制。此后，日本政府出台政策全面促进产业结构高级化转型。日本的产业转型政策采用的是“1+1模式”，一边强化传统产业链的优势，另一边加强信息技术对传统产业的赋能，实施“脱离计算机，向数字家电进军”的战略，成为全球第一个利用信息技术助力传统产业转型升级的国家。此后，日本更是一发不可收，技术巅峰的时候曾掌握了全球90%以上的数字技术专利。从日本的发展经验来看，产业结构政策既要突出主导产业的战略意义，又要兼顾传统产业在转型升级过程中的脆弱性，所以政府在出台产业政策的时候不能一刀切，而是要根据区域禀赋和产业类别、级别来制定相应的政策。

再则，从产业组织政策来看，政府为了促进要素资源合理配置，维护市场公平分配秩序，通过经济、法律及行政手段来干预产业内部企业规模，促进产业组织合理化发展。产业之间由于规模及内部组织的运行机制不一样，其资源利用效率和产出效益就会存在较大差异，所以便出现了强者越强，弱者越弱的现象。如果仅仅从市场经济的优胜劣汰来看，政府干预是多余的。但是政府的职能除了繁荣经济市场，还有维护社会稳定、促进社会发展的任务，所以必须采取规则供给，弥补市场的失灵，保护幼稚产业[1]发展。一般情况下，区域政府对产业组织政策的实施主要从以下几个维度展开。一，通过价值机制、供求机制、商品价格机制等来控制过度竞争或不正当竞争带来的资源浪费和产业垄断现象。二，通过产业横向整合、兼并来实现规模经济，提高生产效率。比如在20世纪70年代，日本两大钢铁巨头八幡制铁和富士制铁成功合并，这是日本政府采取产业组织政策以来最为成功的一次整合。新成立的新日铁一跃成为世界钢铁产业的第二大企业，由此提高了企业的国际话语权，增强了国际竞争力。三，产业组织政策能保护战略型产业和主导型产业在成长或培育过程中不被各种恶性竞争影响，为产业转型升级创造过渡期。当然，任何产业组织政策都存在协调竞争与规模经济之间的矛盾，但是相对于能有效控制市场结构和改善不合理资源配置来说，适当的矛盾带来的损失是可以通过制度红利相抵消的。

“孵化器”的演化、模式和意义

1959年，全球第一家企业孵化器在美国巴达维亚工业中心成立，这是人类首次把人工孵化禽蛋的理念用于经济服务模式。顾名思义，企业孵化器是空间、设备、技术、服务的组合，用于中小企

1 幼稚产业：特指某一产业处于萌芽状态，基础与竞争力相对较弱，所以要加以适度保护，尤其对具有潜在优势的产业或战略性产业，要加以干预，促进其成长。

业低成本创业、创新，以及提高各种效率的活动空间。欧美国家一般把这种空间称为创新中心（innovation center），中国台湾取了一个更有趣的名字叫“育成中心”。总而言之，世界各国都把企业的初创阶段和转型阶段当作重点培育对象，试图像孵化禽蛋一样把企业逐步转化为茁壮成长的生产主体，从而使其融入价值链的高端环节。1961年之后，美国肯尼迪政府全面卷入越南战争，一场持久的军事消耗加剧了美国的经济衰退，美国各州政府把希望寄托在了高新技术产业领域，一场以孵化器为载体的“创新风暴”在美国全面展开，并取得了瞩目的成效。于是，欧洲各国纷纷效仿，企业孵化器成为世界各国技术角逐的“梦工厂”。

中国的孵化器是从2001年开始呈高速发展趋势的，从2001年到2017年国家级孵化器就多达900多家，每年以10%以上的速度增长，另外截至2017年，非国家级孵化器也超过了4000家。中国孵化器发展大致分为三个阶段。2001年到2017年为增长阶段，这一阶段更多表现在对技术型产业的扶持上，这是规模经济向技术经济转变的方式，也是发展理念的一种觉醒。2017年到2020年是第二个阶段，这一阶段主要是针对逆全球化背景下“卡脖子”项目的重点突破，是国家战略与地方产业的一次重大变革。2020年第三个阶段开始，是在国家“十四五”规划的背景下部署产业体系，从国家层面瞄准人工智能、量子信息、集成电路、生命健康、脑科学、生物育种、航天航空等一批具有前瞻性、战略性的重大科技项目展开孵化。从地方层面上依据区域禀赋展开新技术攻关及产业孵化，采取“揭榜挂帅”制，鼓励、支持企业自主创新。2021年12月召开的中央经济工作会议特别指出：要强化国家战略科技力量，发挥好国家实验室作用，重组全国重点实验室，推进科研院所改革；要强化企业创新主体地位，深化产学研结合；要完善优化科技创新生态，形成扎实的科研作风。

中美“孵化器”的演变与发展

从1959年美国诞生了世界第一个企业孵化器后，世界各国对孵化器的发展模式展开了积极的探索。由于发展中国家与发达国家在经济发展中存在较大差距，所以在“孵化器”的建设中也存在较大差异。1959年美国在巴达维亚工业中心成立第一家孵化器的最初目的应该是促进经济发展的一种探索，而此后越南战争爆发，把美国经济拖下泥潭，失业率持续上升，经济发展动力不足，因此探索中的“孵化器”成了刺激美国经济活力的救命稻草。从美国“孵化器”的发展历程来看应该分为四个阶段。

第一阶段从1959年到1980年，这一阶段是美国孵化器发展的初始阶段，主要目的是利用政府的行政权力与社区合作，为中小企业搭建一个低成本的创业、创新发展空间。政府通过基础设施配套、财政制度等手段来降低中小企业发展成本，以此来提高创业者的信心和积极性。这一方面是基于美国卷入越战后带来经济衰退这一现象，另一方面是降低初创企业成本，提高市场信心。而在这一阶段，中国的国情还处于解决温饱问题层面上。

当美国创立第一个“孵化器”时，中国正经历“三年困难时期”，经济遇到困难，更不用说科技创新与“孵化器”建设了，所以中国与美国在科技发展的道路上存在断层的现象。

第二阶段是从1981年到1995年，这一阶段与美国引领的信息化革命有关，在信息化的推动下，美国“孵化器”从空间成本优势向信息化和制度优势转变。从1972年个人计算机诞生到1989年万维网诞生，再到1995年唐·泰普斯科特提出数字经济，美国实现了从工业时代向信息化时代的转变。这一阶段美国的“孵化器”建设发生了三大改变：一是从直接财政支持向信息、网络支持转变；二是从政府主导的“孵化器”建设向社会主导的“孵化器”建设转变，体现了多元化发展趋势；三是从成本红利向创新红利转变，第一阶段主要是为企业降低成本而存在的“孵化”空间，到了第二阶段是以创新而存在的孵化空间。

中国“孵化器”建设与美国巴达维亚“孵化器”建设相比大约晚了30年时间。1987年中国第一家“孵化器”基地在武汉东湖新技术创业中心成立，此后在国家科委指导下制定了“五年发展计划”。中国“孵化器”的发展虽然比美国晚了数十年时间，但发挥了制度的力量作用，政府除了为初创企业提供低成本场地和资金支持，还通过政策扶持、服务设施共享和资本导入等帮助企业做强、做大，在政府要素集中供给下，中国“孵化器”里的企业脱颖而出，对区域产业创新发展起到了引领作用。另外，政府在1988年开启了“火炬计划”，同年中国第一家民营“孵化器”——南京民营科技创业中心成立，这标志着中国科技创新与产业投资主体开始从政府主导向市场主导的模式转变。

第三阶段是从1996年到2016年，美国在这段时间经历了信息化革命下的高速发展，也经历了繁荣背后的金融危机。这一时期美国的“孵化器”建设主要以民营资本推动为主，因为创新给资本市场带来巨大的红利，所以资本市场对“孵化器”的投资成为引领美国技术发展的核心动力。在这期间诞生了很多以信息化推动的伟大企业，像苹果、亚马逊、Alphabet、微软、IBM公司、英特尔、惠普、Facebook、思科网络公司、甲骨文等，这些企业不仅为美国创造了服务贸易顺差，还为美国在后来的智能化发展中创造了绝对的优势。

与此同时，中国一批海归创业精英吸取了美国信息产业的发展理念，利用国内政策红利和本土市场规模等优势开始部署互联网产业，百度、腾讯、搜狐等互联网企业在1999年之后纷纷成立，在各区域政府的支持下迎来了高速发展机会。北京区域支持了搜狐、新浪、百度等互联网企业的发展，深圳地区支持了腾讯、迅雷等互联网公司的发展，杭州地区支持了阿里巴巴、网易等企业的发展。到了2014年，中国在“大众创业、万众创新”的政策鼓舞下进入了高速发展阶段，大量企业及资本进入创业孵化领域，“孵化器+天使投资”成为资本市场与技术转化实现经济收益的主要通道。

第四阶段是2016年之后，2016年以后全球进入智能化和物联网时代，信息化与物质空间进行融合、链接，形成“数字孪生”的发展趋势，美国依托信息化的领先地位对全球生产体系进行“封锁”或“控制”，这加剧了全球价值链的重构，也加剧了全球“孵化器”的竞争，“精准创新”“重点创新”“战略创新”成为反制、“卡脖子”的重要手段。美国的优势是信息化技术，中国的优势是全品类生产制造能力，可谓各占一半优势，美国试图通过限制先进的信息技术外流来遏制中国先进制造业发展，而中国为了反制美国的“卡脖子”行为加大了“战略性创新”，并通过货物贸易的结构调节来警告美国的逆全球化行为。美国对此也倍感压力，于是全面促进“制造业回归”，试图通过政策手段来弥补美国生产体系的不足。所以，这一时期美国的“孵化器”建设呈现出多维度发展趋势。第一是多元化的特点更为突出，某种意义上来说全球进入了更为激烈的“技术竞赛”时期，所以投资主体变得更为多元化，有资本驱动的投资主体，也有政府干预下的投资主体，还有企业为了竞争优势，自身投入“孵化器”项目，等等。第二是表现出专业化程度更高、目标性更强等特点，政府与企业及资本市场形成高度统一，通过提高核心技术来控制全球价值链的高端环节，以此为本国企业建立绝对垄断地位，为美国全球化发展提供谈判条件。中国为应对国际形势变化进一步完善了技术孵化、企业孵化和产业孵化的目标和政策，通过制度改革来强化国家战略及科技力量，提升企业创新能力，激发人才创新活力。这种自上而下、“三位一体”的发展模式打破了过去“孵化器”的碎片化、单一化发展理念，从对国家层面孵化器、企业层面孵化器、人力层面孵化器的内部改革来释放创新动力，建立多元协同的发展战略。

“孵化器”的推动方式与多维度支撑

推动“孵化器”发展的主体从过去以政府为中心的单一化发展模式向以企业为主体和以社会资本为主体的复合模式转变，形成一种多元发展的局面，政府、社会资本两大主体在推动“孵化器”发展过程中虽然各有目的，但其结果都是为了实现技术变革与产业升级带来的价值。

1.政府推动型

政府主导的“孵化器”建设一般在两种情况下得以表现。

一是在“孵化器”发展的初始阶段，政府需要通过硬件设施投入，以及制度创新、资金支持和孵化空间等来帮助企业或研究机构实现创新与转化。政府根据企业的类别与技术等级进行不同程度的支持，其中分为国家层面支持和地方层面支持两种，支持的目标主要针对国家战略产业或地方战略产业中的企业及技术，通过政策、财政、税收及其他生产要素的配置或优惠给予支持。

二是“孵化器”的转型阶段，政府针对战略型产业和战略型技术进行孵化，比如针对企业内部“孵化器”，政府支持企业牵头组建创新联合体来承担国家重大科技项目，鼓励企业在技术创新中发挥积极作用，对企业投入基础研究实行税收优惠政策和资金奖励等。以温州市为例，改革开放之后“以小商品带动大市场”的模式得以迅速发展，后来在经济转型发展过程中恰遇房地产高速增长，社会资本向房地产投资，以及向非线性产业流动，导致传统产业转型升级错过了窗口期，因此对温州市的经济地位产生重要影响，从近年来浙江省的经济排名中可以看到，无论是财政收入还是经济增长率，温州市都低于嘉兴市，位居浙江省第四。

把温州市与嘉兴市的产业进行对比分析，发现温州市的产业创新能力不及嘉兴市。所以温州市在2022年出台《温州市大孵化集群发展三年行动计划（2022—2024年）》，提出系统构建大孵化集群体系，推动大孵化集群建设的作战图、时间表、任务书，强化落地执行，加快重构温州市创新格局，推动全域创新创业，推进产业转型发展、人才项目集聚等。温州市此举也是迫于区域衰退压力，无论是新生儿出生率还是经济增长趋势都不容乐观，所以这一届政府试图通过集聚与创新来化解衰退危机。

温州市出台的文件显示，温州市采取统一部署、全市“一盘棋”的策略加大孵化集群，依据不同区域的要素禀赋与空间特点进行产业孵化部署，以环大罗山科创走廊为重点区域，聚焦重点新兴产业、未来产业领域，结合各地创新资源禀赋、特色产业优势，统筹孵化空间资源，差异化布局建设大孵化集群。鹿城、龙湾、瓯海聚焦众创空间、科技企业孵化器建设；乐清、瑞安聚焦科技企业孵化器、加速器、科创园建设；瓯江口、经开区聚焦加速器、科创园建设。温州市鼓励全市各地打造各具特色、形式各样的孵化基地；要求各地、各部门强化可用孵化空间打造，腾挪和提升改造一批小微园、文创园、楼宇、厂房、老旧市场等，整合盘活一批国有空间资源，新建一批聚焦新兴产业培育的孵化基地；支持龙头企业、链主型企业、创新型领军企业利用自有闲置厂房建设垂直领域专业孵化基地；鼓励在温高校对现有创业园、众创空间进行迭代升级，有条件地新建一批大学生众创空间；引导科研院所、新型研发机构围绕优势专业领域，建设科技成果转化型的孵化基地。可以说，这是一种破釜沉舟的决心，温州从上至下、由内及外形成多维度的产业孵化。

《温州日报》内容显示，温州市成立了市委科技强市建设领导小组，统筹全市大孵化集群发展，纳入市对县考核和“六比竞赛”，坚持绩效导向，以孵化基地人才密度和研发强度为核心，每季通报新增孵化场地面积、新增示范孵化基地数、新引进专业运营机构或龙头企业数等情况，年底开展建设大比拼。目标是到2022年底，全市培育提升示范孵化基地10个，新增孵化场地面积120万平方米以上；到2023年底，全市累计新增示范孵化基地20家以上，孵化场地面积290万平方米以上；到2024年底，全市累计新增示范孵化基地30家以上，孵化场地面积500万平方米以上。所以，从各地区的实际情况来看，当下政府依然是“孵化器”的主要推动者，是产业转型、升级的加速器。

但是，必须注意两个问题：其一，政府对“孵化器”的支持不能长期通过资金扶持和成本贴付来解决，如此会给“孵化器”企业创新动力带来反作用，企业长期依赖政府的资金和成本补贴，往往容易缺乏竞争的意识，甚至演变成“套利”行为；其二，政府对“孵化器”的管理和指导要去行政化，以专业和服务为导向，不然就会出现过度干预，失去灵活性和市场性，导致“孵化器”流于形式，失去其自身的价值和意义。

2.社会资本推动型

自2014年时任国务院总理李克强在达沃斯论坛上提出“大众创业、万众创新”以来，政府出台了很多政策支持科创企业的发展，所以社会资本推动的“孵化器”迎来了爆发式增长。比如2018广州市科技局公布了《2019年广州市科技企业孵化器和众创空间奖励性后补助专题申报指南》，每家“孵化器”的年度评价奖励可以高达300万元。但是一些地方由于缺乏技术与知识等要素支撑，社会资本投入或运营的孵化器存在较为严重的“空心化”现象，一些地方的“孵化器”一直扮演着“二房东”的角色，并没有形成有效的孵化能力，这需要进一步厘清“孵化器”的支撑条件。“孵化器”不仅仅是低成本的空间，而且是一个创新生态体系。很多人认为，“孵化器”是建立在制造业集聚的基础上的，没有制造业基础就很难发挥“孵化器”的作用。其实这是认知上的误区。“孵化器”为制造业服务是没有错，但不代表一定要有制造业规模才有“孵化器”，“孵化器”与制造业不分先后，其本质是一个循环体系，比如先有“孵化器”就能形成制造业的集聚，尤其先进制造业是根据技术创新而流动的。更何况“孵化器”自身也可完成高新技术产业的培育过程，通过内部“孵化”也能产生具有影响力的企业。以美国第一大城市纽约为例，虽然纽约的制造基础不如加利福尼亚，但是纽约总人口超过850万，如果加上整个大都市圈，人口超过2000万。纽约的服务业高度发达，各类科研机构荟萃，金融、法律等中介机构完善。同时，纽约也是全球金融中心和时尚中心，世界500强企业中，有56家企业总部位于纽约，并且聚集了哥伦比亚大学、康奈尔大学、纽约大学等一批世界知名高校。纽约政府利用服务业资源和金融集聚优势，通过与高校的创新能力进行融合，孵化出像WeWork、Imperative Care、CultureQ等著名企业。不同产业有不同的资源导向性，但是在创新要素中始终离不开知识、技术、金融，只要用好这些杠杆就能撬动一个又一个产业，这就是"孵化器"的价值和意义。

"孵化器"空心化的根本原因是缺少要素支撑，仅依赖空间成本、财政补贴及优惠，无法支撑"孵化器"的运行。在政策的红利下，"孵化器"的支撑必须具备空间赋能、服务赋能、技术赋能、产业赋能四大支撑。

首先从空间赋能来看，"孵化器"建设必须符合以下特征之一：第一，处于区域增长极附近，具有吸引创新资源的地理优势；第二，处于知识、技术密集型区域，比如拥有高校、科研院所或人才等资源；第三，拥有产业基础，虽然产业基础不是决定性因素，但产业基础一定是"孵化器"有效转化的重要条件；第四，具有空间成本优势，土地价格、房屋租赁成本、税收等要素都是"孵化器"实现价值转化的重要条件。所以空间是对"孵化器"的支撑之一。

其次是服务赋能。如果仅仅是提供空间使用及物业服务，对于"孵化器"的作用并不大。从全国一些地方的"孵化器"情况来看，除了国家级"孵化器"产生了重大的作用，其他多数"孵化器"演变为"房东"的角色，最后变成廉价、低效的经营或办公场所。因此，服务赋能更多要体现在“软增值”领域，是资源整合与服务配套的综合体，形成“办公场地+公共设施+审批服务+人力资源服务+技术服务+交流活动+金融投资”的综合服务体系，才能支撑“孵化器”的有效发展。

再则是技术支撑。没有技术赋能的“孵化器”就是没有灵魂的办公场所。那么技术从何而来？第一是通过外部合作建立“技术联合体”，为“孵化器”中的各组织提供技术力量，这需要“孵化器”在运行中搭建平台，形成系统性、战略性的解决方案。第二是通过内部人才创新，提高“孵化器”内部人才创新能力及创新条件来实现技术转化。第三是产业赋能，产业赋能表现在两个维度：一是通过产业集群效应形成创新链，为“孵化器”创造转化的能力；二是通过区域大型企业的引领作用与高校/科研机构、中介、金融等形成创新生态体系，然后针对目标技术或目标产业展开“联合创新”，比如合肥市利用科大讯飞的引领作用，通过与科研院所等机构联合，打造了“中国声谷”，为“孵化器”内的1000多家企业提供赋能。

从创业孵化到产业孵化

中国“孵化器”项目从数量上来看已经足够多了，小到众创空间、双创示范基地，大到国家级创新中心、重点实验室等，大大小小的“孵化器”数千家，算是名副其实的“孵化器”大国。但是从孵化成果和质量来看存在良莠不齐的情况，有的“孵化器”呈现“空心化”，有的则成了“二房东”角色，还有的始终在低端徘徊，所以有必要对现有资源进行整合，引导技术孵化、创业孵化逐渐向产业孵化过渡。科技部火炬中心2021年工作要点包括：要提升创业孵化机构专业化服务能力，在重点领域推进产业“孵化器”和“加速器”建设，引导创业孵化行业高质量发展。广东、安徽等地也明确提出产业孵化，将创孵平台打造成产业创新平台已成为区域发展的重点战略。

“产业孵化器”也称为“企业加速器”（Modern Enterprise Accelerator，简称MEA），与企业孵化器、技术孵化器、创业孵化器等相比，其根本区别是关注系统性、全局性、战略性，改变了过去碎片化的要素供给体系，形成一个目的性更强，产业逻辑更为缜密的结构体系。一般情况下，产业孵化器的设计是依据区域产业目标而形成的，区域政府根据辖区内的生产要素和产业基础、目标体系进行产业链设计，并形成等级划分，依据产业等级与重点攻关项目展开一系列资源整合，形成政府资源、企业资源、高校/科研机构资源、中介服务资源等多螺旋模式的创新生态体系。产业孵化器的运作方式一般存在两种情况。

一是构建“联合创新平台”。顾名思义，“联合创新”是通过多方主体的核心力量相互交叠形成的多边关系，各方主体在共同目标和机制下形成强大的“共振效应”。其最大的特点是精准、高效，因为在共同的目标作用下能形成一种潜在的共识，集中力量解决焦点难题，进而使技术转化为一个个“楔子”，插入产业链环节中的各个薄弱环节，促进产业链不断向高端环节攀升。在此过程中，政府、高校/科研机构、企业、中介/金融等联合主体必须相互配合，密切合作，形成“多螺旋”组织。（如图15-4）

以合肥中科大先进技术研究院为例，这家具有市场和行政多重属性的机构在过去的20年时间里为合肥产业发展创造了诸多奇迹，是合肥产业集聚能力的重要支撑。从运作主体上来看，研究院是由

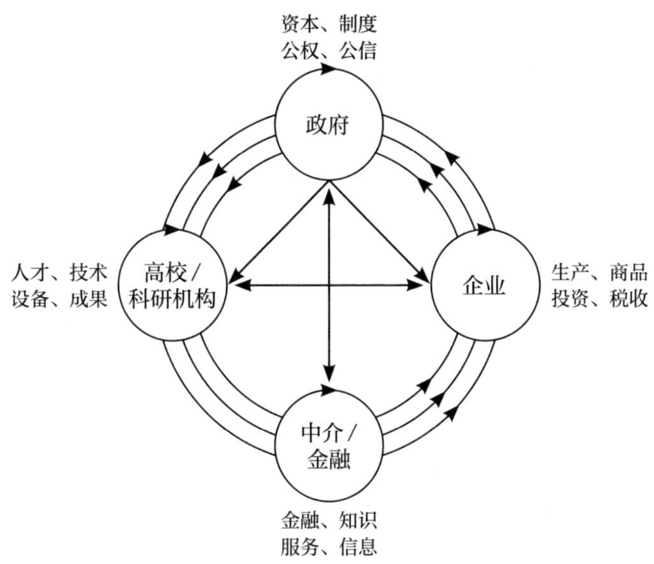

图 15-4　“多螺旋”组织创新体系

当地政府、高校/科研机构、属地相关企业及不同形式的金融机构联合组成的，政府发挥行政的力量为运营提供制度和法律保障，同时也以公信力作为信用背书，整合资源。高校及科研机构通过政府和企业的资金支持实现技术研究与成果转化，为企业提供技术服务。中介或金融机构在政府的信用背书下为重点企业提供资金贷款、风险投资、股权投资，为企业提供资金或相关知识的支撑。企业是技术的需求方，也是技术向价值转化的平台，是实现价值及价值回报的核心主体，通过政府的制度红利得到技术与资本的支持，从而实现更大价值收益，进而把价值收益转化为税收反哺政府。所以，各大主体在某种意义上是一种共生关系。当前，“联合创新平台”已经成为各区域政府实现赛道升级、产业集聚的重要手段。

二是打通技术研发与产业转化流程。从区域发展现状来看，产业转化虽然对经济有依赖，但经济也并非产业转化的绝对因素。因为从生产组织来看，从产品设计、研发、转化，再到生产、流通、销售各环节是高度协同的关系，在同等条件下如果能充分利用整合优势，并把优势发挥到最大作用，就能形成溢出价值，就能形成竞争优势。合肥从区域经济角度来看，一直是长三角乃至中部省会中较弱的城市，但是从2012年以后，合肥市的产业集聚能力越来越强，并在2020年进入万亿级城市序列。

回顾合肥市的发展，关键因素是有效发挥了技术转化向产业转化的作用。从创新集聚走向产业集聚的关键因素是要打通组织流程，否则再强的经济实力也发挥不了产业转型升级的作用。比如浙江省，从经济规模与国家科研院所的数量来看都位居全国前列，但是一直以来基础研究转化，以及科学装置与尖端突破比较薄弱，其中的原因各有说法，但有一个原因各界已基本形成共识，那就是技术研发与产业转化的流程不畅。导致这种不畅的原因通常有两种。一是研究目标不明确，研究人员的成果供给与区域产业不匹配，导致研究成果向外部流出。这一点西安的高校或研究机构表现较为突出，很多研究成果不能属地转化，只能流向其他地区。研究目的不明确从本质上来看是信息不对称导致的，也就是属地高校/科研机构不了解区域产业的重点发展方向，区域产业与属地研究部门沟通不畅导致信息不对称。二是区域政府罔顾产业发展逻辑，在市场失灵的情况下没有及时整合资源，导致高端产业失去了升级的动力。在此背景下，浙江省采取了及时补救措施，在2017年9月份成立了之江实验室。之江实验室是由浙江省政府、浙江大学、阿里巴巴集团联合成立的，三方按照5：2.5：2.5的比例出资。这是浙江省创建的第一家混合所有制新型研发机构，目的是打通从基础研究到成果转化再到产业集群的整条通道，期望能够成为科研领域的高能级开放平台，承载浙江省科技创新和产业转型升级的历史使命。

从浙江省的现状来看，相比经济建设和社会发展的巨大成就，浙江省在科技创新上一直存在明显的短板。之江实验室围绕前沿科学设立基础类研究项目，针对“卡脖子”技术进行重点攻关，目的是补齐浙江省的科技短板，为创新能力提供重要支撑。之江实验室的建设虽然只比合肥中科大先进技术研究院晚了5年时间，但却错过了最佳的黄金时间。为什么这么说呢？因为在2016年前，逆全球化现象还没有全面爆发，全球化分工与国际合作为技术溢出创造了条件，一些高精尖领域在这一阶段获得了较大突破，大大缩减了区域技术转化周期，为产业发展提供了支持。但是到了2017年1月份后，美国新任总统特朗普上任，加大了对中国的技术封锁，通过国际合作获得技术溢出这条路基本被堵死，所以此后的产业发展道路几乎建立在独立自主的技术创新上，这对于实验室或“孵化器”发展来说显然增加了难度。所以，之江实验室的定位与合肥中科大先进技术研究院的定位有所不同，之江实验室聚焦区域产业优势，通过网络信息、人工智能、互联网计算、智能制造等领域的整合发展来实现突破。

从创业孵化到产业孵化，最大的区别就是技术赋能，前者倚重成本赋能，后者更倚重技术赋能，基于中国产业现状，一方面要通过制度优势促进创业孵化，另一方面要集区域力量甚至是国家力量来促进产业孵化，所以高端技术是一道绕不过去的坎儿。这一点无论是发达国家还是发展中国都一样，比如美国阿贡国家实验室、洛斯阿拉莫斯实验室、劳伦斯伯克利国家实验室，德国亥姆霍兹研究中心等都承载着国家使命，依靠大协作和高强度支持实现协同创新，最终形成产业集聚效应，促进优势高科技产业的集约化发展和壮大。中共中央总书记、国家主席习近平表示："当前，我国科技创新已步入以跟踪为主转向跟踪和并跑、领跑并存的新阶段，急需以国家目标和战略需求为导向，瞄准国际科技前沿，布局一批体量更大、学科交叉融合、综合集成的国家实验室，优化配置人财物资源，形成协同创新新格局。"[1]

1 《关于〈中共中央关于制定国民经济和社会发展第十三个五年规划的建议〉的说明》，习近平系列重要讲话数据库，http://jhsjk.people.cn/article/27773638，2015年11月4日。

第十六章　产业孵化与实例分析

区域竞争是指不同行政区域的政府，通过构建生产、生活、生态等基础条件和政策法规来吸引要素集聚、产业集聚、创新集聚、人才集聚、资本集聚等，通过内外资源配置实现经济高质量增长。区域竞争力一般体现在全要素生产率和人口集聚规模上。其中全要素生产率代表的是经济质量，人口集聚规模代表区域的引致力，是区域可持续发展能力的基本保障。区域竞争与政府竞争是一种载体与主体的关系，决定区域竞争力的主体有很多，比如企业、人才、高校等，但政府是区域主体的主导者，也是区域发展的中枢机构，所以区域竞争在某种意义上也是“政府竞争”。“政府竞争”这一概念是由布雷顿（Albert Breton）提出的，他在《竞争性政府：一个关于政治和公共财政的经济理论》中认为，政府是具有竞争性的，围绕着公共产品和服务、资源和控制权的分配等的竞争有助于政治体制的均衡和公众对这些产品需求偏好的表露，使公共产品的数量、质量和税收价格趋于平衡。这一观点是基于线性供给关系的表达，也就是常规情况下政府的有效供给，以及投入和产出的关系。而在现实中，政府竞争与区域竞争的要素和模式基本趋同，人才、要素、产业、创新、资本都是在市场环境下自由流动的，但市场的优势并非自动形成的，而是要通过政府干预创造动态条件来满足产业发展和人才集聚的需要。中国传统的区域竞争或政府竞争主要依托于生产成本，但忽略了生产效率，当生产效率低于另一竞争区域的时候，政府所提供的优惠成本就失去了效用价值。下面我们对“合肥模式”，以及长三角、中西部、珠三角部分地区的产业发展进行分析，看一看新经济背景下区域竞争的产业优势与政府行为。

产业孵化的“合肥模式”

纵观近20年来各区域的发展，合肥绝对是一个不能被忽视的存在。近20年来（2000—2020）合肥的GDP从325亿元上升至10 046亿元，成功进入万亿榜单。在全国城市排名中，也从过去的82位跃居第20位，省会城市排名中位居第9位；财政收入从41.9亿元攀升至1432.69亿元，其中地方财政收入从24.38亿元升至762.90亿元。其中虽有城市扩容带来的规模经济和土地经济，但合肥不是个案，所以视为同等条件。在同等条件下，“合肥如何实现跨越式发展”这一问题已经不仅仅是经济学的研究范畴了，也是关系到政治、社会等诸多领域的研究。这从另一个角度说明，“合肥模式”是建立在经济变革、制度创新、社会生态建设、商业逻辑运行等行为下的区域创新案例。

合肥的关键词是“芯屏汽合”“集终生智”，虽然从字面上来看没有特别之处，但是告诉你这每一个字都具有千亿产值的时候，你也许会为之惊讶。先来做一个特殊的名词解释：“芯”代表芯片产业，“屏”代表新型显示产业，“汽”代表新能源汽车产业，“合”代表人工智能与产业的融合；“集”指集成电路产业，“终”指智能终端产业；“生”指生物医药产业，“智”指智能语音及人工智能产业。短短20年时间，这些产业能让一个普通的中部省会城市一跃成为“科技之城”，让人叹为观止。尤其是近10年来，合肥“每战必打、每打必赢”的产业发展模式引起各地关注，并掀起了学习“合肥模式”的高潮。通过对“合肥模式”的梳理，基本可以将其划分为三大板块，即产业招商行为、资本运作行为、技术孵化行为。本书将通过对这三大板块的分析与总结来揭示“合肥模式”的运作体系，从而为区域产业发展提供借鉴与参考。

突破与崛起

在中部六座省会城市中，合肥算是起点较低的一座城市。为什么说合肥的起点低呢？因为合肥曾经只是一个小县城，直到1952年才确立为省会城市，这相对中部省会城市平均数百年的地市资格来说显然是“稚嫩”有余。在改革开放之前，合肥市无论是经济规模还是城市的集聚能力与安徽其他千年古城相比都显得力不从心。另外从资源禀赋来看，合肥是中部省会城市中比较弱的。

1. 中部省会城市比较

我们看看中部“大哥”武汉市，引领长江中游都市圈，人口过千万，是全国重要的工业基地和综合交通枢纽。自从晚清洋务运动开始，武汉这座城市就与工业捆绑在一起，晚清名臣张之洞在此创设汉阳铁厂、汉阳兵工厂，算是“驾乎津门，直逼沪上”，张之洞以工业兴市的模式把武汉推上了仅次于上海的经济地位。新中国成立后，武汉现代工业走在全国前列，其中在国家“一五”的156项工程中，武钢、武重、武锅、武船、长江大桥、肉联厂、青山热电厂7项工程落户武汉。因此，无论是从历史传承还是后发优势上讲，武汉始终是中国特大城市之一，也是中部地区唯一的副省级城市。

“二哥”郑州是华夏文明重要发祥地、国家历史文化名城，是全国公、铁、航、信兼具的交通枢纽，人口过千万，是国家特大城市之一。郑州也是老工业基地，新中国成立后逐渐形成了煤电、水泥建材、食品、铝、汽车、纺织六大支柱产业。1991年郑州率先成立郑州高新技术产业开发区，全面向先进制造领域转型。

“三哥”长沙是国务院批复确定的长江中游地区重要的中心城市之一，人口过千万，是国家特大城市之一。这是一座在文化、工业领域皆有成就的城市，有“娱乐之都”“美食之都”“工业之城”等称号，其中工业机械发展起步较早，全国第一。另外在航天科技、机车、汽车制造领域也是全国领先的。长沙如此有活力，与其创新生态体系有关。长沙有高等学校51所，独立科研机构97家，国家工程技术研究中心14家，国家重点工程实验室15个。其中国防科技大学、湖南大学、中南大学等国家重点高校是长沙发展的重要支撑。最为关键的是长沙的房价只有其他中部省会城市的一半，这对于年轻人来说无疑是最有吸引力的。

下面来看看以前的“大哥”——南昌和太原两座城市。

南昌可以说是“辈分”很高的一座城市，历史悠久，文化底蕴深厚。有“物华天宝、人杰地灵”之称。南唐时期南昌府被称为

"南都"，这个可比省会城市高出好几级。近代以来南昌更是政治、军事中心之一，1927年八一南昌起义，使得南昌被誉为军旗升起的地方。新中国成立后，南昌制造了新中国第一架飞机、第一批海防导弹、第一辆摩托车、第一台拖拉机，是新中国航空工业的发源地、中国重要的制造中心。"一五"时期，南昌新建重大工业项目26个，覆盖航空、机器制造、电力、化学、建材、纺织、造纸、农药和食品等一系列工业门类，先后有洪都、江汽、江拖、江电、南柴、南齿、南钢等大企业落户南昌。后来又从上海、南京等地迁入了江纺、江氨等大企业。毋庸置疑，南昌曾是中部地区工业最强城市。中部"一哥"武汉在"一五"时期也只有7个国家重大工业项目，而南昌是武汉的3倍之多。

太原，国家历史文化名城，一座有两千多年建城历史的古都。在中国历史上，"晋商"几乎是商业的代言。明清两代是晋商的鼎盛时期，晋商成为中国十大商帮之首，在中国商界称雄达500年之久。纵观近代历史，晋商做的生意与江南布商、茶商、粮商不一样，人家做的是金融和资源生意，简单理解就是家里既有银行又有矿。明清时期以"票号"生意遍布全国，现当代以煤炭生意繁荣了一代又一代太原人。可以说，太原是一座与生俱来就披金戴银的城市，资源禀赋位居中部之首。

现在我们来介绍一下合肥。前面说过，合肥是在一个县城基础上建立起来的地级市，新中国刚刚成立的时候仅有一家小型发电厂和一些"叮叮当当"的铁匠铺，经济总量不足亿元。直到1952年安徽省委、省政府才从安庆搬至合肥，合肥才成为省会城市。安庆估计连做梦也没有想到，自己曾经与重庆、武汉、南京、上海并称为"长江五虎"的地位从此陨落。其实合肥的日子也不好过，1952年省委、省政府搬迁到合肥后，全市工业企业仅有36家，这一规模估计在同一时期的省会城市中是绝无仅有的。当然，有了“政治文化中心”这一“IP”就不用担心集聚的能力问题。仅5年时间，合肥的年产值就从不足千万元发展到亿元。与全国各地经济发展模式一样，规模经济成了合肥发展的主要动力，从20世纪70年代到21世纪初，合肥的工业增加值增长了数百倍。

合肥经济发展经历了“集聚”“建链”“补链”“强链”四个阶段。改革开放之初，合肥的经济以规模化集聚为主，这里的“集聚”主要是规模集聚而不是产业集群的概念。到了20世纪90年代，合肥开始关注产业链对区域经济的影响。1994年，合肥市委市政府出台了《关于进一步加快合肥高新技术产业开发区建设的意见》，万燕电子、美菱空调器、合肥三洋洗衣机、华东电子工程研究所、安徽现代电视技术研究所等一批技术水平高、产业规模较大的项目入区。1995年，合肥高新区入区企业达395家，家电产业成了合肥区别于其他城市的支柱产业。从1995年到2005年这10年中，合肥继续在“建链”上不断探索进取，逐渐形成了电子信息、光机电一体化、新材料、生物医药四大主导产业。随着合肥产业规模不断扩大，合肥工业在省会城市的位次也不断前移，到了2005年已经跻身全国省会城市的第18名。但与中部其他五座省会城市相比，合肥依然属于垫底角色。数据显示，2005年合肥市GDP为590亿元，与中部“一哥”武汉1956亿元相比，连人家一个零头都不够，与南昌770亿元、太原643亿元相比依然存在较大的距离。这充分说明，经济增长到了一定规模后就会出现边际效益递减的情况，要实现更大的增量就必须从规模向结构和质量转变。

与此同时，刚刚崛起的房地产正像一块美味无比的“蛋糕”，不断诱惑着区域政府加快旧城改造和新城建设。大量财力、物力、人力都倾注于城市扩张与改造之中，以此实现更高的地租收益。从第一阶段开始，土地经济与工业经济在区域经济发展中就似乎隔着一条分水岭。土地经济的表现形式是繁荣、再繁荣，然后便是虚假繁荣；工业经济的表现形式是工业、再工业，然后便是高端制造业。我们虽然不否定城市级差地租带来的经济贡献，但相对于工业布局来说，城市的长期繁荣依然需要产业经济的支撑。在2005年，一些城市选择了向左，一些城市选择了向右，所以这一年注定是不平凡的一年。对于合肥来说，这一年他们做出了一个重大的决策，那就是确立了“工业立市”的目标，通过了《合肥优先加快工业发展行动纲要》。自此，合肥工业发展掀开波澜壮阔的新篇章。

2.合肥弯道超车

2005年，全国规模以上煤炭企业完成工业总产值5360亿元，同比增长44.7%。山西省全省煤炭产量达5.5亿吨，煤炭出省销量4亿吨，全省煤炭销售收入1400亿元，平均每吨254元，开采成本一吨大约150元，利润高达40%。太原作为山西的省会城市，自然可以无尽地享受煤炭资源带来的各种红利。而其他工业发展相比煤炭资源来说不仅孵化周期较长，而且利润也较低，所以社会资本向工业部门流动的积极性自然就不高了。同样，在“一五”时期曾经是中部城市工业“大哥”的南昌也面临重要抉择，一方面是在20世纪90年代大规模的“下岗”潮中丢失了产业基础，另一方面是在沿海产业转移过程中没有获得优势资源，所以便逐渐失去了竞争优势。虽然从2001年到2005年间，南昌高新技术产业开发区、小蓝经济开发区也获得了较高的增长，但没有形成有效的产业集群和高端生产能力，主要依靠铜箔及相关有色金属代加工、汽车零部件生产、食品加工等产业形成的规模经济。

合肥市则在家电产业基础上进行了“补链”“强链”，重点向电子信息及软件产业、汽车、装备制造等领域进行延伸。在此后的5年时间里，京东方6代线、友达、格力、美的、日立、大陆轮胎等一批重点工业项目陆续建成投产。5年时间里，合肥的传统产业集群也从单一的家电产业增加到汽车、装备制造等，其中家电“四大件”产量由1304万台套增加到4224万台套，跃升全国三大家电基地之首。数据显示，从2005年到2010年，合肥规模以上工业总产值从843.1亿元增加到3769亿元。不仅在2006年一举实现了“千亿”梦想，之后又连跨2000亿元、3000亿元两个大台阶，逼近4000亿元大关。而南昌在2010年工业全年主营业务收入仅为2759.59亿元。由此，南昌与合肥之间的距离进一步拉开。通过对中部省会2005年和2020年的GDP对比分析，会发现仅仅15年时间里，区域的增长优势发生了巨大变化。（如表16-1）

表16-1　中部省会城市2005—2020年GDP增长率[1]

中部省会城市	2005年GDP（亿元）	2020年GDP（亿元）	增长率（%）
合肥	590.00	10045.72	1602.66
长沙	1108.00	12143.00	995.94
郑州	1375.00	12003.00	772.95

1　数据来源：聚汇数据，https://gdp.gotohui.com/list/160043.html，2021年6月19日。

续表

中部省会城市	2005年GDP（亿元）	2020年GDP（亿元）	增长率（%）
武汉	1956.00	15616.10	698.37
南昌	770.00	5746.00	646.23
太原	643.00	4153.00	545.88

2005年合肥市GDP在中部省会城市中仅为590亿元，属于垫底的城市，落后于太原、南昌等城市。时隔15年，合肥GDP突破万亿大关，大比例反超太原、南昌。在中部6座省会城市中，合肥增长率是最高的，达到1602.66%，这个增速是太原的3倍左右，是南昌的2倍之多。人们不禁感叹，究竟是合肥跑得太快还是太原和南昌走得太慢？这自然是两方面的，一边是跑得太快，一边是走得太慢，所以两者之间就出现了倍数的差距。

3.从集聚到集群

对于中国制造业来说，从2005年到2010年这5年时间可谓“冰火两重天”。一方面是2001年加入WTO后，中国在全球化分工中成为“世界工厂”，在外向型经济带动下各地区工业生产规模获得了普遍提升；另一方面是2008年全球金融危机爆发后，产能过剩与无效供给成了中国制造的致命短板。很多地方在经济发展决策上出现了彷徨迷离。而合肥市政府早在2008年之前就意识到，传统制造业必将面对技术迭代带来的惨痛代价，要规避这一问题就必须从技术入手，打破产业发展瓶颈。当时，家电是合肥经济发展的支柱产业，但是由于“缺屏少芯”，该行业失去了国内外高端市场，由于核心配件的进口需求进一步加大，企业利润不断受到挤压，长此以往，这一产业将成为“鸡肋”。在同一时期，国内屏幕生产企业京东方由于没有占据全球高端市场而被国外液晶屏企业低价打压。从2005年开始，京东方累计亏损达到30多亿，为了不被上交所摘牌，京东方差点就把5代线卖掉来“续命”。对于京东方来说，要扭转被动的局面只有尽快实现液晶面板6代线项目，但是面对上百亿投资规模，京东方只能望而却步。合肥市经过严谨分析认为，如果把京东方6代线生产放在合肥，不仅能带来高端产业的集群，而且还可以带动属地家电产业整体升级换代，即所谓“引进一家，带动一批”。2008年，合肥市拿出了90亿元资金与京东方共同投资国内首条液晶面板6代线项目，这在外界看来是一场豪赌，相当于把合肥市1/3的财政投给一家企业。当然，合肥市政府并非大家想得那么简单，其实在投资论证的时候就已经规避了最大风险，这一点在文章下一部分再做叙述。无论是理性决策还是冒险投资，总之最后双方都成了赢家。京东方不仅起死回生，而且还在合肥市政府的支持下不断向更高技术环节攀升，8.5代液晶面板生产线，以及全球最高的10.5代液晶面板生产线都在合肥相继投产。目前全球每5部智能手机中就有1部的液晶屏出自京东方；每10台平板电脑中就有3台的屏幕为京东方生产。而合肥的显示产业也实现单一技术到多技术布局，从“标清”到“超清”再到“超高清”，从平板显示到柔性显示的华丽转身。京东方扎根合肥后，引发了巨大的连锁效应，彩虹、康宁、三利谱、住友化学、法国液空等一批具有国际影响力的新型显示产业龙头企业纷纷入驻。数据显示，截至2017年底，京东方在合肥的投资额已超1000亿元，带动GDP过万亿元。

如果说显示屏是眼睛，那么芯片就是大脑。2016年，中国芯片消耗量占世界的1/3，80%的芯片需要进口。芯片是中国进口的最大项，一年超过3000亿美金，而其中有超过800亿美金来自内存芯片，即DRAM芯片和NAND芯片。区域产业体系如果一直处于“有眼无脑”的状态，就会被人锁住“脖子”，陷入被动状态。合肥市再次把目标锁定在了芯片领域。2016年6月，合肥国资平台公司合肥产投牵头成立了合肥长鑫，主攻DRAM方向；2018年1月，合肥长鑫建成全国最大的12英寸DRAM芯片晶圆生产线；2019年9月，合肥长鑫总投资1500亿元的DRAM芯片自主制造项目正式投产，实现了19nm工艺的DDR4、LPDDR4内存芯片的量产；2020年5月，合肥长鑫的第一个消费级DRAM芯片产品正式上架。不到5年的时间，合肥长鑫在此领域便实现了从0到1的突破。在合肥长鑫的引力下，有超过200家半导体企业在合肥落户，合肥也被工信部列为九大集成电路集聚发展基地之一。自此，“中国芯”的全产业链又为合肥带来一个千亿集群。

合肥的另一支柱产业便是汽车制造业，从自主品牌江淮汽车开始，合肥不断拓展上下游产业链，并引进了大众和奇瑞、比亚迪等汽车生产线，初步形成了整车、电池、电机、电控的全产业链。为了抢占新能源汽车高地，2020年合肥斥资70亿元引进蔚来。蔚来中国总部项目正式落地合肥市，双方从公布框架协议到达成投资，只用了65天。这笔钱对于蔚来而言无疑是救命稻草，而对于合肥来说是完善汽车产业链的重要补充，是带动包括江淮汽车、国轩高科、华霆动力、巨一电机等上下游120余家企业的重要驱动力。

当前，合肥逐步形成了相对完备的制造体系，拥有37个工业行业，200多个工业门类，2000多种大宗工业产品，构建了以战略性新兴产业为先导、高新技术产业和传统优势产业为主导的先进制造业体系。现已拥有家电、智能语音、新型显示、新能源汽车这4个国家新型工业化产业示范基地。合肥围绕“芯屏汽合”“集终生智”等产业架构目标，正在全力建设世界级产业集群。

重构与创新

合肥产业发展历程经历了工业规模化发展阶段、产业细分阶段、产业集聚阶段、产业集群阶段。第一阶段以增量为主，主要以合肥省会城市优势打造区域增长极；第二阶段以强化产业优势和质量为主，有目标地发展优势产业；第三阶段以战略性产业为主，通过产业链细分，对薄弱环节进行“补链”和“强链”；第四阶段以打造世界级产业集群为目的，从产业内部采用“强链”“补链”“延

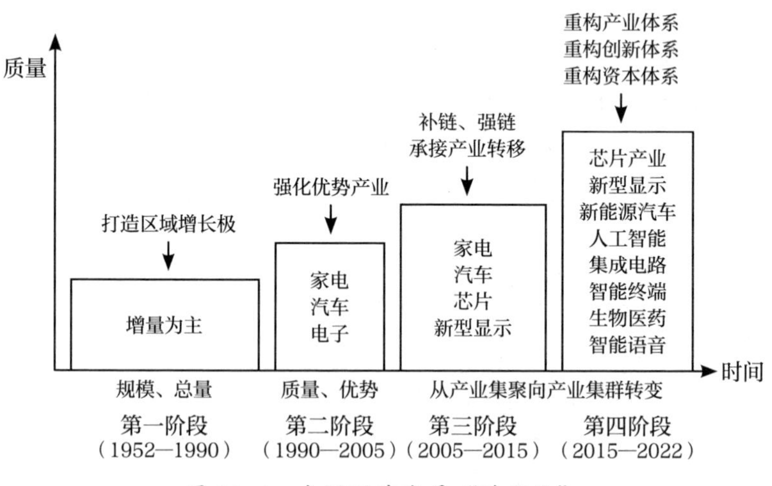

图 16-1　合肥区域发展“进化论”

链”措施，产业外部采用创新生态体系建设和资本运作来赋能。（如图16–1）可以理解为合肥产业发展是在规模化背景下进行产业细分，再通过战略手段做强、做大优势产业链。所以总结起来便是重构产业体系、重构创新体系、重构资本体系三大战略。

1. 重构产业体系

区域经济经历高速发展后，就会出现产业结构、生态环境、边际效用、收入分配等各方面矛盾，所以需要对内在机制、要素资源、产业结构等进行梳理、重构，才能重新焕发区域发展动力。本质上来看是从规模向质量的转变，是从区域循环向全国或国际循环转变，这几乎是每一个经历高速增长的区域需要面对的问题。

重构产业体系是一个非常系统且具有逻辑性的战略决策及执行过程，关系到产业禀赋、要素资源、产业分工、创新环境等因素，也关系到制度改革、分配方式、资本运作等战略工具。如何在现有产业条件及环境下进行整合、利用，不仅关系到产业发展的质量，也关系到创新动力。其具体目标是实现产业结构优化、提高竞争力，调节分配机制、激发创新活力，以及引导产业集群发展实现空间、效率的转化，等等。前文说过，合肥产业发展经历了四个阶段，每个阶段都折射了不同的时代背景与历史使命。可以说，中国大部分省会城市都经历了第一和第二阶段的发展，但到了第三阶段，有些城市就出现后劲不足的情况，依然停留在增量扩张的惯性思维中，同时通过城市扩张获得的源源不断的地租收益让很多城市丧失了变革的动力。合肥正是抓住了第三阶段的变革机会才搭建起了现代产业发展的框架，提升了经济增长动力。

区域经济发展的第一阶段基本上是凭借政治文化中心优势和低

价土地成本、劳动成本等条件形成集聚，这种集聚是一个增量的过程，凡是从事合法的经营活动的企业或个体，基本上来者不拒。在经济发展第一阶段，中国正迎来了城市化发展的热潮，亿万农业人口向城市工业部门转移，释放了巨大消费需求，工业生产的优势主要体现在产能方面，只要有供给就会有需求，所以规模化发展几乎是每一个区域发展的使命。

到了经济发展的第二阶段，中国改革开放已取得初步成果，越来越多的外商投资促进了中国外向型经济的发展，本土企业想从外资企业的出口份额中分得一杯羹，就必须提高产品质量和标准化。所以沿海城市主要聚焦于出口产品的生产和贸易，而合肥基于自身要素禀赋，瞄准内需市场的升级机会，加强了在家电、汽车、电子领域的部署与提升，通过对关键产业的不断强化，形成了具有区域特色的产业体系。当产业体系形成后就会引发虹吸效应，产业上下游企业会向生产区集聚以获得发展机会。合肥正是在第二阶段积累了一定规模的产业体系，才能有条件在第三阶段承载沿海地区的产业转移。

合肥在产业发展的第三阶段，一方面吸收长三角地区的产业转移，另一方面有意识、有战略地引进产业配套项目，坚定了“以工业发展为导向”，通过“补链”“强链”等手段不断壮大家电产业、电子信息产业、汽车工业等的路径。在产业发展过程中高度重视创新，一方面通过政府补助、资源赋能等手段激发区域内产业向高端产业攀升，另一方面通过“链主”企业的引进来带动区域产业发展，通过溢出价值来提高整体产业的发展水平。引入京东方就是基于本土家电产业而部署的重大战略。

当京东方第6代高端显示屏生产线落地合肥后，合肥市政府从中发现了“创新链”的价值。头部企业因为技术研发实力与自身的集聚能力，可以引发一条新的“创新链”。如果政府加以引导和支持，那么这条“创新链”就会逐渐形成新的产业链，因此京东方的价值就不仅仅是提高区域家电产业的整体水平那么简单了，而是通过创新形成一条“新型显示”产业链。事实证明这种判断是正确的，京东方通过技术突破，先后完成了6代、8代、10代显示屏，站在国际先进产业链的高端环节，以此吸引了产业链上的相关企业到合肥投资，不乏国际知名企业。数据统计显示，京东方落户合肥后带动了相关投资超过万亿元。

合肥总结出自己的一套经验：通过“强链”“补链”“延链”来引发创新链，最终实现聚变向裂变的演变，培养出更多的产业链。这种方法比一些地方“无中生有”的效率更高，而且成本更低。由于产业的关联度在不断加强，所以有助于区域全要素生产率提升。举个例子，一个城市的产业基础是中成药种植和制造，如果通过这一产业的内部提升来实现“药谷”的地位，将有助于产业集群发展，然后通过培育或引入“链主”企业来带动创新活力，就能形成“创新链”，进而引发相关的产业链。但是如果这个城市放弃原本的产业优势，“无中生有”去构建一个与自身要素禀赋无关的产业体系，这种难度会相当大，不仅投入成本会比之前的产业高，而且对资源整合能力也要求非常高，同时由于产业之间关联度不大，就会降低全要素生产率。所以，合肥通过做强、做大优势产业，然后在优势产业基础上寻求突破，最终形成新的“创新链”，再通过“创新链”的孵化和培育形成新的产业链，如此循环，聚变—裂变，区域产业质量不断上升，而且规模也在不断扩大。（如图16–2）

图16–2显示，通过做大、做强优势产业链能形成若干创新链，

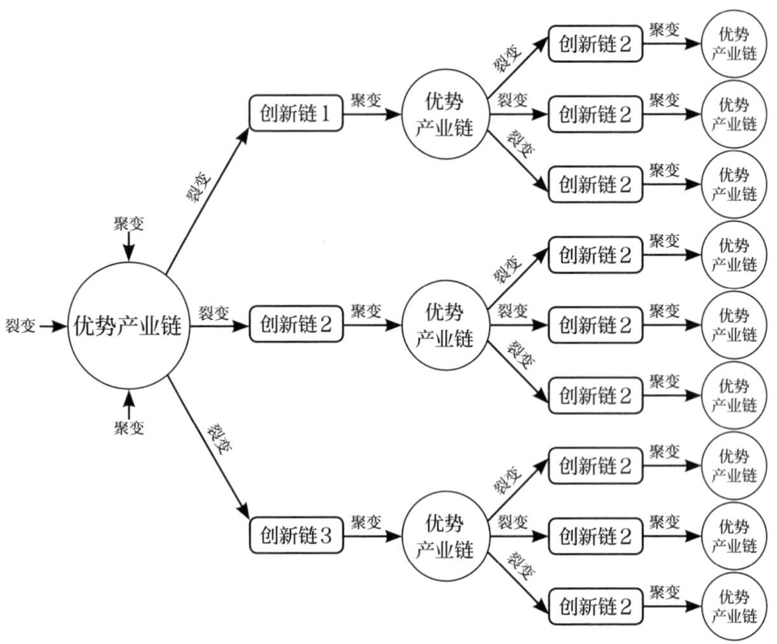

图 16-2 区域产业链“聚变”与“裂变”过程

若干创新链通过各种聚变条件又形成若干优势产业链，若干优势产业链通过裂变又形成众多创新链，最后孵化出更多的产业链，“一生三,三生九”，便形成了区域产业集群，为区域发展奠定了可持续增长的能力。任何产业变革都是由内外因素导致的，合肥产业变革也是基于各种条件的变化而产生的。

首先，从要素资源来看，第一和第二阶段的产业目标主要是以增量为主，所以对常规要素禀赋的依赖很大，比如土地、资源、人力、内需等，但随着人口红利的丧失和资源的萎缩，区域优势便逐渐被削弱，所以必须通过高质量发展才能“扬长避短”，这是现实环境倒逼的战略调整。

其次，随着产业规模不断扩大，产业内部和产业之间的关联度成为提高产业效率与质量的关键条件。但是多数区域都存在“大而不强”“多而不合”的现状，当时合肥的产业情况也是如此，所以政府通过重构产业体系来提高技术含量，提高产业附加值和创新能力。而要解决这一问题，首先就要改变“泛集聚化”，通过产业细分后的集群来实现。把一批关联企业集中在某一特定空间进行目标性培育，通过政策手段促进创新要素集聚，使产业向价值链中高端攀升。

再则，传统产业主要依赖政府主导的要素资源配置，长此以往，不仅政府失去了供给的能力，还会助长企业的“惰性”。所以政府需要通过重构产业体系引入竞争机制，倒逼企业加大投入和创新力度。当然，这一过程并非要政府完全退出干预，而是通过柔性投入来提高创新环境，为市场主导资源要素配置创造过渡时间。

另外，在增量的环境下出现产能过剩是不可避免的，合肥市政府从2008年开始就聚焦于优势产业提升，规避同质化竞争带来的无效供给，所以通过引进京东方发展柔性屏、长鑫公司发展高端芯片、科大讯飞发展智能语音、蔚来汽车发展新能源汽车来满足市场的多样化、个性化需求。

合肥产业发展到了第四阶段基本上已经退出传统政策模式，减少单一的财政补贴、市场准入制度和项目审批等行政干预手段。其实传统政策模式几乎是全国通用手段，不仅会降低政策供给的效用价值，还会导致市场竞争机制扭曲。所以，合肥市政府在产业发展第四阶段，主要通过科技创新服务体系建设等制度作为引导，通过对资本市场的构建，形成开放式的投资环境，来吸引高端产业入驻。

2.重构创新体系

关于创新生态体系的构建，在前一章已经有详细论述，在此不另做分析。我们主要还是围绕合肥市重构创新体系的过程和方法展开讨论。合肥市在创新体系的构建上主要以推进综合性国家科学中心建设，以及创建国家实验室和重大科技基础设施集群、交叉前沿研究平台、产业创新平台、双一流大学等展开的一系列工作。在运作方式上采取市校共建、股份制公司运营等模式，构建了“政产学研用金”六位一体的科技成果转化交易机制。有数据统计，合肥市累计建设国家工程研究中心、企业技术研发中心、实验室等省级以上创新平台超过1500家。从当前来看，合肥市的创新体系相当完整，已经形成国家、省市及企业三级平台的创新系统。但是从历史的角度来看，合肥的创新体系是从0发展起来的，可以说全国几乎没有像合肥这般“一穷二白”发展起来的省会城市。正因如此，合肥对知识、技术及人才的渴望程度远远高于其他城市。

谈到合肥的崛起，大家往往绕不开“中科大”这个名字。如果说金融是合肥产业发展的蓄水池，那么中科大就是合肥产业发展的智库高地。合肥与中科大牵手既是意外也是必然。1969年，根据国家的部署，北京有13所高校需要迁出，其中就有中科大。当时中科大先后与湖北、江西、河南、安徽等地政府洽谈搬迁事宜，但是由于特殊的历史背景，多数省份表现出的积极性并不高。有个别省份开出的最大条件是：只能提供学校建校土地，对人员的食宿，以及建校经费都无力支持。但是当时，“一穷二白”的合肥却表现出了极大的热情，“愿意提供搬迁学校的一切便利”。合肥市前市长凌云曾说，为了让中科大顺利“安家落户”，当时合肥不仅迁走合肥师范学院和银行干校，还为中科大搭建了安徽第一条“温暖专线”，开放暖气，对其施以最高级别的供电保障，“合肥市乃至安徽省节衣缩食，给钱、给地、给政策，甘愿倾尽资源支持中国科大发展”。这种感情对双方来说都是非常深刻的，所以也就为后面的全面合作奠定了扎实的基础。

虽然“产学研”概念早在20世纪90年代就广为流传，但各地能真正落实的又有多少？地方与高校及国家科研院所之间的关系多数只是一张属地化的标签而已，尤其是国家直属高校或科研院所想获得地方的广泛支持是一件非常困难的事情。两者之间似乎只是“井水不犯河水”的客套关系。其中的原因不完全是地方政府的懈怠或部属高校的傲慢，而是特定时代背景下高校对地方价值的转化存在局限性，抑制了地方政府的积极性。在工业发展初级阶段，主要目的是满足传统的物资供给，所以技术本身无法与传统生产体系及消费市场相融合。单项技术的突破很难以产业形式得以表现，当时的社会生产率与工业体系难以承载技术转化带来产业发展。所以，高校的科研成果多数停留在理论层面，无法有效转化，对地方的直接贡献就更加有限。

另外，计划经济时代的人才是由国家统一派遣的，来自全国的大学生基本上要回到原籍工作，无法为高校属地的人才集聚提供最大作用。因此，地方政府往往会觉得部属高校的存在是一个负担。当然这是计划经济时代的价值判断，到了市场经济以后，高校的价值逐渐得以释放。但是由于资本市场还没有形成气候，再加上地方财政收入的局限性，技术转化依然处于低效率、慢增长状态。地方政府受宏观认知的局限，对高校资源的投入、利用往往处于消极状态。比如，陕西省拥有国家重点实验室数十个，8所211大学，3所985大学，这种资源仅次于北京和上海。如果西安市政府在经济转型发展中抓住了西安属地的高校及科研院所资源，将会发挥巨大的作用。但事实证明，西安的高校及科研院所为其他地区做出的贡献远比属地更大。所以，合肥与中科大的合作机制不仅为合肥产业发展做出了重大贡献，也为全国区域政府对高校资源的利用提供了信心，或者说是唤醒了地方政府对创新生态体系构建的意识。

我们来看看合肥市政府是如何利用创新资源的。最为典型的案例是：2011年，合肥市政府要发展半导体产业，所以联合成立了长鑫公司，迈上了集成电路的关键一步。但是，高端半导体领域的技术被美、日、韩等国家长期封锁，尤其是高性能芯片要达到国际顶尖水平仅凭企业的研究力量是不够的。为此，合肥市政府在2012年找到中科大，双方一拍即合，签订了全面合作战略协议，中科大与合肥市政府将共建中科大先进技术研究院，主要聚焦微电子、新能源、新材料、量子信息和健康医疗等领域的技术研发与转化。短短几年时间，合肥成了国内集成电路产业发展最快、成效最显著的城市之一。明线背后，藏着一条与科研齐头并进，与产业相互赋能的暗线。在中科大先进技术研究院“能量”推动之下，英特尔研发中心、英伟达联合实验室、思科演示实验室、美满电子科技联合实验室、德州仪器联合实验室等创新联合体亦纷纷落地合肥。

为了进一步深化校地合作，共建“大城名校”目标，合肥与中科大建立市校合作长效机制，每年召开一次市校合作联席会议。在联席会议上，合肥市政府提出了“市校人才交流挂职”的建议，合肥市政府认为“市校人才交流挂职”可以提高合肥干部队伍的科学氛围和科学素养，也可以提高科研人员教学和实践相结合的水平，一场大规模、高层次的专业人才挂职工作由此展开。来自中国科学院合肥物质院、中科大、合工大等在合肥高校院所的26名教授、副教授走进政府管理部门，在合肥市直有关单位、开发区等领导班子挂任副职。专业人才的加入，为各区政府的招商、项目审核与进度考核等提供了专业支持。同时，也形成知识溢出效应，合肥基层干部对科研技术及产业方向的认知更为明确，促进了思想的统一和服务水平的提高。我们来看看合肥产业发展战略，就会明白其决策机制背后是专业水平的支撑。

首先是精准的产业定位。合肥确定了“工业立市”的定位之后，便展开了产业发展规划论证。在当时如果想仅靠合肥内部产业形成“破局”的力量难度很大，所以合肥市聚焦家电等优势产业，通过拓展供应链上下游环节来做强产业链。这种举全市之力的做法让合肥在短短几年时间里就形成了全国最具代表性的家电产业集群，形成了“合肥制造”的初级优势。此后，合肥市稳扎稳打，以此逻辑整合优势产业上下游资源，通过政府资本化运作引进头部企业来带动更高层次的产业集群，比如引入及培育京东方、科大讯飞、长鑫、蔚来等头部企业，构建了今天大家熟知的以“芯屏汽合”“集终生智”为代表的几十条产业链。

其次是精准的招商策略。合肥市政府针对重点产业编制了精准招商目录图谱，对主导产业全链条头部企业、总部机构、独角兽企业、行业冠军企业和新兴企业进行梳理，同时还建立了一套相对灵活的资本化运作模式，形成“引导性股权投资+社会化投资+天使投资+投资基金+基金管理”的多元化资本招商的运作体系。目前，很多地方政府也开始采用类似“合肥模式”的运作模式。比如重庆的产业引导基金已推动6家企业成功上市，帮助20家企业进入上市辅导期，其中不乏宇海精密、中科超容这样的高新技术产业；比如苏州市政府产业引导基金投资的博瑞医药、江苏北人机器人已经完成科创板上市。后来者往往关注的是资本的诱导性，而忽略了产业体系的战略意义。合肥的招商工作已经细致、专业到学术化的程度。比如多数地方的招商手册只介绍风土人情及资源禀赋，而合肥的招商手册则融合了大量学术文献资料；比如针对集成电路、新型显示器、智能家电等重点产业，对化合物半导体、微机电系统、功率器件等24个细分领域，从产业趋势、市场布局、产业政策、产业链全景，到每个目标企业、对接平台等，都以文字、数据、图表的方式进行详细解读。

再则是严谨的论证体系。对于“合肥模式”，社会上存在一些争议，认为合肥资本化招商存在巨大风险，一旦风险爆发就可能导致政府“崩盘”。其实合肥的资本化招商并非只顾“风口”而不避风险。合肥在整个产业投资过程中有一套完整科学的决策机制。第一，必须围绕优势产业链部署配套产业或引进“链主”企业，目的很明确，就是要起到“强链”“延链”的作用；第二，站在国际视野分析价值链对产业链的影响作用，通过全球化对比分析来确定产业周期；第三，采用第三方专业机构进行调研分析，用客观数据为决策提供依据；第四，利用国资有限责任公司平台进行资本运作，通过省级平台、市级平台、县区平台和社会资本联合投资，把风险降到可控范围。针对每一个重大项目的投资，合肥都有一套科学且严格的决策机制：首先报市人大财经委，财经委审定后报人大常委会主任办公会，主任办公会通过后再提交市人大常委会，最后通报市政协。所有拟投资项目都须经过以上决策流程才能最终确定投资。合肥在产业发展过程中，坚持以四个维度建设为重点，即领军企业、重大项目、产业链条、产业集群；在技术创新方面，以源头创新、技术开发、成果转化、新型产业为发展路径，可以说是兼顾了从宏观到微观的所有层面。为了促进12个大型重点产业的建设，合肥专门给每一个产业设立了“链长”制，由市委、市政府主要领导和分管领导担任不同产业的“链长”，这种把责任落实到具体领导层面的工作负责制，与企业的“KPI”考核相似，可以量化指标，提高效率。

3.重构资本战略

2020年，对于合肥来说是里程碑式的一年。这一年合肥跻身“万亿俱乐部”，成为中部第三大万亿级城市，算是拨云见日、大放异彩。多年来为了做强“芯屏汽合”“集终生智”等主导产业，通过政府资本引进京东方、长鑫存储、维信诺、蔚来等企业备受争议。所以，当这个备受争议的城市站上“万亿级”城市台阶的那一刻，似乎一切付出都是值得的。

多年来区域政府吸引产业集聚的方法一般是采用坐地招商，或通过各种优惠政策来吸引目标产业入驻，比如补贴、贷款、税收、土地等。但是随着价值链的变化与产业发展的演变，生产要素的权重发生了重要变化，传统要素已经难以满足高端科技产业的发展需要，所以政府在招商过程中的各种优惠政策渐渐成为无效供给或低效供给。面对战略性新兴产业投资体量大、周期长、见效慢等特征，政府提供的土地、补贴、税收等优惠政策对产业发展的吸引力几乎微乎其微，所以这就倒逼区域政府要“放大招”，从资本和创新环境上彻底解决企业的后顾之忧。

政府是非营利组织，如果长期依靠财政收入去支持部分产业的发展，就会扭曲供给结构，一方面对非战略性产业来说是不公平的，另一方面当发展性支出占据财政收入的绝对比例时，保障性支出就会受到挤压，带来新的不平衡。所以，区域政府必须从单一的财政补贴向资本化运作转变，建立多元化投融资体制，撬动社会资本来支撑战略性产业的资本需求。在这一过程中，合肥建投的创新多元化投融资成功撬动了社会资本，成为区域政府投融资的经典案例。

资本运作本来是企业的思维，通过最优资源配置实现价值最大化。区域政府的“投行思维”转变主要体现在三个方面：一是从过去的“激励”思维向金融与创新组合战略思维转变；二是从管理型政府向服务型政府和专业型政府转变，对战略性产业具有识别和服务的能力；三是具备投融资能力，建立投资—退出—再投资的循环机制。从目前合肥的投融资案例来看，政府各大国有平台公司已经具备多层次股权投资能力，并能像投行一样灵活运用金融和资本市场工具。所以，“合肥模式”并不只是一个时代的符号，更是开拓了一条区域经济发展的新道路。可以预见，在未来“赢者通吃”的时代，靠的是现代科技、全球化格局、新兴产业资本、规模化和创新的产业体系。

纵观合肥市的发展，以小博大开创了一条以地方政府资金为引导、战略投资者推动、社会资金共同参与的产业投资路径，尤其是从“筹集—投入—退出”的全过程把控让合肥市产业与金融实现了“内循环”的发展模式。虽然有些学者对合肥市政府“过度”干预的行为提出了质疑，但是相比一些以土地财政与基础建设为循环的城市，合肥充分发挥了国有资本引导撬动社会资本投资重大项目建设的行为又有什么不妥呢？合肥不仅顺利实现了“技术”“产能”

双突破，还为区域发展创造了持续性通道。当然，成功的背后总是要经历探索、实践、完善的一系列过程，在资本战略的运作过程中合肥市主要经历了三个阶段。

第一阶段，以“事后奖补”为导向的政策扶持。在2013年之前，合肥产业政策主要是以土地优惠和事后奖补为主，这是当时全国各区域普遍采用的一种招商策略。从最后的结果来看，这种机制显然是弊大于利的，不仅出现了“无效供给”，还扭曲了要素配置，一刀切、广撒网的做法使资本要素无法形成创新优势，只能成为政策层面的普惠红利，这样就失去了应有的效用价值。所以在招商引资过程中，如果出现政策面过宽、资金使用分散的做法，就起不到战略性作用。普惠红利降低了资本的边际效用价值，以2012年合肥市的奖补政策为例，他们对8794家企业进行了奖补，涉及金额高达10多亿元，但平均分摊到每户也只有15.5万元，对企业的创新与发展并不能带来实质意义，更不用说对战略性产业有促进作用。另外，从支持的时间节点来看也不具备科学性，事后奖补的方式过于单一，不仅不能满足产业研发阶段的实际需求，也不能在产业发展阶段形成放大效应。所以，无论是土地优惠还是事后奖补，都不能解决产业转型升级的现实需要，但对产业规模化集聚有一定作用。

第二阶段，以“资本循环”为导向的政策体系。2013年，合肥市委中心组理论学习会议召开，会议主题中包含了“推进科技创新，加快转型升级，全力构建现代产业发展新体系”的内容，即指要提高企业创新能力，推动平台向企业集中、人才向企业集聚、政策向企业集成；要学习先进发达地区经验，探索政府投资与风险投资相结合的模式，促进风险投资市场加快发展，放大政府资金使用效益。最终合肥市政府提出：要按照“由事后为主向事前事中介入为主转变、由分散使用向集中使用转变、由无偿使用为主向有偿使用为主转变、由直补企业为主向创造外部环境为主转变”[1]的方向，通过设立政府投资引导基金、天使基金、财政资金“借转补”等投入方式，实现“拨款变投资、投资变基金”，进一步提升财政资金的引导作用、放大效应和使用效益。所以，从2014年开始，合肥的产业扶持政策发生了巨大变化，主要体现在三个方面：一是从事后奖补变为事前介入，明确事后奖补资金额度控制在各产业扶持政策资金的15%—20%之内；二是从无偿贴补为主变为有偿投资为主，实现产业扶持政策可持续和市场化运作，通过市场化运作实现产业扶持政策资金优化配置，确保合肥市产业扶持资金逐年放大和滚动使用；三是从分散普惠政策变为集中供给政策，集中整合资金，通过基金等方式投入合肥市优势主导产业和战略性新兴产业。2014年，合肥市逐渐形成了“1+3+5+N”的政策体系框架，即在《合肥市扶持产业发展政策的若干规定（试行）》这1个纲领性文件下，按《合肥市天使投资基金管理办法（试行）》《合肥市政府投资引导基金管理办法（试行）》《合肥市财政资金“借转补”管理办法（试行）》3个管理办法执行（这3个管理办法主要用于指导和规范基金和“借转补”投入），另外主要按《2014年合肥市促进新型工业化发展政策》《2014年合肥市促进自主创新政策》《2014年合肥市促进现代农业发展政策》《2014年合肥市促进服务业发展政策》和《2014年合肥市促进文化产业发展政策》这5个产业扶持政策执行针对不同产业的细分化补贴，各执行部门在规定的框架内为产业或企业量身定

1 《合肥出台产业扶持“1+3+5”政策升级版》，节能产业网，转载自《合肥日报》，http://www.china-esi.com/News/53734.html，2015年5月4日。

制“N”个配套政策。最为关键的是“3”，即为职能部门明确资本运作的三种政策，一是天使基金管理办法，二是投资引导基金管理办法，三是“借转补”管理办法，这为各主体的产业发展提供了制度保障。在此政策背景下，合肥建立了一套产业扶持政策与资本运作相结合的运作机制，即引导性股权投资+社会化投资+天使投资+投资基金+基金管理的多元化科技投融资体系，形成了一个兼具制度与市场双重属性的资本循环体系。（如图16–3）

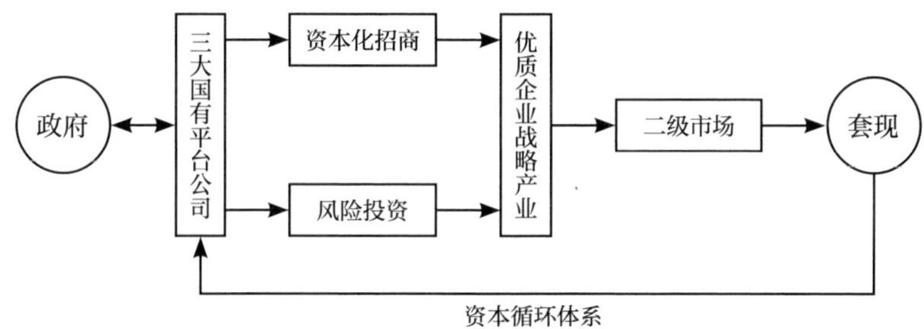

图 16–3　合肥市政府与市场双重属性的资本循环体系

第三阶段，闭环式战略投资。进入2018年后，合肥在“以投带引”方面已经形成了闭环式运作体系，其优势不仅表现在资本运作的能力方面，还表现在对产业的宏观认知与专业分析等方面。合肥市政府对战略性产业投资主要分为前、中、后三个环节。（如图16–4）

在前期阶段，合肥市政府组建了一个顶级的专家库，针对不同产业邀请不同的专家参与，借助“外脑”对项目进行分析评估。另

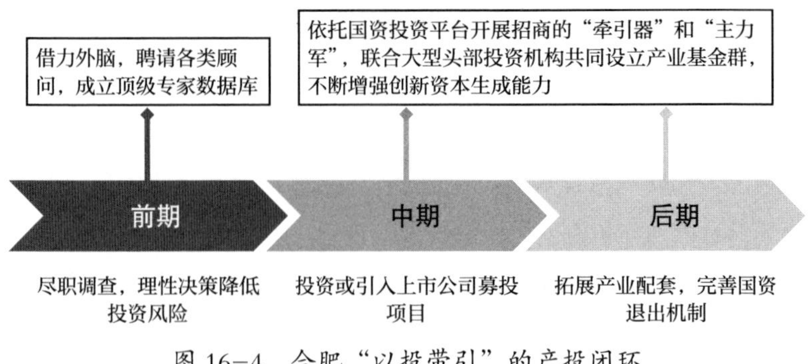

图 16-4　合肥“以投带引”的产投闭环

外针对决策风险和投资价值，合肥聘请第三方中介来完成调查，明确产业刚需、市场规模、发展前景，评估投资可行性。在政府内部，合肥也建立了一套严格且高效的运作机制，统筹发改、经信、科技、投促等多部门和投资平台联合成立产业领导小组，负责产业项目审核把关。

在产业投资中期，合肥会把国资投资平台当作招商的“牵引器”，联合大型头部投资机构共同设立产业基金群，不断增强创新资本生成能力。产业投资确定后，一方面可以通过风险投资（VC）或股权投资，另一方面可以借用资本市场，用国资认购流动性较强的上市公司股权，上市公司拿到股权融资后再自行在约定的投资地展开项目投资，从而降低政府投入的风险。当年合肥支持京东方8代线和10.5代线项目建设，合肥融科和建翔先后投资20亿元、60亿元参与京东方定增。2020年，合肥对蔚来汽车的70亿元股权投资，使其持有蔚来中国24.1%的股份，该笔投资使合肥市政府盈利（市值）超过1000亿元。从合肥多项重大投资项目来看，基本在严格的风控范围内，并且为政府及其他投资主体创造了巨大价值。

到了产业投资后期，合肥市政府部门的主要工作是帮助产业拓展配套，完善国资退出机制。例如，为了帮助家电、平板显示、电脑等支柱产业解决好在转型升级中普遍缺“芯”的问题，合肥瞄准“缺链补链”的关键环节，先后引进百亿级配套项目，形成涵盖设计、制造、封测、材料、设备等各环节的集成电路全产业链。这说明，政府对企业进行持股的目的不是参与企业利润分红，而是“以投带引”，帮助企业解决资本带来的创新和发展瓶颈。政府不谋控股权，产业向好发展后及时退出，再投入下一个项目。这种循环的速度越快，对资本的效用价值就越高，所以政府及时退出更有利于区域产业的循环发展。

我们现在来梳理并总结一下合肥重构资本战略的几大关键步骤。

第一，发挥专业化国资平台的作用。虽然各级政府都有不同的国资平台，但多数是用于帮助政府推进城市更新或融资的平台，这一点即便是在沿海发达城市也是如此，一个平台不够用就再成立一个平台，反正目的就是满足融资的需要。合肥在发展初期也是如此，各大平台的主要功能是为了满足政府城市化建设中的资本需求。但是到了2015年，合肥市政府总结了京东方、长鑫存储投资带来的“甜头”，于是对国有平台公司进行了重组，根据产业细分形成了“合肥建投”“合肥产投”“合肥兴泰”三大国资平台。三大国资平台各自负责合肥的战略性产业投资、融资任务。合肥建投重点以新能源汽车、现代旅游、交通等为主。合肥产投由合肥市国有资产控股有限公司和合肥市工业投资控股有限公司合并组建而成，主要以战略性新兴产业投资为主，投资建设了长鑫12英寸存储器晶圆制造基地项目、中国声谷项目、中科离子装备公司等，目前控股了国风塑业（000859），参股江淮汽车（600418）、国机通用（600444）、长虹美菱（000521）、安利股份（300218）等10家上市公司，同时参与投建了离子医学中心、中科环境公司，合力打造了中科院合肥创新院、安大绿色研究院、中科院微电子研究院等产学研协同创新平台。合肥兴泰主要承担地方金融投资与交易平台服务，主要服务于其他国资平台和区域产业融资等项目，帮助企业通过发行企业债、中期票据等方式降低融资成本，争取多渠道增加资本金投入，改善资产负债结构，确保企业资金链安全。合肥就是通过这三大平台公司来实现"以投带引"的战略目的，从京东方到维信诺、长鑫存储、欧菲光等，合肥国资投入一直遵循"不谋求控股权，产业向好发展后及时退出，再投入到下一个项目"的路径，这也许就是"政府投行"与"社会投行"的本质区别，也是创新生态体系与产业集群形成的最基本逻辑。从另外一个案例可以进一步明确政府投资基金与社会投资基金的区别：科技企业与传统制造的最大区别是在发展初期不具备资产融资条件，即便是天使投资也是有选择的，一般都要等企业进入初创期之后才进行投资评估，所以科技企业的种子期就很难获得资金支持，而合肥市政府天使投资基金则采取直投模式，也就是从种子期就投入，以此解决资本市场的缺位。

第二，引入社会资本参与。无论是哪一级政府，如果仅靠财政资金来支撑区域产业发展是不现实的，尤其是高新技术产业对资本的需求规模远远大于财政所能承担的能力，所以必须引导社会资本参与区域产业发展。合肥市政府各平台公司通过不同的资金池为产业发展提供了充足的"蓄水"保障。截至2021年，合肥形成总规模超过1000亿元的基金丛林，带动社会投资超过4000亿。这种1∶4的基金配置不仅给社会投资者提供了信心，还激发了社会资本投入的积极性。比如在京东方项目上，合肥建投筹集京东方系列项目建设资金约500亿元，其中为满足6代线项目资金需求，在出资30亿元基础上，募集社会资金60亿元，共同参与定向增发；为筹集8.5代线项目建设资金，前期通过债权+股权模式投入资金100亿元，后期设计结构化募资方案，自有出资35亿元，募集保本保息资金75亿元，共110亿元参与定向增发；为保障10.5代线项目建设资金，成立芯屏产业投资基金，通过产业基金成功募集资金152亿元，以股权方式投入项目建设。

仅靠政府自有资金根本无法满足京东方的资本需求，引入社会资本是推动区域产业发展的关键。通常来说政府通过部分财政资金作为“种子”来撬动金融和社会资本的模式一般称为“政府引导基金”。政府引导基金也不是无中生有的存在，而是要依托产业龙头企业、大型金融机构和地方政府财政在产业链、资金链、政府链中的优势，才能形成引致作用。所以在政府链上，合肥通过三家国资平台形成了战略协调关系；在龙头企业方面，主要以“风口”上的高科技头部企业为主，以此来提高资本市场的信心。这种做法已逐渐成为产业集聚区的重要战略手段，例如：天津与产业龙头企业合作设立子基金，依托其在生态圈和供应链上的核心地位及人才、技术、市场资源优势，投资产业链上下游企业；国资平台天津海河基金与中芯国际共同设立中芯海河赛达产业投资基金，重点投资集成电路及泛电子信息产业。“合肥模式”目前已经得到广泛传播，但其背后的生态体系需要区域要素支撑，更需要制度创新来实现。

其三，国有资本退出机制。前文说过，政府对战略产业投资的目的是“以投带引”，秉持引进一家带动一批的目的而搭建资本运作体系。所以，政府资本的退出机制不仅关乎政府资本对区域产业发展的效用价值，也关乎企业发展的动力和市场经济的自由配置能力。目前合肥已经形成“引进项目—政府投入—项目落地—政府引导基金再投入—股权退出—寻找下一个战略目标—再引进项目”的循环。政府基金在投入项目之前就设计好国有资本退出的安全通道，比如选择流通性较强的上市企业，通过定增等形式投入获得流通股票，等项目落地并形成高速增长趋势后，政府再通过二级市场抛售股票获得现金，或者当政府产业投资基金形成的基金份额或股权达到投资年限或约定退出条件时，依法依规通过上市、股权转让、企业回购及清算、份额退出等市场化方式安全退出。这样，国有资本在完成培育引入产业项目使命的同时，还实现了国有资本的保值增值、做大做强。

截至2020年，合肥国资系统企业综合资产负债率为59.8%，国资委重点监管企业资产总额接近8000亿元、净资产接近3000亿元。通过国有资本的循环使用，有力推动了合肥产业快速发展。合肥市政府对国有资本退出机制的设计可谓万无一失，比如2020年引入蔚来汽车，合肥建投不仅掌控了蔚来24.1%的股权，还签订了对赌协议，对蔚来的要求包括：2020年营收148亿元（上市3款车型）；2024年营收1200亿元（上市6—8款车型）；2020年至2025年总营收4200亿元，总税收78亿元；2025年前在科创板上市。在合肥建投70亿元的战略投资下，蔚来顺利度过了最危险的阶段，股票价格一路创新高，而建投也因此获利。所以合肥市政府对国有资本退出机制的设计，一方面规避了产业投资的巨大风险，另一方面吸收了投行的灵活退出机制。

长三角产业发展与竞争分析

长三角“三省一市”（江浙皖沪），约占全国3.74%的土地，20.63%的人口，承载了全国约25%的GDP，33%的创新资源，50%的进出口额。可以说长三角区域是中国经济最发达的区域之一，其产业基础已经历工业化初期和中期阶段，正步入中后期阶段。长三角的产业发展总体偏向于中高端，是中国产业融入全球价值最前沿的地区之一。即便如此，长三角产业也存在诸多问题，最为典型的是“内卷”，也就是同业竞争现象比较严重，这种现象主要表现在产业两端，一是低端的出口加工组装领域，二是高端的战略性产业领域，所以存在纵深合作不够的问题，合作机制还有待扩大化。从经济学的角度来看，政府竞争行为是通过政策、制度的制定和执行来干预市场经济失灵情况下的发展，从某种意义上可以理解为是各级行政机关通过区域内的公共资源和强制力来实现目标利益最大化的行为。虽然区域政府竞争有助于创新发展，但是过度的政府竞争行为也会带来区域资源扭曲。下面笔者将通过对长三角地区的产业发展阶段和产业类别及竞争关系进行比较分析，试图找出产业孵化的规律与资源配置的优化方法。

长三角产业发展阶段和竞争格局

长三角一体化发展分为两个阶段。

第一阶段是2010年到2018年，2010年5月国务院正式批准长三角一体化方案实施，自此长三角“三省一市”加快了要素流动与资源配置，尤其是东部沿海城市的过剩产业向内陆城市转移，不仅释放了沿海发达城市的空间与结构压力，还扩大了内陆城市的产业规模，奠定了内陆城市的产业基础。长三角一体化的第一阶段虽然促进了区域产业结构的优化，但是由于缺乏统筹规划，跨区域合作和资源配置没有得到有效发挥。

第二阶段是2018年之后，长三角一体化上升为国家战略，强化了区域统筹规划，重点突出规划一张网、交通能源一张网、科创产业一盘棋、信用一平台、民生一卡通、市场一体化、环保一根线等战略。由此，长三角地区的产业发展形成了四个梯队结构，即以上海为中心的区域增长极作为第一梯队；浙江、江苏部分区域和合肥为第二梯队；生产总值在6000亿—8000亿的城市为第三梯队（如常州、泰州、绍兴、温州、嘉兴等），其他区域为第四梯队。目前上海已经进入工业化后期阶段，主要以服务业和高新技术开发为主，其他生产型产业基本完成了梯队转移，传统工业生产规模比例逐年下降，服务业与科技创新企业高速增长。江苏省苏南地区工业化已经全面进入中后期阶段，苏北地区进入工业化中期阶段，苏南地区和苏中地区主要承接了上海及其他地区的技术密集型产业，如苏南地区的仪器仪表制造和苏中地区的医药制造等产业。值得关注的是苏中地区泰州中国医药城，当前规模超过千亿产值，而且增长速度较快，正向世界级产业集群迈进。苏北地区主要承接的是苏南地区和浙江沿海地区的劳动密集型产业，特别是黑色金属冶炼和压延加工、印刷行业等，而向外的产业转移主要是废弃资源综合利用业、皮毛制品制造等。

浙江省工业化总体也进入中后期，在技术密集型产业领域主要以信息工程、电子设备、汽车网联、智能安防等为主，另外传统的劳动密集型产业如纺织、新材料、工业动力产业等正逐步升级，其他传统加工组装产业不断向外转移，尤其是有色金属加工、农副产品等外迁较为突出。

安徽省总体处于工业化中期阶段，主要是安徽省产业分布处于两极分化状态，合肥增长极的产业已经进入工业化中后期阶段，可以说已经进入长三角区域的第二梯队，主要以半导体产业、智能芯片、新型显示、新能源汽车、人工智能和智能语音等产业为核心。而安徽其他地市主要承接了大量沿海地区的劳动密集型产业，比如医药制造、材料加工等。从安徽的整体发展格局来看，有点像20世纪90年代的苏州区域发展，但是安徽整体上要达到苏南地区的发展水平还有很长的路要走，目前主要是“合、芜、马”（合肥、芜湖、马鞍山）一体化的发展潜力最大。

从目前长三角地区的经济规模来看（根据2021年数据），上海市是唯一一个4万亿规模的城市，GDP规模43 214.85亿元，是整个长三角地区的增长极。紧随其后的是苏州，GDP达22 718.34亿元，苏州因为有紧邻上海的地域优势，在承接产业转移中实现了产业升级，并形成了自己的产业体系。杭州的GDP与南京比较接近，2021年杭州GDP为18 109.42亿元，南京为16 355.33亿元，从增长速度来看杭州高于南京，但从产业结构来看，两者各有优势。随后便是宁波、无锡两大城市，两者的GDP均在14 000亿左右，合肥和南通在1 1000亿左右，后面前十的城市基本在6000亿到8000亿。从总体上来看，长三角重点产业主要集中在集成电路、人工智能、生物医药、新能源汽车、航空航天、海洋与工程装备、高端能源装备等领域。

当前，长三角地区竞争最为激烈的不是劳动密集型产业，而是技术密集型产业和新兴战略型产业。上海、苏州、杭州、合肥、无锡、嘉兴等地都聚焦在电子信息、生物医药、高端装备、新材料、节能环保、新能源和智能汽车等行业，产业规模从数百亿到数千亿，形成不同等级的产业集群。可以说，这些城市都具有一定的产业规模，像苏州、合肥等城市甚至形成了世界级的产业集群，所以这种竞争将会长期存在，并形成更为激烈的竞争环境。

以杭州产业发展和“苏州模式”为例

1.杭州模式与竞争格局

“上有天堂，下有苏杭”，苏州和杭州在历史、文化上有诸多相似之处，被认为是江南宜居之城。两座城市虽然都有着深厚的文化底蕴，但产业发展却各有千秋。新中国成立前，苏杭两地的产业主要以农业和纺织为主。新中国成立后，苏杭两地的产业开始从农业、纺织业逐渐向造船、机械制造领域发展。改革开放后，苏州与杭州的产业模式逐渐产生了分化，苏州通过自筹资金建立了第一个非“特区化”的工业园区，这主要受深圳特区发展的启发，苏州认为紧邻上海的区位优势是其最大的发展机会，只要做好承接上海产业制造的准备，就能壮大自身的经济规模。所以苏州通过强化交通优势，做强“周末”经济等方式不断吸收上海的知识、技术、产业等溢出价值，其定位很清晰，“要发展，靠上海”，上海做0到1的环节，苏州做1到10环节的产业配套。所以，苏州发展初期就明确了“工业立市”的目标。而杭州在改革开放之后也确定了“工业立市”的目标，但随着外向型经济的高速崛起，浙江省成了“三驾马车”中外贸出口的主力军，所以产业导向更多是往快消品领域发展，比如服装制造、日用品生产、食品加工、工业装备相关领域。2000年之后，苏州的工业地位已经进入中国产业第一梯队，尤其是外资企业带动了本土产业转型，并形成了先进制造集群。同一时期，杭州的旅游业规模不断扩大，其带动的相关服务业得到高速增长。在此背景下，酝酿数年的互联网产业在全球数字化的背景下成为巨大的“风口”，所以杭州产业总体导向就变成了以文化、旅游、互联网等服务业为核心的发展模式。2015年之后，杭州似乎意识到其产业发展由于缺乏工业支撑，已经越来越承受不了全球价值链变化带来的压力，于是开始加快战略性产业发展，围绕大江东工业制造和城西未来科创走廊两大板块部署新兴产业体系。

所以，从两大城市目前的产业特点来看，苏州硬，而杭州软。苏州主要是以硬科技为主，聚焦机械设备、电子制造、生物医药、集成电路等产业；而杭州主要以软科技为主，比如互联网运营、金融服务、信息工程等。同时，杭州的城市运营能力也是发展的一大特点，依托生态环境打造POD（以城市公园为导向的发展模式）和TOD（以公共交通为导向的开发模式）等发展模式，成功地创造了级差地租收益。杭州土地挂牌成交金额连续多年全国第一，主城区房价与苏州相比普遍高出40%以上。但事物总是具有多面性，从正面看，这说明杭州的集聚能力比苏州强，但从另一个角度看，杭州的经济弹性已经到了临界点。下面我们对杭州和苏州的产业布局进行对比分析。

杭州“十四五”规划中将九大产业链作为“主攻”方向，但是这九大产业链基本上照搬了全省的产业布局。在《浙江省实施制造业产业基础再造和产业链提升工程行动方案（2020—2025年）》中明确了“十大标志性产业链是整个产业基础再造和产业链提升的核心”。杭州把浙江十大产业链中的“炼化一体化与新材料产业链”剔除，保留“九大标志性产业链”，并计划九大标志性产业链总产值至2025年要突破1.2万亿元。杭州的九大标志性产业链分别为视觉智能（数字安防）、生物医药与健康、智能计算、现代纺织、集成电路、智能装备、网络通信、智能家居、节能与新能源汽车。

目前来看规模最大的应该是视觉智能领域，主要依托海康威视、大华等头部企业形成数字安防产业体系，并试图突破图像传感器、中控设备、芯片、智能算法关键技术，最终形成工业视觉、自动驾驶、医学影像、数字娱乐等产业体系。目前这条路只走了一半，如果最终能把这条路走通，那也是杭州产业发展的里程碑，因为有可能形成全球视觉产业中心。

第二是生物医药与健康，杭州希望到2025年能实现产值3000亿，如果能够达成，对于杭州产业发展来说也是一个大跨步，但是杭州在医药领域已经晚了苏州两个台阶，苏州到2025年医药产业将可能突破6000亿元，泰州也有可能突破4000亿元，并且苏州的医药产业已经进入靶向药领域，技术处于国内前沿，已形成有效的竞争力。

第三是现代纺织板块，杭州与苏州、无锡、常州等地形成了更为激烈的竞争。除了视觉智能板块目前处于长三角区域的制高点，其他板块的竞争都非常激烈，比如新能源汽车有合肥，集成电路、智能家居、智能装备都是苏州的强项。所以，杭州要在这些竞争产业中脱颖而出，必须加大基础研发的能力，重新调整要素配置。

目前杭州产业主要部署在东西两端。

杭州的西端主要以技术研发和智能产业及互联网产业为主，杭州把西端产业布局称为“杭州城西科创走廊”，目标是沿着“科创”主线，实现高质量、高速度、跨越式发展。通过几年的努力，城西科创走廊已取得不错的成绩，2016—2020年，产业增加值年均增长23.0%、高新技术产业增加值年均增长22.6%，战略性新兴产业产值比重和规上工业亩均增加值分别为全省平均水平的2.5倍和5.5倍，数字经济核心产业增加值占全省的30%以上。但是由于起步晚，产业基础比较差，总体规模还是有限，目前与美国硅谷、西雅图、波士顿等世界一流创新策源地相比还有很大的距离，与国内北京怀柔科学城、上海张江科学城、合肥滨湖科学城、深圳光明科学城等科学中心相比也有一定的距离。杭州城西科创走廊的规划及目标主要有四个方面。一是强化四城联动，即紫金港科技城、未来科技城、青山湖科技城、杭州云城的协调发展，完善创新链、产业链、设施网、生态廊协调建设机制。二是打造科技力量支撑地，部署重大科技基础设施建设1家，规划重大科技基础设施5家，国家重点实验室和省级实验室提升16家。这里特别强调一下，合肥在10多年前就拥有国家重点实验室17家，这说明杭州在历史发展过程中忽略了这一点，现在重新“补课”的压力可想而知。三是打造全球创新人才汇聚地，引育标志性人才50名以上，打造国际一流人才创业创新生态。在这一点上，杭州是具有绝对竞争力的，无论在创业环境建设还是在人才经费投入等方面都是大手笔，但是人才不仅需要生态、生活基础，也需要产业基础，所以补充产业短板是杭州当下发展的重中之重。四是打造未来新兴产业引力地，城西科创走廊的产业体系主要以“123X”为主：“1”代表数字科技，目标是万亿级产业；“2”是生命健康和高端装备两大产业要实现千亿级别；“3”是金融科技、创投产业、人力资本三大产业；“X”是先进材料、量子科技、区块链等。

杭州东端的钱塘区主要分布着工业制造业，钱塘产区目前已经形成了以智能汽车及智能装备、新材料、生命健康、半导体为主导的产业结构，前四大产业合计占比达到79%。钱塘区制造业目前还没有形成世界级的产业群。从智能汽车来看，截至2020年，规上企业60多家，年产值约600亿元。目前与智能汽车的定位还有一定距离，智能汽车主要是指搭载先进的车载传感器、控制器、执行器等先进设备的企业产业的统筹，而钱塘区智能汽车产业主要还是以整车制造和汽车零部件制造为主。所以，在智能汽车板块目前还存在三大短板：一是缺少强势品牌支撑，中高端领域布局偏弱；二是供应链配套欠完善，高附加值零部件偏少，市内配套率不足20%；三是产业链重生产环节，研发和市场支撑两端不强，因为入驻企业都是以分厂组装基地为主。在生命健康板块，钱塘产区以生物医药、健康食品和化妆品三大领域为主，截至2022年，规上企业有90多家，产值500多亿元，虽然总体产值还不错，但生物医药占比偏低。生物医药板块的规上企业大概30家，总产值200多亿元。所以必须提高生物医药比例才能提高产业的总体利润。其他产业不一一列举，总而言之，钱塘区的产业部署结构是合理的，但产业集群能力、技术水平与绩效等还有待提高。

目前部署在钱塘产区的杭州工业绩效水平在长三角地区处于中上水平，但与苏南地区相比总体偏低。比如，早在2018年苏州工业园区工业用地亩均税收就已达42.6万元，其中，中新合作区亩均税收72.8万元，园区A类企业亩均税收约为164万元，全区新招拍挂工业及工业研发项目亩均税收达240万元，GDP能耗为0.254吨标煤。

苏州工业园区的目标是亩均税收过百万，所以在企业落地政策上非常严格。比如工业园区首创分段弹性年期（10+N）挂牌出让产业用地时，同时签订《土地出让合同》和《产业发展协议》。根据《土地出让合同》，政府先期出让10年期的土地使用权，10年出让期满，受让人须按《产业发展协议》履约考核，经政府监管方考核通过的，可以继续获得N年期土地使用权。考核内容包括投资强度、达产时间、亩均税收等，总出让年期不超过30年。所以位于钱塘产区的杭州工业必须依托杭州数字产业化优势赋能工业体系，弥补制造业短板，打造杭州湾数字经济与高端制造融合创新发展引领区，充分利用“1+N”的工业互联网平台为中小企业提供制造场景、制造过程、生产组织与资源配置优化等在线服务，如建立工业大数据分析与集成平台、人工智能引擎服务与运营平台等。同时联合浙江大学、西湖大学、之江实验室、阿里达摩院开展数字经济核心技术研究等资源，构建创新生态体系，甚至是走出去寻找合作。

2.“苏州模式”的经验及优势

苏州虽然不是改革开放的特区，但是苏州在改革开放之后通过自筹资金建立了特区模式的经济体系。所以苏州积累了国际化的工业体系，并在数十年的转型升级中形成了诸多世界级产业集群。苏州的人口规模及地域面积远不如杭州、成都等城市，但是苏州的经济总量和城市排名却一直走在前列。即便在世界500强城市排名中也位居前60位。苏州拥有35个工业大类，167个中类和489个小类，包含16万家工业企业，是中国制造业体系最完备的城市之一。截至2019年底，有156家国（境）外的世界500强跨国公司在苏州设有投资项目。截至2022年，苏州的上市公司超过160家。“十四五”时期，苏州市将聚力建设十大千亿级产业集群。大力培育生物医药和高端医疗器械、新型显示、光通信、软件和集成电路、高端装备制造、汽车及零部件、新能源、新材料、高端纺织、节能环保等先进制造业集群。到2025年，规模以上工业总产值力争达到4.5万亿元。下面来解析一下苏州产业布局及战略。

（1）发展优势及产业集群

苏州是离上海最近的地级市，且到上海的交通网络建设优于100km辐射圈内其他城市。苏州每日往来上海的车次有270趟，远高于上海与南通（45趟）、嘉兴（156趟）的车次。航运方面，苏州紧邻长江口，有京杭大运河及由张家港、常熟港和太仓港组成的苏州港，是长江经济带产业转移的主要承接城市。苏州政府20世纪80年代即形成“要发展，靠上海”的观念，90年代早期明确“接轨上海”战略。早在乡镇工业期，苏州政府即形成“要发展，靠上海”观念，利用上海星期日工程师，吸收上海国营大厂和科研院所先进技术和经验。对外开放和产业转型升级阶段，苏州政府较早提出“主动接受上海辐射，实行错位发展”战略，能够充分利用紧邻上海的优势，摆正自身与上海的定位，做上海不想做、不便做的产业，上海负责0到1的环节，苏州负责1到10的环节。以信息产业为例，上海主攻软件，苏州就发展硬件。错位发展降低了苏州与上海产业重叠带来的竞争压力，深化了苏州与上海间的产业合作，二者形成了良好的竞合关系，上海创新能力与高端产业的落地离不开苏州强大的生产能力配合。

当前苏州正着力主攻生物医药、软件和集成电路、新型显示、智能网联汽车、智能制造装备、高端医疗器械、机器人、光通信、高端纺织、钢铁新材料、汽车及零部件等重点产业链。健全完善集群培育工作机制，建立“政府+中介组织+企业”集群培育框架。在这些产业集群中有部分产业已形成绝对优势。

第一是生物医药。2020年，苏州市委、市政府将生物医药作为苏州“一号产业”重点打造，各项主要指标年均增幅保持在20%左右。借鉴美国“波士顿经验”，构建具有苏州特色的生物医药产业生态体系，力争在10年内打造出国际知名的和国内最有竞争力、最有影响力的产业地标——“中国药谷”。2025年力争集聚生物医药企业6000家，产业规模突破4000亿元，初步形成具有国际一流、国内领先的生物医药创新策源地和生命科学研发协作示范区。2030年力争集聚生物医药企业超1万家，产业规模突破1万亿元。

第二是智能制造装备。2020年，苏州装备制造业产值达10 205亿元，占规上工业总产值的29.3%，产值总量和占比均创历史新高。这是继2018年电子信息产业产值破万亿后，苏州又一个万亿级产业。装备制造业是工业的核心部分，是先进制造技术、信息技术和智能技术的集成和深度融合，可以说是工业的“心脏”和国民经济的“生命线”。目前形成了昆山机器人、常熟智能控制、苏州高新区系统集成等特色产业集群，以及以数控机床、工业机器人、自动化成套生产线、智能控制系统为代表的高端制造装备产业体系。

第三是软件和集成电路。2020年苏州市集成电路产业实现整体销售收入625.7亿元，同比增长21.3%。全市的集成电路及相关企业有230余家，相关从业人员逾4万。依托各级地方产业引导基金，吸收社会资本，设立软件和集成电路产业投资基金和风险投资基金，对接国家和省内的相应基金落户苏州，用于重大项目投资，支持企业兼并重组，着眼软件开发和集成电路设计、制造、封测等全产业链，对于初创期、成长期的创新型企业进行重点投资。

第四是新型显示。2020年中国新型显示产业全年营收达到4460亿元，全球占比达到40.3%，产业规模位居全球第一。到2020年底，中国境内已建成6代及以上面板生产线35条，产线总投资达到1.24万亿元，年产能达到2.22亿平方米。中国新型显示产业十大城市分别是合肥、深圳、广州、成都、武汉、北京、苏州、厦门、重庆、南京，这些地区的新型显示产业起步较早，拥有两条（含）及以上面板生产线，“截至2020年年底，十大城市占据国内面板产线投资总额的71.2%”。苏州引入大批新型显示技术上下游企业及相关配套企业，已初步形成“原材料—面板—模组—整机—设备”的产业链，基本形成规模化、成熟化的产业群。

第五是汽车及零部件。目前苏州全市汽车及零部件产业链企业超1000家，形成了覆盖整车和改装车生产、动力系统、储能系统、底盘、车身、内外饰、电子电气、新能源专用部件、智能网联系统的完备产业链。在车联网、新能源和燃料电池汽车等重点领域，引进和培育了奇瑞捷豹路虎、长城宝马等多家行业龙头企业。

根据苏州市发布的“十四五”工业发展规划，从质量效益、创新发展、高端发展、数字转型、绿色发展五方面明确了发展目标：制造业增加值占地区生产总值比重40%以上；突破50个以上产业链关键核心技术（装备），新增高价值发明专利15 000件；高新技术产业产值占规上工业总产值比重达55%左右，新兴产业产值占规上工业总产值比重达60%；省级工业互联网平台数达50个，数字经济成为驱动经济增长的新动能。

（2）产业策略及发展引擎

苏州可以说是合肥的老师：一方面合肥产业发展受苏州的技术溢出及产业转移影响；另一方面合肥的产业发展模式是在“苏州

模式”上的延展。这一观点无论合肥认不认可，都能从其产业发展政策及运作模式上找到“苏州”的痕迹。当然，面对合肥的崛起，苏州也在原有的战略上做出了调整升级，形成了“新苏州模式”。苏州在产业发展战略上主要以“六个围绕”为核心，即“围绕产业链做强产业链”“围绕产业链布局创新链”“围绕产业链配置资金链”“围绕产业链部署服务链”“围绕产业链谋划替代链”“围绕产业链拓展柔性链”。最终目标就是通过持续不断地“补链”“强链”“延链”“拓链”，重塑新的产业体系，全力打造世界“头部工厂”。

从“围绕产业链做强产业链”来看，苏州没有放弃传统产业，而是通过技术升级来提高传统产业生产效率、质量及附加值。放弃传统产业无疑会面临一个体系的崩溃，需要经历很长的阵痛期。如果能通过“强链”策略提高传统产业的竞争优势，自然能稳住一个体系的存在。比如纺织行业，一根细细的化纤纺丝，从生产到出货，涉及的关联供应商超过1000家，产业链环环相扣、彼此依存，形成一个庞大的运转体系。

从“围绕产业链布局创新链”来看，在苏州这片创新的沃土上，集聚了104家大院大所，7052家国家高新技术企业，262名国家级重大人才，建成了34家自主品牌大企业和领军企业先进技术研究院。

从“围绕产业链配置资金链”来看，资金链是产业孵化与发展的动态反应，一般包括资金投入链（筹措）、资金运营链、资金回笼链等链条。这一点也是结合了合肥的模式，通过相互借鉴经验，融合探索出一条产业资本运作的路线。

从“围绕产业链部署服务链”来看，苏州充分吸收了杭州的互联网及信息技术的应用思维，以信息技术、物流技术、系统工程等现代科学技术为基础，以最大化满足顾客需求为目标，把服务有关的各个方面，如银行、保险等，按照一定的方式有机组织起来，形成完整的消费服务网络。

从“围绕产业链谋划替代链”来看，这是响应国家战略，同时也是基于逆全球化可能面临的风险，所以要加快“国产替代”步伐，围绕产业链谋划替代链。江苏省工信厅梳理175项替代进口、短期内省内有望联合攻克的项目进行公开招标，苏州市是替代项目的主力军。

从“围绕产业链拓展柔性链”来看，苏州主攻“产业数字化”，这一点与杭州的“数字产业化”形成鲜明的对比，也是错位竞争。苏州通过引入人工智能、大数据、5G等新一轮科技革命的变革力量，助力企业在数字赋能下产品快速迭代，满足不同需求，实现“柔性”生产，创新开展智能车间免费诊断服务，为企业量身定制智能化改造方案。苏州已建成省级示范智能工厂8个、智能车间444个，获得国家级智能制造试点示范项目16个，发展指数位居全国前列。

承载苏州发展的平台主要是有规划、有战略、有系统性的开发区，尤其是国家级开发区成为苏州发展的核心引擎。当前苏州拥有国家级开发区12个，其中经济技术开发区9个，分别是苏州工业园区、苏州浒墅关经济技术开发区、吴中经济技术开发区、相城经济技术开发区、吴江经济技术开发区、常熟经济技术开发区、张家港经济技术开发区、昆山经济技术开发区、太仓经济技术开发区。高新技术产业开发区3个，分别是苏州高新技术产业开发区、常熟高新技术产业开发区、昆山高新技术产业开发区。12个国家级开发区作为引擎，以电子信息和机械制造为基础，以生物医药、新一代信息技术、纳米技术、人工智能四大高新产业为重点。苏州发展初期依靠跨国公司产业转移，自身土地、劳动力成本优势，税收优惠政策等建立了雄厚的制造业基础，吸引了以电子信息制造和机械制造为主的外资制造业生产工厂。后期随着生产要素成本优势渐失，苏州通过培植产业集群、改善物流条件、鼓励科创研发，成功向生物医药、新一代信息技术、纳米技术、人工智能四大高新产业转型。产业集群上围绕主导产业进行招商，以产业链中龙头企业为基础进行辐射和延伸；物流上以先进制造业企业为中心降低物流成本，以工业园区为例，其将上海机场监管仓库延伸到园区，实现跨关区信息共享，提升物流速度；科创研发上给予科创企业与人才重大奖励，如三年滚动遴选1000家创新型企业，参照国家高企所得税政策给予三年奖励。

（3）四大协同构筑“苏州模式”

纵观改革开放以来苏州发展模式，主要通过四大战略架构来实现产业崛起。

第一是战略定位。从发展步伐看，苏州政府抢跑每一步：1984年自担风险率先建立中国第一个自费开发区；2005年苏州工业园区便开始谋求产业转型，这一行为比国内其他城市早6年。苏州政府在外向型经济与产业转型两个阶段敢为人先、主动争取、实现抢跑。1984年国家相继设立第一批沿海经济特区与经济技术开发区，苏州并无一席之地。尽管苏州在经开区建设上无国家政策支持，但政府仍主动抢抓外向型经济初期机遇，苏州下辖县昆山耗资335万元建立中国第一个自费开发区，自担风险在上海投放广告进行招商引资。

第二是产业转型升级。苏州政府较早意识到过度依赖外向型经济及依赖中低端制造业的风险，抢先部署产业转型升级。2008年金融危机使中国以外向型经济为主的发展模式遭遇危机，2011年各大城市开始进行产业转型升级，而苏州市政府早在2005年便开始谋求工业园区从外向型经济向创新型经济转型，这得益于政府的前瞻性转型战略。苏州在2008年金融危机及2020年疫情期间受到的经济冲击较小。以2020年上半年为例，全国经济在疫情的影响下均出现了大幅度下滑，而苏州的GDP逆势增长0.8%，工业产值超上海，成为世界第一。

第三是营商环境。苏州营商过程透明化，营商关系市场化，营商协议规则化，营商审批高效化。投资者对投资地域的选择受投资环境影响，而投资环境取决于地方政府，建设服务型政府是改善投资环境的重要环节，苏州市政府是服务企业的营商典范。以工业园区为例：营商过程透明化，推行社会服务承诺制和违诺投诉制，建立24小时值班制并开通服务热线，当企业遇到问题时做到随时接待、立即处理；营商关系市场化，政府以服务企业为主，不干预企业经营；营商协议规则化，园区管委会通过经济、法律等手段保证政策透明度、可预见和稳定性，办事程序规则化，营造公开、公平、公正投资环境；营商审批高效化，打造低成本服务环境，仅保留工商注册、土地使用、税务登记3项收费，确保企业低成本竞争优势。根据毕马威数据，2020年苏州工业园区营商环境得分79.6，模拟排名全球第25位。

第四是招商模式。苏州借鉴新加坡经验，在国内首创敲门式招商，设置招商办事处，主动对接，为企业需求服务。敲门式招商由“新加坡经济奇迹之父”吴庆瑞向苏州工业园区引进。根据新加坡经验，敲门式招商是指在全球设置招商办事处，收集当地跨国公司产业转移需求并将信息上报至经济发展部门，由部门派专人逐个负责“敲门”，对接其需求，完成招商引资。“苏州招商模式”就是参股模式，地方政府投资基金通过与合作机构共同设立子基金，吸引和聚集创业投资机构，带动当地产业发展。这种方式也是市场化母基金通常的运作方式，相对而言，参股模式的运作也更为市场化。2006年3月，苏州工业园和国家开发银行共同发起设立一支创业投资母基金，首期规模是10亿元。2010年，苏州工业园母基金进一步升级，国开金融有限责任公司和苏州创业投资集团有限公司共同发起设立国创母基金，国创母基金首期资金规模150亿元，分为PE（私募股权投资）母基金和VC（风险投资）母基金两个板块。其中，PE板块名称为国创开元股权投资基金，首期规模100亿元，主要投资专注产业整合、并购、重组的股权投资基金；VC板块名称为国创元禾创业投资基金，首期规模50亿元，主要投资专注早期和成长期投资的创投基金。

（4）人才机制

人才机制也是成就苏州发展的重要动力。创新领军人才科研经费最高支持200万元；人才租房最高补贴8000元/月，高于无锡；租房一年即可落户，较南京更宽松。随少子化和老龄化加剧，苏州人口红利优势消减，叠加产业转型需要，苏州2010年起推出人才引进、落户、住房、生活服务等政策，政策力度大、范围广。从落户政策看，苏州2020年宣布租房一年以上即可落户。而南京落户政策的放宽时间、政策力度均不及苏州。从人才住房看，苏州2018年针对高层次人才推出人才乐居工程，为其提供购房、租房、房贷优惠，其中购房补贴最高500万元，租房补贴最高8000元/月，房贷可放宽至贷款限额的4倍。

苏州高层次人才集聚，2010—2020年，人才总量年均增长率7.8%，远高于无锡同期的5.1%，高层次人才占总人才比重由5.6%增至9.0%；产才高度融合，98%的领军人才企业集中在重点发展的战略性新兴产业。从人才指标看，2020年苏州自主申报入选国家级重大人才工程291人，其中创业类146人，连续8年位居全国大中城市之首；入选省“双创计划”1114人，连续14年位居全省第一。

嘉兴是继苏州、合肥之后的又一大崛起城市

在长三角地区的嘉兴市也是值得关注的一大城市。嘉兴市从2017年之后经济增速一路领跑浙江各地市，尤其是财政收入一跃超过温州，排名浙江第三。2020年，嘉兴的财政总收入是1003.07亿元，首次突破千亿大关，其中一般公共预算收入598.8亿元。财政总收入占GDP的比值为18.21%，仅次于杭州（23.93%）和宁波（22.85），位居第三。一般来说，财政收入占GDP的比重越大，就说明这个地区的财力越充沛。侧面来说，这个数字越大，该地区的经济运行质量就越高，城市的一产占比会相对较低，新兴行业及高附加值行业比重也会更大。嘉兴市的发展吸取了“苏州模式”的经验，充分利用区位优势融入上海大都市圈，积极推进与成员城市在产业、科技等领域的深度合作，成为浙东板块接轨上海、融入长三角的重要通道，进一步提升了对外开放水平。

2021年国家发展和改革委员会印发《长江三角洲地区多层次轨道交通规划》的通知，发布关于长三角干线铁路、城际铁路、市域（郊）铁路等的重磅规划，估算总投资1.36万亿元。其中，嘉兴在规划中多次出现，共涉及10条铁路。这与苏州、合肥的发展模式非常相似，利用“大通道，大网络”的交通优势与长三角最大的增长

极上海相融合。嘉兴市在产业布局上主要围绕五大优势产业集群，即现代纺织、新能源、化工新材料、汽车制造、智能家居展开，通过培育链主企业来带动整体发展。另外在五大新兴产业上也初见成效，如氢能、航天航空、生命健康、人工智能等。尤其是氢能领域将是一条新的赛道，潜力巨大。

在过去的5年间，嘉兴地区生产总值从2017年的4500.26亿元，跃升为2021年的6355.28亿元，跨上6000亿元台阶；全市人均GDP由2016年的79 981元提高到2020年的102 541元；财政收入突破千亿，连续四年稳居全省前三；全体居民人均可支配收入突破6万元，其中农村居民人均可支配收入43 598元。根据嘉兴市委宣传部“嘉兴发布”平台资料显示，嘉兴近年来促进经济增长的做法主要从四个维度上展开。

一是“融”与“升”。从“机器换人”到智能工厂、工业大脑，数字化、智能化逐渐成为嘉兴制造企业的内核。以桐乡的新凤鸣集团股份有限公司为例，长丝生产车间内，新“员工”——5G质检机器人正替代工人进行“巡检”，利用5G高速率、低延时的传输，该机器人可以通过头顶的8K高清摄像头，在0.2秒之内识别出生产线是否存在飘丝、飘杂等问题。只需两台这样的机器人，就能承担整个车间的精准检测任务。借助这样科幻般的“未来工厂”，新凤鸣近三年产能大幅提升至1000万吨，2025年前将再翻番至2000万吨，构建“PTA—聚酯—长丝—短纤”的产业发展新格局。同时，新凤鸣拥有工艺水平、智能制造水平和人均效率等多项行业第一，成为行业目前唯一的国家级智能制造标杆企业。新凤鸣与智能制造擦出火花，是嘉兴紧紧抓住世界互联网大会红利，把发展数字经济作为“一号工程”来抓的一个生动缩影。2021年，嘉兴市数字经济核心产业制造业增加值514.7亿元，较2016年增长159.2%，占规上工业增加值的比重为19.8%，较2016年提高了6.9%。5年间，在最能衡量数字经济发展水平的三大核心指数——数字经济发展指数、信息化发展指数和两化融合指数上，嘉兴一直稳居全省第一梯队。不仅是数字经济，5年来，嘉兴深入实施“雄鹰”“凤凰”“管理对标”“放水养鱼”计划，开展“瞪羚企业”培育行动、“双倍增”行动和“上市100”专项行动，围绕提升国际竞争力、培育一批“链主型”企业、持续推动传统产业改造提升、打造长三角核心区全球先进制造业基地不断推进。

二是“引”与“育”。在过去的5年，嘉兴坚持创新引领发展，牵头成立长三角人才一体化发展城市联盟，跻身全国最具人才吸引力地级市第五位，嘉兴创新生态指数在长三角城市中位列第八，处于第一梯队，入选“科创中国”创新枢纽城市，荣获浙江省首批“科技创新鼎”……一座创新活力之城正加速崛起。嘉兴通过不断加强校（院）地合作实现创新孵化。以与清华大学的合作为起点，嘉兴与中国科学院、浙江大学等一大批大院名校结缘，携手成立了浙江中科院应用技术研究院、浙江大学海宁国际校区等合作载体。截至2021年底，嘉兴高新技术产业增加值占规上工业增加值比重提升至67.7%，位列全省第三；“十三五”期间，全员劳动生产率提升51.9%，发明专利授权量提升330.3%，科学研究与实验发展（R&D）占比达3.31%，位列全省第二。

三是“破”与“立”，加速培育新兴产业。从2017年开始，嘉兴共腾退“低散乱”企业（作坊）6.45万家，腾退低效用地面积12.5万亩，为高质量发展腾出了宝贵的空间。在全省率先实施“亩均论英雄”改革后，嘉兴评价应用体系已升级至4.0版，根据最新一轮评价，2021年，全市规上工业亩均税收和亩均增加值分别为28万元和172.1万元，较2016年分别提高了66.1%和118.8%。腾出的空间，给了新兴产业加速成长的广阔天地。近年来，嘉兴建立起“产业规划+产业地图+产业政策+产业基金+产业峰会”的“五位一体”新兴产业培育机制，氢能、生物医药、集成电路、航空航天产业蓬勃发展。

四是“内”与“外”，开放发展理念。截至2021年底，全市累计引进世界500强企业投资项目167个，位居全省前列，德马吉森、蒂森克虏伯、采埃孚、松下、飞利浦、浦项、雅培等世界500强企业，以及德沃康全球总部、敏华未来汽车智慧产业园、云顶新耀生物医药等一批优质产业链头部企业和项目相继落户。从2016年到2021年，嘉兴市累计引进总投资上亿美元的产业项目249个，连续3年上亿美元产业项目数量位列全省第一。

其他地区产业发展模式

1.华北地区

从华北的经济发展来看，经济产值和全要素生产率最高的自然是北京，其次是河北，然后是天津、山西和内蒙古。但是华北地区各省市出于资源禀赋与地理区位等因素，导致可比性不大。

河北的发展很大程度受拱卫北京的各种条件限制，所以工业发展在一定程度上有所限制。

山西由于“一煤独大”的特点，在产业发展上自然难以摆脱传统规模经济的束缚。

天津是华北地区最大的工业制造基地，也是京津冀地区产业部署的主战场，天津的区域禀赋相对长三角地区来说有过之而无不及。从规模看，天津曾经在历史上是中国第二大城市；从地理区位来看，天津坐拥北方最大的港口；从资源看，其在自然资源、产业基础、交通运输及政治地位等方面让诸多城市难以望其项背，地位丝毫不输如今的北上广深。从20世纪90年代开始，天津在国家政策红利下获得中国第二个国家级新区（滨海新区），此后天津还先后获得了国家自贸区、国家中心城市等“顶级头衔”，算是环渤海经济圈上的一颗璀璨明珠。

2000年到2016年，天津工业增加值创造了年均17.38%的增长速度，这一数据几乎是同时期全国年均增速的2倍，一骑绝尘，创造了让人叹为观止的成就。但是，2016年之后，天津的经济增长突然出现了拐点，增速放缓，产业集聚能力和创新能力双双下滑，在2020年中国GDP 50强城市中，天津被挤出了10强。按理来说，天津的产业基础和创新条件都不差，以高校为例，天津拥有57所高等院校，本科院校更是多达32所，是名副其实的学府之城。其中985大学有2所，211大学4所，更有天津大学、南开大学这样的知名高校，这在全国来讲也是首屈一指。但是，天津并没有利用好高校资源来实现产业孵化，在生产、生活、生态三大领域出现诸多短板。但是，从天津的政策体系来看，似乎把经济的“衰退”更多归结于产业结构的老化，所以大力发展新兴产业，试图改变“衰退”的现状。但事实上，天津不仅是产业结构的问题，还有更多是集聚能力不足的问题。天津每年有数百万大学生，要是有20%的年轻人能留在天津，就能给这座城市带来意想不到的活力，但是绝大多数毕业生选择离开，这就要思考问题究竟出在哪里了。前面说过，一个城市的集聚能力主要体现在生产、生活、生态三个方面，产业与人才的匹配性，生活与环境的舒适性都是决定一个区域发展的基本条件，以“生产、生活、生态”构成的“三生”关系，其本质是一个协同发展的生态体系。2021年开始，天津主要围绕“1+3+4”重点产业来抢占新经济赛道：“1”是指智能科技，“3”是指生物医药、新能源、新材料三大新兴产业，“4”是指航空航天、高端装备、汽车、石油石化四大优势产业。从产业布局来看与浙江产业极为相似，这意味着更加“内卷”，未来的竞争将更为激烈。

2. 中部地区

中部产业基础较好的城市在这几年发展过程中迎来了高速增长。为什么要强调“产业基础较好”这一特定条件呢？首先是基于国际宏观环境，高端制造与新能源产业成为国际竞争的焦点；其次是在过去的20年时间里，多数城市在产业发展领域都存在懈怠的状态，把区域发展的主要精力都放在了城市化经营领域，高速城市化创造的经济总量挤压了传统产业的价值地位，导致一些城市出现了产业空心化的现象，产业规模看似很大，但产业利润与全要素生产率却很低。所以，在产业转型升级中能坚持下来的区域在这一轮发展中迎来了机会。

以湖南长沙为例，目前已形成工程机械、轨道交通、通用航空三大世界级产业集群。这一成就即便在东部沿海地区也是值得骄傲的。那么湖南靠的是什么？

首先是创新生态体系的构建。湖南也是高校资源和研究院所相对充足的地区，但是再充足的资源也要能留得下，并且能实现有效转化。长沙能蝉联13年最具幸福感的城市并非浪得虚名，除了美食、娱乐、文化等优势，低房价是长沙的一大特点。这意味着年轻人留下来就看得到希望。2019年，全国50个典型城市房价收入比平均值是13.3，而长沙位居最后一名，只有6.4，还不到平均值的一半。中部六省里，太原为14.1年，合肥为13.7年，郑州为12.9年，武汉为11.3年，南昌为10.9年，但长沙只有6.4，比其他中部五省都要低得多。长沙对房价的调控是基于战略性选择，因为对于一座城市的发展，“短期看政策，中期看土地，长期看人口，发展看产业”，而让人留下来的基本条件就是生活成本。但是，对房价的调控就意味着对土地经济的束缚，一个城市敢于放弃土地经济的诱惑，不是来自自信就是来自远大的抱负。事实证明，长沙两者兼有。数据显示，截至2021年，长沙常住人口1023.93万，相较于第七次人口普查的1004.79万增加了19.14万，长沙并没有受到发达城市的虹吸效应影响，人口反而在不断集聚。同时，在产业布局方面，“长株潭一体化”壮大了湖南产业体系。

其次，来看看湖南三大世界级产业集群的情况。一是重工业发展。在国家级的智能制造试点示范企业中有5家是工程机械企业，其中3家在长沙，可见长沙重工业的地位。据数据统计，长沙重工业企业有183家，三一重工、中联重科、山河智能，并称为湖南工程机械企业的“三驾马车”，加上铁建重工，长沙成为中国唯一拥有4家全球工程机械50强企业的城市。2020年湖南工程机械产业实现营收2563.8亿元，同比增长52.1%。湖南工程机械产业规模已连续10年位居全国第一。二是轨道交通。处于“长株潭”区域的株洲被誉为“中国电力机车之都”，这里生产了中国轨道交通装备70%的“大脑”“心脏”“神经系统”，超过70%的零部件可本地配套。湖南轨道交通装备产业已成长为该领域全球最大产业集群，电力机车产品占全球市场份额的27%，居全球第一。三是通用航空。湖南航空城目前已有数十家企业落户，主要业务涉及通用航空发动机研发制造，通用航空整机制造等领域，中小航空发动机国内市场占有率达90%以上，未来可期。

3.西部地区

西安是连通中西部的“桥头堡”。20多年前，西部大开发战略动员会在西安召开，这说明，当时的陕西是西部大开发的第一梯队，西安是西部大开发的桥头堡。然而，多年的发展历程及现实情况证明，陕西没有抓住机遇，川渝在西部大开发中的地位逐渐凸显，陕西与川渝、西安与成渝之间在经济、人口、产业等方面差距明显。共建“一带一路”、新时代推进西部大开发形成新格局，正在释放新的战略红利，西安似乎在吸取过去的经验教训，正努力抢抓新一轮的历史机遇。从西安市2019年出台的《关于加快建设先进制造业强市的实施意见》来看，重点围绕电子信息制造产业、汽车产业、航空航天产业、高端装备产业、新材料新能源制造产业、生物医药产业等六大产业做文章。

西安的情况与天津有相似之处，高校与科研资源非常强大，其中国家重点实验室就有数十个，8所211大学，3所985大学，位居全国前列。但是科研资源与产业发展却不相匹配，这主要还是忽略了创新体系的构建，导致科研成果转化存在“最后一公里”问题。所以要组织实施省级以上研发平台倍增计划，按照成熟、培育、后备等进行分类，积极推进研发平台数量增长、质量提升和结构优化，大力支持创建国家级科技创新平台。从西安的六大产业布局来看，最起码电子信息制造产业和航空航天产业是具有绝对竞争力的，因为电子信息制造领域有西安交大作支撑，而航空航天产业有西飞公司等作支撑。陕西是航空产业第一大省，是全国唯一的具有两个整机研制生产企业的省份。产业资源、资产规模、生产总值、人才总量等均占全国的30%以上，而且这些航空产业资源，半数以上集中在西安航空基地周边，有非常好的产业聚集度。但是从过去的发展情况来看，西安的航空航天产业不能有效聚合资源，这是最大的不足。

我们从韩国的KAI（韩国航空工业公司）的发展案例可以找到一些答案。韩国在航空转包生产领域曾经落后中国近20年，现在已迎头赶上，波音737的垂尾、平尾制造70%在中国，30%在韩国，但韩国加速明显。数据显示，波音某项目，中国达到月交付10架用了七八年，而KAI只用了3年，其秘密就在于政府、核心企业及供应链的紧密嵌合。在韩国庆南科技园，有80家精细分工的制造商，有的供应商甚至只为一道工序存在，把这道工序做到极致，质量上乘、成本合适、服务到位。KAI还会把自己的工程技术人员派去培育和扶持这些中小供应商，发展它们的专业化优势，提高效率，降低成本。如果西安市政府能像合肥市政府一样，搭建一个由政府牵头，由西飞公司、西安交大、金融资本机构等联合起来的创新平台，就可以形成“多螺旋”的孵化体系。

近年来，西部的贵州，西南的昆明等地发展势头都很不错，主要赶上“双碳”背景下新能源产业的发展机会。

"东数西算"工程和新能源产业为贵州的发展提供了资源转化动力。除了光伏、大型服务器等工程，贵州延伸产业链在新材料、动力电池等领域获得了发展机会。贵州具有丰富的资源要素，所以发展新能源动力电池是最明智的选择：其中支持电池原辅料的矿产资源锰、磷储量分别位居全国第一和第三；上游原辅料电池级硫酸锰、四氧化三锰、三元前驱体产品分别占全国市场的75%、40%、25%；贵州磷化集团湿法净化磷酸产能达到100万吨/年，规模位居全球第一；无水氟化氢提取能力达到13万吨/年，规模位居全国第一，是发展磷系正极材料、电解质的优质原料，发展前景较好。现有新能源动力电池产能为15GWh/年。目前在建或规划动力电池制造项目3个（宁德时代、奇瑞控股、比亚迪），产能为185GWh/年，建成后贵州将成为全国重要的新能源电池生产基地。

云南在过去5年里着力推进生物医药和大健康产业、旅游文化产业、信息产业、物流产业、高原特色现代农业产业等八大产业。目前主打绿色能源牌、绿色食品牌、健康生活目的地牌。云南的绿色能源将会为云南的产业集聚提供成本支撑，因为云南水电资源可开发量位居全国第三，电力绿色能源装机占比达85%，发电量占全省比重的91%，省内用电量占全部发电的55%，完全可以实现"能源自由"，这对于"双碳"背景下的高能耗产业来说极具吸引力。值得关注的是，云南近年来也借鉴了发达城市的产业发展理念，整合了省级财政扶持产业发展50%左右的存量资金，以及全部新增投入部分，集中支持重点产业发展，并按照"一个产业、一支基金"的思路，分别设立重点产业发展基金，成熟一支、设立一支，鼓励和引导社会资本向重点产业集中投入。所以，在能源革命的时代，西部及西南部地区迎来了发展机遇，东西部要素地位有可能出现“对调”的趋势。

4.华南地区

最后，我们来看看改革开放最早的城市深圳。深圳近年来的发展模式与合肥有相似之处，主要通过“抄底纾困”发展国有资本来实现战略性产业发展。合肥三大平台公司投资了京东方、蔚来、长鑫等公司，而深圳的国资平台也通过资本形式渗透到了各大行业，不过主要集中在供应链领域。统计数据显示，2020年深圳市属国企总资产为4.11万亿元，共拥有34家上市公司，全年实现营收7956亿元。按照最新目标，到2022年深圳市属国企的总资产将超4.5万亿元，净资产收益率保持在全国前列。在产业发展方面，深圳主要通过“园区+创投”的模式来实现产业集聚或孵化。以科技园区为依托拓展产业发展空间、强化产业承载力；以科技金融为纽带，通过前期租金、资金和技术入股等具体方式，为科技园区和新兴产业发展提供资金支持，同时分享产业发展红利。通过国资与创新型科技企业之间的合作机制，深圳控股一批中小微创新型科技企业，在生物产业、人工智能、文化创意等领域形成发展新优势。据统计，目前深圳国资共建设运营了71个科技园区，建筑面积超过2500万平方米，为落户企业提供租金优惠，并通过“优先跟投权”（通常不超过5%），在创业团队孵化、成长、成熟过程中，适时开展股权投资。深圳是粤港澳大湾区的核心城市，在金融方面自然有得天独厚的优势，尤其在科技金融方面，深圳可以吸收大湾区资源，形成以天使孵化、创业投资、融资担保、上市培育、并购重组等组成的全生命周期的科技金融服务体系。同时通过混合所有制的“基金群”，有效撬动社会资本来支持产业发展。数据显示，深圳市目前累计为超过6.7万家中小微企业，提供超过1万亿元的融资支持。

来总结一下，在区域产业发展过程中，政府应该扮演什么角色？如何干预才能促进区域产业高质量发展？

首先是构建国有资本引导的产业基金，通过产业基金来支持区域产业孵化、转型、升级。政府牵头的产业基金目的是支持区域产业发展，要按照基金和产业的发展逻辑及时退出，实现资本效用价值最大化。同时政府引导的产业基金不能等同于政府基金，政府通过少量财政资金作为“种子”来撬动社会资本才能实现可持续发展。在选择项目上要针对产业链上下游、关键环节设立专项政府投资基金或市场化联合投资基金，形成产业上下游各环节链接、企业孵化成长生命周期全覆盖的政府产业投资基金矩阵。打造“基金+产业”“基金+基地”“基金+项目”等多种模式。

其次，既要“风口”，也要体系。抢占产业“风口”似乎成为每一个区域发展的目标，当前在生物医药、新材料、人工智能、新能源产业等领域已经是相当“内卷”，如果脱离了区域要素禀赋盲目跟风，必将带来惨痛的代价。区域产业发展的核心不是替换行业，而是促进优势产业能向价值链的高端环节攀升，通过引进链主型企业来带动碎片化产业向集群化发展，从而提高整体效率。所以，须建立一个科学、专业的决策机制，通过“专家先行，链长负责、链主引领”的组织化分工来实现精准招商、精准扶持、精准投资等。

再则，积极构建产业创新生态体系，建立政府、产业、高校/科研机构三位一体的“三螺旋”发展模式，甚至是引入金融、中介构建“多螺旋”发展模式。政府一方面要通过精准、科学的人才政策来激发科研人员的创新活力；另一方面要加强区域信用体系建设，吸引社会资本向内部流动，最终实现“大平台、大孵化、大产业”的战略。

后　记

窗外，泛起一丝丝亮光。木质屋顶有窸窸窣窣的声音，我在键盘上敲下最后一个字的时候，院子里响起沉闷的坠落声。推门而出，山以啁啾鸟语问候。当我凭栏远眺，感受春风拂面之时，院子角落传来“唧唧”声。循声望去，只见两只松鼠抱头乱窜，眼神惊恐、焦灼，有迷茫，也有不安。看我走近，它们疯狂地向墙壁攀爬，然后一次又一次掉落。

我抬头看了看森林与屋顶之间的一隙天光，恍然明白小家伙们是想由屋檐跃上树干时掉落的。应该是墙壁过于光滑，一时难以攀爬。我后退几步，搬了一把椅子坐下，默默注视着它们艰难而执着的努力，一遍又一遍地攀爬，然后一次又一次掉落。终于，晨光洒落在树叶上的时候，小家伙们攀上屋顶，然后纵身一跃上了树干，向更高更远的地方奔去。

我进屋合上电脑，轻轻地吐了一口气，仿佛同松鼠一般如释重负。创作是一件极其辛苦的工作，我自认为是一种漫长而孤独的修炼，一边要逃避纷繁芜杂的生活干扰，另一边要触摸历史的荆棘与沧桑。在时间的线性逻辑上，自己就像一个建筑师，把想要的过往与现实通过思想的黏合剂进行堆砌，试图在曾经的辉煌与迷失中找到一丝理性、悲悯或智慧的光芒。就这样一天又一天过去了，时间与文字就像四面高墙，越垒越高，墙内如同深狱，不经意间困住了那个砌墙之人。当搁笔的那一刻，仿佛攀墙而上，在猎猎山风中，看流云飞逝，苍山邈邈。

这部书是我继《城市的兴衰》之后对思想的再次梳理。对于一个平凡百姓来说，要假装自己站在世界之巅，纵览几个世纪的风云变化不免有些不自量力。但是一个时代终归还是需要一些不自量力的人去思考、去记录、去畅想，这就好比一滴雨露，虽不能解决大地之渴，但或许能滋润一株小草，抚慰一片树叶，不枉来这人世一遭。何况，一滴雨露有时候也能映射一片白云、一抹蓝天，或是寥寥晨星……

几年前，我写完《城市的兴衰》的时候，发现满头黑发中掺杂了几根白丝，我让人帮忙拔下来，开玩笑说要把它们夹在书中留作纪念。如今，站在镜子面前只能淡然一笑，曾经风华正茂，今朝两鬓微霜。在写这部书的过程中，地缘冲突升级、疫情反复交替、经济持续衰退……国际形势瞬息万变，风云莫测。所以，写作过程中总是思绪万千，偶有纷乱不安。原本是想按大宏观的思路写下去，但是面对如此复杂的经济环境，一味强调“宏观”不免有“看客”之嫌。于是，在书的后半段我改变写作计划，把更多精力聚焦于产业领域，从区域经济增长现状、区域产业孵化模式，以及产业集群的路径和方法等方面展开论述，试图为理性增长与产业竞争提供一些思路。

这部书本来想写得轻松一些，让人读得舒服一些，可写着写着就变得过于严肃，过于沉重，因为经济体系的解读始终离不开对区域要素禀赋与发展现状的剖析，一旦“盒子”被打开，好与不好都会一目了然，而我又不能像评论家那样发两句“牢骚”了事，我必须不断寻找规律，努力去厘清经济或产业发展的底层逻辑。通过对先进区域的发展经验与外部环境的变化进行分析，为区域政府梳理出一套适用于产业转型升级或经济生态体系及创新环境构建的理论框架。考虑到这本书的普及性与流通性，所以在写作过程中尽量转化学术语范，采用陈述和归纳性的表述形式，以便大众阅读。

一部书，对于作者来说代表了两种心境：一是自我意识形态的展示，是内在世界对外部世界的一种挑战，是思想对历史及现状的深层碰撞，寄托了作者独立的人格与追求理性、真理的渴望；二是对“有效供给”的期盼，在管理学中把消费需求与消费能力相适应的供给称为有效供给，对于一个作者来说作品或思想能否被更多的读者接受，并能给予别人启发或希望便是有效供给。所以，在撰写这部书稿的过程中我一直问自己：为什么要写？写给谁看？别人看了有什么用？最终，这部书就变成了在学术框架上脱离学术圈层的一部大众读物。在此，恳请各位学术大咖高抬贵手，少些“拍砖”，多些赐教，希望在经济增长的道路上能听到更多理性的声音。

写到最后几章，心绪烦躁，正巧朋友邀请到太子湾公园创作，便欣然应允。山中几日，花开花谢。时而暖阳轻抚，时而风雨交加。人一旦经历多了，就会有一种自救的能力，无论是鸟语虫鸣，还是春雷滚滚，内心那一丝情绪都不会被轻易牵制。因为心里明白，世间万物自有不凡。城市与山林看似一动一静，实则都是一个道理：物竞天择，适者生存。一路走来，我们与两只向上攀爬的松鼠是何其相似。我们渴望阳光，憧憬美好，所以我们本能地选择了勇敢，甚至是冒险，但失败与孤独也有可能成为不甘于现状的代价。所以，这日日夜夜的创作我不知道是成功还是失败，我不知道，别人也不知道。但是有一点可以肯定，所谓“成功”，既是在时间长轴上面对责任、诱惑、痛苦时的自我突破，也是人生为真理孜孜以求、锲而不舍的坚持。

2022年5月4日第一稿，于杭州太子湾公园

「大学问」是广西师范大学出版社旗下的学术图书出版品牌。品牌以“始于问而终于明”为理念，以“守望学术的视界”为宗旨，致力于原创+引进的人文社会科学领域的学术图书出版。倡导以问题意识为核心，弘扬学术情怀、人文精神和探究意识，展现学术的时代性、思想性和思辨色彩。

截至目前，大学问品牌已推出《现代中国的形成（1600—1949）》《中华帝国晚期的性、法律与社会》等70多种图书，涵盖思想、文化、历史、政治、法学、社会、经济等人文社会科学领域的学术作品，力图在普及大众的同时，保证其文化内蕴。

“大学问”品牌书目

大学问·学术名家作品系列

朱孝远 《学史之道》
朱孝远 《宗教改革与德国近代化道路》
池田知久 《问道:〈老子〉思想细读》
赵冬梅 《大宋之变，1063—1086》
黄宗智 《中国的新型正义体系：实践与理论》
黄宗智 《中国的新型小农经济：实践与理论》
黄宗智 《中国的新型非正规经济：实践与理论》
夏明方 《文明的“双相”：灾害与历史的缠绕》
王向远 《宏观比较文学19讲》
张闻玉 《铜器历日研究》
张闻玉 《西周王年论稿》
谢天佑 《专制主义统治下的臣民心理》
王向远 《比较文学系谱学》
王向远 《比较文学构造论》
刘彦君　廖奔 《中外戏剧史（第三版）》
干春松 《儒学的近代转型》
王瑞来 《士人走向民间：宋元变革与社会转型》

大学问·国文名师课系列

龚鹏程 《文心雕龙讲记》
张闻玉 《古代天文历法讲座》
刘　强 《四书通讲》
刘　强 《论语新识》
王兆鹏 《唐宋词小讲》-

徐晋如 《国文课：中国文脉十五讲》
胡大雷 《岁月忽已晚：古诗十九首里的东汉世情》

大学问·明清以来文史研究系列
周绚隆 《易代：侯岐曾和他的亲友们（修订本）》
巫仁恕 《劫后“天堂”：抗战沦陷后的苏州城市生活》
台静农 《亡明讲史》
张艺曦 《结社的艺术：16—18世纪东亚世界的文人社集》
何冠彪 《生与死：明季士大夫的抉择》
李孝悌 《恋恋红尘：明清江南的城市、欲望和生活》
孙竞昊 《经营地方：明清时期济宁的士绅与社会》

大学问·哲思系列
罗伯特·S.韦斯特曼 《哥白尼问题：占星预言、怀疑主义与天体秩序（上）》
罗伯特·斯特恩 《黑格尔的〈精神现象学〉》
A.D.史密斯 《胡塞尔与〈笛卡尔式的沉思〉》
约翰·利皮特 《克尔凯郭尔的〈恐惧与颤栗〉》
迈克尔·莫里斯 《维特根斯坦与〈逻辑哲学论〉》
M.麦金 《维特根斯坦的〈哲学研究〉》
G·哈特费尔德《笛卡尔的〈第一哲学的沉思〉》
罗杰·F.库克 《后电影视觉：运动影像媒介与观众的共同进化》

大学问·名人传记与思想系列
孙德鹏 《乡下人：沈从文与近代中国（1902—1947）》
黄克武 《笔醒山河：中国近代启蒙人严复》
黄克武 《文字奇功：梁启超与中国学术思想的现代诠释》
王　锐 《革命儒生：章太炎传》
保罗·约翰逊《苏格拉底：我们的同时代人》
方志远 《何处不归鸿：苏轼传》

大学问·实践社会科学系列
胡宗绮 《意欲何为：清代以来刑事法律中的意图谱系》
黄宗智 《实践社会科学研究指南》
黄宗智 《国家与社会的二元合一》
黄宗智 《华北的小农经济与社会变迁》

黄宗智 《长江三角洲的小农家庭与乡村发展》
白德瑞 《爪牙：清代县衙的书吏与差役》
赵刘洋 《妇女、家庭与法律实践：清代以来的法律社会史》
李怀印 《现代中国的形成（1600—1949）》
苏成捷 《中华帝国晚期的性、法律与社会》
黄宗智 《实践社会科学的方法、理论与前瞻》
黄宗智 周黎安 《黄宗智对话周黎安：实践社会科学》

大学问·雅理系列
拉里·西登托普 《发明个体：人在古典时代与中世纪的地位》
玛吉·伯格等 《慢教授》
菲利普·范·帕里斯等 《全民基本收入：实现自由社会与健全经济的方案》
田 雷 《继往以为序章：中国宪法的制度展开》
寺田浩明 《清代传统法秩序》

大学问·桂子山史学丛书
张固也 《先秦诸子与简帛研究》
田 彤 《生产关系、社会结构与阶级：民国时期劳资关系研究》
承红磊《"社会"的发现：晚清民初"社会"概念研究》

其他重点单品
郑荣华 《城市的兴衰：基于经济、社会、制度的逻辑》
王 锐 《中国现代思想史十讲》
简·赫斯菲尔德 《十扇窗：伟大的诗歌如何改变世界》
北鬼三郎 《大清宪法案》
屈小玲 《晚清西南社会与近代变迁：法国人来华考察笔记研究（1892—1910）》
徐鼎鼎 《春秋时期齐、卫、晋、秦交通路线考论》
苏俊林 《身份与秩序：走马楼吴简中的孙吴基层社会》
周玉波 《庶民之声：近现代民歌与社会文化嬗递》
蔡万进等《里耶秦简编年考证（第一卷）》